思想觀念的帶動者

文化現象的觀察者

本土經驗的整理者

生命故事的關懷者

Psychotherapy

探訪幽微的心靈，如同潛越曲折逶迤的河流
面對無法預期的彎道或風景，時而煙波浩渺，時而萬壑爭流
留下無數廓清、洗滌或抉擇的痕跡
只為尋獲真實自我的洞天福地

女性

精神分析的跨世代女性凝視

Female Experience

Four Generations of British Women Psychoanalysts on Work with Women

Joan Raphael-Leff
瓊・拉斐爾-勒夫

Rosine Jozef Perelberg
羅辛・約瑟夫・佩雷伯格——主編

粘慧美——審閱　王映淳——譯

愛・兒・學　合作出版

目次

讚譽推薦

一部令人興奮的著作！《女性經驗》的內涵有著對理論的思辨、關於性別在關係中的思考，以及豐富的臨床材料，其題材與觀點於英國精神分析的脈絡下，別具一格，可以拜讀，可以欣賞，可以反思，可以批判，值得所有對人文世界有興趣的讀者閱讀。

林俐伶

臺灣精神分析學會理事長、訓練督導分析師

《女性經驗》是由英國女性精神分析師與女性患者工作的經驗之作品，其中案例討論囊括了自一九一五到一九九〇之後的四個世代，分析師透過躺椅上與患者交織纏繞，不只讓患者得到幫助，精神分析對女性心靈議題的思考深度也不斷修正與擴展，女性亦更能被女性深刻地理解。這些內容不只是歷史，更是傳承，讓當代的治療師望見先行者的腳步時，更有信心踏出下一步，並知道我們也在創造未來而非只是重複。同時，透過此書的整理，彷如黑暗大陸的女性潛意識對男性治療師不再晦暗不明；它為男性治療師的前方點亮一道光，並讓他們有機會體會某一種屬於女性的深邃……橫跨四個世代，不容易讀，但值得一讀再讀，因傳承本是無價。

洪素珍

臺北教育大學心理與諮商學系副教授

二〇二四年臺灣繁體中文版序

瓊・拉斐爾-勒夫（Joan Raphael-Leff）、
國際精神分析學會女性與精神分析委員會創會主席

羅辛・約瑟夫・佩雷伯格（Rosine Jozef Perelberg）
英國精神分析學會傑出會員、訓練分析師和前任主席

我們很高興，我們的書在此刻能有中文版本。能為英國學會最初四個世代的女性精神分析師的作品，迎來新的讀者，甚是佳音。

自一九九七年編輯最早的版本、以及其擴充為二〇〇八年的新版以來，許多時光已經流逝。那時的我們年輕許多，在診療室內女人之間的治療空間裡，我們對於情感共鳴的想法是向外探索且創新的。

由二〇二四年的視角回顧，我們發現書中傳達的許多精神分析概念仍然非常珍貴。一些概念如：母性、女性氣質、性、社會性別和體現，在這些年來被拓展和修訂；這些概念也受女性研究質疑，同時也被更多的心理與生理研究、甚至是神經科學實證確認或否定。然而令人遺憾的是，在心理社會、法律和經濟層面上，世界各地仍有婦女的平等人權遭受剝奪，並努力對抗阻礙我們充分表達自我內在與外在的束縛。今日，「談話治療」如精神分析，已廣受認可。正如本書所示，在踏上讓心靈更加自由的路上，因為有了值得信任的聆聽者、女性見證人與嚮導的陪伴，我們或能更加了解自我。

我們相信這是一本能讓您的思惟更加富足的書。

瓊・拉斐爾-勒夫與羅辛・約瑟夫・佩雷伯格

倫敦，二〇二四年春

【譯者序】這是一個被稱之為啞巴媳婦的燉煮壺開始的故事

王映淳

二〇〇〇年初，我有幸參與了當代指標性的兒童精神分析師，瑪格麗特．羅斯汀帶領的兒童心理治療督導，思考兒童與其父母、家庭之困境。後來特別是在與父母工作時，我強烈地意識到，在傳統期待與現代眼光之間，女性經歷到的撕裂與痛苦。傳統上，女性被預期要當個好燉煮壺——做整日的工、熬整夜的溫暖、寵愛整個家庭、默默承受所有蔑視、沒有一句抱怨，還要靜默恭順地接受自己次人一等！然而，在瑪格麗特的引領下，我發覺，在此種習以為常的性別任務分配上，或許，潛意識扮演著重要的角色。

然而，當時的社會已經為兩性提供相等的教育機會，丈夫與妻子雙方也同時得經營職業生涯。女性該像個啞巴媳婦任勞任怨的處境，在後工業社會備受挑戰。隨著社會經濟結構的轉變，受過教育的女性不再如以往，也挑戰起傳統的看待女性的觀點－人形燉煮壺。在女性的發展中，這份衝突，在一位女孩成為母親時，達到高峰。為了更進一步地思索這個議題，在瑪格麗特的介紹下，我開始和另一位優秀的倫敦精神分析師珍．藤普里工作。這讓我開始認識精神分析如何思考女性的處境、和女性於社會中的劣勢。

女性為何次等？

在〈小漢斯－畏懼症案例的分析〉（The Analysis of a Phobia in a 5 Year-old boy, 1909）中，佛洛伊德提及一位孩子的性幻想，這位孩子在父親的允許下自由地表達他的想像與好奇，特別是在他的妹妹——第一位手足——出世的刺激之下。這位活躍的男孩特別著迷於生殖的奧祕、成為父母之謎，並在遊戲中扮演父母，在想像中有著無數的孩子。對於神奇的分娩，他是如此企盼，但也在父親告知他，唯有女人能夠懷孕、生產時，他感到非常地失望，一開始更是拒絕接受這份現實。在那篇文章中，佛洛伊德並未——如我們現在這般——看見對子宮的嫉羨，並在十餘年後，發表了陽具一元論（phallic monism）。根據這個理論，兒童對生殖器的認識只有一種——也就是陰莖，而女孩們得透過她們的男性伴侶、或是兒子來建構對自己的社會性別的認知。她們得克服陽具嫉羨！佛洛伊德從未直接分析過任何一位孩子，並且值得注意的是，陽具一元論與當時社會上具主導優勢的父權制度相符，且在我們當今社會的多數地方仍是如此。

一九二三年以兒童分析師的身分，克萊恩夫人開啟了她的執業生涯，也很快認識到母親之於兒童心智發展的重要性。她提出無論兒童的性別為何，孩子總是帶著深深的矛盾情感來看待母親——第一個客體。在孩子眼中，她非但沒有被閹割，反而是懷有滋養與創造的能力，這點讓孩子非常嫉羨。追隨克萊恩的後輩分析師們認為，嬰兒和母親之間無法迴避的、依賴與權力間的不對等，往往會加劇陰莖嫉羨。轉向陰莖——一個母親沒有的器官，更是促成了對陰莖價值的高估、對女性付出的貶抑。

在佛洛伊德還在世之時，陽具一元論並非未曾受到挑戰。一九二六年，克萊恩移居英格蘭，並對英國精神分析理論與實務造成重大的影響。一九三六年，時任英國精神分析學會會長的歐內斯特・瓊斯，於維也納發表論文一篇，並於文中否定陽具一元論、主張「女人，是生而為女、而非後天養成」（1935: 495）。近一百年來，思潮湧現，現在這個時間點，推出這本由英國女性精神分析師探討女性之性的作品中文版，或許是恰當的。

英式思潮之於臺灣女性是否有益？

在西方文化與東方文化之間，總是存在不少的爭議，特別是台灣深受中華文化、日本文化和美國文化——有別於英式文化——影響。然而，在珍・藤普里的支持下，和我工作的臺灣女性向我介紹，在潛意識心智之中她們多數是傳統的，認定身為女性等同於次人一等，這使得她們的母女關係／女性治療師與女性患者關係備受挑戰、也受更多的苦。儘管如此，臺灣女性受苦的潛意識心智卻仍渴望被理解。而精神分析——雖不總是正確，但總是能深刻地理解人們。

介紹這本譯作，是為了追尋國精神分析師的腳步——闡釋女性的社會劣勢之心理根源。出於期盼臺灣女性之潛意識處境能獲得更深層的理解，我向同事們介紹了這本書，並且接獲許多專業女性的協助：慷慨相助的愛兒學創辦人 Silvie、洪素珍老師、粘慧美醫師、饒美君編輯，以及來自倫敦的瓊・拉斐爾-勒夫和珍・藤普里分析師。我們也收獲男性專業人士，包括王浩威醫師、徐嘉俊總編輯對於探討女性議題的支持。我更期盼借助每位讀者的閱讀，推動更多討論，探尋女性社會處境深藏於潛意識的根源。

匯集所有的祝福，我們希望愛與理解能促成更平等的社會！

王映淳

在珍·藤普里的愛與支持下落筆於台北

二〇二三年八月十二日

前言 xiv

茱麗葉・米切爾（Juliet Mitchell）
英國精神分析學會和國際精神分析學會正式會員

在英國，精神分析的訓練與執業始終注重性別平等，不僅女性會員人數與男性一樣多，也擔任重要的行政職位，尤其是梅蘭妮・克萊恩和安娜・佛洛伊德等人推動了自佛洛伊德以來的重要理論。

第一次世界大戰之後，英國的精神分析逐漸發展壯大，特別是在二〇年代後期，當歐內斯特・瓊斯（Ernest Jones）邀請克萊恩來到英國，日後在此立足。這是一段精神分析理論發生重大變化的時期，這些變化的核心是女性氣質與女性等議題。最明顯的是，從二〇年代中期到三〇年代中期，對女性之性建構進行激辯之風氣興盛，時值兩個意見不同的陣營，亦即倫敦與維也納之間的第一次交流講座，就是關注女性的性這個主題。更難以捉摸、但卻可能更重要的是，第一次世界大戰後關於死亡驅力、原始焦慮、受虐狂等理論，將焦點由父親的閹割情結，重新導向母親的前伊底帕斯。這是讓客體關係理論發芽的沃土，其臨床與理論著重於嬰兒－母親關係。這兩股思路，也就是關注女性的性，以及專注於非常早期的心智歷程、慾望和情感，可以視為匯聚到佛洛伊德的說法，即女性分析師在理解女性可能更有優勢，因為她們的女性患者[1]，不像佛洛伊德遇到的，會躲到對父親的移情背後避難，並且藏起女性氣質的早期心理構造。可以說，這麼一來，女性分析女性在精神分析的發展中佔有重要地位。

在歐洲，第一次世界大戰期間，隨著男女平權主義[2]和幾乎所有社會階層的女性都得以投入工作所獲得的解放，中產階級與中上階級女性的能量與創意得到了釋放，使得新創與開放的精神分析實務受益非淺。戰前的傳統作法致使安娜．佛洛伊德接受的中學教育落後她的兄弟們，但她能夠受訓成為分析師，成為兒童分析的先鋒，並在維也納成立精神分析取向的教育課程，最終在二戰時落腳英格蘭。梅蘭妮．克萊恩在布達佩斯、柏林，最後在倫敦，開始了她對嬰兒期精神分析的理論與實務。女人，為我們帶來那些傳統上認為女人才會感興趣的專業，而這些對後來的發展極為重要。

xv

多數的歐洲國家有一特殊的現象，即偏好挑選女性成為精神分析師。直到近期，醫學院仍相當排斥女性；在受訓成為精神分析師時，拿掉醫學背景的門檻，對女性來說，既是被動優勢，也是主動優勢。歐洲大陸和英格蘭追隨佛洛伊德的建議，認為非

1 譯註 1：本書中以 patient 指涉分析師與受分析者（analysand）中的受分析者，即在涵容者與被涵容者的關係中，慷慨地開放自己嬰兒般原始的潛意識，接受分析師的理解與協助的受分析者。為表達此種心智狀態，本書將 patient 譯為患「者」，猶如行者，是一種選擇開放自己、踏上一段旅程的狀態。然若，文中 patient 指涉醫療情況下的醫病關係，如：人工生殖療程，則譯為病患以做區分。另，於第十章瑪姬．密爾斯的「地下水」一文中，提起受助者時使用 client 而非 patient，是因為該文提到的治療為短期、心理動力式治療，這種治療法雖運用移情－反移情作為探入潛意識的工具，但少做移情詮釋、保留更多成人自我，依此考量，將 client 譯為個案，以協助讀者區分。

2 譯註 2：本書中 feminism 一詞，原意為對抗對女性不公平的女權主義，如本書第十四章所言，未免落入男女雙方爭奪哪一方的生殖器比另一方重要的紛爭，在多方考量下選擇譯為男女平權，希望男女之間僅有分化而無歧視。

醫學背景的分析師，應與具有醫療資格的分析師接受同樣的訓練、享有同等的地位。第一代的女性精神分析師中，事實上，有許多人是醫師，但也有為數不少的人並非醫師。非醫療背景的分析師，帶來對文化廣泛的興趣，並且在不以職涯訓練為重的前提下，就已蓬勃發展。直到那時（也直到今日），女性氣質，以及被認為是既荒謬且非科學的主題，如：夢、情緒、想像和幻想（當然兩者並不是沒有相關）等，都是精神分析的一部分。在歐陸，在納粹主義盛行之前，它也是對猶太人敞開胸懷的專業，在英格蘭仍然如此。散居世界各地的猶太人將重要的女性帶到英國，也帶到精神分析世界的舞台上，而那些前往美國的女性，像卡倫・荷妮（Karen Horney）和海倫・朵伊契奇（Helen Deutsch）等，僅在具有醫師身分時，才能從事分析工作。免除了醫學門檻，為女性寬廣的創造力打開了大門，而英格蘭是雙重受益者，它同時接受醫學背景與非醫學背景的猶太移民，此外也持續壯大本土的傳統。

從《歇斯底里研究》（*Studies in Hysteria*, 1895）的年代開始，大量且聰慧的女性。帶給精神分析重大的影響。因此，值得深思的是，女性分析師、女性患者、女性的性此一主題如此重要，並且在英國的客體關係中母性移情尤為關鍵的情況下，英國迄今卻沒有太多討論女性分析女性會有什麼影響的作品。部分原因可能是，對前語言階段的嬰兒而言，性的分化並未被認為具有太大的心理意義，也可能是因為大量的傑出男性分析師對女性的性感興趣（Ernest Jones），或者更重要地，他們不再像佛洛伊德那樣接受前伊底帕斯母親的位置，並發展新理論（Winnicott, Bion）。

對女性分析女性之議題的興趣，直到柏魯克（Baruch）和賽拉諾（Serrano, 1988）的一本訪談女性分析師的書，才開始有人花力氣追尋。在該書中接受訪談的伊妮德．巴林（Enid Balint）開啟了這一篇章。她的論文，儘管就某方面而言恰恰相反，事實上卻也呼應了佛洛伊德的問題：佛洛伊德的女性患者隱藏了她們最初的同性戀傾向，藏身於父性移情之後，而巴林的女性患者運用了她們在婚姻或婚外情中的異性戀傾向，以掩蓋她們的主要目的——滿足她們的母親／分析師。佛洛伊德的問題是「朵拉」在〈歇斯底里案例分析的片斷〉中的問題，對追求者／父親的厭惡／愛慕，掩蓋了她對他的妻子／她的母親之迷戀。巴林提出，若是她的患者能夠找到一種適切、非性的方式來照顧母親，那麼她們的異性戀選擇才有機會整合與滿足。在最初與母親的關係，這似乎是關乎性的總量的疑問。很可能，若是在最初的關係裡充斥過多的性，那麼結果可能並非同性戀，而是歇斯底里症，就像朵拉那樣。難題在於，如何界定哪些被認定是正常的女性氣質，哪些則是病態的歇斯底里。假若所有的嬰兒，男性或女性，都在最初與母親的關係中開始心智生活（梅蘭妮．克萊恩的「最初的女性氣質」），日後才轉向父親，這使得異性戀變成很不可靠的替代品。這對人類而言是特殊的現象，因為我們未成熟即出世，比起其他相似的哺乳動物而言，我們依賴的時間更長、更徹底，這不僅讓我們有時間學習，也突顯了愛恨交織的矛盾情感，因為我們所需要的客體也是我們離去的對象。在許多精神分析的理論中，正是這種愛恨交織讓女孩得以離開母親、轉向父親，讓父親成為更令人滿意的客體。然而，在客體關係理論中，人類和其他靈長類一樣，受到本能驅使，成為自然的異性戀；轉向父親的砝碼，不僅僅落在心智上，也落在生理上。這個問題透過兩種方式

xvi

解決：一則假設是，人類社會延長了對母親的依賴和生理上異性戀的本能，儘管對女性來說是不可調和的歧異，另一則為假設女性的心智或多或少會適應社會規範與生理現實。事實上，正如瓊·拉斐爾-勒夫（Joan Raphael-Leff）論生成創造力之起源中所述，追溯這複雜、矛盾又交纏的心智、社會和生理因素，是可能的。佛洛伊德認為，生物學是精神分析穿不透的基石，而女性分析師與女性患者的工作明確地說明，精神分析沒有穿透生物學，至少男性、女性和生殖的生物學都必須納入這想像中的整體，既不偏袒任何一方，也不犧牲任何一方。

茱麗葉·米切爾

寫於一九九六年三月，倫敦

參考文獻

Baruch, E. and Serrano, L. (1988) *Women Analysing Women*, New York: New York University Press.

xvii

致謝

我們僅代表本書讀者向《國際精神分析期刊》（*International Journal of Psycho-Analysis*）編輯群獻上謝意，感謝他們慷慨應允轉載下述篇章：

- 伊妮德．巴林（Balint, E., 1973）之〈女性分析師於女性分析中發現的技術問題：探討「女人想要什麼？」此問題〉（Technical Problems Found in the Analysis of Women by a Woman Analyst: A Contribution to the Question 'What does a woman want?, Vol. 54:195-201）
- 達娜．比克斯泰德-布林（Birksted-Breen, D., 1989）之〈與一位厭食症患者的分析工作〉（Working with an Anorexic Patient., Vol. 70:29-40）
- 迪諾拉．派因斯（Pines, D., 1982）之〈與懷孕和墮胎有關的早期心理發展〉（The Relevance of Early Psychic Development to Pregnancy and Abortion., Vol. 63: 311-319）
- 瓊．里維埃（Riviere, J., 1929）之〈以女性氣質作為偽裝〉（Womanliness as a Masquerade., Vol. 10:303-313）
- 《自由聯想期刊》（*Free Associations*）的珍．藤普里（Temperley, J., 1993）之〈伊底帕斯情結對女性來說是個壞消息嗎？〉（Is the Oedipus complex bad news for women?, 4B:265-275）

我們也感謝安娜．佛洛伊德中心對此企劃之信任、協助與建議。

在專業層次上，我們受到英國學會和多方睿智思想家的啟發。我們也想感謝受分析者，他們率直地表達內心最深處的情感，為更深刻理解性別議題帶來貢獻。

在個人層次上，我們很感謝本書的每位作者、感謝我們各自的家人為，謝謝他們在本書問世時提供支持與協助。

二〇〇八年版序

瓊・拉斐爾-勒夫（Joan Raphael-Leff）
國際精神分析學會女性與精神分析委員會創會主席

《女性經驗》是由英國女性精神分析師與女性患者工作，特地撰寫精選的作品合輯。本書的結構並非以時間排序，而是分成幾個部分：第一部探討的，是與母親「原初的」連結，以及在診療室中的表現形式（由羅辛・約瑟夫・佩雷伯格介〔Rosine Perelberg〕紹這個主題）；第二部，由瓊・拉斐爾-勒夫介紹，探討這些早期經驗如何在生育過程中被喚醒；第三部，再次由佩雷伯格撰述，在「精神分析歷程中的女性經驗」這個標題底下，專注於從生理性別到社會性別有關的棘手的問題；最新的第四部，由我與佩雷伯格一同介紹，包括三篇新的特稿章節，以及我撰寫的後記〈論精神分析歷程之體現〉。

《女性經驗》囊括了四個世代：一九一五年至一九四〇年、一九四〇年至一九六五年、一九六五年至一九九〇年，以及一九九〇年之後，我們從獲得分析師資格後開始計算，但因為每個世代在接受訓練期間，都受到上一個世代的諄諄教誨，因而存在時間差。正如我們所知，精神分析訓練機構（裡面的師資有多種角色，他們也同時為訓練分析師、教師、臨床討論會帶領者、進度顧問和／或督導）喚起了強大的移情和認同，使受訓者傾向於毫無疑問地吸收珍貴的理論思惟和組織原則。儘管如此，越來越多的英國精神分析學會成員參與了與精神分析相關的政府部門、學術和公益組織的合作智庫，也在國內與國際上參與精神分析專業。作為培訓機構的精神分析學院，長期倡導理論與技術之多樣性，同時針對學院精心挑選不同專業背景的成熟學生，更是用心培育他們批判性思考與辯論能力（學生目前能以二十二種不同的語言提供精神分析！）。

從成立之初，學會就受到創始人瓊斯的影響，他對前生殖器期的重要角色和天生決定因子，以及／或外來的影響如何決定信念和對現實的知覺，有著濃厚的興趣，這成為跨學派成員爭論的核心議題（參見 King & Steiner，1991）。不意外地，這些思想的明確化與交流致使幾世代的英國精神分析師產出許多創新的貢獻。 xx

讓我們從第一代開始談起。英國精神分析學會在一九一九年創立，有三十名成員，訓練學院則在一九二四年創立（隨後是低收費診所）。考量到英格蘭直到一九一八年二月六日，三十歲以上的女性才擁有選舉權，一九二八年女性投票年齡才降為二十一歲，與男性一致，能有這麼多位女性對早期精神分析運動帶來巨大影響，是非常不簡單的。今日（二〇〇八年），有一百八十四位女性會員和一百七十位男性會員，三十二位女性受訓者、十七位男性受訓者。確實，最初幾年，會員的男女比例接近相等，甚至有較多女性分析師投入領導職務，可能是因為與顛覆性別的布倫斯博理文團體（Bloomsbury Group）「去階級化、超越社會階級」的女士／紳士學者互動密切，使得他們挑戰性別刻板印象，並跳出傳統限制。此外，在一九一八年布達佩斯大會上做出決定，認定個人分析對執業至關重要，因此許多英國學會的創始成員到了維也納、柏林和布達佩斯，各自接受佛洛伊德、亞伯拉罕、漢斯・薩克斯（Hans Sachs）或費倫齊（Ferenczi）的分析，接著帶回多種理論取向，為日後英國學會的多元發展種下了苗床（King & Steiner, 1991: 1-36）。

早期，精神分析的患者絕大多數是女性。然而，臨床調查顯示，性別的概念表現經常推翻其生理解剖事實，例如：對抗性別歧視的「女性」意見，可以展現在歇斯底里症和其他症狀中，無論男女兩種性別都是。這種模糊引起了對女性身分、心智內身體表徵和身體的性心理構成之探索（參見 Riviere，1929，收錄於本書）。儘管「社會性別」一詞，直到二〇年代晚期與三〇年代早期的第三個世代才為人知曉，此議題在倫敦與維也納之間來回針對「女性的性」一詞議論不斷，其中議題含概「陽具一元論」的倡議（小女孩從男性到女性的心智發展階段是後來的）對比於「自然的」性，也就是「最初的女性氣質」（女性的陽具嫉羨是次級防衛，並帶出男性的子宮嫉羨）之論述。在此，為了追溯該世代的這一議題，我將不複述該時期的辯論細節，因為這些都記錄在我的開場文和多篇導言中。

受到佛洛伊德一九三一年關於前伊底帕斯母親對兩種性別來說都很重要的「發現」之肯定，在倫敦，將母親描繪成兩性最初的認同客體，似乎改變了潛意識對治療的比喻，從以具「基礎的」陽具意象的「穿透性的」詮釋，改變為母性的「涵容」與好的「餵養」的療程（當代關係取向的精神分析理論家注意到相似的改變，轉向「關係環境或子宮」的「女性氣質意象」〔Aron, 1995〕）。同樣地，指定母嬰配對為最小單位，也產生了理論上的變革，亦即最初的動力從驅力移轉到情感（相較於父性優勢作為伊底帕斯驅力潛抑的動力）。

xxi

許多第一代的英國女性精神分析師對兒童特別感興趣，其中一些人在學院擔任相關職位，例如：蘇珊・艾薩克斯（Susan Isaacs），一九九三年成為第一位倫敦大學教育學院兒童發展系系主任。她們配備英式傳統上對健康的疑問和實用經驗主義，這一時期的貢獻著重在觀察，並將關於育兒的情緒影響之研究結果，應用到照顧兒童的引導、教育和社會變革上。她們同時也對**兒童精神分析技術**的興趣日益濃厚（在克萊恩離開柏林成為英國學會會員之後，她一九二五年系列六講之前，就有瑪麗・妮娜・希爾勒〔Nina Searl〕和希薇亞・佩恩〔Sylvia Payne〕在一九二四年的講座）。不顧佛洛伊德反對，她們在英國學會的「專題討論會」（1927）發表了對安娜・佛洛伊德（1927）不同的取向之批評，因而為日後的對立埋下伏筆。隨著納粹主義興起，許多分析師加入了英國學會，包括來自柏林的保拉・海曼（Paula Heimann）、海因茲・福克斯（Heinz Foulkes）、凱特・弗里德蘭德（Kate Friedlander）、伊娃・羅森費爾德（Eva Rosenfeld）和漢斯・索納（Hanns Thorner），最終，來自維也納的佛洛伊德和安娜・佛洛伊德，以及比布林斯（Bibrings）、克里斯（Kris）和霍符（Hoffer）家族，則將一些理論上的歧異帶上了倫敦的舞台（King& Steiner, 1991, p. 20）。

著名的第二代是**論戰世代**，重點在於梅蘭妮・克萊恩和安娜・佛洛伊德之間的基礎理論上的歧異（請看本書之〈開場〉；King & Steiner，1991；另一詮釋參見 Perelberg，2006）。在論戰中，就嬰兒天生的才能和心智現實的形成，出現三種不同的觀點：克萊恩對源於內在的潛意識幻想和自戀投射之概念、安娜・佛洛伊德關於內在結構與適應外在世界之間自我調節的想法，以及中立團體聚焦在最初的認同和潛意識內化真實客體關係（Raphael-Leff, 2009）的效應，鋪陳出英國學院內不同的訓練和未來的學派思惟。[1]

第二世代關注的第二個主題是**反移情作為移情必然的結果**。這主要透過獨立學派中女性的稜鏡來探索：艾拉．夏普（Ella Sharpe）、保拉．海曼（Paula Heimann）、瑪格麗特．力特爾（Margaret Little）、瑪莉詠．米爾納（Marion Milner）、柏爾．金（Pearl Kin）和其他人（關於她們觀點的詳細闡述請參見本書第十八章，作者是第三代和第四代的芭比．安東尼斯〔Antonis〕和伊麗莎白．沃爾夫〔Wolf〕）。

在客體關係理論學者之中，精神分析**關係**越來越常被引述為變異因子，因而更突顯出個人與社會現實不可避免的影響，包括**每對分析配對的特性**，以及患者與分析師兩者的社會性別、生理性別、年齡、人格和文化的影響。

xxii

與此同時，人們對女性氣質的興趣減降。一份針對精神分析期刊的調查發現，自一九二〇年以降的六十年來，一九四〇至七〇年，女性撰寫關於女性發展的論文只有六篇，換句話說，精神分析理論中男性的觀點無所不在，而一九四〇年之前的女性貢獻

1 原註：英國對多元化的特異本質之寬容，可與同一時間保守的布里紐約精神分析學院激烈鬥爭形成鮮明對比；卡倫．荷妮（Karen Horney）與同事遭到紐約學會開除，在一九四一年創立精神分析促進學會（Association for the Advancement of Psychoanalysis）。然而到了一九四三年，這所新學院也面臨分裂，埃里西．弗洛姆（Erich Fromm）、克拉拉．湯普森（Clara Thompson）和蘇利文（Harry Stack Sullivan）離開，加入華盛頓精神科學校（Washinton School of Psychiatry），馮-海希曼（Fromm-Reichmann）也離開了。隨後，人際學派內部分裂，荷妮（Horney）和湯普森（Thompson）在懷特學院的爭端導致禁止非醫學背景的受訓者參加培訓，對美國精神分析之發展造成嚴重影響。夏皮羅（Shapiro）指出，「同世代的女性之間、專業上的『母親們』和『女兒們』之間相互嫉妒、嫉羨和不信任的影響，使得女性在專業中進展緩慢（2002: 233）。」

多數受到忽視（Yonke& Barnett, 2001）。在倫敦，克萊恩最後一次就這個主題發表文章是在一九四五年。布林認為，克萊恩的學生未繼續探討這些問題的原因是（1993:8），後繼者多關注分離焦慮，而非性。確實，在戰後的那些年，安娜．佛洛伊德學派也是如此，從戰時托兒所、後送單位和失親難民收集到的資料皆突顯過早分離帶來的影響；鮑比（Bowlby）作品中可看到越來越多的證據、羅伯森夫婦（Robertsons）的影片也支持這一觀察；這些再度喚醒人們與受創兒童工作的關注。受比昂（Bion）和福克斯啟發，另一戰後的關注焦點在團體分析實務與較短期的治療。儘管如此，一篇以雙重客體關聯和驅力的角度描述發展議題的英國文獻帶來變革，文中描繪男孩和女孩皆有的陽具－自戀階段，並聚焦在建立身體的自我表徵和不同的陽具與伊底帕斯表現（Edgecombe & Burgner，1975；並見本書中柏格〔Burgner〕所寫文章）。

經過這一段空白之後，到了**第三代**，生理性別－社會性別的爭辯在一九六〇年代再度點燃，儘管戰場不在英國。「女性氣質」思潮入侵法國，主要源於西蒙．波娃在一九四九年具開創性的論點：「**一個人不是生為女性，而是成為女性。**」（此呼應瓊斯的「終極問題」：「**女人是天生的，還是塑造而出的。**」）（1935：495）

拉岡於一九五一年開始舉辦每週一次的討論會，與會人有沙特、西蒙．波娃、李維史陀、梅洛．龐帝、羅蘭．巴特、路易．阿圖賽（Althusser）、克莉絲蒂娃（Kristeva）與伊瑞葛來（Irigaray）。他將佛洛伊德的文本解讀為「對接受的概念進行徹底質疑」（Grosz, 1990: 10），該解讀於一九六〇年推出《女性的性》（*Feminine Sexuality*，Mitchell & Rose 於一九八二年編輯的同名書有英文譯本）之時達到高潮。一九六八年法國學運之後，精神分析儼然成為巴黎的代名詞。

另一影響來自《女性之性》（*Female Sexuality*, 1964）一書，由潔妮・查瑟蓋-斯米格爾（Janine Chasseguet-Smirgel）編輯，瑪麗亞・托洛克（Maria Torok）、喬伊斯・麥克杜格爾（Joyce McDougall）和凱薩琳・盧凱-帕拉特（Catherine Luquet-Parat）等人共同撰寫。書中著重女人的陰莖嫉羨的各種面貌，用陰莖嫉羨防衛令人恐懼的最初母性意象。一九八一以英文出版，對於八〇年代中期的英美女性論社會性別之寫作復興運動影響深遠。法國男女平權主義傳統將女性氣質描述為流動的多重面貌，將焦點放在象徵中靜默的女性聲音。借用柏拉圖的「陰性空間」（chora）的空間概念，克莉絲蒂娃描繪了亙古的前伊底帕斯母親那潛抑、但卻永久保存的領域，該領域中尚未表徵的「符號」留存於嬰兒心智與未分化的形體之中。對克莉絲蒂娃（一如佛洛伊德和克萊恩）來說，原初「之事」包含男性氣質與女性氣質雙重面向，然而，出於對強大且無秩序的意義之原始素材感到恐懼，那淪為「卑劣的」，因此為女性地位的邊緣化構成了破壞性的潛在力量。伊瑞葛來關於身體差異的觀點，將女性視為男性幻想的投射，是話語中的「洞」／缺失，或者是話語之外未符號化的殘餘／多餘。對這兩者來說（正如對西蘇〔Cixous〕而言），身體潛意識意義的前語言（次級象徵）存在於女性的想像和／或前符號母性，既刺激了符號化的能力，也代表了先於、超越和破壞語言的身體過程的基礎。巴黎精神分析學會也為「女性氣質和女人味、母性和母愛」提供了不少「金鑰」（Schaeffer et al,

xxiii

1999）。

在倫敦，羅辛・約瑟夫・佩雷伯格（Rosine Perelberg）與巴黎的莫妮克・寇努特（Monique Cournut）合作主持了十多年的英法性學座談會，為交流與學習提供了一個平台。這段期間，許多英國之論女性對／和女性之經驗的作品，都收錄在本書之中，例如：布林、卡塔利納・布倫斯坦（Bronstein）、艾莉西亞・埃切戈延（Etchegoyen）、迪諾拉・派因斯（Pines）、葆拉・馬里奧迪（Mariotti）、斯泰納、塔藍迪尼（Talandini）、珍・藤普里（Temperley），以及新加入的吉吉蘿拉・福納里・斯伯特（Fornari Spoto）、瓊・沙赫特（Schachter），還有前述的芭比・安東尼斯和伊麗莎白・沃爾夫。

有別於六〇年代的反文化革命和七〇年代的女性運動，在美國，受到麥斯特斯（Masters）和強森（Johnson）研究結果煽動，女性的性之探問成為了熱門主題。將他們的研究結果串連到精神分析，瑪麗・簡・舍菲（Mary Jane Sherfey）指出，「女性慾望不僅絕頂強大，也漫天無際。」（1966, p. 223）她在《美國精神分析學會期刊》發表了一篇頗具影響力的文章，辯論的焦點從關注陰蒂移轉到陰道，同時，男女平權主義者憤怒地對佛洛依德學派將女性視為受閹割（被去勢者）表示異議。（英國）茱麗葉・米切爾呼籲男女平權主義者不要將精神分析視為範本，而是將其看成父權社會下對女性之描述；她在一九七四年的書《精神分析和男女平權主義》（*Psychoanalysis and Feminism*）中倡議減少字面上解讀精神分析，運用精神分析式思惟為政治和社會學工具，以檢驗社會性別不平等之根源，此觀點帶來了跨國際的影響。此觀點在挑戰激進男女平權主義者的反佛洛伊德的觀點極具說服力，並促成了精神分析男女平權主義者迄今依舊蓬勃發展的論述，且反過來，又影響了傳統精神分析對女性氣質的想法。

此時期的精神分析文獻中，考量到她們的醫療背景，少數早期由女性探討的女性經驗，大多著重在兩性的生理差異，與拉岡思潮下身體的虛無懸置，形成鮮明對比。然而，六〇年代中後，自從斯托勒（Stoller）對生理上的陰陽人進行探究，**社會性別的表徵與心理社會本質作為一種自我定義的建構**，這樣的想法開始流行，建立了超越解剖和生理力量的性別，相較之下，父母親指配的性別與養育才是「核心」，是影響社會性別的主要因素，即使是在沒有陰莖的男性和沒有陰道的女性身上也是如此。然而，挑戰佛洛伊德「女性氣質是次等的，修復總在早期意識到生殖器劣勢與陰莖嫉羨之後」的觀點，他認為，女性的女性氣質早期階段，即社會性別認同的核心，是單純接受身體自我、「我是女性」，爾後才覆上分析師們早已熟知的陰莖妒羨、對男性的認同和「破損的女性氣質」等其他徵兆（1968, p. 54）。在貝內德克（Teresa Benedek）特有的作品中，男性氣質和女性氣質是在雙性戀的連續序列中持續變化的潛意識表徵，自從二〇年代開始發表文章，到了五〇年代，她將寫作重心放在女性議題的性心理面向，呈現一系列論夢與月經週期、社會性別認同的身心成因、親職作為發展階段並使父母的嬰兒式自大幻想再度活躍等作品。她最具洞見的敘述論及千變萬化的心理社會因素影響對性別的兩極化的描寫，以及兩種性別對女性母親的認同效應和不斷改變的意向、志願與理想自我（1977）。

許多作品提出，男性社會性別的脆弱性是普遍存在的，這是出於最初對於母親的認同，因而必須「去認同」才能實現男性氣質（Greenson, 1968）。（爾後的理論家，如埃塞爾．佩森〔Person〕和奧維西〔Ovesey, 1983〕指出，在分離－個體化期間，兩種性別的孩子都需要去掉對母親的認同，才能鞏固社會性別角色下的身分認同。）艾琳．法斯特（Irene Fast）提出重返佛洛伊德之最初雙性特質的概念，則提供了不同的視角，透過前伊底帕斯「過度涵括」的角度，重新審視社會性別認同之發展，（事後回溯）對於性的區別使得**經驗被重新分類**，特別是女孩（1979）。（追隨法斯特的論述，潔西卡．班傑明〔Benjamin〕後來提出，無論是男孩或女孩都不用去掉對最初的父母之認同，而是變得更獨立，並且運用第二人物來協助分化〔1995〕。）。

此議題一直到七〇年代仍非常熱門，促成了《美國精神分析學會期刊》的特刊〈女性的性〉，特刊編輯主張「女性的自我和超我與男性的不同，但並不遜於男性」這點，挑戰了陰莖嫉羨與女性氣質是由最初的男子氣概、落空的男性、施虐般地順從於幻想中的劣勢或彌補想像出的閹割與自戀受傷而來（Blum, 1976, p. 189）。最後，一九七八年，南希．喬多羅（Nancy Chodorow）極具影響力的著作《再造母愛》（*Reproduction of Mothering*）對毫無意議的事實——女性是母親——帶來的性別影響進行了詳細的精神分析研究，這在男女平權界引起轟動，隨後大量論同性母－女關係的作品蓬勃發展。

這些創新的思想家挑戰了傳統的二元理論，並聚焦在生理解剖差異上，重新激起了本質主義與建構主義間的辯證。紐約大學博士後課程的多元訓練，為新一代的精神分析男女平權主義者提供了肥沃的土壤。潔西卡．班傑明、妙麗葉兒．迪門（Muriel Dimen）、維吉尼亞．高德納（Virgina Goldner）、艾德里安娜．

哈里斯（Adrienne Harris），以及磐石中心（the Stone Centre）的琴・米勒貝克（Jean Miller-Baker）與卡羅爾・吉利根（Carol Gilligan）等，探討了女性氣質／男性氣質的社會性別二元與病理性分裂的心裡、人際關係和社會文化根源。

xxv

以下僅列舉近二十年的一些議題：熱衷於驅散以陽具為中心的定義，亦即將「女性定義為殘缺」，一些（女性）精神分析式的反詰，例如：利斯比・梅爾（Lisby Mayer）的「每個人都必須和我一模一樣」（1985），定義了最初的女性氣質／女性化，描繪出特定的女性身體焦慮，並挑戰佛洛伊德的「不成熟的」陰蒂高潮和想像中失去陰莖的「閹割」幻想等概念（如 Bernstein，Dorsey，Tyson，Richards，Elise，Lax）。其他女性的文章論述著重在西方社會中男孩和女孩因皆對女性照顧者形成最初的認同，而出現性別的特定敏感度是由關係而來、抑或具有主動性，以及獨特的同性別母親女兒關係，與此相符的是分析師的性別對移情的影響（參見本書相關敘述與後記）。此外，在這個時代之末，英國與美國皆有兩項「熱門」議題，主宰著第三世代的理論家，分別是創傷（以及「錯誤」記憶之爭）和同性戀，在此不予以探討。

隨著對女性議題之興趣日益高漲，國際精神分析學會意識到時機已經成熟，足以提供一個架構，「透過鼓勵在地、全國與跨國之合作，**推動主要關注女性議題之科學性、實務性和政策議題之探究**」。國際精神分析協會的女性與精神分析委員會（the Committee on Women and Psychoanalysis, COWAP）因應而生，女性與精神分析委員會（創始之初，在奧托・克恩伯格〔Kernberg〕與泰森〔Bob Tyson〕的協助下、瓊・拉斐爾-勒夫得以發揮長才，並於一九九八到二〇〇一年擔任第一屆國際主席）。在地的研究小組、研討會和國際大會涉獵的範圍很廣，從女性氣質－男性氣質性別刻板印象、女性身體的潛意識配置，乃至女權與機構階級的領導能力等議題；對女性精神分析師與受訓者的實務要求；新生兒發展與養育的概念轉變；生理心理與神經科學；體現與性心理；生產、繁殖、與生物倫理學……五大洲的女性精神分析師論及這些議題的作品，皆由國際精神分析協會的女性與精神分析委員會彙編、出版。

第三世代也受到新生兒研究影響，在多數的臨床敘述中，將互為主體性與自體由共同建構組成等概念置於核心。在英國，傳統的客觀主義人士將焦點放在患者潛意識病態式衝突之重複，然而「重建」過往正逐漸被取代，取而代之的是建構主義觀點，療程源於再度活化與往來互動、是「此時此刻」共同創造的，這點無論是獨立學派或是爾後的克恩萊學派皆然。在安娜·佛洛伊德學派之內也發生了變化，隨著對診療室內動力互動的探究，山德勒（Sandler）於一九七六年提出觀點：分析師的反移情式「角色反應」，實現了患者對關係的渴望。

在美國，一九七〇年代初期，自寇哈特（Kohut）的《自體分析》（*Analysis of the Self*）推動了新觀點，該觀點承繼了蘇利文（Sullivan）和英國的費爾貝恩（Fairbairn）、巴林（Balint）；xxvi 溫尼考特（Winnicott）等分析師，強調同理性照顧在結構上的重要性，以及源自早期剝奪與缺失而引起的自戀式「核心缺陷」。此時，這種母嬰互動的新概念，對傳統自我心理學（Ego Psychology）中自我掌握的嬰兒，帶來激烈的挑戰（見 Raphael-Leff，2009）。漸漸地，互為主體性成為美國自體心理學家的標誌（在與英國獨立學派共同組織的交流訪問中，達成了許多共識）。在這些理論轉變之後，美國轉向互為主體性觀點，包括開始對英國客體關係理論感興趣。互為主體性觀點，包括更加覺察到參與者雙方皆帶著他們私人的、生理的和文化嵌入上各方面的社會性別期待，進入分析歷程，也無可避免地滲入關係理論中，包括：情慾移情和診療室中社會性別的相關議題（僅舉幾例：巴新、班傑明、迪門、哈里斯、戈德納、庫利什、萊斯特、諾特曼、皮爾森、賴伊[2]）。多數研究指出，女性分析師喚起更早期、更直接、更強烈的母性移情（見本書後記）。

第四代英國女性精神分析師正踏入這場騷動，包括男女平權主義者的批評與後現代的多元概念，加上強調二分法解構，特別是社會性別的二極化。達娜・比克斯泰德-布林（1993, pp. 17-20）描述發展理論上，大西洋兩端的文化鴻溝正在減小，嬰兒研究也牢固地確立起心智之起源，是二方參與、對話而成。此刻，**互為主體性**、心智成長之本質為共同建構而出之概念、自體經驗之複雜的堆積成層，處於最新的臨床敘事中心。現在，理論假設加上**神經心理學**的影響（例如「多重密碼理論」〔multiple code theory〕〔Bucci, 2002〕），概述情感基模之發展，必須透過重複與照顧者互動，從非語言的次級象徵、象徵系統，然後才和語言結合。神經科學的發現，使我們更加認識，在嬰兒期受父母忽視、虐待或過度刺激會留下長期神經元損害。同樣的，英國長久以來的客體關係觀點，即早期發展未完全的新生兒主體性（Klein, Balints, Guntrip, Winnicott, etc），透過功能性磁振造影研

2　譯註：這裡的英文人名依序為：Bassin、Benjamin、Dimen、Harris、Goldner、Kulish、Lester、Notman、Person、Wrye。

究與心理觀察的微觀分析似乎獲得證實，顯示藉由鏡像神經元的引導進而模仿與溝通交流的意願，是新生兒與生俱來的能力。

撇除這些眾多影響，下個世代的精神分析師也面臨精神分析的「氣候變遷」，一種消極的**時代精神**，使得精神分析作為治療的功效必須轉向實證結果研究，並且就這些提問所帶來的影響修改理論。我們只能猜測未來的理論發展，並帶著興致展望其臨床與科學的展現。

參考文獻

Aron, L (1995) The Internalized Primal Scene. Psychoanalytic Dialogues 5:195-237

Barnett, M (1968) 'I can't' versus 'he won't': Further considerations of the psychical consequences of the anatomic and physiological differences between the sexes. *J. Am.Psychoanal. Assoc.*, 16:588-600.

Benedek, T (1977) The Polarity of the Sexes and its Decline *J. Am. Acad. Psychoanal.* 5:31-41

Benjamin, J (1995) *Sameness and Difference: An 'Overinclusive' View Of Gender Development* in *Like Subjects, Love Objects.* New Haven, CT:Yale University Press.

Breen, D (1993) *The Gender Conundrum*, New Library of Psychoanalysis, London: Routledge

Bucci, W (2002) The Referential Process, Consciousness, and the Sense of Self. *Psychoanal. Inq.* 22: 766-793

Chasseguet-Smirgel, J (ed) (1964) *Female Sexuality*, Virago, 1981

Chodorow, N (1978) *The Reproduction of Mothering – Psychoanalysis and the Sociology of Gender*, University of Berkeley Press.

de Beauvoir, S. (1949) *The Second Sex,* Trans. H. M. Parshley. New York: Alfred A. Knopf, 1953.

Edgcumbe, R. and Burgner, M (1975) The Phallic-Narcissistic Phase - a differentiation between Preoedipal and Oedipal Aspects of phallic development. *Psychoanal. StudyChild* 30: 161-180

Fast, I. (1979). Developments in Gender Identity: Gender Differentiation in Girls. *Int. J. Psychoanal.* 60: 443-453

Freud, S (1932) Femininity, *New Introductory Lectures on Psycho-analysis*, S.E. 22, pp. 112-135.

Greenson, R. (1968) Dis-identifying from mother: Its special importance for the boy. *Int. J. Psycho-Anal.*, 49:370-374

Jones, E. (1935). Early female sexuality. In: *Papers on Psychoanalysis*. London:Hogarth pp. 485-495.

Kohut, H. (1971) *The Analysis of the Self*. A Systematic Approach to the Psychoanalytic Treatment of Narcissistic Personality Disorders (Monograph Series of *The Psychoanal. Study Child*, No. 4 New York: International Universities Press, Inc.

King, P & Steiner, R.(1991). *The Freud–Klein Controversies 1941–45.* The New Library of Psychoanalysis, London:Routledge.

Mayer, E.L (1985) 'Everybody Must be Just Like Me': Observations on Female Castration Anxiety. *Int. J. Psychoanal.* 66: 331-347

Mitchell, J (1974) *Psychoanalysis and Feminism*, Allen Lane.

Mitchell, J & Rose, J (1982) *Feminine Sexuality. Jaques Lacan and the ecole freudienne* London, McMillan Press.

Perelberg, R J (2006) Controversial Discussions and Apres-Coup *Int. J. Psychoanal.* 87: 1199-1220.

Person, E. S., & Ovesey, L. (1983), Psychoanalytic theories of gender identity. *J. Amer. Acad. Psychoanal.*, 11:203-226

Raphael-Leff, J (2001)Women in the History of Psychoanalysis: female issues of gender, generation and genesis, in *Psychoanal. & Psycho-therapy.* 18/1 special issue, 'Women in Psychoanalysis: Memos for Future Historians', Edith Gould (ed), International Universities Press, Madison, Connecticut

_____(2009) 'The Intersubjective Matrix - Womb, Cradle, Couch', chapter in *Contemporary Independent Psychoanalysis'* (eds) S. Dermen, J. Keen & P. Williams, London:Karnac (in press).

Schaeffer, J et al (1999) *Clés pour le féminie – femme, mère, amante et fille*, Presses Universitaires de France

Shapiro, S.A (2002) The History of Feminism and Interpersonal Psycho-Analysis, *Contemp.Psychoanal.* 38: 213-256

Sherfey, M.J (1966) The evolution and nature of female sexuality in relation to psycho-analytic theory. *J.Am. Psychoanal.Assoc.*14: 28-125

Stoller, R. J (1968)The Sense of Femaleness *Psychoanal. Quart* 37: 42-55

Yonke, A & Barnett, M (2001). Persistence of early psychoanalytic thought about women. *Gender & Psychoanal.*, 6:53-73

Selected COWAP publications.

Psychoanalysis and Women Series:London: Karnac Books

- *The Embodied Female*, (ed) Mariam Alizade. 2002.
- *Constructing and Deconstructing Women's Power,* (ed) Beth J.Seelig Robert A.Paul & Carol B. Levy, 2002
- *Studies on Femininity*, (ed) Mariam Alizade, 2003
- *Masculine Scenarios*, (ed) Mariam Alizade, 2003

- *Dialogues on Sexuality, Gender and Psychoanalysis*, (ed) Irene Matthis, 2004
- *On Incest, Psychoanalytic Perspectives.* (ed) Giovanna Ambrosio, 2005
- *Motherhood in the XXI st century*, (ed) Mariam Alizade, 2006

1 開場

瓊・拉斐爾-勒夫（Joan Raphael-Leff）
國際精神分析學會女性與精神分析委員會創會主席

關於本書

《女性經驗》（*Female Experience*）這本書是為什麼而寫的呢？據我們所知，過去沒有任何一本書曾經將英國精神分析學會三個世代的女性分析師的貢獻集結起來，記錄與女人、女孩工作的臨床經驗，並且特定探究是什麼影響了女性的性與性別認同，這些對我們的思考其實是相當重要的議題。這本書的初心就是要將英國精神分析學會內豐富、多層次、繁盛的女性理論記錄下來，作者群呈現了橫跨不同學派的理論取向（克萊恩、當代佛洛伊德、獨立學派）和不同的學會成員狀態（從分析師候選人到訓練分析師），超過六十年的時間跨度。這個想法最早是在一九九〇年代初期會內期刊（*Bulletin*）徵求文章時浮出。為了整理稿件，我們特地聯絡上對女性工作領域有興趣的女性分析師。不幸地，在本書出版後，兩位貢獻卓越的作者伊妮德・巴林（Enid Balint）和瑪莉詠・柏格（Marion Burgner）已過世，然而她們的工作將會透過本書永遠活著。受制篇幅，我們不得不從「懷舊金曲」中精選出一篇，在瑪喬麗・布里斯利（Marjorie Brierley）、安娜・佛洛伊德（Anna Freud）、希薇亞・佩恩

（Sylvia Payne）、梅蘭妮・克萊恩（Melanie Klein）、葆拉・海曼（Paula Heimann ）和其他女性分析師等幾位天后論女性發展的論述中，經過深思熟慮之後，我們選了瓊・里維埃（Joan Riviere）的一篇文章作為那個時代思潮發展的示例。

我們的討論不可避免地圍繞在女性身體的象徵、幻想與慾望之間，特別是童年時期創傷、性虐待、飲食疾患、孕育生命、哺乳、周產期死亡（流產、死胎或新生兒死亡）與產後憂鬱等女性經驗。主題涵蓋女性相關的各種生命週期，包羅萬象的議題則有以治療為母體的內心關係，以及女性與女性分析師相遇時於潛意識面向的反移情迴響。儘管在臨床的工作中，這十五位分析師基於不同學派的指導原則下詮釋的風格略有不同，然而下列主題卻在所有的理論派別間一再出現：

- 在不連貫和「不知道」的狀態下，保有精神分析的立場，繼續相信意義的存在。 2
- 期望透過辨識無可避免的矛盾情感和不確定感，幫助受分析者突破延續一生的自我限制。
- 專注於過去和當前阻礙女性創造力發展的障礙。
- 經常藉由認識僵化或是身心症狀的展現，探索隱晦的早期連結，將之再活化。
- 透過頓悟和（女性對女性）真實的分析式交流，轉化過時的重複，發展新的相處模式。
- 相信每個生命轉變所伴隨的失落都需要受到正視，以及哀悼的重要性。透過哀悼的歷程，才能將心智現實原先所排除的部分納入，並接近自體之中難以觸及的面向。

每位作者依自己擅長的領域和理論素養書寫，各篇章再依其風格整合成冊。其中常見的方式為「說故事」類型，詳實地呈現臨床細微的素材如何在女人之間的分析式關係中開展，精彩地呈現出佔據女性心思的點點滴滴，描繪分析師沒說出口的思考，以及她如何以自己特殊的方式聆聽與了解，存在於過去和此時此刻那交織於內在與外在的、留存於意識與潛意識現實之間的隱微細節。

英國學會

就許多方面來說，我們學會的獨特性在眾多精神分析機構之間心照不宣。自創會起，女性就扮演極重要的角色，她們為學會的科學生命和訓練課程貢獻許多，並在委員會的重要核心職位上擔當重要角色。自一九一三年起，我們二十位精神分析學會會長之中曾出現五位女性：希薇亞．佩恩、漢娜．西格爾（Hanna Segal）、珀爾．金（Pearl King）、安妮-馬里．山德勒（Anne-Marie Sandler）和目前的伊爾瑪．布倫門．派克（Irma Brenman Pick）。許多他處的訓練通常堅持需先接受醫學訓練（這道關卡往往將女性申請者擋在門外），但英國學會不同之處在於，從一開始即有約百分之四十的英國學會會員，帶著多元背景投入精神分析的懷抱；廣納不同專業和訓練背景的自由，使得我們學會交流的風氣繁盛，這一點由過去八十年來，學會成員的著作主題多樣性即可看出。舉例來說，一九二六到三六年之間的主題涵蓋了精神分析與造型藝術、戀物癖與藝術、電影對心智的影響、服裝心理學、玩具心理學、兒童遊戲的心理學、社會變遷、人類學、

3

語言學、神話學、用藥習慣與成癮、犯罪學、幼兒教育、獻祭與其涵義、眼疾與情緒狀態、迷魂、飲食疾患、口吃、莎士比亞、貞潔與其奪取儀式、採取人工流產的潛意識動機、酗酒的情感面向、月經週期、陽痿和創造力等等。

此外，在這些不同背景文化薰陶下，我們的會員跨學門的多元性也反應在本書中。儘管創始會員皆是英國裔，卻各自在維也納、柏林或布達佩斯接受個人分析。因此，從一開始的建構，英國的精神分析經驗就越過島岸，到達海洋的彼端，嵌入了地理和情感上的牽絆。在和其他歐陸分析師充滿生命力的意見交流之基礎上，向國外（最初是受戰爭磨難的歐洲難民，稍後是遭南非流放的良知、亞洲的政治受難者、美國、加拿大、拉丁美洲、澳洲和紐西蘭）的候選人與分析師打開了學會的大門，因而再度添增了多樣性。

辯論的氛圍

英國學會也獨特地承載了至少三種理論思潮。回頭看來，是辯論的氛圍孕育了這些不同的思考方式。在一九二〇年代初期，有兩大吸引注意力的「爆火」議題：一則是**兒童精神分析**，這個佛洛伊德在一九二五年評論過的工作，成為精神分析研究的主題（摘自楊・布魯爾〔Young-Bruehl〕1988，p. 133）。在倫敦，蘇珊・艾薩克斯（Susan Isaacs）已經在她的幼兒學校創立兒童觀察訓練（1930）、瑪麗・查德威克（Mary Chadwick）則經開始兒童治療的工作，和妮娜・希爾勒（Nina Searl）、希薇亞・佩恩、愛麗克斯・史崔奇（Alix Strachey）和一些人都表達了對兒童分析的興趣；在布達佩斯，梅蘭妮．克萊恩藉由分析自己的孩子開始兒童分析，之後遷移到柏林；在維也納的赫敏．馮．赫格．赫爾穆斯（Hermine von Hug-Hellmuth）和安娜．佛洛伊德也為兒童治療。

漸漸地，透過提報兒童案例，治療技巧的異同開始浮現，在兩大學派之間，克萊恩的觀點（1926）認為遊戲等同於自由聯想，因此能允許詮釋潛意識幻想和焦慮；而安娜．佛洛伊德學派則視遊戲為無意識象徵物的展現與日常生活事件重演的混合物，這意味著迫於不成熟的自我、當下父母關係為主宰的移情，因此分析的態度必須調整（例如：分析白日夢和繪畫，並且帶有教育性的／解釋性的工作方式）（1926, 1927）。

同一時間，從亞伯拉罕（Abraham）的分析工作記錄〈女性閹割情結的表現形式〉（1920）（這篇發表的時間比〈對母親生育能力的嫉羨〉、〈性心理價值的世代間傳遞〉等主題都還要早）開始，和其作為佛洛伊德一九〇五年和晚期（1923, 1924, 1931）論文的答覆，聚焦書寫**女性原慾發展**的文章紛沓而至。對此主題的興趣並沒有侷限在診療室中。到了一九三〇年，「性別革命」的投票權[1]已經滿一百年，精神分析的詮釋觀點提供一個新的工具，揭開了心理和文化上女性之所以遭到貶低的潛意識來源這一神祕的面紗。

隨著在倫敦與維也納的分析師之間理論歧異的意識提高，三〇年代中期安排了許多授課、交流促進這些「火爆」議題的溝通。為了針對佛洛伊德的「男權主義」提出異議，歐內斯特．瓊

4

1 譯註：在民主社會中，婦女參政權允許女性擁有平等參與選舉投票與擔任候選人的政治權利。

斯（1927, 1933, 1935）與瓊・里維埃（1929〔收錄本書的第十二章〕，1936）成為派遣使節，闡述女性性發展的英國觀點，這些論述也獲得陣容堅強的女性英國分析師的支持，例如希薇亞・佩恩（1935）、瑪喬麗・布里斯利（1932, 1936）、梅蘭妮・克萊恩（1928, 1932）、蘇珊・艾薩克斯（1927）、妮娜・希爾勒、瑪麗・查德威克，西碧兒・亞堤斯（Sybille Yates）、卡琳・斯蒂芬（Karin Stephen）、愛麗克斯・史崔奇和梅里爾・米德爾莫爾（Merrell Middlemore）等，並從她們與女性兒童和成人患者的工作獲得了實證。

對陰道的覺知是那段時期熱烈討論的要點。在那十年間，佛洛伊德高舉具排他性的兩性一元論觀點——「不以生殖器（genital）為主，而是以陽具（Phallus）為主」——儘管一開始他承認忽略了「相對於男孩的小女孩發展歷程」（1923, p. 143），後來最初的男性性理論勝出了：「小女孩只是一個小型的男性」（1932）。和男孩一樣，女孩被認為只會覺知到男性的生殖器，直到發現自己已經遭到「閹割」。隨著對她沒有陽具的母親幻想破滅，她轉向去愛她的父親，透過放棄（「陽具」）自慰的行為，開道前行將她的性感帶從陰蒂改到陰道，並以渴望（他的）寶寶來取代陰莖嫉羨。女性氣質是以反作用力的方式構築於男性的基礎之上，而有個寶寶的願望則是次級的補償方案。克萊恩（1928, 1932）和其他分析師則主張原初的女性特質和女性生殖器的覺知（和天生的異性戀），也就是她們並不以自戀的角度描述擁有陰莖的願望，而是受原慾／性的慾望驅動而想獲得（父親的）陰莖。在倫敦城外，一九二二年卡倫・荷妮（Karen Horney, 1924, 1926）也對於將男性法則應用到女性身上感到不滿，（和反性別歧視理論家一樣）認為不該將女性視為天生有缺陷的存在，以及在「男性自戀」面前將女性生殖器比做「次級品」。爾後（1932, 1933），她將男性「畏懼女人」和否認陰道歸因於留存於心中對母親的恐懼，大聲倡議子宮嫉羨和社會上對母職的詆毀。

在那個年代發表的文章激勵著彼此，且文章中的多項論點經來回討論後橫跨歐洲，變得更具爭議。漸漸落定塵埃，女性分析師們各就定位，或是支持佛洛伊德的觀點——女孩較晚才發現她的陰道（Jeanne Lampl-de Groot, 1928; Helen Deutsch, 1925, 1930），或支持另一觀點——主張與生俱來即擁有對於內在生殖器的潛意識知識。後者包括了直接觀察小女孩獲得對早期陰道自慰的證據（Josine Muller, 1925），甚至是更早期，在吸吮快感時的陰道衝動活現（Brierley, 1936）。在這個觀點中，女孩的性蕾期（phallic phase）被當做防衛用的次級的機制（Jones, 1935），並且提出不分性別的假設「對陰道無知是對陰道的否認」（Horney, 1932, 1933）——這個否認是源自於「想像中與危險的性交有關的焦慮動機」（Brierley, 1934, p.26）。同意此觀點的分析師們認為，生命最初對女性特質的潛抑，源自於女孩對於與母親競爭的恐懼，她們擔心會帶來對女孩生殖器的報復性攻擊（Klein, 1932）。

如同茱麗葉・米切爾（Juliet Mitchell, 1974）指出，這項辯論漸漸陷入生物學主義的僵局，無論從社會學的角度（荷妮）或心理學的角度（朵伊契）都指向天生的傾向，與佛洛伊德式所強調的性別的文化意涵儼然是對立觀點。然而，以潛抑異性特質為表現形式的適應「文明化」歷程，佛洛伊德卻矛盾地以一種規範式的方式描述同構的解剖學術語（陰蒂、陰道、陰莖）。今日，當我們以時間優勢回顧，也許會納悶，女性性特質的辯論陷入晦澀難懂，有部分是因為這些理論源自相當不同的基礎，包含女性分析師們自身遭遇的挑戰、迎面的風險和對自身完整性的測試。面對順從規範的期待，她們如何保持自我反省與覺察，挑戰將陰道高潮「陽具化」、受虐狂、順從，而不被視為孩子般胡鬧或心理不正常呢？在這個主題上，佛洛伊德的聲明或許早為這場騷動奠定基礎：「如果一位女性分析師，並不認同她對陰莖有強烈的渴望，也沒有在她的臨床工作中強調此點，我們並不會非常驚訝。」（1940, p. 197）現在，和過去一樣，理論差異仍在，每位對這本書有貢獻的作者心中都有自己的答案，回答著歐內斯特．瓊斯的提問：「女性究竟是先天或是後天？」

到了一九四〇年代，由於發展理論和技術的歧異，此辯論在英國學會之內、在有名的論戰之時更為激烈（文字記錄請見金和史坦納〔Steiner〕1991）。梅蘭妮．克萊恩（在一九二六年離開柏林，定居倫敦）和安娜．佛洛伊德（受蓋世太保審訊後在，一九三八年六月，同佛洛伊德與其他重要的維也納分析師落腳倫敦）經常被視為兩個敵對陣營。然而，許多分析師參與了這場「論戰」，包括：蘇珊．艾薩克斯、保拉．海曼、瓊．里維埃、約翰．瑞克曼和溫尼考特（Winnicott），另一陣營則有芭芭拉．洛（Barbara Low）、朵洛西．伯林漢（Dorothy Burlingham）、梅麗塔．施米德貝爾（Melitta Schmideberg，克萊恩的女兒）和她的丈夫、芭芭拉．蘭托斯（Barbara Lantos）、凱特．弗里德蘭德（Kate Friedlander）、海德薇格（Hedwig ）、威利．賀佛爾（Willi Hoffer）等。在這兩大理論派系之間，還有一群尋找共識的人，她們是：瑪喬麗·布里斯利、希薇亞·佩恩、艾拉·夏普（Ella Sharpe），男性代表則有歐內斯特·瓊斯、約翰·鮑比（John Bowlby）、邁克爾·巴林（Michael Balint）和威廉·格里斯佩（William Gillespie）。這些中間學派的成員即後來大家熟悉的獨立學派，儘管同意古典精神分析理論和技術的基本精神，每位成員仍各自有自己理論上折衷的影響力（參見格雷戈里奧·可宏〔Gregorio Kohon〕，1986、艾瑞克·雷納〔Eric Rayner〕，1991，論獨立「學派」）。論戰期間一點也不乏味，那些爭辯不僅博學還生動得很，有時還有些辛辣，甚至有些炫技般的浮誇（安妮·海曼〔Anne Hayman〕最近提醒我，那個年代的女性分析師可是會戴著精美的禮帽前來學會，和各自「陣營」的成員坐在房間對立的兩側）。

透過接踵而來的討論，在後設心理學觀點上的區別支持下，理論位置漸漸就定位。「克萊恩學派」強調的是天生的施虐衝動導致對抗想像中的內在客體，而伊底帕斯衝突（早於嬰兒早期〔early infancy〕之前）被視為原初的攻擊，而不是原慾，它充滿著（想像中的）父母親報復嬰兒的嫉羨攻擊而帶來的妄想式焦慮，最初是用來對抗在母親身體裡的寶寶父親陰莖（克萊恩學派後期發展出的概念，見伊麗莎白·斯皮利烏斯〔Elizabeth Spillius〕，1988、羅伯特·辛希爾伍德〔Robert Hinshelwood〕，1994）。此觀點下的嬰兒小腦袋瓜充斥著內在衍生出的幻想，這一點截然不同於佛洛伊德學派所強調的，防衛機轉是為了對抗外來的危險（後來被安娜·佛洛伊德延伸闡述），而內在客體是內攝進來的、現實的表徵，包括：由認同父母所組成的超我，鋪排了放棄伊底帕斯願望的康莊大道（此概念在當代佛洛伊德學派的發展，見 Sandler，1987；Sandler et al.，1992）。顯而易見的，這兩種對嬰兒期的觀點不僅僅是學術上的不同，而是在出發點就是不一樣的思路，是不相容的派典。那段激昂的討論結果之一，就是所謂（三位有說服力的女士簽的！）「紳士協議」，如此一來，意識型態上的歧異能夠獲得認可，讓學院三方鼎立，亦可確保政治能量和訓練議題上的平衡。

三足鼎立

簡潔描述這五十多年來理論差異的方式是，「一人」（唯我論的）、「兩人」（交互論）、「三人」（伊底帕斯）心理學（Rickman, 1951）。我認為可以把這場持續的辯論想像成一個「三角形」：圍繞著父親、母親和寶寶。從歷史上看來，權力結構也隨著人物出場更迭，例如伊底帕斯父親是第一位當權代表，讓位給更重要的母嬰關係。在英國學派的客體關係理論，獨立和自主這個古典的平衡結構被重新架構：聚焦在前伊底帕斯期的依附關係和一輩子的相互依靠，或是費爾貝恩（Fairbairn）所謂的「成熟的依賴」（1946）。他和克萊恩對生命之初如何點亮嬰兒的心智世界，各自定焦於不同處，她重視嬰兒天生的原始幻想（1932），他則認為生命之初並無力區別，並強調「認同客體的狀態」（1941, p.48），與內化令人挫敗的客體做為防衛所用（1943）。那時的倫敦也開始重視母親的重要性，儘管三個理論團體思索母親重要性的方式各有不同。在佛洛伊德學派裡，依附關係是「依賴」（anaclitic），是隨著生理需求的滿足，兒童逐漸離開慾望自我滿足的狀態，進入客體關係。在克萊恩學

7

派，口腔非常重要。從嬰兒的視角，母親是內在「客體」，一個「乳房」的附屬品，或是一個要被佔有的、神祕的身體。相反地，獨立學派則強調關係的現實，視嬰兒為主動追尋「原初的愛」（Michael Balint, l952）；母親和寶寶之間對彼此關注的相互性與認同（Alice Balint, 1939）；哺乳是次要於依附關係的（John Bowlby, 1956）。

這是一個受惠於三個團體之間的「三方對話」而形成相互影響的領域，儘管仍有不同，逐漸地，二人關係對於構築內在現實的本質的重要性成為共識，這始於溫尼考特在學會一個週三科學會議中說出的金句：「這世界上（沒有母親就）沒有寶寶這回事。」（There is no such thing as a baby [without a mother.]）他強調，不僅母親的生理性照料是重要的，她所提供的「護持」（holding）、漸進的介紹和闡釋外在的「共享世界」也同等重要（1952）。無論新生兒被看做「尚未分化」、「共生式融合」，或是「不斷在投射的」，其後自我（selfhood）的演進這項議題，便在英國學會的骨子裡持續地探討（瑞克曼的「一人」關係或是溫尼考特的「孤獨的能力」〔Winnicott, 1958〕都是兩人關係中互為主體性、內攝入情感涵容、消化吸收了母親的臨在與她的遐思（reverie）能力的**結果**（Wilfred Bion, 1962; Daniel Stern, 1985; Peter Fonagy, 1995）。生命之初有幸從母親那兒獲得的照顧，具有延續一生的治療性影響。

一些美國精神分析師（Chodorow, 1989）研究了女性提供的母性照顧對於兩性的個體化歷程差異：男孩必須對主要照顧者「去認同化」（Greenson, 1968），以及女孩繼續嵌入保持聯繫和連通性的網絡中（Jordanet al., 1991），這個結論導向道德感的發展並非自發，而是通過脈絡情境發展出的關懷能力（Gilligan, 1982）。近幾年，部份受新生兒研究和依附理論研究影響，早期關係模型擴張到將父親涵納進來，父親不再只是母嬰配對的保護者，或是文化象徵上媽媽寶寶之間的介入者，也被看做是他獨特的存在——在生命的第四週就被視為（伊底帕斯期前）原初的人物（Yogman, 1982）。

我在別處說過，精神分析理論無可避免是根植於寶寶、母親和父親三者之間的本質構想。同樣地，對嬰兒天資的看法不同，對父母親照料的期待也會不一樣，用比喻的方式來延伸，也造就了**不同心理治療取向對治療關係的不同形塑**，有的強調分離和界線、有的聚焦於內在，亦有雙向交換的關係（Raphael-Leff, 1986, 1993）。

心理治療關係

8

作為精神分析師，我們總是在和用來表達潛意識幻想的、固有的困難搏鬥，並緊緊抓住稍縱即逝的、自體和慾望呈現的片刻。我們同時敏覺文化裡的隱喻和不言而喻的假定，同時形塑也限縮了關於心智和軀體狀態可能賦有的意義。在我們的工作中，毫無疑問地，我們被每位受分析者特有的呈現所影響，包括：出席、語氣、靜默、語義指涉內容的特異處和非語言溝通影響；受他／她對性的見解和在潛意識中世代相傳的性別概念所影響；受他／她用身體非語言地演示和陳述的影響。同樣地，我們的工作也受我們個人的決定性因素影響，並且無可避免地影響診療室內談話流動的詮釋。

佛洛伊德在他談論技術的文章中提出，分析師「均勻分散的注意力」和自由聯想同等重要（1912），所以應將分析發展為一種**關係**。分析師與受分析者交流的特點是一種曖昧不明的對稱——受分析者將早年經驗的移情帶到診療室裡，因為受分析者屈服重複的衝動，現在這種衝動現在取代了要記憶的本能。（1914, p. 151）另一方面，分析師的**反移情**：兩造無意識的系統具「強大爆發的推進力」之辯證，在分析師心裡進行三方的搏鬥，以對抗企圖把她拉下分析師水平的力量；分析之外，則要對抗被分析者的過度評價（1915, p. 170）。

英國學會中，針對反移情的觀點經歷了巨大的變化，打從一開始反移情被視為分析師的內在阻抗和在潛意識中受患者的影響形成的病態反應，直至今日，**反移情**被視為分析師對患者的移情的綜合物（M. Balint, 1933），或是一段包含「反移情中的恨」（Winnicott, 1947）的矛盾關係當中顯露的一角。如同我們將在本書章節讀到的，當代的英國分析師多數認同保拉．海曼的看法，認為分析師的情緒反應，不僅不是障礙物，反而是有用的「工具」，是能「探測患者無意識的方法」（Heimann, 1950, p.74）。扮演患者的「輔助性自我」，分析師問他自己：「患者在對誰做什麼？為什麼？」並使用移情詮釋來還原 「此刻的過去」。（Heimann, 1950, p.305）與此同時，分析師探索反移情為何發生，帶著共情詢問他／她自身的感受是什麼？為何是在此刻發生？（Little, 1951）因而活用了潛意識層次的理解（Ella Sharpe, I947），並透過「中立」使這種「情感反應」得以運用潛意識中的前語言期素材（Pearl King, 1978）。其他獨立學派學者呼籲分析師要有「負向的能力」，留在不確定和「完全不知道」的狀態裡（Coltart, 1992, p. 7），並在融合與分化的震盪中保有創造力（見 Milner，1987），才能讓反移情中較為原始的感知受到初級歷程的理解。但是，分析師只是媒介嗎？還是分析師是（有性特徵的）參與者？ 9

提到反移情的來源時，各家理論觀點不大相同，到底是來自於患者？還是分析師呢？或者是過去關係的重複？克萊恩學派傾向於將反移情視為患者的溝通和表達潛意識中無法容受的情感（Bion, 1962）；反移情經常包含投射性－認同，和讓分析師行動化的非語言壓力（Betty Joseph, 1983）。但一致認同的是，被患者投射時的誘惑和攻擊都會入侵分析師的心智，可能壓垮分析師，特別是當患者是他們自己父母投射的對象時（Hanna Segal, 1977），有時，這些令人不舒服之處正好卡住分析師最脆弱之處（見 Irma Brenman Pick，1985）。對「正常的反移情」的吸收、辨識和詮釋，這個循環歷程輪替在內攝性認同共情狀態（當患者表現出「分析師的潛意識幻想中那個損傷的客體」或是「從前較不成熟或病態的部份」時）和透過詮釋再投射之間（Money-Kyrle, 1956, pp. 360-361）。當代佛洛伊德學派則將反移情視為一寬廣的光譜，是分析師對個案企圖 「實現」自體－客體互動時的反應（Sandler, 1976）。一些獨立學派工作者，將分析師感覺看做相互交流的產物——移情和反移情是「虛幻的（單一）系統」（Symington, 1983）的兩個部分，是一段近似於原初的母－嬰「轉化性客體」情境的共情經驗（Bollas, 1987）。橫跨理論取向皆同意的是，當反移情是治療歷程中無可避免的一部分時，唯有透過分析師的自我覺知與維持內在心智自由的能力，不僅經驗、也細覽和特定患者工作時所升起的感覺，才能帶來更深刻的理解。

性別和分析歷程

佛洛伊德在他論〈女性特質〉的文章中談到：「當你和一個人相會，你會先辨別他／她是「男或女」？」（1932, p. 113）。以杜利特談論她不安的名言作開場：「我並不喜歡在反移情中作為母親，那總是有些驚嚇到我。我是很男子氣概的。」（Doolittle H.D., 1974, pp. 146-147）診療室內，分析師受邀和表現在人際交換模式中那隱微的性別限制搏鬥，當然這些也發生在診療室外。然而，該領域仍有許多尚未探究之處。

儘管近年來，有一些人對治療交會中性別帶來的影響感興趣，但其焦點仍多放在跨性別議題上。少數例外則聚焦在女性和女性之間，強調反移情中的過度認同 和「母性」過度保護（Bernstein and Warner, 1984）、分析師對抗同性戀的防衛、父性移情、競爭和延長的退化（McDougall, 1986; Bernstein, 1991）、對性相關素材的壓抑和性別相關的盲區（Kulish, 1986）、患者的親密議題和母性客體的距離和移情裡的性徵化（Lester, 1990）。一份美國分析師的研究發現，許多相關的主題支持，女性分析師的性別會帶來影響（Kulish, 1984）。一份對資深女性分析師（包含四位來自英國學會）的跨國訪談研究，顯示僅有一些女性分析師討論分析師的生理性別可能帶來哪些潛在效應，且對此現象的反應有著天差地遠的不同（Baruch and Serrano, 1988）。南希．喬多羅（1989）在她對早期女性精神分析師做的研究中說到，自我反省也是文化形塑出來的，並且指出這並不是「性別盲」造成，較資深的分析師所處的世代，讓她們經驗到性別是一項特點，是社會上的分類，將大眾／理論上、家庭的／個人區別開來理解，或是像茱蒂絲・凱斯登堡（Judith Kestenberg, 1980）強調「女性特質的三個面向」——母職、情慾和職涯／智性發展。

這本書重複提到某些主題，特別是在女性對女性的分析中容易喚醒的原初母性移情和較深的退化傾向。我這麼主張，是因為這本書將說明女性分析師和女性患者工作時，將經歷許多源於同為女性的身體感官中的反移情共鳴，共享患者生命早期的意象，同時在性心理的各種表徵中緊密配合或碰撞而產出多重的表達方式。何況，儘管專業上觀點不同，文化上我們立場一致。

不管分析師是什麼性別，中立都能允許移情現象的發展；另一方面，分析師（非無性）的生理性別對治療歷程的本質有著難以言喻的影響，模糊這兩者的界線造成了難題。後者的情況在分析師經歷懷孕時無可避免所帶來的影響中有詳細闡釋，懷孕喚醒了每位患者心中最深刻的嬰兒期衝突（Lax, 1969）、對女人豐饒的創造力，以及胎兒感到嫉羨、對性的好奇、手足競爭等等（Raphael-Leff, 1980, 1993; Lazar, 1990），還有反移情的效應（Mariotti, 1993; Etchegoyen, 1993）。同樣地，從臨床經驗中我看見有特定議題的女性，例如：生殖困難、孩提時受（男性的）性虐待，或是在青春期前失去母親，都會帶出見女性治療師時的特異之處。

對於在客體關係的架構下，以互為主體性交流的假設為基礎工作的臨床工作者來說，性別議題變得益發重要，這點並不令人驚訝。因為精神分析的概念，更加建構為（有性特徵的）個體之間的親密交會，進而產生意識和潛意識交相的辯證歷程。另一方

面，英國學會內有許多分析師，像葛洛佛（Glover, 1940）篤信他
11 ／她的生理性別對分析歷程並不重要，基於這個假設，受分析者
會將可以勾起移情的「鉤子」視為可以互換的。

本書概要

考慮到最初與女性身體的交會，我們選擇從探索「和母親最初的連結」相關的想法開始。本書由伊妮德・巴林（Enid Balint）的章節開啟，記下她們的關係中，女性傾向於以原初母親－女嬰、身體上「相互掛念」的方式來產生關係。她展現了自身對此主題的興趣，描述了女性因早年母親的憂鬱而覺得自己再不能在身體上感到滿足或令人滿意，而女性分析師在分析這樣的女性時感受到的難題。緊接在後的是，瑪莉亞・塔蘭迪尼（Maria Tallandini）說明女性與女性的治療配對中，出現對合併的強烈期望——恐懼。在案例解說外，她也回顧了關於治療師性別如何影響治療的文獻。羅辛・約瑟夫・佩雷伯格（Rosine Jozef Perelberg）描繪她如何覺知到內建在原初的女性、母－女分化中的危險，以及身為一位女性受分析者，她如何使用身體上的重演迴避言語記憶。此章節的焦點在於，當過去遭到徹頭徹尾消除時，所造成的思考／連結的困難。卡塔利納・布倫斯坦（Catalina Bronstein）描述一位女孩深深恨著母親的女性特質，以及她的早年關係如何影響她在性認同中的掙扎，並且如何透過同性戀情尋找一段理想化的母－女關係。瑪莉詠・柏格的章節述說她和患有神經性暴食症的青少女工作——患者覺得她和她的母親「活在彼此的肌膚底下」（互看不順眼）；分析治療提早結

束，同時展現一位「吵鬧、高需求的嬰兒」對於得到協助感到絕望，和一位「得意洋洋的殘暴兒童」破壞了工作。第一部的最後一章，達娜・比克斯泰德-布林（Dana Birksted-Breen）敘述與一位幾乎全然靜默的女性厭食症患者的分析工作中，分析師被擾動的感覺。本章也聚焦在早期與母親融合的願望和恐懼，並使用厭食症為極端的手段，企圖與母親的身體分離，並以沉默來拒絕接受身分認同。

本書的第二部，我們著眼於養育兒女的過程中，原初的母－嬰經驗如何重新啟動。由迪諾拉・派因斯（Dinora Pines）的文章起頭，她探查懷孕與流產和早期心智發展的關聯，以及女人們是如何使用具生育能力的身體來表達心智的情緒狀態。在〈創造力和生育力：單親幻想〉的章節中，葆拉・馬里奧蒂（Paola Mariotti）聚焦分析一位女性的經驗，說明這位患者的理想化母親，並且要獨佔母親的關係的強迫性，如何阻礙其創造力的發展。戴博拉・施泰納（Deborah Steiner）的文章繼續討論這些主題。她探討，當母親有困難區別自己嬰兒般的感受和寶寶的原始經驗時，這段困難的原初的關係－兩人共享的瘋狂（folie à deux），在進入女性對女性的治療情境時所帶來的影響。瑪姬・密爾斯（Maggie Mills）的文章，以在分析師的診療室中不常見到的女性工作為基礎，探討產後憂鬱。她探究在女性對女性的治療脈絡下，重新理解頑強的嬰兒式信念，以及理想化古早的母親防衛建置。最後，艾莉西亞・埃切戈延（Alicia Etchegoyen）用兒童分析的案例，仔細地審視胎兒／新生兒死亡帶來的衝擊，闡明當母親的心中仍未哀悼死嬰時，如何帶來跨世代的影響，干擾她的女兒的幸福感，而此類案例帶來的強烈情感暗流又如何衝擊她們

12

進行的工作。

本書最後一部[2]，我們聚焦在「女性特質」和女性對女性的分析歷程，以瓊・里維埃於之前提及的、思潮蓬勃發展交流的黃金年代寫下的文章為首。也許有些陳舊，但也是另一種新鮮。她以她稱之為「偽裝」的主題，勾勒高智力的女子如何輕挑地假裝尋求安慰，遮掩她們佔有了父親的陰莖，並在歷程中去平息或減輕因施虐式地閹割了父親、並剝奪了母親所帶來的焦慮和罪惡感。她沒有明說的，是以象徵等同為基礎，運用其心智等同於那個（偷來的）陰莖。這和我的章節的想法一致，因創造力和生育力合併而來的困難會阻礙昇華。我提出「生成創造認同」——作為性別認同一個特別的面向——這個概念，我探索女性對女性的治療關係脈絡下，那些似乎樂於接受修正的障礙。珍・藤普里（Jane Temperley）探問，伊底帕斯情結對女性來說是不是個壞消息？和其他眾多作者一樣，她也著重在性別的習得、認同、分離代表令人難受的被排除，還有女性個案控制女性分析師的企圖——顯見要活在亙古的母親身體裡的自大全能幻想。最後的最後，我們的書在薇樂莉・西納森（Valerie Sinason）生氣勃勃的章節畫下句點，她的素材來自和學習障礙的女孩或女性、個別的或團體的治療工作，藉著文字或非語言的溝通，專注且生動地探究性別相關議題，例如身體表徵、性徵和生育。

2　編註：本篇收錄於原文書一九九七年的版本，當時還未收錄第四部。

參考文獻

Abraham, K. (1920) 'Manifestations of the female castration complex', in *Selected Papers on Psycho-Analysis*, London: Hogarth, 1949.

Baker-Miller (1984) 'The development of a woman's sense of self', *Work in Progress*, 12, Wellseley Stone Centre Working Papers Series.

Balint, A. (1939) 'Love for the mother and mother love', in *Primary Love and Psychoanalytic Technique*, ed. M. Balint, London: Tavistock, 1952, pp. 91–108.

Balint, M. (1933) 'On transference of emotions', in *Primary Love and Psychoanalytic Technique*, London: Tavistock, 1965.

—— (1952) *Primary Love and Psychoanalytic Technique*, London: Tavistock.

Barnett, M.C. (1966) 'Vaginal awareness in infancy and childhood of girls', *J. Amer. Psychoanal. Assoc.* 14:129–141.

Baruch, E.H. and Serrano, L.J. (1988) *Women Analyse Women – in France, England and the United States*, New York: New York University Press.

Bassin, D. (1982) 'Woman's images of inner space', *Int. Rev. Psychoanal.* 9:191–205.

Benedek, T. (1959) 'Parenthood as a developmental phase: a contribution to libido theory', *J. Amer. Psychoanal. Assoc.*7:389–417.

Bernstein, D. (1990) 'Female genital anxieties, conflicts and typical mastery modes', *Int. J. Psychoanal.*71:151–167.

—— (1991) 'Gender specific dangers in the female/female dyad in treatment', *Psychoanal. Rev.* 78 (1): 37–47.

Bernstein, A. and Warner, G.M. (1984) *Women Treating Women: Case Material from Women Treated by Female Psychoanalysts*, New York: International Universities Press.

Bion, W.R. (1962) *Learning from Experience*, London: Heinemann.

Bollas, C. (1987) *The Shadow of the Object*, London: Free Association Books.

Bowlby, J. (1956) 'The effects of mother–child separation', *Brit. J. Med. Psychol.* 29:48–73.

Brenman Pick, I. (1985) 'Working through in the countertransference', *Int. J. Psychoanal.* 66:157–166.

Brierley, M. (1932) 'Problems of integration in women', *Int. J. Psychoanal.* 13:433–448.

—— (1934) *Trends in Psycho-Analysis*, London:Hogarth, 1951.

—— (1936) 'Specific determinants in feminine development', *Int. J. Psychoanal.*17:163–180.

Butler, J. (1993) *Bodies that Matter – On the Discursive Limits of 'Sex'*, London: Routledge.

Chasseguet-Smirgel, J. (1976) 'Freud and female sexuality: the consideration of some blind spots in the exploration of the "dark continent"', *Int. J. Psychoanal.* 57:275–286.

Chodorow, N. (1978) *The Reproduction of Mothering – Psychoanalysis and the Sociology of Gender*, Berkeley: University of California Press.

—— (1989) 'Seventies questions for thirties women:gender and generation in a study of early women psychoanalysts', in *Feminism & Psychoanalytic Theory*, New Haven, CT: Yale University Press.

Coltart, N. (1992) *Slouching Toward Bethlehem . . . and Further Psychoanalytic*

Explorations, London: Free Association Books.
Deutsch, H. (1925) 'Psychology of women in relation to the function of reproduction', *Int. J. Psychoanal.* 6:405–418.
—— (1930) 'The significance of masochism in the mental life of women', *Int. J. Psychoanal.*11:48–60.
Doolittle, H. (H.D.) (1974) *Tribute to Freud*, New York: McGraw-Hill.
Etchegoyen, A. (1993) 'The analyst's pregnancy and its consequences on her work', *Int. J. Psychoanal.* 74:141–150.
Edgecumbe, R. and Burgner, M. (1975) 'The phallic-narcissistic phase', *Psychoanal. Study Child* 30:161–180.
Erikson, E.H. (1950) *Childhood and Society*, New York: Norton.
Fairbairn, R. (1941) 'A revised psychopathology of the psychoses and psychoneuroses', in *Psycho-Analytic Studies of the Personality*, London: Routledge, 1952, pp. 28–59.
—— (1943) 'The repression and the return of bad objects', in *Psycho-Analytic Studies of the Personality*, London: Routledge, 1952, pp. 59–81.
—— (1946) 'Object relationships and dynamic structure', in *Psycho-Analytic Studies of the Personality*, London: Routledge, 1952, pp. 137–151.
Fonagy, P. (1995) 'Playing with reality: the development of psychic reality and its malfunction in borderline personalities', *Int. J. Psychoanal.* 76: 39–50.
Freud, A. (1926) 'Introduction to the technique of child analysis', in *The Psycho-Analytical Treatment of Children*, London: Hogarth, 1955.
—— (1927) 'The theory of children's analysis', in *The Psycho-Analytical Treatment of Children*, London: Hogarth, 1955.
Freud, S. (1905) 'Three essays on the theory of sexuality', *S.E.*7:125–243.
—— (1912) 'The dynamics of transference, papers on techique', *S.E.* 12: 97–108.
—— (1914) 'Remembering, repeating and working-through (further recommendations on the technique of psycho-analysis II)', *S.E.* 12: 145–156.
—— (1915) 'Observations on transference-love (further recommendations on the technique of psycho-analysis III)', S.E. 12: 159–171.
—— (1923) 'The infantile genital organization of the libido', *S.E.* 19:141–153.
—— (1924) 'The dissolution of the Oedipus complex', *S.E.* 19:173–182.
—— (1925) 'Some psychical consequences of the anatomical distinction between the sexes', *S.E.* 19:243–258.
—— (1931) 'Female sexuality', *S.E.* 21:225–243.
—— (1932) 'Femininity', in *New Introductory Lectures on Psychoanalysis*, *S.E.* 22:112–135.
—— (1940) 'An outline of psycho-analysis', *S.E.* 23:141–207.
Galenson, E. and Roiphe, H. (1976) 'Some suggested revisions concerning early female development', *J. Amer. Psychoanal. Assoc.* 24: 29–57 (supplement – female psychology).
Gilligan, C. (1982) *In a Different Voice*, Cambridge, Mass.: Harvard University Press.
Glover, E. (1940) *The Technique of Psychoanalysis*, Baltimore: Wilkins & Wilkins.
Greenson, R. (1968) 'Dis-identifying from mother: its special importance for the boy', *Int. J. Psychoanal.* 49:370–374.
Heimann, P. (1950) 'On counter-transference', in *About Children and Children-No-Longer: Collected Papers 1942–1980*, eds P. Heimann and M. Tonnesman, London: Routledge, 1989.
—— (1956) 'Dynamics of transference interpretations', in *About Children and Children-No-Longer: Collected Papers 1942–1980*, eds P. Heimann and M.

Tonnesman, London, Routledge, 1989.
Hinshelwood, R.D. (1994) *Clinical Klein*, London: Free Association Books.
Horney, K. (1924) 'On the genesis of the castration complex in women', *Int. J. Psychoanal.* 5: 50–65.
—— (1926) 'The flight from womanhood: the masculinity complex in women as viewed by men and women', *Int. J. Psychoanal.* 7:324–329.
—— (1932) 'The dread of women', *Int. J. Psychoanal.* 13:348–360.
—— (1933) 'The denial of the vagina', in *Feminine Psychology*, ed. H. Kelman, New York: Norton, 1993.
Isaacs, S. (1927) 'Penis–faeces–child', *Int. J. Psychoanal.* 8: 74–76.
—— (1930) *Intellectual Growth in Young Children*, London: Routledge & Kegan Paul.
Jones, E. (1927) 'The early development of female sexuality', *Int. J. Psychoanal.* 8:459–472.
—— (1933) 'The phallic phase', *Int. J. Psychoanal.* 14:1–33.
—— (1935) 'Early female sexuality', *Int. J. Psychoanal.* 16:263–273.
Jordan, J., Kaplan, A.G., Miller, J.B., Stiver, I.P. and Surrey, J.L. (1991) *Women's Growth in Connection: Writings from the Stone Centre*, London: Guilford Press.
Joseph, B. (1983) 'On understanding and not understanding: some technical issues', *Int. J. Psychoanal.* 64:191–198.
Kestenberg, J.S. (1956) 'Vicissitudes of female sexuality', *J. Amer. Psychoanal. Assoc.* 4:453–476.
—— (1968) 'Outside and inside, male and female', *J. Amer. Psychoanal. Assoc.* 16:457–520.
—— (1980) 'The three faces of femininity', *Psychoanal. Rev.* 67:313–335.
King, P. (1978) 'Affective responses of the analyst to the patient's communication', *Int. J. Psychoanal.* 59:329–334.
King, P. and Steiner, R. (1991) *The Freud–Klein Controversies 1941–45*, London: Tavistock/Routledge.
Klein, M. (1926) 'The psychological principles of early analysis', in *Love, Guilt and Reparation and Other Works 1921–1945 by Melanie Klein*, London: Hogarth, 1981.
—— (1928) 'Early stages of the Oedipus conflict', *Int. J. Psychoanal.* 9:169–180.
—— (1932) 'The effects of early anxiety-situations on the sexual development of the girl', in *The Psycho-Analysis of Children*, London: Hogarth.
—— (1945) 'The Oedipus complex in the light of early anxieties', *Int. J. Psychoanal.* 26:11–33.
Kohon, G. (1986) *The British School of Psychoanalysis – The Independent Tradition*, London: Free Association Books.
Kulish, N.M. (1984) 'The effect of the sex of the analyst on transference', *Bulletin of the Menninger Clinic* 48:93–110.
—— (1989) 'Gender and transference: conversations with female analysts', *Psychoanalytic Psychology* 6:59–71.
Lampl-de Groot, J. (1928) 'The evolution of the Oedipus complex in women', *Int. J. Psychoanal.* 9:332–345.
Lax, R. (1969) 'Some considerations about transference and countertransference manifestations evoked by the analyst's pregnancy', *Int. J. Psychoanal.* 50:363–372.
Lazar, S. (1990) 'Patients' responses to pregnancy and miscarriage in the analyst', in *Illness in the Analyst*, eds H. Schwartz and A. Silver, New York: International Universities Press.
Lester, E.P. (1990) 'Gender and identity issues in the analytic process', *Int. J.*

Psychoanal. 71:435–444.

Little, M. (1951) 'Counter-transference and the patient's response to it', *Int. J. Psychoanal.* 32:32–40.

McDougall, J. (1986) 'Eve's reflection: on the homosexual components of female sexuality', in *Between Analyst and Patient: New Dimensions in Countertransference and Transference*, ed. H. Meyers, Hillsdale, NJ: The Analytic Press, pp. 213–228.

Mahler, M., Pine, F. and Bergman, A. (1975) *The Psychological Birth of the Human Infant*, London: Hutchinson.

Mariotti, P. (1993) 'The analyst's pregnancy: the patient, the analyst, and the space of the unknown', *Int. J. Psychoanal.* 74:151–164.

May, R. (1986) 'Concerning a psychoanalytic view of maleness', *Psychoanal. Rev.* 73: 579–597.

Milner, M. (1987) *The Suppressed Madness of Sane Men*, London: Routledge.

Mitchell, J. (1974) *Psychoanalysis and Feminism*, Harmondsworth and New York: Penguin.

Money, J. and Ehrhart, A. (1972) *Man and Woman, Boy and Girl*, Baltimore: Johns Hopkins University Press.

Money-Kyrle, R. (1956) 'Normal counter-transference and some of its deviations', *Int. J. Psychoanal.* 37:360–366.

Montrelay, M. (1993) 'Inquiry into femininity', in *The Gender Conundrum: Contemporary Psychoanalytic Perspectives on Femininity and Masculinity*, ed. D. Breen, London: New Library of Psychoanalysis.

Muller, J.A. (1925) 'A contribution to the problem of libidinal development of the genital phase in girls', *Int. J. Psychoanal.* 13:361–368.

Parens, H., Pollock, L., Stern, J. and Kramer, S. (1976) 'On the girl's entry into the Oedipus complex', *J. Amer. Psychoanal. Assoc.* 24:79–107.

Payne, S.A. (1935) 'A conception of femininity', *Brit. J. Med.Psychol.*15:18–33.

Person, E. (1985) 'The erotic transference in women and men: differences and consequences', *J. Amer. Acad. Psychoanalysis* 13: 159–180.

Raphael-Leff, J. (1980) 'Psychotherapy with pregnant women', in *Psychological Aspects of Pregnancy, Birthing and Bonding*, ed. B. Blum, New York: Human Sciences Press.

—— (1986) 'Facilitators and Regulators: conscious and unconscious processes in pregnancy and early motherhood', *Brit. J. Med. Psychol.* 59:43–55.

—— (1991) *Psychological Processes of Childbearing*, London: Chapman & Hall.

—— (1993) *Pregnancy: The Inside Story*, London: Sheldon Press (New York: Jason Aronson, 1996).

Rayner, E. (1991) *The Independent Mind in British Psychoanalysis*, London: Free Association Books.

Richards, A.K. (1992) 'The influence of sphincter control and genital sensation on body image and gender identity in women', *Psychoanalytic Quarterly* 61:331–351.

Rickman, J. (1951) 'Number and the human sciences', in *Selected Contributions to Psycho-Analysis*, London: Hogarth, 1957.

Ritvo, S. (1989) 'Panel: current concepts of the development of sexuality' (reported by S.Vogel), *J. Amer. Psychoanal. Assoc.* 37:787–802.

Riviere, J. (1929) 'Womanliness as a masquerade', *Int. J. Psychoanal.* 10: 303–313.

—— (1936) 'On the genesis of psychical conflict in earliest infancy', *Int. J. Psychoanal.* 17: 395–422.

Sandler, J. (1987) *From Safety to Superego*, London: Karnac Books.

Sandler, J. (1976) 'Countertransference and role-responsiveness', *Int. Rev. Psychoanal.* 3: 43–47.
Sandler, J., Dare, C. and Holder, A. (1992) *The Patient and the Analyst – The Basis of the Psychoanalytic Process* (revised), London: Karnac Books.
Segal, H. (1977) 'Countertransference', *Int. J. Psychoanal. Psychother.* 6:31–37.
Sharpe, E. (1947) 'The psycho-analyst', in *Collected Papers on Psycho-Analysis*, London: Hogarth, 1950.
Spillius, E. Bott (ed.) (1988) *Melanie Klein Today: Developments in Theory and Practice*, vols I and II, London: Routledge.
Stern, D. (1985) *The Interpersonal World of the Infant: A View from Psychoanalysis and Developmental Psychology*, New York: Basic Books.
Stoller, R.J. (1976) 'Primary femininity', *J. Amer. Psychoanal. Assoc.* 24:59–78 (supplement – female psychology).
—— (1985) *Presentations of Gender*, New Haven, CT: Yale University Press.
Sweetnam, A. (1996) 'The changing contexts of gender between fixed and fluid experience', *Psychoanalytic Dialogues* 6:437–460.
Symington, N. (1983) 'The analyst's act of freedom as agent of therapeutic change', *Int. Rev. Psychoanal.* 10: 407–413.
Tyson, P. and Tyson, R.L. (1990) *Psychoanalytic Theories of Development: An Integration*, New Haven, CT: Yale University Press.
Winnicott, D.W. (1947) 'Hate in the countertransference', Chapter 15 in *Through Paediatrics to Psycho-Analysis*, London: Hogarth, 1982.
—— (1952) 'Anxiety associated with insecurity', Chapter 8 in *Through Paediatrics to Psycho-Analysis*, London: Hogarth, 1982.
—— (1958) 'The capacity to be alone', in *The Maturational Processes and the Facilitating Environment*, London: Hogarth, 1965.
Yogman, M.W. (1982) 'Observations on the father–infant relationship', in *Father and Child*, eds S.H. Cath, A.R. Gurnitt and J.M. Ross, Boston, Mass.: Little, Brown, pp.101–122.
Young-Bruehl, E. (1988) *Anna Freud*, New York: Summit Books.

第一部
與母親的原初連結，
及其於移情／反移情中的表現形式

【第一部】導言 21

羅辛・約瑟夫・佩雷伯格（Rosine Jozef Perelberg）
英國精神分析學會的傑出會員、訓練分析師和前任主席

佛洛伊德在〈群體心理學與自我分析〉（1921）裡，將「原初連結」（primitive tie）這個概念定義為認同的一種，是尚未清楚建立自體和客體區別之前的一種狀態，發生在**幻想中的潛意識歷程**。此歷程屬於心理認同歷程的早期形式，以身體的方式被經驗著，例如：攝取或吞噬。在論〈哀悼與憂鬱〉（1915b）時，佛洛伊德就曾探討吞併的功能，藉此個體能以口腔形式認同失落的客體，並透過認同來建構內在世界。到〈狼人〉（1918；也見於 Wolheim，1984）這篇文章時，佛洛伊德則討論在原初場景下的認同轉移，進而促成個人特質的建構。[1]如果佛洛伊德在心智的拓樸學理論模型的重點，是放在驅力與驅力間的衝突，在那兒，客體可能被會看成是偶然的，那麼到了結構模式，客體就顯得「在理論上非常重要」（Baranes, 1993, p. 172）。佛洛伊德於是更進一步地聚焦在外在如何被「納進來」、被組裝進入內的心

1　原註 1：我想提議將「認同」（identification）和「身分認同」（identity）這兩個概念區別開來。認同是一個發生在潛意識系統內的歷程，也因此與潛意識幻想有關。貫穿佛洛伊德工作的一個假設是：認同（identificatory）歷程的易變性，特別是和原初場景有關。我認為，相比之下，「身分認同」是每個人為了要達到一個「統合的」假象，而嘗試去組織這些（就定義而言）衝突的認同。也唯有這樣幻象，才讓一個人有辦法去聲明「我是這個樣子的」（而不是那個樣子的）。我想，舉例來說，在當代社會中，姓名就有表現這種象徵功能的傾向。我也在另一篇文章（Perelberg，1997）中更進一步的探討了「認同」和「身分認同」。（本註釋原文頁碼為 31）

理現實中。「認同的最原始形式」這一概念，切中他對女性的性之闡釋，他假定：小女孩最初的依附對象是母親。引述佛洛伊德的話：

> 對母親原初依附領域中的每件事，在我看來都難以透過分析去理解——隨著時間過去，如此黯淡、層層遮蓋和幾乎無法還原——這讓它看來像是死寂在特別無法改變的潛抑之下。（1931, p. 227）

在〈女性的性〉（1931）中，佛洛伊德指出，小女孩害怕被她們的母親「吞噬」。從佛洛伊德之後，與母親的「前伊底帕斯期」[2]關係的重要性有更完整的討論（例如：Deutsch, 1925, 1930; Brunswick, 1940; Chasseguet-Smirgel, 1964; McDougall, 1964）。最近，我們能夠在美國的埃塞爾·佩爾森（Ethel Person, 1974）、艾林·法斯特（Irene Fast, 1979）和潔西卡·班傑明（Jessica Benjamin, 1988）。還有法國的潔妮·查瑟蓋-斯米格爾（Janine Chasseguet-Smirgel, 1964）、凱瑟琳·呂給-帕拉（C. Luquet-Parat,

22

2　原註 2：我們應該記住，從分析師的觀點來看，並沒有前伊底帕斯母親這種東西，因為所有母親－孩子的關係裡，都被預設有父親的存在。這個詞彙是被用來簡略地描述：從患者的幻想和經驗出發的觀點。就定義而言，分析的交會，發生三人的聚集之間，因為此第三方元素——無論是父親，或是分析歷程——是以分析的架構，這樣的概念存在著。在先前的文章中，我討論了在一九七〇和一九八〇年代心理治療領域的女權主義作品（Perelberg, 1990）。我指出，過分強調母－女關係，而排除父親，會使人誤解。於是，我說：「然而，也正是這個三角，才讓母親和女兒的關係存在：如果沒有父親的存在，那麼可能也不會有母親和女兒。」（p. 37）。另一個強調母嬰之間早期經驗的文獻容易忽略的觀點是，性在伊底帕斯的角色。在一個近期的訪談中，勒博維奇（Lebovici）曾指出，出現在精神分析文獻中的女性／分析師，往往以「好乳房」或「壞乳房」的字眼來呈現，而從未用「女性的乳房」這樣的語彙。和乳房的情慾關係消失了（Baruch & Serrano, 1996）。（31-32）

1964）、瑪莉亞・托羅克（Maria Torok, 1964）和喬伊斯・麥克杜格爾（Joyce McDougall, 1964）的著作中發現對女性身分認同之本質的興趣。兩種性別的兒童都會經驗到原初母性意象強大的特質。男孩和女孩都渴望成為他們的母親所渴望的客體：都想要給他們的母親一個寶寶。

瑪麗・蘭格（Marie Langer, 1989）曾提到，在這個層次上，我們能夠從描繪早期社會歷史樣貌的嘗試中，找到母系社會的壓力緣由。母系社會於是成為了源自於每個人生命故事中的一段神話。在最初，有一位全能的母親孕育著嬰兒，然後父親出現，作為律法的化身，打斷了這個配對（p. 196）。

在英格蘭，精神分析工作在很早的階段就開始關注嬰兒的原始狀態，並逐漸注意這些原始狀態在移情中如何帶來影響。梅蘭妮・克萊恩（Melanie Klein）的著作，著重在嬰兒和母親身體的關係。小女孩的早期焦慮，來自於「她身體內的東西被奪走與被摧毀了」（1930, 1932），因為她相信，母親的身體有著所有她想要的東西，包含父親的陰莖。於是，小女孩心中充滿了對母親的恨和攻擊的願望，希望反過來去搶奪母親身體內的所有物。克萊恩對早期母嬰關係的觀點，對英國學會帶來的影響之一，便是早期論女性特質的作品，例如：瓊・里維埃（Joan Riviere）（1929）和希薇亞・佩恩（Sylvia Payne）（1935）。[3]

3　原註 3：然而，一些談論嬰兒期早期的觀點已遭受挑戰，並且被歸因於嬰兒心智的複雜機制：克萊恩將此天生的特質歸視做潛意識幻想；她將所有的精神生活都簡化為潛意識幻想（也就壓縮了思考、記憶、感知、和潛意識幻想之間的區別）和她對先天知識的深信。克萊恩也因為忽視了潛意識幻想形成時，經驗所扮演的角色而備受批評。葛洛佛（Glover）、福克斯（Foulkes）、布里斯利（Brierley）和安娜・佛洛伊德（King & Steiner, 1991），還有約克（Yorke, 1973）和黑曼（Hayman, 1987）皆挑戰克萊恩學派的理論。然而，透過重視嬰兒與母親的早期關係，克萊恩的工作已經對當代的精神分析思考帶來了重大的影響。然

精神分析的情境能重現早期母嬰的情境，這樣的想法已經有許多作者探討過了，像是伊妮德．巴林（Enid Balint, 1952）。原初母性環境的功能，如被同理（寇哈特〔Kohut〕）、鏡映（溫尼考特）、促發（馬勒〔Mahler〕）、涵容（比昂〔Bion〕）或是能夠心智化（馮納吉〔Fonagy〕），都被看作是分析情境中的再度重演。逐漸地，受溫尼考特、布萊爾利（Brierley）和比昂著作的啟發，英國學會中出身自不同派典的分析師們，也重視起最初的情感發展和客體關係的關連。溫尼考特相信，在小女孩和母親之間，有一種最初的身分認同狀態：「此種最初的身分認同，自非常早期就清楚可見，（讓我們這樣說）純粹存在的基礎，早在出生那刻、或者更早、或是不久之後，就可能已鋪陳。」（1971, pp. 80-81）

對溫尼考特來說，情感的發展必須要包含**母親的情感**，她的包容、承受能力，以及用寶寶能整合的方式向他們轉達情感訊息的能力。溫尼考特假設，男孩和女孩最初都是認同母親。在生命最初的幾年，是母親提供了反思和涵容的環境，嬰兒才能活下來。如果沒有這份涵容，心智和情感功能沒有被促發，那麼主體和客體間、內在關係的發展就會被遏止。

23 晚近的焦點更放到父親的角色上——作為母嬰配對的介入者（Lacan, 1966）和作為呈現文化秩序的開端（Lévi-Strauss, 1949/1969）。在母親那兒，孩子看到自己的一面鏡子。是父親介入了母嬰之間，而讓孩子經驗到配偶之間的關係是怎麼回

而，我認為，只有在比昂那兒，克萊恩學派對思考的理論才得以發展，來去強調環境扮演的角色、和內在與外在現實之間的互動（1962, 1967a, 1967b）。這一系列的工作已經進一步在西格爾（Segal, 1996）和布里頓（Britton, 1989, 1995）的著作裡，建立了心理空間和三角關係的論述。

事。對此第三客體的否認，是現代理解倒錯的原則之一（見Chasseguet-Smirgel，1984；Britton，1989）。不管是實際上的或是情感上的，父親的缺席對孩子情感發展的影響，經過討論、被理解為：沒有幫忙在母親和孩子的關係中，創造出內在的界線，也沒有將孩子嵌入一個需要此第三客體存在的互動循環中（Limentani, 1991; Stoller, 1975; Burgner, 1985; Gaddini, 1974; Schachter, 1993; Campbell, 1995; Fonagy & Target, 1995）。

陽具母親和女性特質的出現

佛洛伊德在他論李奧納多·達文西（Leonardo da Vinci）（1910）的文章中首次介紹，陽具母親這個意象如何呈現在這段早期關係中。這篇文章中，佛洛伊德討論到李奧納多的幻想——一位有陰莖的鳥／女人，撞擊了一位孩子的嘴巴。也是在對這份幻想的討論中，佛洛伊德首次建立起乳房和陰莖之間的等同關係。在一九二二年，亞伯拉罕（Abraham）提出，夢裡的蜘蛛代表了壞的、施虐的母親，陰莖的占有者。

庫利許（Kulish, 1984），在她的文獻回顧中指出，佛洛伊德在論倒錯的文章中，點出小男孩幻想女性有陰莖，是為了處理他被閹割的恐懼（1927, 1940）。後來，斯托勒（Stoller, 1975）、格林納克（Greenacre, 1968）和葛拉瑟（Glasser, 1979）都重視這個幻想的重要性。這些作者都強調，幻想建構時環境所扮演的重要性，例如：幻想誘惑的母親和缺席的父親（Limentani, 1991）。

從臨床經驗中，我發現無論男女，都時常出現對陽具、全能的母親的幻想。[4] 我的一位年輕、單身女性患者，在她的白日夢中表達了此幻想的衍生物。在分析初期，她描述了一個自慰時所做的暴力白日夢。她想像一個和男人充滿攻擊性的做愛畫面。在這些白日夢的狀態中，她幻想她同時是男性和女性，因此不需要性伴侶。她的侵略性被封裝進這些白日夢裡，找不到其他創造性的替代方案。經過多年的分析之後，她才從她的父親和母親各有不足、以及她渴望比父母成功的雙重罪惡感中走出來。這才使得哀悼能夠漸漸發生，讓她能夠放棄全知全能和保有**雙重**性別的幻想。於是，她能夠擁有一個位置，允許自己透過繪畫發揮創意。

24

有許多種表現陽具母親、或是相互結合的原初配偶幻想化身，例如：吸血鬼、鯊魚、食人魚或是狼人。某次治療中，一位掙扎於男性和女性認同（之間）的女人，告訴我一個狼人的故事，源自於一部她看過的電影。電影裡，在滿月的時候，一位女人變成了一匹狼。這是在她遭受強暴和殺了那位強暴她的男人之後，才首次發生。這個故事，似乎涵括了我所論及的一些原始幻想，例如：陽具的意象、全能的能閹割的女性和原初場景——以一場謀殺為背景，演出一場強姦犯與殺人犯間施虐式的交會。

陽具母親的意象，在本書中所詳述的女性中多次出現，像是（第一章）Y 夫人帶來的醜陋又駝背的女人形象、（第五章）卡拉夢中的怪物和（第三章）在瑪莉亞分析中的全能的施虐皇后。

4　原註 4：此意象的關聯性將在介紹本書的第三部時，有更進一步的討論。

假設：衝突的核心和身體症狀

本書的基礎假設之一是：同性別的治療關係（例如：女性患者和女性分析師）也許有助於重演母親和嬰兒之間早期關係的面向。我並不是要假設，在把現在等同於過去的層次上，**複製**這段關係，因為隨著時間過去，改變會發生在這些衝突帶來的意義和功能中（Sandler, 1988; Sandler & Sandler, 1994），其他層次的經驗與幻想也都會添加進來。

這也許不令人驚訝，許多女性在掙扎著和母親分離、分化的過程中會出現身體症狀。我後來才明白，我在臨床工作中看見的許多女人的身體經驗，代表著的是她們努力與母親分別開來、擁有自己的身體和自體感。同時，這些症狀似乎也呈現了，某個程度上和母親的關係沒有被恰當地內化進來。我認為，母親還沒有被內化進來的面向，是對抗孩子破壞性幻想的保護者母親（如同那個女人／狼人殺了男人的故事）。

這些身體經驗的範疇從嚴重的症狀，例如：厭食症或是潰瘍性結腸炎，乃至暈眩、氣喘、濕疹，或是焦慮狀態，例如：失眠、消化問題。我發現，症狀的出現也許為既渴望又恐懼與母親融合的衝突提供了一個解決方案。葛拉瑟曾提出，此衝突正是倒錯的核心，但我認為其牽連或許更廣，是在每個個體與她們的母親的關係之中（Pines，1982；Burgner，本書；Laufer，1993；Breen，1993）。根據伊瑞葛來（Irigaray）的說法，衝突對小女孩來說有一種特殊的連結，「在某種意義上，那母親存在於在她的肌膚裡、潮濕的黏膜中、在她最私密的親密行為內、在她懷孕生產的那些神祕現象當中和她的性身分認同裡」（1989, p. 25

133）。費爾曼（S. Felman, 1987）建議道，那母親（或母親的影像）代表兒童自戀式依附的最初客體（一個客體和一個兒童的自體愛，或是愛他自己的身體——他自己的影像），所開展的鏡向式的關係。勞福（Laufer, 1993, 1984）更延伸討論小女孩對母親身體的認同，以及此功能如何為小女孩未來在性方面作為女人，和她自己的關係打下基礎（也見 Pines，1982）。

布林（Breen）在分析有關女性的性文獻時指出，有一些分析師們強調較為正向、「有生理基礎的女性特質經驗」，但也有人將之定義為一種缺乏（正向女性特質），在兩種不同論調之間，也有一些作者強調兩者共存。然而，若是假設自然的生理差異，會在文化與心理兩個層次上重新被詮釋，那麼就有可能為這場爭論找到解方。布林自己則主張：「對女性特質的理解，需同時包含『欠缺』的潛意識表徵和『同心圓』面向的潛意識表徵」（1993, p. 37）

因此，本書的第一部分中有許多章節都聚焦在厭食症上，並不令人意外，儘管其他的身體症狀，例如：潰瘍性結腸炎，或是其他形式上對身體的攻擊，例如：自傷，也有被提及。在這些案例中，分析師不能不謹記布里斯利（Brierley）多年前就曾提出的：「內攝和投射的歷程是心理歷程，它必須和隨之而來的潛意識幻想、與為了適應有形的客體而在身體上作出的努力區分開來。」（1936, p. 174）。我認為，這些都是去攻擊思考、感受和慾望的企圖，當然，是透過身體、卻發生在心智裡的。

透過這本書，我們審慎地思考，和女性分析師的分析工作是否能夠更鮮明地在移情中帶來機會，進而探索對原初母親意象的認同。有時這可能會導致分析中的僵局，而這可能是因為對治療同盟相當重要的「相似性」被打破了，使得患者變得更加迷惑，是否與母親真正的融合了。

分析師的性別對移情帶來的影響

許多作者主張，分析師的性別對分析的發展並沒有帶來重大影響（Glover, 1955; Greenacre, 1959; Chasseguet-Smirgel, 1964）。如果男性、女性都有雙性特質，那麼在移情情境中，分析師的女 26 性特質和男性特質理應皆是他們的患者傳達「性」的媒介。然而在一九二〇年，第一位指出分析師的性別會帶來影響的人是佛洛伊德，在他治療的一位女性同性戀患者對他產生負向的移情時。後來，在一九三一年，他也強調：女性分析師之所以重要，是因為她們更能觸碰到女性患者身上的前伊底帕斯移情。他說：

> 的確，女性分析師——例如：珍妮．蘭普爾．德格魯特（Jeanne Lampl-Groot）和海倫．多伊奇（Helene Deutsch）——似乎能夠較容易且清晰地覺察實情，因為在治療中，她們受到移情的幫忙，作為合適的母親替代品。（1931, pp. 226-227）

我認為，精神分析師的訓練當中，分析師－患者的性別配對是重要的，所以才會有第一位訓練案例應該要和分析師不同性別這則意見，因為這麼一來認同才不會過於強烈。顯而易見地，這是一個複雜的議題。如同庫利許在她的文獻回顧中（Kulish, 1984）指出的：「從這個錯綜複雜、多重決定因子的移情現象中，去分離出其中單一個面向，在這裡是分析師的性別，得冒著扭曲和表淺的風險。」（p. 96）她也對那些提倡女性分析師能促發特殊移情類型此一概念的作者們，發出重要的提問：是否在分析師身上也有一種「活躍的」歷程正在發生，還是我們只是在談論分析師是女性這樣的一個事實而已（p. 100）？如同拉斐爾—勒夫（Raphael-Leff）（在這本書中）點出的，性別的表徵預先存在於每位臨床工作者心中，和所有先入為主的概念一樣，無可避免地會讓我們戴上有色眼鏡看待我們的患者（p. 255）。

許多分析師都同意，移情素材呈現的順序可能反映著治療師的性別，早期的前伊底帕斯期素材，在與女性分析師的分析中，較有機會被識別。葛洛佛 （Glover, 1955）、布魯姆（Blum, 1971）、派因斯（Pines, 1993）和巴林（本書第一章）都指出，在她們和女性患者的工作中，有針對女性分析師的特定議題在移情中浮現。派因斯相信，「女性分析師具有成為母親的生理能力，似乎會促發移情中那些因部分母愛缺失而起的原始情感」（p. 24）。相較於對男性分析師的移情，這經常被描述為一種情慾上的偽異性戀的表現方式（見 Lester，1993）。

卡門（Karme, 1979）建議，對女性分析師強調母性移情而不是父性移情的原因，可能是因為恐懼陽具母親，並且提出應將男性分析師所報告的母性移情，視為前伊底帕斯期的母親。然而，庫利許（1984）覺得，並沒有證據支持這項論點。在稍後的文章中，她呈現了十七位資深女性分析師的訪談結果，她們多數認為，分析師的性別格外會影響素材浮現的順序，且女性分析師能較快地引發移情中的前伊底帕斯素材。

27

總而言之，治療師不能不留意分析情境裡，顯眼的伊底帕斯議題。查瑟蓋-斯米格爾（1986）指出，在分析中，治療師提供子宮——一個可供退化的地方——給受分析者，但也藉由環境背景中的治療結構與規則，指出了限制，一如父親將母親與孩子分開那樣。她偏好以這個角度來討論這個議題：無論是男性或女性分析師，他們的女性特質如何影響他們執行專業。然而，我會認為女性分析師的臨在促發了潛意識幻想，那個被查瑟蓋-斯米格爾稱之為亙古的伊底帕斯情結的幻想——一個平順的宇宙，沒有障礙、代表著母親的內在，一個我們有權隨時進入的地方。（Chasseguet-Smirgel, 1986, p. 30）

移情和反移情

在分析歷程中，檢驗性別帶來的相互影響時，另一個美國的分析師沒有討論到、卻需要被考慮進來的面向是，分析師的反移情。這點，在本書第一部分當中的每個章節都會出現。

在英國學派中，在療程中採納分析師的情感狀態，來理解反移情，越發地成為分析工作的核心。在那些患者難以言說的護持、涵容和感受轉化的歷程中，進行著分析工作。克萊恩已經建議：「那兒有『語言前的情緒』……（那個）在移情情境中甦醒的……（和那個）出現……以『情感中的記憶』，透過分析師的協助，再建構並化為言語。」（Klein, 1937, p. 316）

有一群分析師已經致力於思考分析中特別的溝通模式，這些模式透過反移情影響了分析師。從海曼（Heimann, 1950）開始了一系列的探究，經由莫尼．凱爾（Money-Kyrle, 1956）、比昂（Bion, 1967a, 1967b）、瑞克（Racker, 1968）、格林伯格（Grinberg, 1962）、約瑟夫（Joseph, 1975, 1984）、西格爾（Segal, 1977）和伊爾瑪．布倫門．派克（Brenman Pick, 1985）發展開來。對這些作者來說，反移情成為接觸患者潛意識溝通的一種方式。在分析情境中，分析師得要能夠去納入和省思患者的情感和慾望，並以消化過的形式返還予患者。山德勒（Sandler, 1976）創造了「具體化」（actualization）這個詞，來指涉患者試圖和分析師重建一段早期的客體關係。此取向，結合了在診療室中具體化的移情經驗，還有對潛意識幻想的理解。就我所知，此「具體化」並不只是對關係的模式有所冀望，也將先前未能被理解的再經歷過一次。

28

在英國學會中，對反移情的理解，成為了工作的重點，也由此能夠對分析中的情感狀態有所理解。這也標誌著一種轉變，也就是，在分析歷程中，越發重視經驗中的情感特性。利門塔尼（Limentani）於一九七七年時說道：「事實上，一段分析的成功或失敗，可說是用整段療程之中，情感改變的程度作為基礎來評判。」我認為，利門塔尼的陳述，關乎情感和意義。

我也是這麼理解比昂的構想。對比昂來說，在情緒與知識之間存在著等式。他是這麼寫的：「在情緒經驗可以被用來作為範例之前，它的感官資料必須被轉化為阿爾發元素來儲存，而能供抽象思考使用。在負 K 中，意義被抽取掉，留下被剝奪後的象徵物」（Bion, 1962, pp. 74-75）。藉由思考情緒經驗和了解它們，心智才能夠充分理解意義。所有的知識都被認為源於其原始的「情緒經驗」。在生命早期，要將感受納入心智之中，前提是要先有照顧者能夠思考嬰兒的心智狀態，並在兒童發展情緒的過程中，不僅作為見證人、也參與其中。如果這段歷程沒有發生，那麼情感可能會被遏止，且會否認對客體的需求。

各章簡介

本書第一部分中的許多章節，都有著共同的理念，認為在分析歷程中，內在世界的面向、內在自我表徵的許多部分，會被投射到分析師身上，並在移情中重演。分析師受邀去承擔這些不同的面向，為患者重演這些不同的角色，使患者爾後能夠「承擔」其他的面向。易變性是這段歷程的特徵，特別是當這些不同的部分呈現出來的時候，在第一部分呈現的案例中，儘管因精神病理學的嚴重度而有不同，但仍可看到，某些互動有較固著並且持續較長時間的傾向。我們可以從一些案例，看到歷程中有幾個不同的階段。所有的章節也都重視對前語言狀態的了解，而這是要透過明白移情和反移情的過程才能夠領會的。

伊妮德．巴林的文章關注「黑暗大陸」的女性及其生命早期對母親的依附。巴林提到佛洛伊德關於小女孩對母親長期依附的討論（Freud, 1925, 1931），並呈現了兩位還不能夠認同母親的女性患者，儘管她們和男人建立了性關係。巴林指出，這些女人的心思被她們想要照顧的另一位女人占滿了。在她們的分析中，透過這些女性想要滿足分析師的願望中表達出來；一位是以情慾的方式，而另一位則是以和母親關係凍結的方式呈現，然而尚未整合入患者的自我中。「她體內似乎有個凍結且碰不得的外來物。」巴林解釋，兩位女性皆有對閹割的否認，和對丈夫的貶低——（丈夫）象徵著她們的父親。巴林並不認為她的患者是隱性的同性戀者，而是受願望驅使著，想讓憂鬱的母親活起來。她 29

更進一步地推論，嬰兒時期，女性需要感受到她能被母親的身體滿足，是為了感覺到她的身體能滿足母親。如此，這段母女之間的早期關係，透過身體的經驗和其所象徵的形式傳達出來。

在我的篇章中，我研究了分析瑪莉亞所浮出的一些問題，這位患者需要堅持某種形式的現實，去強調發生在她身體內的歷程，以對抗發生在她心智內的歷程。這在她的分析開始後兩週年，以她所遭遇的兩場意外，如此具體的方式呈現。我認為，此患者對這兩場意外的經驗，和她將之帶入移情的方式，顯露出她的信念——內在與客體最初的關係。這兩場意外都成為了屏幕，對於生命裡的關係，她將信念投射其上，更準確地說，她的信念是關於她早期與母親悲慘的關係，以及性交是一場暴力與災難的交會。那是因為，任何兩人之間的交會都有暴力、性慾、謀殺的可能，於是瑪莉亞需得退縮到一個永恆的世界，在那兒，人們並不以整個人的形式存在，所以無法與他人分化。分析歷程帶給她無解的難題：在與我的關係裡若留下，必然包含著遭遇暴力與危險的可能性；然而若不，則必得繼續困在永恆的平面世界裡。患者也依附在一個與軀體密切相關的自我形象上，在分析中，有好長一段時間，她的許多經驗都得透過身體的形式來表達。

瑪莉亞・塔蘭迪尼（Maria A. Tallandini）討論一位患者，此患者的根本衝突在於，一方面想要與前伊底帕斯期的母親融合，另一方面對此懷有恐懼。唯有在分析她的融合狀態之幻想好一段時間之後，才使得伊底帕斯願望進入移情之中，而允許她認知到與母親共生且充滿情慾的關係。她的患者是一位二十六歲的已婚女性，她保有了對母親的情慾渴望，還有想要在關係中獨占母親的願望，因而否認了對母親的敵意、嫉羨和競爭。塔蘭迪尼論及：在分析中，分析師與患者雙方共謀對性別的忽視，是一種為了對抗任何分離經驗的防衛。

透過討論一位有自殺企圖的暴食症十七歲女孩，瑪莉詠・柏格（Marion Burgner）提出她的論述。在她的分析中，卡拉表示：她堅決相信，在被她經驗為具侵略性的闖入者母親之外，她唯一擁有的就是暴食和催吐，那是她覺得還能為她自己、和對她自己做的事。那也是去避免任何「有需要」的感覺、和隨之而來的被遺棄感的一種全能自大的努力。卡拉經驗不到與母親分離的感覺，且透過瘋狂和成癮般的性，她與母親緊緊相依。她受困於與母親分離的掙扎，以及不要與乳房／母親／分析師分離之間。卡拉將她與父母親之施－受虐式的關係帶進分析裡、移情中。在此篇章，如同這本書裡的其他篇章，分析師的反移情是去了解患者情感狀態的重要訊息來源，也是在分析歷程中，去了解使用語言前的心智狀態的重要管道。柏格指出，在移情中可觸知的，都是原始、前伊底帕斯期的關係。 30

在達娜・比克斯泰德-布林（Dana Birksted-Breen）的文章中，也討論厭食症案例——對母親的厭食願望和與母親的融合恐懼。她指出，在患者發展的早期階段、在母女的關係中，缺乏過渡性的空間。她認為，厭食症患者在象徵形成上的障礙，會阻礙這個空間的發展。在分析早期，患者將與分析師－母親融合的渴望帶入移情之中。在患者和分析師的互動中，有一種律動，在那兒分析師得認同某一種競爭，好讓她們倆更需要彼此。同時，她們也交替著扮演兩個角色，要不是一位從不滿足的嬰兒，要不就是貪得無厭的、苛求的、絕不滿意的父母。患者會想要分析師全然地了解她，甚至她都不需要解釋她自己，然而若是如此，當分析師了解她時，她又會覺得分析師將這些強加在她身上。這個案例，和其他又自戀又脆弱的患者一樣，至終，他們要保護的不過是一份自體感。

卡塔利納‧布倫斯坦（Catalina Bronstein）探討對一位十七歲青少女，瑞秋的分析，她透過多次的自殺，來攻擊她的女性特質。瑞秋很疏離，活在想像的世界裡，也討厭所有跟自己有關的事情，而這導致了她的自殘。分析師認為，青春期的同性愛，呈現出對理想化的母女關係的追尋。這位女孩將「差異」經驗為不同部分的她之間的、真實的戰鬥 。任何分析師身為獨立個體和女性的經驗，都被劇烈的妄想式焦慮填滿。分析師也能發現，是她的「異性戀的女性特質」，對她的患者來說最具威脅性。在克萊恩學派的架構內，布倫斯坦提出，小女孩對她的母親具有一種早期的怨恨。此外，她也提出，生命早期母親的回應、母親在接受寶寶的投射的困難、或是對她的女性特質的詆毀的重要性。她也強調環境現實扮演的角色，例如：瑞秋四個月大時母親的懷孕、和從兒童期延續到青春期的性虐待。到了青春期，她用攻擊自己的身體來呈現出，她對母親那「有性的」身體的攻擊。瑞秋發展出一個男性「替身」的信念，這是一個她所投射出來的「壞」形成的化身，以用來保護她自己。「她」將許多自身的面向，投射到「他」身上，布倫斯坦認為這是為了要留在兩人關係中，並且防止三角關係的出現。

31

在這一部分的所有章節，皆包含下列重要的主題：

- 治療設定皆為女性患者和女性分析師。
- 分析中呈現的核心衝突皆是：想和前伊底帕斯期、理想母親融合的渴望，卻又害怕這個母親。

- 前語言和前伊底帕斯期的經驗被大量地帶到移情之中。
- 以重複的身體症狀作為管道，將內在衝突表達出來。
- 分析師透過她的反移情來了解分析歷程。

參考文獻

Abraham, K. (1922) 'The spider as a dream symbol', in *Selected Papers on Psycho-Analysis*, London: Maresfield Reprints, 1979.

Balint, E. (1952) *Primary Love and Psychoanalytic Technique*, London: Tavistock.

Baranes, J.J.(1993) 'Devenir soi-meme: avatars et status du transgenerationnel', in *Transmission de la Vie Psychique Entre Generations*, eds R. Kaes, H. Fainberg, M. Enriquez and J.J. Baranes, Paris: Dunod.

Baruch, E.H. and Serrano, L.J.(1996) *She Speaks, He Listens*, London: Routledge.

Benjamin, J. (1988) *The Banks of Love*, New York: Pantheon Books.

Bion, W.R. (1962) *Learning from Experience*, London: Karnac Books.

—— (1967a) 'Differentiation of the psychotic from the non-psychotic personalities', in *Second Thoughts: Selected Papers on Psycho-Analysis*, London: Maresfield Library.

—— (1967b) 'Attacks on linking', in *Second Thoughts: Selected Papers on Psycho-Analysis*, London: Maresfield Library.

Blum, H.P. (1971) 'On the conception and development of the transference neurosis', *J. Amer. Psychoanal. Assoc.* 19: 41–53.

—— (1973) 'The concept of erotised transference', in *J. Amer. Psychoanal. Assoc.* 19: 41–53.

Breen, D. (1993) 'General introduction', in *The Gender Conundrum: Contemporary Psychoanalytic Perspectives on Femininity and Masculinity* , London: Routledge and the Institute of Psycho-Analysis.

Brenman Pick, I. (1985) 'Working through in the counter-transference', in *Melanie Klein Today*, ed. E. Spillius, vol. 2, London: Routledge in association with the Institute of Psycho-Analysis, 1988.

Brierley, M. (1936) 'Specific determinants in feminine development', *Int. J. Psychoanal.* 17: 163–180.

Britton, R. (1989) 'The missing link: parental sexuality in the Oedipus complex', in *The Oedipus Complex Today: Clinical Implications*, eds R. Britton, M. Feldman and E. O'Shaughnessy, London: Karnac Books, pp.83–101.

—— (1995) 'Psychic reality and unconscious belief', *Int. J. Psychoanal.* 76: 19–23.

Brunswick, R.M. (1940) 'The pre-oedipal phase of the libido development', *Psychoanalytic Quarterly* 9: 293–319.

Burgner, M. (1985) 'The oedipal experience: effects on development of an absent father', *Int. J. Psychoanal.* 66: 311–320.

Campbell, D. (1995) 'The role of the father in a pre-suicide state', *Int. J. Psychoanal.* 76 (2): 315–324.

Chasseguet-Smirgel, J. (ed.) (1964) 'Feminine guilt and the Oedipus complex', in *Female Sexuality*, London: Maresfield Library, 1985.
—— (1984) *Creativity and Perversion*, New York: W.W. Norton.
—— (1986) 'The archaic matrix of the Oedipus complex', in *Sexuality and Mind: The Role of the Father and the Mother in the Psyche*, New York and London: New York University Press.
Deutsch, H. (1925) 'The psychology of women in relation to the functions of reproduction', *Int. J. Psychoanal*. 6: 405–418.
—— (1930) 'The significance of masochism in the mental life of women', *Int. J. Psychoanal*. 11: 48–60.
—— (1965) *Neurosis and Character Types*, New York: International University Press.
Fast, I. (1979) 'Developments in gender identity: gender differentiation in girls', *Int. J. Psychoanal*. 60: 443–455.
Felman, S. (1987) *Jacques Lacan and the Adventure of Insight*, Cambridge, Mass.: Harvard University Press.
Fonagy, P. (1991) 'Thinking about thinking: some clinical and theoretical considerations in the analysis of borderline patients', *Int. J. Psychoanal*. 72 (4): 639–656.
Fonagy, P. and Target, M. (1995) 'Understanding the violent patient: the use of the body and the role of the father', *Int. J. Psychoanal*. 76: 487–501.
Freud, S. (1910) 'Leonardo Da Vinci and a memory of his childhood', *S.E.* 11: 59–137.
—— (1915a) 'On narcissism: an introduction', *S.E.* 14: 69–102.
—— (1915b) 'Mourning and melancholia', *S.E.* 14: 237–258.
—— (1918) 'From the history of an infantile neurosis', *S.E.* 17: 3–122.
—— (1920) 'The psychogenesis of a case of homosexuality in a woman', *S.E.* 18: 147–172.
—— (1921) 'Group psychology and the analysis of the ego', *S.E.* 18: 67–143.
—— (1923) 'The ego and the id', *S.E.* 19: 3–66.
—— (1925) 'Some psychical consequences of the anatomical distinction between the sexes', *S.E.* 19: 248–258.
—— (1927) 'Fetishism', *S.E.* 21: 149–157.
—— (1931) 'Female sexuality', *S.E.* 21: 225–243.
—— (1940) 'Splitting of the ego in the process of defence', *S.E.* 23: 271–278.
Gaddini, E. (1974) 'Formation of the father and the primal scene', in *A Psycho-Analytic Theory of Infantile Experience*, ed. A. Limentani, London: Routledge in association with the Institute of Psycho-Analysis, 1992.
Glasser, M. (1979) 'Some aspects of the role of aggression in the perversions', in *Sexual Deviation*, ed. I. Rosen, Oxford: Oxford University Press.
Glover, E. (1955) *The Technique of Psychoanalysis*, New York: International Universities Press.
Greenacre, P. (1959) 'Certain technical problems in the transference relationship', *J. Amer. Psychoanal. Assoc*. 7:484–502.
—— (1968) 'Perversions: general considerations regarding their genetic and dynamic background', in *Emotional Growth*, vol. 1, New York: International University Press.
Grinberg, L. (1962) 'On a specific aspect of countertransference due to the patient's projective identification', *Int. J. Psychoanal*. 43: 436–440.
Hayman, A. (1989) 'What do we mean by "phantasy"?' *Int. J. Psychoanal*. 70: 105–113.

Heimann, P. (1950) 'On countertransference', *Int. J. Psychoanal.* 31: 31–34.
Irigaray, L. (1988) 'Interview', in *Women Analyse Women*, eds E.H. Baruch and L.J. Serrano, New York: New York University Press.
—— (1989) 'The gesture in psychoanalysis', in *Between Feminism and Psychoanalysis*, ed. T. Breman, London: Routledge.
Joseph, B. (1975) 'The patient who is difficult to reach', in *Melanie Klein Today*, ed. E. Spillius, vol. 2, London: Routledge in association with the Institute of Psychoanalysis, 1988.
—— (1984) 'Projective identification: some clinical aspects', in *Projection, Identification, Projective Identification*, ed. J. Sandler, London: Karnac Books, 1988.
Karme, L. (1979) 'The analysis of a male patient by a female analyst: the problem of the negative oedipal transference', *Int. J. Psychoanal.* 60: 253–261.
King, P. and Steiner, R. (eds) (1991) *The Freud–Klein Controversies 1941–45*, New Library of Psychoanalysis 11, London: Routledge and the Institute of Psycho-Analysis.
Klein, M. (1930) 'The importance of symbol formation in the development of the ego', in *Love, Guilt and Reparation and Other Works*, New York: Delta Books, 1975.
—— (1932) 'The effects of early anxiety-situations on the sexual development of the girl', in *The Psychoanalysis of Children*, London: Hogarth and the Institute of Psycho-Analysis, 1975.
—— (1937) 'Love, guilt and reparation', in *Love, Guilt and Reparation and Other Works*, New York: Delta Books, 1975, pp. 306–343.
—— (1946) 'Notes on some schizoid mechanisms', in *The Writings of Melanie Klein*, vol. 3, pp. 1–24, London: Hogarth, 1975.
Kulish, N.M. (1984) 'The effect of the sex of the analyst on transference: a review of the literature', *Bulletin of the Menninger Clinic* 48: 93–110.
—— (1986) 'Gender and transference: the screen of the phallic mother', *Int. Rev. Psychoanal.* 13: 393–404.
—— (1989) 'Gender and transference: conversations with female analysts', *Psychoanalytic Psychology* 6 (1): 59–71.
Kulish, N. and Mayman, M. (1993) 'Gender linked determinants of transference and countertransference in psychoanalytic psychotherapy', *Psychoanalytic Inquiry* 13: 286–305.
Lacan, J. (1966) *Ecrits*, Paris: Seuil.
Langer, M. (1989) *From Vienna to Managua: Journey of a Psychoanalyst*, London: Free Association Books.
Laplanche, J. and Pontalis, J.-B. (1985) *The Language of Psycho-Analysis*, London: Hogarth and the Institute of Psycho-Analysis.
Laufer, E. (1993) 'The female Oedipus complex and the relationship to the body', in *The Gender Conundrum: Contemporary Psychoanalytic Perspectives on Feminity and Masculinity*, ed. D. Breen, London: Routledge in association with the Institute of Psycho-Analysis.
Lester, E.P.(1993) 'Boundaries and gender: their interplay in the analytic situation', *Psychoanalytic Inquiry* 13: 153–172.
Lévi-Strauss, C. (1949/1969) *The Elementary Structures of Kinship and Marriage*, Boston: Beacon Press.
Limentani, A. (1977) 'Affects and the psychoanalytic situation', in *Between Freud and Klein*, London: Free Association Books.
—— (1991) 'Neglected fathers in the aetiology and treatment of sexual deviations', *Int. J. Psychoanal.* 72: 573–584.

Luquet-Parat, C. (1964) 'The change of object', in *Female Sexuality*, ed. J. Chasseguet-Smirgel, London: Maresfield Library, 1985.
McDougall, J. (1964) 'Homosexuality in women', in *Female Sexuality*, ed. J. Chasseguet-Smirgel, London: Maresfield Library, 1985.
Money-Kyrle, R. (1956) 'Normal counter-transference and some of its deviations', in *The Collected Papers of Money-Kyrle*, Aberdeen: Clunie Press, 1978.
Payne, S. (1935) 'A conception of femininity', *Int. J. Psychoanal.* 15: 18–33.
Perelberg, R.J. (1990) 'Equality, asymmetry and diversity: on conceptualisations of gender', in eds R.J. Perelberg and A.M. Miller, *Gender and Power in Families*, London: Routledge.
—— (1997) 'Masculinity, femininity and the phallus', paper presented at the UCL Conference 'Psychoanalytic understanding of sexuality and aggression in border-line young men', University College London, autumn 1997.
Person, E. (1974) 'Some new observations on the origins of femininity', in *Women in Analysis*, ed. J. Strouse, New York: Grossman, pp. 250–261.
Pines, D. (1993) 'The relevance of early psychic development to pregnancy and abortion', in *A Woman's Unconscious Use of her Body*, London: Virago, pp. 97–115. Also in *International Journal of Psycho-Analysis* (1982) 63: 311–318.
Racker, H.(1968) *Transference and Countertransference*, London: Karnac Books.
Riviere, J. (1929) 'Womanliness as a masquerade', *Int. J. Psychoanal.* 10: 303–313. Also this volume, Chapter 12.
Sandler, J. (1976) 'Countertransference and role-responsiveness', *Int. Rev. Psychoanal.* 3: 43–47.
—— (1988) 'Introduction to the first plenary discussion', *Bulletin of the European Psycho-Analytical Federation* 31: EPF, Barcelona.
Sandler, J. and Sandler, A.-M. (1994) 'Phantasy and its transformations: a contemporary Freudian view', *Int. J. Psychoanal.* 75 (2): 387–394.
Schachter, J. (1993) 'A young man's search for a masculine identity', *Bulletin of The Anna Freud Centre* 16 (1): 61–72.
Segal, H. (1977) 'Countertransference', in *The Work of Hanna Segal*, London: Karnac Books, 1986.
—— (1986) *The Work of Hanna Segal*, London: Karnac Books.
Stoller, R.J. (1975) *Perversion*, New York: Random House.
Torok, M. (1964) 'The significance of penis envy in women', in *Female Sexuality*, ed. J. Chasseguet-Smirgel, London: Maresfield Library.
Winnicott, D. (1971) *Playing and Reality*, London: Tavistock.
Wolheim, R. (1984) *The Thread of Life*, Cambridge: Cambridge University Press.
Yorke, C. (1973) 'Some suggestions for a critique of Kleinian psychology', *Psychoana. Study Child* 26: 129–158.

【第一章】女性分析師分析女性患者：女人想要什麼？ 36

伊妮德·巴林（Enid Balint, 1903-1994）
曾為英國精神分析學會的訓練分析師與領軍人物

史崔奇（Strachey, 1961, p. 244）在他對佛洛伊德於一九二五年談論女性的性所寫的一篇序言的註腳裡——摘自歐內斯特·瓊斯（Ernest Jones）——是這麼說的，佛洛伊德指出：「重大卻從未被回答的問題是——女人想要什麼？」對於女性的性此一主題，佛洛伊德做出最重要的附加貢獻為：關注小女孩對母親的前伊底帕斯期依附，對此他表示：這比他先前所了解的都來得強烈、持續的時間更長、內容更豐富，且有更大的機會造成固著並影響性格形成（Freud, 1925, 1931）。他也強調，小女孩和母親有關的性目的是活躍也消極的，那之中包藏著給母親一個寶寶，以及讓自己也懷有寶寶的願望，而且她用迂迴的方式來滿足這些願望。佛洛伊德也承認，我們對小女孩的性生活所知甚少，少過小男孩，並且成年女性的性生活是「心理學界的黑暗大陸」（Freud, 1926, p. 212）。儘管近來有許多關於此主題的研究，這態勢仍然不變。在這篇文章中，我僅將著重於這個「黑暗大陸」的一部分，即關於女性對母親的依附議題的諸多難解面向。如果我們想要對她的性生活有更多的了解，並且觸碰「女人想要什麼？」這個問題，這些謎團必然得去澄清。

是什麼終止了對母親的強烈依附？這個問題時常被討論。它牽涉的可不僅只是簡單的客體轉移（例如：從母親到父親），且時常終結在對母親的恨裡，甚至可能持續終生，儘管在成年的生活中，往往會小心地過度補償之。蘭普爾．德格魯特（Lampl-de Groot, 1928）對此主題做了重大貢獻；透過臨床材料，她描述一位極難放棄霸占母親的小女孩，歷經了霸占母親轉變為將母親視為唯一所愛的客體、認同她的過程。小女孩覺得，只有成為一位沒有被閹割的、有陰莖的小女孩，她才能夠持續占有母親。因此，隨之而來的是，如果小女孩不願放棄對母親的占有，她會否認被閹割，與此同時，她要不就是完全不和任何男人建立關係、並且強留母親作為她最重要的財產，要不就是一邊偷偷地否認閹割、一邊以自身是性冷感的狀態和男人發展關係，但是心裡仍然有著對母親的依附。

37 然而，在我的經驗中，如同我想呈現的，這樣的女性並不一定就是性冷感。她們從不認同自己的母親或任何成熟的女性。儘管如此，從很多方面來看，她們仍可以與男性建立令人滿意的關係。然而，男人永遠不是她們真正的生活重心；真正占據她們心思的仍是關於女性、關於如何去照顧和滿足她們；但在她們的身體是給男人的這個前提下：她們沒有給女人身體、或者從女人那兒獲得生理／肉體上的滿足；她們想要照顧女人，但要保持一段距離。蘭普爾．德格魯特談到她的一位想要成為分析師的患者；這位患者並不是因為認同她這位分析師而想成為分析師，而是為了擺脫分析師的分析師（是某位男性），這麼一來她就能取代他的位置、成為分析師的分析師（上述提及的某位男性），並能夠用一種無性或性壓抑的方式去照顧她的分析師，也就是蘭普爾．德格魯特。

海倫・多伊奇（Helene Deutsch, 1946）描述女性在離開母親的同時，也強烈且焦慮地渴望留在母親的羽翼之下，而在兩者之間掙扎。她也認為對母親的依附將會延續至成年生活，並且這麼說道：

> 在女性的發展和經驗中的所有階段，都能清楚地觀察到，對母親的依附在心智生活中占有的重要性。心智生活中的許多事件，都是企圖與母親分離的展現、在推力中進行的嘗試，而女性的心智平衡及其最終的命運，則得看這些嘗試是成功或失敗。（Deutsch, 1946, p. 16）

多伊奇認為，如果小女孩不能成功地與母親分離，在她的成年生活中，會繼續需要大量的溫柔和母性保護，並且難以忍受沒有這些關愛的日子。在我書寫這篇文章所根據的女性分析中，這個願望以被反轉的形式呈現出來，也就是，這些女性逃避母性的保護，反之，她們提供保護給另一位女性，或許間接地享受之。

第一次注意到這個問題是在分析兩位女性患者時，儘管她們倆有許多不同之處，但是在移情裡、在她們與男人的關係中，似乎都呈現相似的特色。這兩段分析工作似乎都進行得相當順利；她們沒有讓我感到挫折或不適任。事實上，我經常覺得我和她們相處得不錯，特別是在分析工作的那個小時裡。過程中，她們意識到一些與男性有關的衝突，也做出一些改變。然而，在某個領域的工作卻總是重複且毫無成果，也就是與她們的母親有關的部分。儘管她們談論她們的母親，卻顯露極少的潛意識內容，無論是幻想中或是回憶裡；她們對母親、對我的感覺或態度都沒什麼變化。此外，儘管她們各自呈現非常不同（幾乎相反）的移情模式，在這兩段分析中的這些問題卻是日復一日維持不變。

38 治療歷程中，我有不成比例的滿足感，這警醒了我，並逐漸看清楚這個重要的技術性問題。呈現出來的，是兩位患者都希望滿足和取悅我，但由於她們的願望是以行動的方式展現而難以分析：其中一位是以情慾的方式，另一位則非如此。儘管方式不同，她們都覺得穩定地前來接受分析、報告她們的夢和自由聯想能滿足我——我被視作母親、鮮少被視為父親——而她們的主要問題能夠因此日漸平息。此外，儘管整體來說，在她們潛意識裡，她們與客體的關係並無改變，但隨著在移情中慾望的滿足，她們與我的關係裡的張力與虛假日漸減少。我很懷疑，是否有一天她們能夠內攝她們的母親，或者她們是否曾經認同過這些內攝進來的客體、放下奇特的疏離感，並透過親密而非試圖取悅和照顧他人來獲得滿足的方式，然後能夠完整地、滿足地認可男性。

這兩位患者皆是已婚且育有子女的女性，都有情人，都因為「婚姻問題」而受轉介來見我，都喜歡她們的丈夫且認為他善良、體面、甚至風趣，但是她們卻對丈夫冷酷且苛刻，與此同時卻能對情人展現溫暖、親密與愛護、和情人擁有良好的關係——不僅只有性的。她們並不覺得情人比丈夫優秀或友善。有許多證據支持——她們停留在受伊底帕斯情結主導的性階段——這項假設，在此階段不應對分析師呈現特定的問題。比方說：她們否認，她們的母親曾被她們的父親滿足，或者曾經和父親有滿足的性關係。如此一來，她們也就否認了她們對母親的嫉羨或敵意。她們也都否認會因為與父親的關係而感到罪惡，儘管她們承認曾經幻想過擁有父親的小孩，和幻想成為父親最喜愛的人。她們都珍視她們的陰道，但卻顯然在否認閹割，並迴避陰莖羨妒。兩位患者在外表和儀態上都很少女，儘管她們其中一位已經四十好幾，另一位也三十多歲了，彷彿，她們倆人都不可能以完全成熟的女性樣貌呈現她們自己，在性器上可以被她們的丈夫滿足，也就是被孩子的父親滿足。然而，如同她們在幻想裡和父親做的一般，她們能夠和丈夫生育孩子，並成為孩子的母親。她們雖然否認罪惡感，但是卻不能從丈夫那兒獲得愉悅。她們其中之一，專注於取悅（一開始是情慾上，後來較多用照顧的方式，有時這麼做只是為了對抗敵意的一種反向作用），另一位則是完全無法取悅她們的母親與我。相較於她們的丈夫，對她們來說母親更加重要，儘管她們能讓男人快樂、也能從男人那兒獲得滿足——如果他們不是她們的丈夫。看起來，她們的超我比我一開始以為的還要來得不嚴厲，所以儘管她們對母親具有敵意，她們也還能夠享受一些關係。年幼時，這兩位女性都有很親密的兄長，也許是這 39 個原因，在某個程度上她們處理了伊底帕斯議題，將對父親的性的渴求、轉移到兄長上，所以在伊底帕斯層次上、向著母親而去的敵意和罪疚感減緩了不少。

在分析的頭幾年，我所運用上述的幾個想法，兩位患者都以不信服的方式同意，僅有少少、小小的抗議（儘管她們之中一位顯得困惑，如同我後面會呈現的），但是我的工作並未改變她們對母親或對我的態度。她們的分析不斷重複；其中一位患者對我產生依附，是基於不期待滿足的性驅力和希望能戰勝我的敵意，而另一位則抱著絕望待在我身邊，有時這麼做是為了尋找陰莖。

現在，我將分別提供一些兩位患者的臨床素材，接著才會回頭談理論上的考量。

在 X 夫人剛接受分析的頭幾年，她以行動化的方式呈現她想要滿足和取悅我——分析師母親——的願望，用帶有挑逗的、情慾的方式，偷偷地想像，每當她進到我的診療室時，我該會多滿足。以此，她認同了陰莖；以我是外在客體的方式和我連結，也同時視我為可以認同之對象（Freud, 1923）。她害怕靠近我，但進到我的診療室，象徵著進入我的身體並讓我快樂，因此解放她、能愉快地與愛人相處。要離開診療室時，她總是焦慮，並用最小心與得體的方式離開。她從未觸碰到我，並且以一種彷彿躺椅並未真的托住她的方式，躺在躺椅上。她告訴我，她恨男人總在性交後抽回他們自己，性交後她覺得遭透了、並且從未開心，因為那意味著在下一次男人需要她之前，她只能夠等待。男人會暫時冷淡地對待她並轉頭去睡覺。她想要隨時都被渴望著，成為滿足她的愛人需要的客體並不困難（因為她擁有陰道）；然而若對象是女人，就會困難得多，因為她的陰道對女人來說毫無用處，儘管這份工作並沒有使人感到絕望或難以忍受。在分析的早期，她擁有許多愛人，因為她認為這些愛人的故事能夠喚醒、刺激、並且逗樂我，如同母親對她幼稚的性遊戲表現出的反應。從未有一刻，她覺得有讓我嫉妒的風險，因為她充分地、清楚地讓我知道，她從未將那些男人當回事，雖然在某方面這也是事實。然而，她享受這種與男人的隨意的關係。之後，在她的分析中，X 夫人認知到與女性有關的性滿足期待，是不可能實現的，這使她放棄將我視為外在的性客體，而開始去碰觸更早期、原始、潛抑、內攝進來的客體——那個被認為是真正的女性、也是她所關愛的。此客體象徵著那位從她二歲半起一直照顧到她長大、漸漸不需要為止的保姆。患者曾經深深地依賴著這位保姆，這位曾經很嚴格，也因此顯得照料周全和值得信賴的保姆。患者深深地認同這位關心她的保姆，在保姆生病時，也是她反過來照料（也就是關心）保姆。她們之間發展出一段相互關懷的關係。有別於母親的不回應，這位保姆會回應患者的關愛。這也許非常重要，因為在這位保姆之前，她們家不斷地更換保姆；她由母親哺餵母乳，但卻為了量測哺乳量，而不停中斷。她們給她乳房、又將之奪走、將乳房還給她，最後給她奶瓶作為補充。 40

佛洛伊德（1923）探討當自我（ego）與其客體認同彼此間不相容時會發生什麼問題，並說道：「這可能會導致自我內的混亂。」或許是因為 X 夫人並沒有將母親內攝，而是讓母親保持在外，作為外在的性客體，X 夫人才免於這場混亂。於是，保姆成為了唯一真的被攝入的女性，而此攝入後的個體被偷偷地藏在遠遠的地方。在她想起和保姆的關係、與對保姆的認同之後，緊接而來的是不再將母親視為性客體（同樣地，也不再將我視為性客體），並且在這之後，患者試著以不再充滿刺激、非性慾的方式去關心和愛她的母親。接著，母親疏離了她。患者對此做出的反應是再次以情慾性的方式企圖去取悅她的母親。為了隱藏她那越顯清晰的女性氣質，她努力變瘦、且開始穿戴得像個男孩。當這些努力失敗後，她表現得像個愚蠢又歇斯底里的女孩，在公眾場合大鬧一場，也藉此再次隱藏了她成熟的部分，以及與丈夫、孩子相處的愉悅。在那次事件後，在分析中，X 夫人走過了一段悲傷與絕望，直到她能接受母親對她的拒絕，並開始擺脫母親的束縛。於是，她開始慢慢地做出改變：穿得像個女人，並且讓我看到她有多愛、多珍惜她的丈夫。這段時間裡，她鮮少用她舊有的方式靠近我，反而開始對我展現她的關懷與愛，這點，在此刻看來並非反向作用，而是基於她日漸成形的、接受現實的能力。儘管不同時間點下，移情展現的方式會有些不同，但整體說來，她對待我的方式，就如同她的保姆對待她那般。她也不再用母親對待她和她父親的方式——視為卑下的人、且需持續獲得性刺激的人—— 來對待她的丈夫。

第二位患者，Y 夫人，四十三歲時前來接受分析。她的母親在分析開始的幾年前逝世，且可能長年受憂鬱困擾。這顯現在母親的日記中，儘管日記本在患者手上，但一直到接受分析的很多年後、患者的一些問題獲得解答時，她才讀了母親的日記。日記裡描述了，母親在與我的患者——她唯一的女兒——建立親密關係和哺乳過程中想要緊抱她的掙扎。這是母親做不到的，為了全然承受哺餵嬰兒的壓力，她必須抽菸且在餵奶時不停閱讀。

關於早年與母親的關係，Y 夫人鮮有記憶，但分析中她與兄長和父親的早年關係很快地被揭露出來。在她很小的時候，她的哥哥約翰（也是她的愛人的名字）很照顧她，儘管在後來的伊底

41 帕斯階段，他成為了主要客體。而她和母親的關係總是遙不可及。在夢裡，她以冰凍的、結霜的盒子、或是靈柩、或者荒蕪、無法到達的房間等方式呈現。她內在世界裡的這部分，並未與其他溫暖的客體連結，也沒有整合進她的自我中；它就像一個外來物體在她之內，冷若冰霜、遙不可及。

Y 夫人曾聽聞，分析是一種令人難受的治療，所以她認為，如果她覺得難受或受傷時，意味著我作為一位好治療師、正在好好地進行我的工作。如此一來，會讓我高興，而她會為此滿足。她將我看成一位不值一顧的佝僂醜人，事實上也因此減低了她對我的敵意和嫉羨。唯有如此，她才能安心，並在她傷心時能感覺

到我在她左右。據患者描述，她的哥哥、母親和父親都很聰明，而她是家裡蠢笨的那位。然而，分析歷程中，她覺得如果她能理解我，且我願意繼續與她工作，那麼總結來說，她應該不算笨。否則，我早就厭倦她了。對她來說，蠢笨代表著被閹割。

然而，當她的夢與自由聯想不再引領我們去拜訪她早期與母親的經驗時，我若點出呈現在她夢中的伊底帕斯衝突，對她來說會難以承受。當我將這些早年衝突，連結到她現在與丈夫、愛人之間的難題時，對她來說更是困難重重。我做的詮釋，令她困惑、覺得被攻擊、也不理解我在說什麼。儘管如此，她持續地帶來夢和自由聯想，這使得她現在的生活與她的過去、和她那個代表著母親的、冰凍的、隔絕的內在世界能夠連結起來。我試著協助她去感受悲傷、和想要給母親溫暖的渴望，但這也讓她覺得我在攻擊她、並且生她的氣，而我也會因此疏遠她。她無法接受或是真的了解，我說的話想表達些什麼，而將我說的話轉為她那疏離、冰凍的過去裡的一部分。然而，有一天，她夢到她在尋找陰莖，並且去藥房買了一根。有了這個，她就能使母親暖和：於是她開始憶起一些母親的衣著、櫥櫃裡的東西、書架上的書本，這些象徵著母親的物品，漸漸變得熟悉，而不再屬於她心裡那冷冰冰的母親。當愛與哀傷啟程，她也漸漸憶起雪藏的、與母親有關的片斷。

Y 夫人總是做很多夢，並且時常在向我敘說她的夢境時哭泣。然而，有一天，她走進診療室時，看起來比平常快樂很多，並告訴我，她做了一個真的不可思議的夢，和平常的夢很不一樣。

那是個關於天鵝絨的夢，那塊不可思議的天鵝絨，擁有最棒的材質、手感與顏色，是她從未見過的，然而卻不屬於她，它屬於霍普（Hope）（她的朋友的名字）。這時，患者落下眼淚。她（患者）不能擁有、碰觸或是撫摸天鵝絨，除非她是霍普，而

42 她不是。「不過，」她說。「這是一個不可思議的夢。我從未想過如此美麗的東西。」接著，她談到母親，並且理解到天鵝絨象徵著母親的身體。她繼續說到，當母親「憂鬱」（blue）時（她的用詞，那時我還不知道天鵝絨的顏色，一開始是金色的，後來又變成美麗、如母親眼珠的藍色），父親對母親的態度。父親無法幫助母親，所以每當母親受憂鬱所苦時，他經常去他的小屋裡修理船隻。患者再次落淚，並提及無助感。沒有人能治癒、減緩或撫慰她的母親——只有霍普辦得到。那次療程的後段，Y 夫人談到她的愛人經常撫摸她，但不碰自己的太太；同樣地她也不讓丈夫碰自己。

當然，這段夢的意義被高估了：它呈現的是分析歷程的一個轉折點，在接下來的一段時間裡，圍繞著無助感這議題。此轉折與無法協助、照顧、滿足母親，甚或靠近她連結。身為分析師，我不再被看作憤怒的駝背者，還有患者內在冰凍且疏離的部分、不被愛的冰霜母親部分也漸漸退去。之後，Y 夫人開始和女性建立關係，她關心著一位憤怒的老太太，並且在老太太過世前照料她。乃至更後來，她能夠允許丈夫離開她。這牽涉到她能夠釋放他，並且讓他放下這段與她毫無希望的關係、以及取悅她的願望。她仍繼續分析，並探索著身為女人和與世界建立關係的感受，這些意味著她得放棄與無法被幫忙的人之間的關係，並且能夠接受分析師的協助。

理論上說來，要思索的是：Y 夫人無法接受或給予丈夫滿足

感，是否與早年受憂鬱的母親餵養的挫敗經驗有關？她是否用這種方式行動化，維持她與母親的關係，所以她的丈夫之於她，如同她之於她的母親，想靠近她，但卻無法溫暖她、也不容許離開她？還是說，她的掙扎與較後期的伊底帕斯願望——擁有父親並且放棄對母親的依戀——比較有關呢？與丈夫的關係，讓她能夠暫時不去接受無法喚醒母親的挫敗；而與分析師的關係，則讓她能持續否認未被母親好好養育的挫敗。她首先得經歷到無望感，然後在她放下敵意與恐懼之前，得放棄讓生活圍繞著無望感打轉，這或許能讓她到達憂鬱心理位置，並讓修復得以發生。

理論上的考量

我呈現的素材，描繪了女性分析師分析女性患者——當她們的母親憂鬱或退縮時——會遇到的一些難題。滿足母親的想法占據了這些患者的腦海，卻未放棄性器——那個她們用來滿足男人的——帶給她們的樂趣。她們享受並且珍視她們的陰道，而非全部的女性特質。為了同時滿足母親與男人這一雙重目的，她們必須：1. 否認閹割，2. 貶低象徵父親的丈夫，3. 與那些不同於她們，被認定從未擁有愉快的性的女人們發展特定形式的關係。她們極度恐懼接觸這些（沒有性樂趣的）女人們，但也想要讓她們不傷痛，並且溫暖、喚醒她們。 43

我的論點是：最早的關懷心態是構成人際關係的一項因素，若是能戰勝對抗敵意的防衛、阻止攻擊傾向的反向作用和長期的無望感的話，有些患者能在分析歷程中達成這種最早的關懷心態。那麼他們才能夠在成熟的客體關係中，運用生命早年最初的情感。[1]

值得討論的是：這些患者是否應被視為隱性的同性戀者？我並不這麼想，因為儘管女人占據她們的心思，但那多是出於她們對母親的愛、恐懼與憐憫，和想讓母親活著的願望，而不是源自本能的慾望——男人才是讓她們有慾望的對象。

在分析中，這些患者首先得接受，無法在性方面滿足母親：然後，她們內化母親（如果她們尚未這麼做），並且去愛與關懷她們所內攝進來的部分。最後，她們得經歷一段無望和悲傷，因為她們的愛和關懷對母親一無是處。她們不會再轉向另一位女性，並試著在性方面滿足她，而是找到一位她們能夠去愛與關懷的女性。這點，我並不認為主因是罪咎感。再者，她們也可以與丈夫發展充滿愛、不僅有性慾的關係。這些女性患者，並非轉向女人尋求性或身體方面的滿足，這點值得我們再次留意。她們將女人視為愛的客體或是相互關懷的客體來靠近，而非將女人視為滿足慾望的客體。

透過這些案例，我們能夠看見，當滿心地想滿足憂鬱的母親、同時擁有自己的性生活的女性患者，接受女性分析師的分析時，在技術上存有的挑戰。我盡力呈現，要循著她們的本能生活去思索有多困難，何況這會與自我為了維持客體關係所作的努力齊頭並進。分析師必須恰當地了解伊底帕斯與前伊底帕斯階段的

1　原註 1：當我在英國精神分析學會提報時，約翰．克勞伯（John Klauber）對本篇文章做了一個非常有價值的貢獻，並且允許我使用他的想法，才成就了這篇章節。他重申，根本的問題應連結到自我（ego）所做的批判如何強加在自身的驅力之上，以及在接受母親的特質的過程中自我扮演的角色。反之，他認為，這仰賴兒童自身的健康程度，兒童唯有具備健康，才能從早期的、壞經驗中倖存，且最終能夠運用好的部分，形成成熟的客體關係。（本註釋原文頁碼為 45）

衝突，並看出這一切與最早的客體關係的關連，才能尋著腳步探究相互關懷的起源。在我描述的案例中，本能驅力並未脫軌，然而她們無法滿足母親的挫敗，在她們與丈夫、和愛人的關係中再現，她將他們視為必需品、但不能全然滿足的客體，而分析師才是她們能永遠取悅的對象。我強調了，這些患者有照顧她們的母親的需求，而不是我曾假設的、被母親關懷的早期需求。

在總結這一章之前，為了部分回應這章的標題「女人想要什麼？」，我想做個歸納整理。我怕一概而論（如果我想得沒錯的話），因為我認為歸納總是傾向去模糊掉立論所建基的臨床素材，且無可避免地刪節許多重要的關鍵爭論，但或許此刻這麼做是合理的。 44

我是這麼想的，女人想要的是：在她們和男人、女人的關係裡，能運用人與人的關係裡最初的結構，也就是所謂能相互關懷的能力。也因為是最初的特質，所以僅能透過身體才能舒坦地表達出來，或是藉由身體的感覺——建基於身體的內在象徵物上和透過身體的記憶來傳達。陰道，是女人身體的一部分，在和男性表達相互關懷的過程中，被感知為最重要的地方（並不排除使用身體的其他部分）。然而，在與女性的關係中，女人會無從知道如何表達關愛，除非，在嬰兒期時，她曾內攝並認同一位能夠滿足她、也被她滿足的女性的身體。我認為，母親的身體滿足了她，那麼理所當然地，她也會覺得自己的身體能夠滿足母親。我認為，認同女性身體的某部分或是認同母親所創造出來的環境，這樣的思維是不夠的。更進一步來說，我認為，除非女人曾體會過與女性的相互關懷，否則她與男性發展的關係可能會很貧乏，而男人則很有可能被輕視，或不被視為能夠相互關懷的客體。

總結

1. 這些與成年女性和母親間的依附有關的技術困難，在女性分析師分析女性患者的歷程中可能難以察覺，但若不去探測，則會阻礙療程進展，且使分析轉而成為無益的重複。
2. 這樣的傾向會呈現在許多地方。比如：療程中最重要的部分可能是患者進入或離開分析師診療室的方式，並且在理解進入診療室的真正意義之前，言語的溝通是沒有意義的。
3. 患者認為「分析師想要從患者那兒尋求滿足和獲得興奮感」，這一點必須被理解，不僅只於患者想要滿足母親和分析師的願望，同時是一種患者採取的方式，用來保衛自身的女性特質，並且避免使母親太過於嫉妒她擁有活躍、令人興奮的陰道（她認為母親沒有），卻在與母親的關係裡一文不值的陰道。
4. 這可被理解為一種隱性的同性戀，但是許多論點提出異性戀的傾向是天生的，而不是出於對抗同性戀的防衛。照顧母親的願望，一部分源於孩提時母親的憂鬱或退縮，另一部分則源自伊底帕斯階段的敵意。在接受分析一段時間後，這些女性能夠改變，主要是因為她們曾經有關心過她們的早期客體，且對抗敵意的反向作用獲得了化解。

45

這些患者不去壓抑她們對異性的驅力和她們的陰道所能帶給男人的滿足。儘管如此，她們看起來是以母親為中心過生活，而且她們選擇的丈夫也是為了重複她們與母親之間的模式；也就是說，她們和自己的母親一樣，無法被滿足。同時間，她們偷偷地滿足其他男人，而非她們的丈夫。或許，這也是在重複她們在孩提時的模式——當她們滿足兄弟時。所以這些女性的生活被分裂成兩個顯然不相連的部分，一邊是有價值的女人，但卻是不滿或是無法被滿足的，而另一邊是被貶抑的男人，他們之中有些人是心滿意足的、或者能夠被滿足的。

參考文獻

Deutsch, H. (1946) *The Psychology of Women, Vol. 1: Girlhood*, London: Research Books.

Freud, S. (1923) 'The ego and the id', *S. E.* 19: 12–59.

—— (1925) 'Some psychical consequences of the anatomical distinction between the sexes', *S. E.* 19: 248–258.

—— (1926) 'The question of lay analysis', *S. E.* 20: 183–258.

—— (1931) 'Female sexuality', *S. E.* 21: 225–243.

Lampl-de Groot, A. (1928) 'The evolution of the Oedipus complex in women', *Int. J. Psychoanal.* 9: 332–345.

Strachey, J. (1961) Editor's note on 'Some psychical consequences of the anatomical distinction between the sexes', in S. Freud, *S. E.* 19: 243–247.

【第二章】女人對女人：共生的孤寂 46

瑪莉亞・安娜・塔蘭迪尼（Maria A. Tallandini）
英國精神分析學會會員

最終，我們每個人的一生，僅會經驗到一種衝突，
而它會不斷地、透過各種偽裝重複地出現。
（萊納・瑪利亞・里爾克（Raimer Maria Rilke），
〈給伯爵夫人 M. 的信〉，1921 年 3 月 10 日）

在治療女性患者的經驗中，常會遇見各式各樣的感受，所有這些感受都以抱怨匱乏、無能和無助的狀態結束。這種共同的感受有不同的起源與緣由。瑪麗亞・托洛克（Torok, 1964）指出了這些女性心智狀態的特殊性，與性別的本質有關。在女性的分析中，我們經常發現，女性認為由於性別因素，她們經驗到一種內在的空洞、一種力量的缺乏和無法捍衛自己。

我將會呈現一位患者的案例，她具有所有相關感受——無能、匱乏、壓抑、焦慮、憂鬱，但她卻沒有將這些癥狀歸結於身為女人上。我認為這些困難與她自覺不完整、缺乏全能感有關，也和極度抗拒接受與母親分離有關，因而也抗拒認識母親與父親的關係。

布林（Breen, 1993）明確地指出，「男性氣質」和「女性氣質」指涉的是每個人在認知到兩者之差異時的應對方式。我想要呈現個體化歷程（Mahler et al., 1975）是如何強烈地阻礙每個人

去認知到第三種存在。此難題會在分析情境下重現，而分析師與受分析者同性別時，有助於再造母性移情和融合的狀態，但也使得改變更加地困難。

馬勒等人（Mahler et al., 1975）描述了在人生的前三年裡，分離－個體化的歷程。從他們的觀點來看，是這段歷程使個人能夠獲得自主與獨立的能力。在這一主題上，馬勒這麼說到：

> 共生（symbiosis）這個字眼……是一種隱喻……它描述了沒有分化的狀態、與母親融合，在那兒，「我」還沒有從「非我」分化出來，內和外的差異也才剛被漸漸的察覺。無論是外來的或內源的，所有令人不快的感受，都超脫於常規的界線，被投射出去。……**共生的基礎特性是幻覺或妄想式的；在身心方面、全能般與象徵母親之物融合，特別是妄自想像這兩個身體上各自獨立的個體之間有共享的界線。**（我將部分摘要標為如粗體，以助論述）（pp. 44-45）

47

在發展真正的分離－個體化之前，共生階段的所有面向都需要被悉心細究。

我將要報告一位看似留在共生階段的患者，在移情之中表現出了對自大全能、且融合的母親的愛與恨。這位患者否認有第三人的存在，以便完好無損地封存與母親全能融合的幻想。此融合意味著占有母親、以及母親的滿足感。

分析師的性別，會對分析歷程中兩人的交會帶來什麼影響呢？特別是當兩方都是女性時，她們得面對的、最基礎的難題，是非常特定的女性間的衝突？由於在分析中，分析師的性別理論上會被患者對分析師的思緒、幻想和情感投射所「抹去」，而使得這個問題更複雜也更難解。況且，分析師理應超越他或她的生理和文化背景，站在全然中立的位置，來對待患者帶來的素材。

近來，此一主張被廣泛地討論著，例如：山德勒（Sandler, 1976）和布魯姆（Blum, 1971）認為移情會受到分析情境中當下的現實影響。其他人（Gill & Hoffman, 1982）則將治療師的性格和患者的看法，作為建立移情和界定移情的一種方式。以此脈絡看來，分析師的性別自然在形塑移情的多重面向上，被認為是有影響力的。佛洛伊德（1912）屢次質疑性別在移情開展過程中的缺失。他觀察到（1915）比起女性患者，男性患者傾向於對他有更強烈的、不友善的移情。他認為，這與他身為男性有關。佛洛伊德（1931）也深信，在他分析女性的過程中，他的性別造成了某些移情阻抗。他認為，分析師的性別或許會影響某些特定的、強烈的移情感受，因為在女性分析師提供的分析中，前伊底帕斯期的母性移情會更為顯著。

在分析式治療中，性別的差異最近才成了臨床探索與研究的焦點。不少觀察者（Person, 1985; Meyers, 1986; Moldawsky, 1986）探討了性別配對的四種組合，並且發現分析師的性別確實會影響初期的移情、後續的移情循行、甚至多種移情表現的（相對之下的）時間長短與強烈程度。

柯許納（Kirshner）等人（1982）得出的結論是：年輕和經驗較少的治療師更容易受到與性別相關的感受和刻板印象的影響。埃塞爾・佩森（Person, 1983）認為，女性患者有意識地選擇女性分析師而非男性分析師的動機出於多種因素，包括：恐懼性 48

別歧視、想要避免因羞愧而遮遮掩掩，以及渴望找到一個榜樣。

儘管在女性－女性的配對中，伊底帕斯議題是重要的，然而前伊底帕斯期議題卻更為核心。蓋瑞克（Gornick, 1994）注意到，女性分析師不僅會喚醒患者的母性特質和與女性性別角色相關的照顧能力，也會對自己有相同的期許，這導致一股強大的力量，形成相對之下較為退化的治療經驗，與治療師和患者之間鬆散的界線。梅耶（Meyers, 1986）觀察到，不管是哪一種性別的患者，相較於男性治療師，都比較容易對女性治療師產生前伊底帕斯期的母性移情。因為女性治療師和女性患者的性別，重複了最初的母親－女兒配對，為「治療中一些最久遠的、最危險、最可能治癒的衝突」帶來機會（Bernstein, 1991）。分析師和患者之間會有一股朝向退化的拉力和相對浮動的界線；也會有退化到愛恨交織之前、共生般的狀態，作為防衛來對抗嫉羨、競爭與較勁。

性別是一個深深影響移情和反移情的議題。這樣的影響能夠支持分析工作的進行（Chasseguet-Smirgel, 1984），反過來也可能造成難題或僵局。

依據精神分析歷程的不同面向，例如：療程中移情的品質、素材的內涵、衝突發展的順序，來研究精神分析師的性別究竟會帶來哪些影響，這樣的實證研究是非常少的。

庫利許和邁曼（Kulish & Mayman, 1983）進行了一個有趣的研究，他們分析治療師關於分析取向心理治療的口語報告。每位治療師會接受訪談，談論他們的兩位患者，最好是一位男性、一位女性。訪談長達兩年，間隔四個月和六個月，目的是為了探測治療歷程中的某些特定的移情。這項研究特別有趣，因為它考慮到反移情和性別對它的影響。心理治療師所提供的素材會由兩位研究者各自評估，他們會在不知道治療師的判斷下，詮釋移情素材。研究的結果支持一些已經在臨床工作中發現的論點，那就是患者會有強烈的傾向去發展與治療師性別一致的初期移情，然而當治療師與患者性別相異，特別是女性治療師時，則會有強烈的偏誤、不去看待自己的性別角色有所不同。這或許是因為治療師會鼓勵性別一致的移情發展。

庫利許和邁曼得出了結論：毫無疑問地，在現實的層次上，患者會曉得治療師的性別，而這一點會在患者身上造成一股強大 49 的拉力，使得患者一開始對治療師的感知與現實是一致的。同樣地，治療師也會依著患者的性別來處理他／她帶來的素材。這是心理治療的研究資料；然而，目前並沒有精神分析式治療的研究資料。並且，在長期治療中，性別偏誤帶來的影響可能是比較少。

我將透過一個臨床案例，呈現分析師作為女性，如何深深地影響治療歷程。

R 夫人

R 夫人，在二十六歲時尋求分析。讓她動念的緣由是，全身性的不舒服和已持續數年的婚姻危機。當時她的職業是老師，嫁給了一位事業剛起步的教授。

R 夫人前來諮詢時提到，她在生活各方面都很退縮和冷漠，沒有動力促使她做新的發展。專業上，她正消極地面對工作上的各種情境，也害怕去刺激或是提出新的方案。和許多女性一樣

（Torok, 1964），她放棄了所有創造性活動。

她一頭深色的頭髮，修剪得很短，身形削瘦、衣著凌亂，給人邋遢且不修邊幅的印象。我甚至覺得她不太乾淨。她的動作緩慢、不流暢、僵硬，彷彿很害怕被盯著瞧。她的身體散發出極度的不自在。她說話緩慢，語調冷淡，沒有重點，傳達出她的侷促不安，與處理日常生活的困難。她的婚姻岌岌可危。

言談間，她描繪出一段受女性影響的童年與青春期。她在六個孩子之中排行老三，總共有五位女孩和一位男孩。弟弟晚她兩年出生，八年後，最小的妹妹才出生，這讓 R 夫人覺得地位被取代，對小妹充滿敵意。

在家裡，母親盛氣凌人。R 夫人描述母親時，語調充滿景仰，也顯得懷念、失落，有時則顯得苦澀。母親既美麗又聰穎，但總是極為忙碌。她打理一個家、照料孩子們、協助丈夫的生意，讓他們一家生活得有品質。母親非常清楚地表達她的專橫：她明確的表示，他們住的是**她**娘家的房子，而且**她**來自比丈夫更高的社會階層。透過回憶，R 夫人更加確信這一點，並很快看清，她的父親存在感薄弱，從來都不是舞台上的中心人物。當母親忙著照顧女孩們時，父親被允許帶著男孩。母親並不介意展現她在家中、和對父親的權力。在很多事情上都能看見，母親經常把自己的想法和意見強加給別人。比如：她禁止父親的親戚進到 50 家裡來，但卻讓自己的親戚在這座家族宅邸住下來。母親招待她兩位年長的阿姨住在這座宅邸的兩側，還有一位姊姊，讓她住到四十多歲結婚後才離開。這位阿姨參與了姪子、姪女的童年，自那時起便與這個家庭保持著密切的連結。

在這個母系的世界，男性形象逐漸消失，幾乎不存在。父親從來都不重要，似乎也逃避投入家庭。家，是母親的。R 夫人接受母親的權威，儘管這麼一來，她可能得遠離她的姊妹。她認同母親的權威，並且毫不猶豫地向母親報告姊妹們的祕密，破壞著她與姊妹們的關係。

她專注的焦點、世界的中心，都是母親，她所愛的客體。

後來，父母親多年來優渥的經濟狀況，突然崩潰。母親毫不掩飾她對父親的憤怒，並且公開指責他軟弱無能。回顧這段過往時，R 夫人對父親沒有一絲憐憫。即便到現在，在分析初始時，她仍然與母親立場一致，因為母親的見解是絕對沒有問題且沒有漏洞的。

接著發生兩個悲劇事件，帶來一場突如其來的危機，挑戰了 R 夫人對家庭該是什麼樣子的看法。在 R 夫人與姊妹、弟弟一起去度假時，父親突然過世了。由於溝通失誤，這則不幸的消息，並沒有傳到他們所在的度假村給他們。當他們回到家時，發現家裡大門深鎖、沒有人在。在這不幸的事件後，母親無法忍受獨自在家，便離開了，一點也不關心她的孩子歸來時會有什麼感受。一年後，母親罹癌。她不與疾病對抗，而這位受看護的病患，無力與憤怒地走向死亡。

R 夫人對母親的依戀從未消止，她想要滿足母親的慾望也依然如往，並且她渴望一段獨占母親的關係，然而這份渴望使得世上的其他事物都被拒於門外。蘭普爾・德格魯特（Lampl-de Groot, 1928）指出，一位女孩得要放棄占有母親，並且改為將母親視為愛的客體、並認同之，是無比困難的。但蘭普爾・德格魯特同時提出，小女孩認為，如果她有陰莖的話，她就能夠繼續占有母親。然而在我看來，就我患者提供的素材來說那讓我深信，她認為母親是有陰莖且強大的，而她（R 夫人）閹割了她的父親，使他受盡羞辱和剝奪了他所有的權力。

也因此，她無法和男性建立任何關係。或許她能與男性交往、甚至結婚，但是一旦塵埃落定，很快地，她就會讓丈夫陷入受辱的境地。這些女性，深深地依戀著母親，以致於不允許任何獨立的關係發展。父親的缺席，使得與母親分化、獨立更加困難，因為父親的存在是母親與女兒能分離的必要條件（Chasseguet-Smirgel, 1984）。對這類型的女性來說，真正占據她們心思的，仍是女性，和如何關心、滿足她們（Balint, 1973）。這種狀況並不會發展成同性戀關係，因為那反而會令人大失所望。這些患者想要否認母親並不具有陰莖的事實，是為了能認可她們自身擁有的陰道的重要性。最重要的議題是，對母親的依戀，事實上具有一些普遍的特點，也就是意欲全然地使雙方的願望都能實現。

51

海倫·多伊奇（Helene Deutsh, 1946）曾描述：女性有強烈的衝動，想要留在母親的保護之下。她也看到，這種依戀綿延不斷，貫穿女性的成年生活。如果小女孩無法成功地與母親分離，那麼即便到了成年，她也會繼續需要大量的溫柔和母性的保護，而且她會發現，若沒有這樣的溫柔和母親的保護，生活將會令人難以忍受。這些女性傾向於將伴侶視為保護者，而不是一位能與她們分享平等成人關係的人（Pines, 1982）。透過這種方式，她們否認了男性和其陰莖的存在。承認他（和他的陰莖）等於是不可赦免地冒犯母親，因為這代表著將母親視為女性。對患者來說，也同樣無法忍受這點，因為那意味著她失去了透過她的陰道滿足所愛的客體的能力。

R 夫人的特點之一是，她否認任何母親有被父親滿足的可能。她記得，她對父親逝世的冷漠態度，並且立刻想要將自己奉獻給母親。如同伊妮德·巴林（E. Balint, 1973）指出的，她否認了對母親的敵意、嫉羨與競爭。在婚後，R 夫人從不想對（與丈夫的）家庭負責，並且拒絕生小孩。只有在分析中，她對母親的敵意才浮現出來，由於母親與父親的關係，她將母親視為叛徒。

共生的沙漠

R 夫人開始接受分析時，展現了非常強的阻抗。她一動也不動、僵硬地躺著，在我試圖安撫她的困難時，也不理睬我。幾次療程後，她帶來一個夢：「一團火撲來攻擊我的臉。我怕極了。在這裡，我能得到什麼呢？我覺得妳糟透了……我做了另一個夢，在那裡，妳是個和藹的好人，還帶來了一束花。」她在告訴我，她害怕分析會燒毀她的面具，這暴露出了她對分析師——此刻象徵著她的母性意象——的恨與愛。不僅如此，她害怕分析師會撥開她表面的樣貌，暴露出她脆弱的樣子。這個夢，可以說是「失去臉」後、隨之而來的「丟臉」。

「失去臉」意味著認知到男性這塊新大陸的存在，而女性是人類的另一個部分，缺少陰莖。事實上，在她幻想母親的強大時，否認了對這些差異的覺知。R 夫人想要找一位女性分析師的理由，在療程開始時並未明確說明，然而後來透露出，她做這個選擇是因為這個選擇能與她內在的脆弱幻想共謀。她選擇女性分析師，因為在人類之中，只有女性對她來說才是「真的」（Shainess, 1983）。然而，分析被視為駭人的威脅，因為它可能 52

會澄清事情的真相。

分析的頭兩年，障礙重重。R 夫人雖說了不少話，但更像是獨白，沒有空間容納其他人（分析師）的聲音。她回顧親密感和一些想法，卻藉此將分析師推開。任何分析師的介入，都像是干擾了聲音之河的流動。R 夫人會突然沉默，然後又開始說話，彷彿什麼都沒發生過一樣。經過好些年的分析，她才告訴我，剛開始分析時，她不太承認我的存在，對她來說，我在很遠的地方，是讓她害怕的人。後來，她以為她是在一片鏡子面前說話，或者是在有回聲的洞穴裡，好像沒有人在那裡，但是同時又有人在。她不得不閃避一個若隱若現的影子。她完全無法理解任何事。她覺得孤單，任憑情緒擺佈。自戀的傾向占了上風；患者退化到這個不真實的世界，在那兒，她能全然保有自大全能感。

我的話語空蕩蕩的飄落，它們難以被理解：「我覺得自己就像在戲院裡，卻不曉得正在上演哪一齣戲。」這詮釋了她想將我推開的願望，以及不得不單獨面對恐懼的痛苦，然後終於讓我們找到破口可以工作。第一次，她聽進了我的話。她告訴我，分析對她來說，是一場長期抗戰——每次療程她都感到精疲力竭。接著，她問我：「對妳來說呢？」第一次，她注意到我的存在——有別於她、一個獨立的人。

她從自戀式的退行，轉而讓出空間給強烈的矛盾情感。當她來接受治療時，覺得好像是被我突襲。她將攻擊投射到分析師身上，將分析師看作迫害性客體、她所怨恨的母親。患者不滿治療的時間安排和長度。「妳怎麼會覺得，我能夠恰好在妳安排的時間表內談論我自己呢？」躺椅、分析師和我，都作為母親被深深地愛著，但也恨著——因為母親的背叛。背叛，並不是指和男人在一起這件事本身，而是透過這個選擇呈現出另一個性別——有別於女性——的存在。以這種方式，母親點出小女孩身上缺少陰莖、以及小女孩的陰道無法滿足母親的需求的事實。

R 夫人記得，她是最受寵的一位，總是害怕失去這個特殊地位。她從未違背過母親，只是想要獲得母親的認可；為此，她永遠站在母親這邊，對抗手足與父親。當然，這全然的依賴伴隨著攻擊與極度矛盾的情感，並且永遠在失去母親的愛的邊緣徘徊，隨之而來的是她的內在**和**外在世界的崩塌。透過動用她的憤怒，免於她早期對母親的情慾連結在分析中浮現（McDougall, 1964）。 53

占有母親身體的願望，以及對母親身體的好奇，同時出現在她的童年回憶中。

> 夏天時，我們經常去海邊。我還記得，我很享受用身體去碰沙子，看著裸體的女人們。我的母親不穿泳裝，她永遠衣著整齊。我很享受觀看這些裸體的女人們。我大約六歲、還是八歲，其他的小孩經常從海灘小屋的縫隙偷看女人們脫衣服。那時，我問我自己，我的母親是否和其他的女人一樣？

她也很想做一樣的事，但因顧慮到母親會不贊許、或生氣，而壓抑下來。

她覺得我也不贊成。我意識到，不管是她、還是我，都沒有把我的性別帶入分析工作。這部分的現實，被我倆共謀地避而不談；我和我的患者都被顯而易見的性別束縛（Kulish, 1986），把它作為一種用來強化防衛的方式，這樣就無法超出它的視角了。

與母親共生，給了她安全的港灣，讓她覺得受保護與無所不能。同時，她將永遠承受著外界驚擾的風險，並且囚禁在與母親的兩人關係中。她開始出現自主的願望，並且為此感到矛盾。她帶來一個夢：「夢裡好像是在戰爭、還是暴動。我坐在角落，一位士兵用手槍指著我的額頭。他威脅要殺了我。我很怕會死掉。」

那場戰爭或暴動，象徵著她心裡正在萌芽的改變。我是威脅她的母親，不許她超越共生階段、邁向獨立自主，也是分析師－母親，威脅且逼迫她邁向自主，卻也邁向死亡。

在她的幻想中，獨立與自主的願望會招來母親，如同典獄長般，不會允許她釋放自己。同時，共生的處境和無所不能的幽閉恐懼，使她希望母親能死去。R 夫人認為，是她獨立自主的願望造成了母親的死亡。

走向獨立

第四次暑假之後，R 夫人帶著不同的見解回來。她記得對她來說，和姊妹們分享母親的關注有多困難，以及小妹的誕生帶給她多大的衝擊。她仍然認為此事件是母親的關注從她身上移走的原因，而不是母親與父親之間連結的證據。離開共生狀態，意味著她得承認她對我－母親的敵意，因為我／母親忙到無法將所有的時間都奉獻給她。對此，她開始反抗，並且表達她所感覺到的威脅：「所有的依賴，都是危險的。」

在這樣的脈絡之下，她帶來了一個夢：「有個人死在家裡，還有個非常傷心和絕望的孩子，一點也不想去玩。」

她認為是她走向自主造成了母親的死亡。R 夫人想要擺脫我，如同她想要擺脫全能的母親，但她覺得她的願望造成了母親的死亡，並且總有一天會造成我的死亡。伯恩斯坦和華納（Bernstein & Warner, 1984）回顧許多女性分析師遇到的女性患者的案例，並指出在移情中，分析師的形象會交替於陽具母親和伊底帕斯父親之間，或者是濃縮成一個具侵入性的人物。他們說明，在某些他們的女性患者身上，性慾化的同性戀式移情一開始是作為防衛而發展出來，是為了對抗前伊底帕斯階段，深層、早期的對母親的渴望——那位她得不到的母親。她具敵意的願望，和對後果的恐懼，以一個破碎雕像的意象呈現出來。此意象象徵著，她現在從另一個角度看待內在的母親。

分析五年後，R 夫人開始表現對我私人生活的幻想，且會去注意從房子其他地方傳來的聲音。這段歷程以戲劇般的步伐進行，如同以下夢境所描繪的：

> 我在一片有許多樹的森林裡，和阿姨（母親的姊妹）、阿姨的女兒、我的姊妹們在一起。一隻大黑狗向我撲來，用牠的牙齒扯著我不放。親戚們試著把我從牠的嘴裡拉出來，但是沒有成功。到了最後，那隻狗把我壓在一棵樹上猛烈的攻擊我。我不大確定，我死了沒有。

講述這段夢境時，她很害怕，在夢裡，她投射了對我的攻擊，並且將我看成嚇人的狗，一個具迫害性的父親形象，要帶她離開她的女性世界（夢境中所有的人物都是女性），攻擊她那平靜與安全的環境。

在另一個簡短、但是重要的夢裡，有一位女性將她的手放在 R 夫人心上。那隻手實際上在她身體裡，並扯去了她的心臟。再次的，這位女性是濃縮版的她、我、她的母親。我／她的母親將她的心扯出來，讓她察覺到分離，然後接著是差異。這段夢之後的下一次療程，由於太害怕展現出她的攻擊，R 夫人缺席了。當她回到分析中，她並不否認她對這個夢的洞見，她意識到她的困難，和必須在我和她之間保有一些距離。

在愛之中

隔年，R 夫人開始能夠承認她對我的愛，和她獨立自主的存在。

55 在這次療程我有種強烈的感覺。我把自己看作我的學生一樣（她的學生約十五到十六歲），和同儕談著戀愛。我覺得很難為情。在我看來，在這裡，我的身體存在感太強了。我只想要我的腦袋留在這裡。以前我放學回家的時候，都會發現我的母親在等我。傍晚的時候，她常常累得睡著了。我喜歡待在她身邊，看著她。我的兄弟姊妹們則會到外面的庭院玩。我比較喜歡待在她身邊。

從共生狀態萌出的念頭，使得 R 夫人能檢視她對母親的性慾感覺。在踏出這一步之後，她才開始能夠談到她的月經、身體和陰道。她不再只是「一部分」，她是一位能夠認可自身女性特質的女人。

在這項探索之後，在她認識到自己與母親的相似處、而不是互補性之後，她開始在分析中談論父親，和父親的正面意義。她的父親一點也不無趣或笨拙，他能夠忍受她（R 夫人）的反抗與脾氣，並且在家人們爭論不休時，他總是能直指所有問題的核心。在伊底帕斯的脈絡底下，我代表了她的父親。

「我的小姪兒今年即將要上學了。他是這麼的期待。他一定會失望的。」她的姪兒，就是她、和她對我／父親的期望，她知道她會失望，因為我／父親現在也是她欲求的客體，且是得和姊妹們去競爭的。「昨晚我做了個夢，我和姊妹們在打架，而到了最後，我決定走開，去我的父親那裡。」

她對母親的背叛感，仍然非常強烈：

> 我有一位學生非常懶惰、無法專心。我做了一個夢，在夢裡，我指責他懶惰和不專心，正如我說的那樣。他告訴我，他之所以有困難，是因為他母親的離世。他告訴我，他的母親在一九八〇年逝世，然後，我告訴他，我的雙親都過世了。（接著她繼續說到）我想我就是那位茫然的孩子。今天我無法準備我授課的內容，因為我感到非常茫然。

此刻，R 夫人突然頓悟、她的身體猛然抽動：「一九八〇年發生在我身上的，並不是母親的離世，而是我的婚禮……我想要像隻烏龜，在我的龜殼裡，緊緊抓住自己。」

她將婚禮看作母親已然逝世的標記。R 夫人認為是自己渴望擁有一位男人的慾望造成了母親的死亡。她強大的母親能夠滿足她的需求，她也能夠滿足母親，但這一切將會消散，因為她認知到了不同的需求，看見母女兩人關係以外的世界，那個不是只能由佔有父親的陰莖的母親來提供愛與滿足的世界。

56

經過多年的分析，R 夫人開始意識到她與丈夫之間的困難，始於她拒絕與他性交，和她決定隨著一群女人離開。她希望透過排除男性的存在並對母親致意，來找到滿足感。儘管如此，伊底帕斯願望還是存在：

> 我做了一個夢，夢裡我的父親接了一通電話。我是七、八歲的女孩，我很崇拜他。在那段對話之中，我的父親說出他姓什麼，但事實上他說的是我丈夫的姓。

伊底帕斯元素，例如：她對父親的愛與渴望，明顯地顯露在這個夢裡，夢裡的父親取代了丈夫的位置。然而由於害怕失去母親和讓母親失望，使得她得否認這些對父親的渴望。惟有當她的分化歷程啟程後，才能夠允許這些渴望再次出現。在這個案例中，分化意味著看見母親與女兒之間的相似性。

討論

透過一位女性分析師與女性患者工作時會遭遇的難題，我想呈現患者如何用共生關係來否認與母親的情慾關係，這麼一來，就不是一段同性戀關係，而是在異性戀關係裡，透過幻想，允許自己去否認父親的存在。

麥克道格爾（McDougall, 1964）的想法支持此論點，對陰莖的渴望，也被視為是在表達想要修復母親、讓母親繼續當她所慾求的客體的願望。我們可以看見，在某些狀況下，R 夫人出自於相同的目的，提供母親一些父親的特質，也就是留住母親所渴望的客體。

利門塔尼（Limentani, 1991）在他和性違常患者工作的內容中，注意到一種被他稱為「缺少內化的父親」的父親缺席現象。儘管，我的患者並非性違常，但在分析治療的最後階段之前，臨床素材中完全沒有父親的出現，似乎指出了對這個人物的分裂與否認，若是深思，應可看見患者抗拒接受父親存在的象徵（Breen, 1993），同時意味著，抗拒接受父母親之間的關係（Britton, 1989）。

R 夫人被卡在或者退化到，前伊底帕斯位置，在這裡，她排除了父親的存在、閹割他，並將父親的陰莖作為絕佳的禮物獻給母親。用這種方式，她能進一步發展兩個目標：1. 她能用母親取代父親；2. 她希望獲得一位能被她（患者）的陰道滿足的母親。這麼一來，她的無助感和匱乏感就與身為女性無關，因為透過陰道，她能夠展現控制母親的力量。這樣的幻想，伴隨著全然與母親融合的錯覺，造成對其他男性人物的排擠；而男性的存在則是完全地被否認了。

R 夫人的所有需求，母親都能提供，但也因此，她（母親）握有所有的權限和權力。她是哺餵的母親，但也是吞噬的母親，這母親不允許一刻的分心，要求絕對的忠誠。為了遵從這項命 57

令，R 女士得隱藏她對生活獨立與自主的渴望，東刪西減，把自己的生活變得一無所有。

父親逝世帶來的危機是，將母親對他的情感和依賴彰顯出來，呈現出男性人物對母親有多重要。患者發現她以為自己有的權力，全然地被奪走，因為，令人悲傷地，在父親過世後，母親也很快就離世了，彷彿沒有他的日子一點意義也沒有。

只有在讓自己離開融合狀態後，才將父性的移情帶到治療中。

其他處理女性對女性的治療配對的分析師，也認可這段歷程。特別是，父性或是男性的形象會更與現實中治療師的性別產生關連，而較少在和女性分析師工作時出現（Kulish, 1984; Karme, 1979）。

工作架構裡的現實要素會影響移情發展的方式（Sandler, 1976），且對患者和分析師來說，性別是重要的組成元素（Kulish & Mayman, 1993）。治療配對裡，女性的性別帶給分析師和受分析者退化的風險，然而分析的情境本身可以起到保護效果（Chasseguet-Smirgel, 1984）。

從這個案例看來，患者的基本衝突，也就是對融合的願望－恐懼，或許已被分析師的性別強化，才讓此衝突更加強烈且持久。從另一個角度來看，現實中分析師的性別，或許會促發移情性的幻想，這一點值得更仔細的闡述。只有在徹底地分析了 R 夫人的融合狀態之後，她才能允許自己去意識到對父親的伊底帕斯願望，以及將自己從與母親的共生、情慾關係中釋放出來。

參考文獻

Balint, E. (1973) 'Technical problems found in the analysis of women by a woman analyst: a contribution to the question "What does a woman want?", *Int. J. Psychoanal.* 54(2): 195–201. See also Chapter 1 of this book.

Bergman, A. (1982) 'Consideration about the development of the girl during the separation-individuation process', in *Early Female Development: Current Psychoanalytic Views*, ed. D. Mendell, New York: S.P. Medical and Scientific Books, pp. 61–80.

Bernstein, D.H. (1990) 'Female genital anxieties, conflicts and typical mastery modes', *Int. J. Psychoanal.* 71 (1): 151–167.

—— (1991) 'Gender specific dangers in the female/female dyad in treatment', *Psychoanal. Rev.* 78 (1): 37–47.

Bernstein, D.H. and Warner, G.M. (1984) *Women Treating Women*, New York: International Universities Press.

Blum, H.P. (1971) 'On the conception and development of the transference neurosis', *J. Amer. Psychoanal. Assoc.* 19: 41–43.

Breen, D. (1993) *Gender Conundrum*, London: Routledge, Institute of Psycho-Analysis.

Britton, R. (1989) 'The missing link: parental sexuality in the oedipus complex', in *The Oedipus Complex Today*, ed. J. Steiner, London: Karnac.

Chasseguet-Smirgel, J. (1981) *Female Sexuality*, London: Virago.

—— (1984) 'The femininity of the analyst in professional practice', *Int. J. Psychoanal.* 68: 465–475.

Deutsch, H. (1946) *The Psychology of Women*, London: Research Books.

Freud, S. (1912) 'The dynamics of transference', *S.E.* 12: 97–108.

—— (1915) 'Observations on transference love', *S.E.* 12: 157–171.

—— (1931) 'Female sexuality', *S.E.* 21: 221–243.

Gill, M.M. and Hoffman, I.Z. (1982) 'A method for studying the analysis of aspects of the patient's experience of the relationship in psychoanalysis and psychotherapy', *J. Amer. Psychoanal. Assoc.* 30: 137–167.

Gornick, L. (1994) 'Women treating men: interview data from female psychotherapists', *J. Amer. Acad. Psychoanal.* 22 (2): 231–257.

Karme, L. (1979) 'The analysis of a male patient by a female analyst: the problem of the negative oedipal transference', *Int. J. Psychoanal.* 60: 253–261.

Kulish, N. (1983) 'Gender and transference: conversations with female analysts', *Psychoanalytic Psychology* 6(1): 59–71.

—— (1984) 'The effect of the sex of the analyst on transference', *Bulletin of the Menninger Clinic* 48: 95–110.

—— (1986) 'Gender and transference: the screen of the phallic mother', *Int. Rev. Psychoanal.* 13(4): 393–404.

Kulish, N. and Mayman, M. (1993) 'Gender-linked determinants of transference and countertransference in psychoanalytic psychotherapy', *Psychoanalytic Inquiry* 13(2): 286–305.

Lample-de Groot (1928) 'The evolution of the Oedipus complex in women', *Int. J. Psychoanal.* 9: 332–345.

Lester, E.P. (1985) 'On eroticised transference and resistance', *Int. J. Psychoanal. Psychother.* 11: 21–25.

—— (1993) 'Boundaries and gender: their interplay in the analytic situation', *Psychoanalytic Inquiry* 13(2): 153–172.

Limentani, A. (1991) 'Neglected fathers in the aetiology and treatment of sexual deviations', *Int. J. Psychoanal.* 72: 573–584.

Mahler, M., Pine, F. and Bergman, A. (1975) *The Psychological Birth of the Human Infant*, New York: Basic Books.

McDougall, J. (1964) 'Homosexuality in women', in *Female Sexuality*, ed. J. Chassequet-Smirgel, London: Virago (1981).

Meyers, H.C. (1986) 'Analytic work by and with women: the complexity and the challenge', in *Between Analyst and Patient: New Dimensions in Countertransference and Transference*, ed. H.C. Meyers, Hillsdale, NJ: The Analytic Press, pp. 153–176.

Moldawsky, S. (1986) 'When men are therapists to women: beyond the oedipal pale', in *New Psychoanalytic Visions*, eds T. Bermay and D. Cantor, Hillsdale, NJ: The Analytic Press.

Person, E.S. (1983) 'Women in therapy: therapist gender as a variable', *Int. Rev. Psychoanal.* 10: 183–204.

—— (1985) 'The erotic transference in women and men: differences and consequences', *J. Amer. Acad. Psychoanal.* 13: 153–180.

Pines, D. (1982) 'The relevance of early psychic development to pregnancy and abortion', in *A Woman's Unconscious Use of Her Body*, ed. D. Pines, London: Virago (1983).

Raphling, D.L. and Chused, J.F. (1988) 'Transference across gender links', *J. Amer. Psychoanal. Assoc.* 36(1): 77–104.

Sandler, J. (1976) 'Countertransference and role responsiveness', *Int. J. Psychoanal.* 3: 43–47.

Shainess, N. (1983) 'Significance of match in sex of analyst and patient', *American Journal of Psychoanalysis* 43(3): 205–217.

Torok, M. (1964) 'The significance of penis envy in women', in *Female Sexuality*, ed. J. Chasseguet-Smirgel, London: Virago (1981).

【第三章】「在分析裡留下還是不留下」：一位否認時間與記憶的女性

60

羅辛．約瑟夫．佩雷伯格（Rosine Jozef Perelberg）
英國精神分析學會傑出會員、訓練分析師和前任主席

「她對意外事故的經驗也許可以被理解為：試圖強調身體所經驗到的一連串創傷性事件，而不是讓一切成為過去的歷史事件。」（p. 74）

引言

分析進入第四年的中途，瑪莉亞提出了關於「在分析裡留下還是不留下」的問題。在那之後，我提出了一個詮釋，點出了我覺得是那時的她所處的核心困境。那時我說，隨著她越來越能允許自己，接觸她對我的殺氣和暴力的感覺時，她得麻痺自己的身體，並且體會到它的無能為力，因為她很害怕變得失控。我也說，她覺得這些衝突在折磨她。和我一起留在療程裡，是為了要接觸這些感覺，這讓她覺得她和我不會有好下場，因為她怕她會想要殺了我；然而不留在這裡，則是宣告她將永遠被這些自己的感覺和信念困住。

從這個持續多年的分析一開始，我就一直對我的患者帶進診療室的 2D 平面感印象深刻。在她的平面感裡，過去被消除了，對於形成主體來說如此重要的時間感和歷史感，也消失了。

她的世界必須得不斷重複，這麼一來才能避免經驗到差異：過去與現在、男與女、內在和外在、愛與恨、她和我的差異。相較於現在與未來，過去是占上風的。然而，這個過去是以具體且生硬的方式呈現出來，透過不拓展或增加新訊息，重複並且維持可預測性。它沒有深度，僅以對立於現在的方式呈現，不留空間給事件和事件序列。從這個角度看來，我認為我的患者有「屏幕記憶」（screen memories），而不是「記憶」（Freud, 1899）。這兩者的差別在於選擇這些記憶時，濃縮和過度決定（overdetermination）的過程。史崔奇（Strachey）指出，佛洛伊德運用這項概念的方式為，「一段早期記憶」被用來屏障後來的事件（出處同上，p. 302），同理，一件早期事件也會被後來的記憶屏蔽。我將說明我對此的理解方式，也就是我的患者如何使用她的屏幕記憶去掩蓋過去和現在，並緊緊抓住某個時間點的經驗，來強調創傷，而不讓它過去。

61

分析中，我的患者總會重複地回到一段在她生命中特殊的時光——在她二十出頭歲時，一段不愉快的戀愛關係。從某方面看來，如果這段歷程代表企圖去理解些那些迄今無法被理解的部分，它也就有了防衛的功能。她的過去被簡化到這一刻上，猶如潛藏的幻想，她幻想著在此之前沒有過去，在那之後三十年的時光也沒有消逝。她圍繞在這事件上刻板的描述，既是對後來事件的屏蔽，包括她分析的經驗，也是對闡釋早期童年經驗的屏蔽。

在瑪莉亞開始分析的兩年後，我了解到兩場發生在瑪莉亞身上的意外，都是在這種缺乏時間感的架構之內；事情必須用這種生硬的方式，冰凍與封存。在分析一週年之際，瑪莉亞在滑雪假期中發生了一場意外，她的頭受到嚴重的撞擊；在兩週年時，她發生車禍，她的車子全毀。

葛蘭諾（Granel, 1987）討論了意外發生前、同時發生或隨之而來的潛意識歷程。他們呈現出來：「在許多案例中，意外發生前的處境，往往具有一些特殊之處，也就是一種無法忍受的狀態，且無法以表徵的形式被審思。內在世界裡無法解決的戲碼，被真正的戲劇性事件（意外）取代了。」發生一場意外，是試著要去將「無形化為有形」。

意外事故後，一如往常地，瑪莉亞試著將她的各種感受與經驗連結到意外上。我的假設是，意外事件成了另一種屏幕，投射出她對生活的看法。葛蘭諾將重複嗜創傷癖與分析的歷史化進行對比，後者帶入了一個不同的時間性觀點。我認為，這些意外要傳達的是，就瑪莉亞的經驗而言，分析這件事是她生命裡的一場重大災難。

比昂（Bion, 1970）認為，所有的發展過程，都無法避免災難式的轉變。這些轉變是由暴力、混亂和恆常性聯繫在一起的環境組態。唯有透過破壞性的力量，一個「新的組態」或一個「新的想法」才能出現。分析則嘗試從與世隔絕或儀式化的千篇一律當中，創造出敘事與故事。 62

在這段分析中，張力來自於參與對話；在對話中，堅持著某一種版本的現實，對瑪莉亞來說非常重要。這個版本強調發生在她身體上的意外和歷程，而不去談她的心智，儘管仍然有某種工作同盟的存在，使得治療的工作可以推展。我覺得，我承接了一份雙重任務。當我對瑪莉亞做出詮釋，那似乎會強烈地挑戰她對自己的看法，但同時我必須了解，對她來說，堅持自己的觀點，意味著能活下去。她很害怕，在我們的關係裡的她，必得屈服於我所見的現實。基本上，投射主導了她與人產生連結的模式，這使她在別人身上只能找到自己的副本。於是，分析中的張力來自於，我必須接受她的經驗、她被涵容的需求，以及我能夠保留我自己作為分析師的經驗。有時，這幾乎是一項不可能的任務，因為在我做出詮釋之後，會有一陣暴怒攻擊，彷彿在診療室裡發生了一場衝撞，而我會像她的車那樣被撞毀。然而，我會說，正是我們承受住了我和她之間想法的歧異，使得她的分析能夠進行下去。因此，看似矛盾地，分析能夠去涵容無法承受的事物——也就是她眼中歧異帶來的創傷經驗，使她微弱地開始形成自己的經驗。當我試著漸漸在心裡形成我對於瑪莉亞的想法時，我也必須持續地向她傳達我對她的理解——這段歷程對她來說有多難受。我將描繪這些分析歷程中的經驗如何展現，和（對我的）移情的模式如何開展。

在下一段落，我將會簡短地說明瑪莉亞的經歷和她在分析中的樣貌。

背景資訊

瑪莉亞第一次前來諮商時，約五十出頭歲。她主要的問題是建立關係的困難，並且覺得分析能夠幫助她處理這個問題。過去的五年來，她經歷許多生理上的病痛，包括：背痛，脖子、下巴和腿部的僵硬。她有潰瘍性結腸炎。在第一次見面時，我就感覺到有一部分的她「不在場」。透過詢問，我試著確認她對自己的感受。她覺得，自從她開始和艾力克斯的關係之後，她就和自己失聯了，有一部分的她永遠「不在」了。

63

瑪莉亞是一位迷人的女性，有著一頭金髮與深色眼珠，看來比實際年齡年輕許多。她是三個孩子中的老大，她的妹妹小她三歲半，弟弟小她五歲半。她還記得，妹妹出生時，她很嫉妒，並且認為新生兒才是母親的最愛。她覺得，童年裡始終無法親近母親，母親是孤僻且冰冷的女人，心理上或身體上都無法表達出情感。漸漸地，在分析中，我們觸及了她對母親的深層恐懼。她依稀記得，母親向她靠過來，對她尖叫，並且想要掐住她的脖子。在很小的時候，瑪莉亞就轉向父親，尋求他的愛與支持，但既苦澀又受傷地明白，在父親心裡母親才是最重要的。

她的怒火很快就轉而朝向自己，且開始攻擊自己的身體。她記得八歲時，她開始大把大把地拔頭髮。這成了她表達憤怒、孤單和不被愛等感覺的方式。後來，她體驗到各種身體上的疾病和疼痛，發現這是吸引母親擔心和照顧她的方式。她心理上的痛苦以更系統的方式被忽略，改為對身體上的抱怨，而這也是折磨這具在她看來不被母親所愛的身體的一種方式。

十八歲時，她曾試圖離家卻失敗了，她回到了父母身邊。她愛上了艾力克斯，一位在英國度假的法國男子，並且告訴我，儘管在性方面很受他吸引，她也沒讓他碰她。她描述自己是「慾望被點燃了，卻無法緩解」。她「徹底變了樣」，覺得「很原始」。同時，她在報紙上讀到一位在美國的男士強暴且殺了許多女人，並且說，她很能夠理解為什麼有些人會想要這樣做。她記得，當時覺得唯一的出路是切掉她的生殖器。在分析中，她的恐懼漸漸浮現——也許，她曾對這位她愛的男人做了什麼，也漸漸了解，她的精神崩潰也是一種保護他的方式。

她很想要相信，這個男人可以拯救她，但他變得很生她的氣，最後放棄了她。她描述她的心都碎了。在分析中，這成為她不斷回顧的一刻，她以幾乎是慢動作的方式，重複地描述每個細節。然而，每次都很少提供其他的內容或訊息。我大致的感覺是，根本上瑪莉亞正試著去理解這個最痛苦也令她恐懼的現實。我對她做的任何、關於此刻的詮釋，都會立刻連回她生命裡的那段時期。她描述，接著她如何與自己「失聯」，並且感覺自己成為了童年裡她所恨的、孤僻且冰冷的母親。

幾年後，在專科學校裡，她焦慮的狀態以及疏於照料自己的嚴重程度，使同事覺得她需要精神醫療的協助。她把頭髮剪得非常短，蓬頭垢面、衣衫襤褸地在校園裡遊蕩。醫生開給她煩寧（Valium，一種安眠鎮定藥），但很快地她反對她需要藥物。接著她完成學業，開啟順遂的教學生涯。當她開始分析時，她註冊了一個能授予大學學位的課程，她也成功獲得了學位。

在第一次晤談時，她告訴我，前一年冬天，她躺在床上整整六週。她的朋友很擔心她，覺得她得了憂鬱症，但她說是她工作的學校太冷了，所以實際上她是**凍僵了**。如此具體的身體經驗，點出我的患者將焦點放在身體上，是她的經驗所關注之處。對她生理和身體狀況延伸出來的描述，成為了接下來數年療程中的素材。

分析歷程：患者的風格

瑪莉亞有一種特別的、表達她自己的風格，貫穿著第一年的分析。她出現時的第一個訊號是，還在馬路上就聽得到她在狂咳，長按我的門鈴，接著伴隨咳嗽上樓時沉重的腳步聲。她會把自己丟上躺椅，將腿與背的骨頭折得喀喀作響。有時她會一百八十度地把頭轉來轉去，讓頸椎也發出聲響。她總是常態性地遲到五分鐘，進入診療室後，她就會開始長篇獨白，這讓我非常昏沉想睡、幾乎要被催眠了。有時，強烈的憤怒會突然在我心裡爆發。有時，我覺得被她用一種無法忍受的方式轟炸，又在同一時間覺得對患者有此種強烈感受而感到尷尬不安。

在治療開始一個月後，她帶來的第二個夢裡，有一條重要的線索說明了這些感受都和她投射到我身上的某些東西有關。**夢裡有三個女人，有一大塊水泥突然間掉到她們頭上。女人們被狠狠地壓扁了，然後開始瘋狂地奔竄。瑪莉亞說，它看起來像是漫畫**。她說，那是一場夢，但感覺起來不像是個夢。她接著說，也許這就是十八歲時，發生在她身上的事。在那次療程中，我們談到她的經驗，這一切不像是個夢，因為是她感覺中密不可分的部分——她早已失去感覺、立體感，變得扁平了。這也是她所經驗到的，與現下的自己失聯、在療程中將我扁平化、與我連結的方式。然後，我才能了解，腦袋灌水泥是什麼樣的感覺。

65

這個夢，「沒有覺得像場夢」具有另一層意義，那透露著她害怕被分析「打擊」，而她並沒有能力應付。如同第二章所討論到的，若干年後回顧起來，這也可以被理解成預知夢，述說著即將發生在她自己和分析歷程上的事。或許夢中的三位女人，代表她自己、另一個她和分析師，都被壓扁到無法辨識。

在分析的第一年裡，浮現了一些重要的主題，我們在接下來的幾年以非常緩慢的速度工作著。我們主要透過夢，來了解這些主題，因為夢標記了以下這些分析中發生的事情：她常態性地遲到（這有許多意義）、她對母親的憤怒、她想像性交時的暴力、她的性認同、她對每個人的怒氣（包括我）、她對身體的覺知（包括：她對自身女性特質的恐懼與拒絕，和她可能生出來的寶寶們），最後壓倒所有上述主題的是，她堅信體驗到對我有任何（不管是正向或負向）感覺都是無比危險的。[1]

儘管大量素材緩慢地浮出水面，我在第一次晤談時所經驗到的特性仍在——「一部分的她並不在場」。意識上，她不會記得一次療程到下次療程中的任何事情。我漸漸學會去信任我的感受，透過追蹤我的感覺，我開始能夠了解她的心智狀態。我會突然變得更警覺，那表示接著，我們將有一個更關鍵的交流。這通常會持續五分鐘，只有在某一次療程中才長達二十五分鐘。在第一年的分析中，這從未延續超過二十五分鐘（半場療程）。幾年後，她才提到，她記得頭一年分析時她沉重的眼皮只想閉上。

在第一年分析的尾聲，她讓我知道她覺得更有活力了。她開始買報紙，這是這輩子以來從未做過的事，也開始做家事——這些被她冷落了好多年的事。

第一個暑假之後，我們從一週四次增加到一週五次分析。暑假結束後的第四週，她去滑雪度假時發生了場意外，並且頭撞在了冰上。在接下來的一年中，這場意外，和它對她身體造成的傷害，成為分析的焦點。她感受到身體各式各樣的痛楚，並將之歸

66

因為那場意外。她不斷地重複。我的患者深深地感到被誤解和沒有被聽見。她幾乎將所有治療時間都花在和所有人作對。

1　原註：莫尼．凱爾（Money-Kyrle）就表徵性思考的階段提出一個理論：由具體表徵階段（在此表徵與表徵之對象沒有區別），經歷表意表徵階段，例如：夢，以進入意識和主要由語言思考的階段（1968, P422）（本註釋原文頁碼為 76）

意外之言

在滑雪意外一年後，也就是分析滿兩年，瑪莉亞發生一場車禍，一輛廂型車在十字路口撞上了她的車。她告訴我，她的車「面目全非」。作為非醫學專業的分析師，我很難評估瑪莉亞說的那些意外在她身上造成的影響有多嚴重。然而，我假設，意外事件的功能也是一種屏幕，她以濃縮的方式將自己的經歷投射在上面。分析試著去還原這些意外透過潛意識歷程，想表達和掩蓋的訊息。

接下來的一年，瑪莉亞在心理狀態和身體症狀方面，都越變越糟。家庭醫師轉介她去看許多專科醫師、進行檢查，但是沒有人能找出這些生理疾病的原因。因為不能知道身體到底出了什麼狀況，她對每個人生氣，而這讓人更難靠近她。她感到支離破碎，受到迫害。所有專科醫師一致認為，她的問題是心因性的，她為此震怒，因為她說她所感覺到的痛是「真的」。那次療程中，我對於我是否有能力靠近她，感到絕望。

分析第三年的復活節假期後，瑪莉亞回來時身體抽搐。每隔二十秒左右，她的身體就會突然顫抖一次。療程中充滿強烈的恐懼與絕望。我們都覺得，那時的她，有可能對我或她自己做出暴力行為。在整個療程中，我和她一起坐在診療室裡，談她對於和我在一起的感覺。我體會到深深的不安全感。如果我說得太多，要面對的風險是她會真的攻擊我；如果我留太多空間給她獨處，她會感到深深的絕望和被遺棄，而可能會殺了自己。

最後，她勉強地告訴我，她所害怕的是她會摧毀我的診療室，把所有的傢俱（和我）丟出窗戶。在下一次療程中，她告訴我一部她前一天看的電影。那部電影說的是在倫敦東區、一對雙胞胎兄弟的故事。他們出身於勞動階級，被照顧得很好。可是，他們做了很糟糕的事情——打劫、謀殺、強暴。這讓她覺得，她就和他們一樣，因為她也有相似的背景和同樣糟糕的想法。在告訴我這些時，她被自己劇烈的顫抖嚇壞了。

67

接著，她說，這種抽搐早在三十年前那場精神崩潰之前就已出現，因為那時，她就已經無法告訴艾力克斯，所有她對他的想法。我回應她，她想告訴我現在她有多害怕，害怕她對我有這些暴戾的感覺。那一刻，診療室的氛圍相當躁動不安。我想，她也很怕我——這對雙胞胎兄弟**都**很暴力——我向她說，她也許不是只害怕她自己的暴力感覺，而且也害怕我可能也有同樣暴力的感覺。我一這麼說，她馬上開始大哭、啜泣。她漸漸冷靜下來，但仍持續抽搐。她繼續談回在二十年前、抽搐之前就已出現的疼痛。我說，我認為她混淆了情感上的痛和身體上的痛，並且她想要用身體上的痛來忘卻情感上的痛。

幾週後，她談到與母親的戰爭。她的母親即便到現在，都還不能接受她（瑪莉亞）有時會和母親的想法不一致。我對她說，也許她覺得，她得為了事實是什麼而與我大戰一番。關於她的故事，她有自己的版本——是關於她身體裡的痛、和她所遭逢的意外事故的故事。她想告訴我，那些在後背、顱骨內、堵塞的腦袋中、抽搐裡的痛。她覺得，至少在病痛裡，她活著。她說，我以前也曾對她這麼說過。就在同一天，她的整骨醫師詹姆士，做了一針見血的處置，儘管他總是如此精準。她並未覺得，我也總是能如此一針見血地判斷她的病痛，即便對於其他事情的見解，我時常是對的。她覺得，我是一位專家，但不是她病痛方面的專家。我說，也許她並不覺得除了病痛之外還有其他事，所以實際上，她讓我成為了一位什麼都不是的專家。隔天，她前來時說道，她深深地思考了前一日的對話，那就像數學課上解了一道題目，證明完畢。

接下來是週一的療程，她非常興奮地前來。她覺得，她開始找回了她的記憶。她醒來，並想起一段旋律，她已經很久沒有這樣了。這麼多年來，她第一次在週末參加了宴會，也跳了兩次舞。然而，她卻抽搐得更厲害了。我將她的抽搐，與她的興奮感和擔心太興奮的感覺連結在一起。

那週五的療程，我再次有被她轟炸的感覺，事情一度變得幾乎無法忍受。我對她說，她想讓我體會，被一個固守自己現實的女人襲擊是什麼感覺，而她不論說什麼或做什麼，都不能影響這個女人。她立刻同意我說的話，她說，這就是和她母親在一起時的感受。她流淚，發出低沉的啜泣聲。在稍後她帶進療程的素材中，讓我可以對她說，她用具象的方式——抽搐——體會著與我相處的經驗，又興奮、又覺得被我攻擊。到下一次療程時，這些抽搐都停止了。

夏天過後，診療室的氛圍煥然一新。我覺得，她更能夠留在診療室裡。她又開始抽搐，儘管沒有以前那麼嚴重，次數也少得多。在某次療程中，她告訴我，三十年前和艾力克斯在一起的經歷，她被自己對他的性慾淹沒了，而不知道該拿這些感覺怎麼辦。她談到那時，她在情感和慾望之間感到徬徨，還有在精神崩潰前的顫抖。我當時覺得可以對她說——也許這就是她在情感上退縮的原因；她很害怕她的性慾會失控，如果她在情感上與我連結的話；所以也許此刻她的抽搐，是關於在性方面與我連結的恐 68

懼。

某次療程，她告訴我她有多喜歡《新天堂樂園》（*Cinema Paradiso*）這部電影。那次療程中，我們終於了解，她覺得她得把她的憤怒關在診療室外，同時也把愛隔絕了，如同電影裡，所有的親吻畫面都被剪掉了一樣。她開始哭泣，說著，她之前沒想過這些，而我卻能夠了解。她處理不來。她能感覺到，她變得生我的氣。她啜泣，並且再告訴我一次，一些她幾年前說過、可是沒深究的事情。她得生我的氣，否則她會想要傷害我的生殖器，因為我對她這麼好。

在診療室裡的那一刻，是沉痛的。她哭著說，她好難受。她想對我撒野，讓我不安，就像她的母親曾對她做的那般。接著，她記起了一個女人臉上的表情，是那麼猙獰。她也想起曾在門邊看到一對情侶，她不確定他們是在做愛、還是發生強暴。我說，對她來說兩者沒有差別。這讓她害怕我們之間的任何接觸。我認為，她也難以將這些出口，因為這會讓她覺得太過真實。她離開診療室時，冷靜多了。

在分析進行到第四、五年時，瑪莉亞益發地能在**心理上**參與會談。然而，與此同時，她的身體狀況越來越糟。她在床上躺了很長一段時間，直到得來做（下午時段）治療時才起床。於是，我問我自己這個難題——當她允許自己接觸到自己的想法時，她得癱瘓她的身體、感覺它的無能，因為她太害怕失去控制。接著，她帶來一個夢，夢裡她被一群人壓制，因為她尖叫、狂亂、企圖殺了某個人。我說，因為她允許自己更多地去觸及這些對我的謀殺慾和暴力感，她得讓身體無力，因為她太害怕失控。我也說，這樣的矛盾，讓她備受折磨。和我一起待在診療室內，她更

69

加接觸到她自己的感覺，讓她擔心我跟她都會有不好的下場，因為她害怕她會遂行謀殺；然而，不留在治療裡，等於宣告自己會被這些感覺和想法困擾一輩子。她回我：「留下或不留下，就是個問題。」接著她開始哭著說，她寧願傷害她自己，也不想傷害我。

她記起一個夢，夢裡她將一把刀插在一條蝰蛇身上，她解釋這是英國唯一一種有毒的蛇。她記得她和父母去動物園時曾經看過，他們還在蛇園待了一段時間。綜合其他的聯想，我詮釋到，她害怕她的怒火所帶有的毒性，和她挑釁別人的能力，會讓人攻擊她；她極度害怕會在我身上挑起些什麼。這是對最早的伴侶的想像，雙方都有致命的毒性。我接著說，這也是她深信會發生在這間診療室內的，也就是，這裡就是蛇園。隔天，她來治療時，變得很散亂，儘管她也說那是因為她想忘掉前一天的療程。接著，她開始哭，並且說她一想到這些年讓我經歷了什麼，她就覺得難受。和她在診療室的我，想必經歷了很多不容易的事。在之後的療程中，她告訴我，她覺得我幫助了她、讓她能夠活著。

也許，提供一些近期的臨床素材能夠幫助我，說明目前的主題和分析裡的進展：

「瑪莉亞來診療室，興奮地告訴我，前一天傍晚她去觀賞歌劇《杜蘭朵》的演出。她生動地描述冷酷的皇后，以及侍女犧牲自己，保護她所鍾愛的卡拉富王子，遭受酷刑而自盡。最令我印象深刻的是，相較於分析裡多數時候的冰冷與呆板，她生動活潑地說 ：『我覺得這場歌劇說的是我的故事，我就是殘酷的皇后，而自我犧牲的侍女，是皇后的一部分，只是她不願承認她有這一面。』基本上，我覺得瑪莉亞在告訴我，她不僅只是冷酷的她，她也努力地識別那個充滿愛與奉獻的她。我回應她：『妳知道的，我認為妳也在告訴我，妳有多害怕這一部分的自己，因為那會讓妳覺得，妳成為了我的禁臠。』瑪莉亞回答：『當妳這樣告訴我時，我覺得我能哭上一百萬年。』」

這就是我們近期工作的核心：在移情中，她擺盪於施虐與復仇之間，去對抗希望、甚至是愛。

臨床工作與理論的反思

70

我想討論兩個與這段分析有關的主要議題：

1. 屏幕記憶、意外和迴避時間的關聯。

2. 身體的語言：歇斯底里症狀，還是創傷事件？

1. 屏幕記憶、意外和迴避時間的關聯

當瑪莉亞開始分析時，她一再告訴我那段改變她一生的悲慘戀情。一開始，故事的真實內容並不多。他從法國來英國度假。他們相遇、相愛，她覺得無法回應他對她的「性」趣，逼得他走開。在冰冷的外表底下，事實是，她無法讓他知曉，她有多想要他、並充滿悔恨。自那刻起，她開始以怪異的語調述說：她「碎掉了」、「徹底變了樣」、「她的身體被點燃了，而且是無法撲滅的」。在分析中，有很長一段時間，她描述這段悲慘故事的方式都是刻板、重複、單調的（冰冷且對她所談的事情毫無情感），沒有任何新的訊息。

我注意到瑪莉亞的講述方式，和我讀到有關傳統社會的儀式，兩者有相似的節奏。在傳統社會中，故事得用一模一樣的方

式述說，從定義上來看，改變不可能發生。儀式所傳達的形式化與重複性溝通，並不是為了理解世界，而是為了隱藏它（Bloch, 1977）。熟悉了瑪莉亞與我溝通的方式，讓我更能夠了解，本質上，這是瑪莉亞試圖去凍結某些她的生命裡、她尚未能理解的事情。她用重複的、無時間性的內在世界來呈現她自己，在這裡，這些重複的描述是為了屏蔽掉一些經驗。分析的任務是，重新引入一個有歷史脈絡的向度——這個向度能讓人隨著時間，形成對自己的觀感。在某次療程中，瑪莉亞說到，很多人都說她看起來比實際年齡年輕，但在某處，她知道她正在變老。接著她補充：「這就像道林・格雷（Dorian Gray）的畫像！在我的閣樓裡，我正在變老！」

在《超越快樂原則》（*Beyond the Pleasure Principle*, 1920）中，佛洛伊德將孫子的棉線軸遊戲，解釋為他想要控制母親的消失。泰瑞・伊格頓（Terry Eagleton）認為此「去／回」（fort-da）遊戲可以被理解為敘事的第一縷曙光。「這是一個人能想到的最短的故事：一個客體消失了，然後回來了。然而甚至是最複雜的故事，也能被理解為是這個故事的變化版：古典故事的模式都是，有一個協議被破壞了，最後被恢復了。」（摘自 Dirmeik，1992，p. 13）在討論同一篇文章〈否認〉（Negation）時，托特曼（Tonnesman, 1992）也強調佛洛伊德的看法，『當對主觀客體的全能控制被摧毀時』，思考就開始了。」 71

缺少敘事脈絡，意味著試圖去否認分離、來來去去和時間的流逝，並且將同步具體化。這樣的結構若被破壞，會被經驗為一場災難；在分析中瑪莉亞與我相遇時也出現如此的特徵——這將是一場會威脅且破壞永恆感的相遇，並最終導致破碎。我（透過詮釋和建構的工作）引入結構安排所做的努力，被她看作可怕的，所以她得透過暴力的想法和幻想去防守與對抗。透過一次次的療程、一週週的工作和假期，組成分析工作的序列，帶給她一個敘事的脈絡、擴展她的思維。

多數的時間裡，瑪莉亞花了不少力氣去否認分析歷程與她之間的關連。所以，特別是頭幾年，她不記得我們在療程裡談過的事。我的詮釋會被她看成如她所說的：「這正是三十年前，我遇到艾力克斯時發生的事」，或是「這正是，今天我在來的路上正在想的事」。我認為這些反應有不少功能。它持續且堅定地將我趕出她的經驗範圍，並且否定分析的進程和時間的推移。同時，我意識到，她說的也算是事實。克里斯托弗．博拉斯（Bollas, 1987）創造了「轉化性客體」（transformational object）一詞，來描述分析師的角色，扮演了能夠去觸及和轉化那些患者知道、卻從未能真正思考和言語的。我對博拉斯的工作深有同感，特別是去理解，當我覺得我對這位患者說一些對她來說是新的東西時，她所做出的反應。她回答，她已經「知道了」我說的是事實，並不僅是想藉此削弱分析師的功能。

在任何分析中，一定能夠找到素材的許多層，能夠指向患者的不同發展階段。能夠區分這些素材的不同層次是十分重要的，否則分析師很容易被患者的缺乏時間脈絡擾亂。在瑪莉亞的案例中，這似乎特別重要，因為她傾向於去擠壓和濃縮她的經歷。我認為，至少在分析裡，時間的立體度被展開了。在她的治療開始時，她屢次重返的生命時刻，是年少時的戀愛事件。她記得，那時，她的腦袋被暴力和駭人的想法塞滿，她很怕最終她會傷害她的男朋友。在分析的歷程中，瑪莉亞在恐懼中徘徊，擔心這也將

72

會發生於我和她之間。治療期間，瑪莉亞遭遇的兩場意外事件，活生生地展現著兩個人——具破壞性的、暴力的——相遇時可以帶來的傷害。然而，隨著分析進展我們漸漸明白，這是她從早期與母親的關係獲得的信念。我想點明，這些不同時間向度——前性器期與母親的關係，以及原初場景，後來不僅只被濃縮為一個時間點，也被凝結為在她與男友的關係中的一種特殊內容。本質上，我在說的是**事後作用（après coup）**，如同前一章討論的，在後來的事件裡重譯了先前的事件。

在分析歷程中，我的患者「具體化」她早先的經驗。山德勒（Sandler, 1976）提出這一詞，來說明患者會試著去和分析師重建早期的客體關係。這麼一來，不僅能在診療室中具體化移情體驗，也能理解潛意識中的幻想。我認為，這樣的具體化，不僅只是渴望著此種模式的關係，也是為了那些未曾被理解的經驗。

2. 身體的語言：歇斯底里症狀，還是創傷事件？

自從布魯爾（Breuer）和佛洛伊德聲稱歇斯底里症主要由追憶（1893）引起，和佛洛伊德一九一四年的文章〈回憶、重複與修通〉（*Remembering, Repeating and Working Through*）發表以來，心理衝突能夠以語言以外的方式表達出來，這樣的想法在精神分析領域中已廣為人知了。起初，布魯爾和佛洛伊德將歇斯底里看作是最初心理創傷之重現。然而，佛洛伊德仍然強調，在精神分析歷程中有機會再訪過往仍是重要的，而今日的精神分析也強調，這些無法以言語表達的事物，例如：症狀或呈現在分析歷程中的行動（見 Limentani，1966），溝通著某些重要訊息。它的重要性已經超越言語，不管是用身體化症狀的方式或是以重演（enactments）的方式，因此在很早期的精神分析文獻就已提出，大多數分析師在處理歇斯底里、身體化症狀、精神病患者身上各種的癥狀時，都進行過了討論。繞過了語言歷程，衝突以非語言的方式被表達出來：**記憶被呈現在了症狀裡**。

某些精神分析師有處理患者呈現特定類型症狀的經驗。比方說，麥克杜格爾 (McDougall, 1974, 1982, 1989）將歇斯底里和身體化症狀的差異視為：歇斯底里是身體「把自己借」給心智，而身體化症狀是「身體有它自己的想法」（1974, p. 441）。身體化症狀之功能是訊號，而非符號，它會跟隨著身體歷程，而非心理歷程。希夫內奧斯（Sifneos, 1977）、代・穆贊（De M'Uzan, 1974）、菲恩（Fain）和馬蒂（Marty, 1965）皆注意到這類型的患者缺乏能夠體驗心理痛苦的能力。就歇斯底里症而言，麥克杜格爾認為，症狀本身訴說著一個故事。於是，她同意佛洛伊德在〈投射〉（Project, 1950 [1985]）這篇文章的論點，她認為歇斯底里的症狀是隨著最初的歷程機制（primary process mechanisms）而來，因為它們是被想法和記憶所創造出來的。

73

在瑪莉亞的分析中，我能夠形成我對她的理解，是由於移情的架構，以及我試著在表達出她的想法、行為與症狀的關係脈絡中，追蹤它們（Marty et al., 1963）。分析工作是藉由擴張自由聯想的鏈結而組成，在它們發生的脈絡之下，去加入許多現象。這也意味著，長久以來，精神分析的焦點放在患者溝通的形式與**功能**，而非素材的內容。因此，相關的素材都應被理解，包括所有瑪莉亞帶進分析裡的症狀表現，從她所抱怨的各種疼痛、抽搐，到戲劇性的意外。

瑪莉亞害怕經驗到在與我的關係中，她是被困在暴力世界裡的囚犯，並屈服於她認為我有的、控制和撕碎她的願望。在移情裡，能明顯地看出她的兩難，每次療程中，透過小心翼翼地觀察，她控制著能夠與我實際互動的程度，藉此來處理她對我的恐懼。如果說經常讓我等待她、讓我知曉她身體反應的無盡細節、還有她去見許多專家，是暗示著任何明顯的施－受虐狂傾向，我不認為這些主要是為了攻擊我，相反地，我認為是為了捍衛她的生存。

概念上，我能理解我的患者用暴力的想法，試圖處理所經驗到的可怕且危險的客體，並試圖尋找一個平衡——讓她不會離客體太遠，也不會被客體吞沒。然而，我卻覺得，當分析師能做出詮釋，無論說的是什麼內容、什麼類型，都**拓展了**患者的世界。分析師給先前混亂且未分化的領域，帶入了分化與分離。因此，分析師系統性陳述裡的理論，並沒有進入患者的心裡，沒有被理解，而是在分析歷程中，由分析師與患者雙方共同創建而來。以後設心理學的詞彙來說，我認為在這段歷程中，分析師的工作是協助患者建構前意識（preconscious）。將分析歷程理解為建構的歷程，跨越了治療究竟是處理創傷相關的不足、缺乏或擾亂的二分法，而將這一切視為「全都是前意識系統的失能」（見Aisenstein，1993）。 74

在分析中，我的患者將她覺得不被愛的憤怒和對我的恐懼，無情且施虐地投射到我身上。同時間，她不能體驗到分化，因為那代表著她得與內在現實接觸，也就是，兩位獨立的人相遇時，帶來的暴力與謀殺。她要不就試著用身體去涵容這些暴力和破碎的矛盾經驗，要不就將它們投射出去，亦即她所遭遇的兩場意外事故（也都是暴力式的交會）。當她與外在世界接觸，她持續地感到危險與暴力。她的分析是一段緩慢的過程，我們努力去了解她內心深處強烈的兩種恐懼——與我融合或與我分化，因為她擔心她只能在我身上找到另一個她。

摘要

在這一章中，我檢視了在分析一位患者的過程中，浮現的一些問題。這位患者必須堅信某一種版本的現實，並強調這一切發生在她的身體裡，而非在她的心智中。這樣的堅信以具象的方式呈現在分析開始的頭兩個週年，患者遭逢的兩場意外事故中。我說明了，我的患者對這兩場意外事故的體會，和她將事件帶入移情的方式，如何透露出她的信念——內在與客體的原初關係。我也解釋，應將她的意外事故理解為，她試圖膠著在身體所經驗的創傷序列上，而且拒絕讓事件成為過去式。兩場意外都成為屏幕，讓她將對生命裡關係該是什麼模樣的信念投射出來。更準確的說，是她對於早年與母親的關係的信念，還有她關於性交將是一場暴力且災難的交會的信念。這是因為兩個人之間的交會，都有暴力、性與謀殺的可能，所以瑪莉亞必須退縮到沒有時間維度的世界，在那裡人們並非完整的存在，也就沒法辦法與彼此分化。她讓他們以部分客體的形式留存，同樣地，她感覺自己也只是一個拼湊起來的碎片，永遠在痛苦與受難之中。所以，她身體的各個部分，成為了深刻且漫長的苦痛的容器，而失去了心理上的意涵。分析歷程中，帶給她難解的困局：留在與我的關係裡，意味著面對兩人相會帶來的暴力與危險；而不留下來，則得繼續被困在無時間感的二維世界中。我提出，是分析容受了這般矛

75

盾，並使她的分析歷程得以開展。因此，分析能夠去涵納那些最難以被承受的：漸漸地體驗到差異。

參考文獻

Aisenstein, M. (1993). Psychosomatic Solution or Somatic Outcome: The Man fromBurma. *Int. J. Psycho-Anal.*, 74: 371-381.

Bion, W.R. (1970). *Attention and Interpretation.* London: Tavistock Publs.

Bloch, M. (1977) The Past and the Present in the Present. *MAN*, 12:278-292.

Bollas. C. (1987). *The Shadow of the Object: Psychoanalysis of the Unthought Known.* London: Free Association.

Breuer and Freud, S. (1893). On the Psychical Mechanism of Hysterical Phenomena: Preliminary Communication, *S.E.*, 2: 7.

De M'uzan, M. (1974). Psychodynamic Mechanisms in Psychosomatic Symptom Formation. *Psychother. Psychosomat.*, 23 : 103-110.

Dirmeik, F. (1992). Comments on 'Negation'. *The British Psycho-Analytical Society Bulletin*, 28, No 2.

Fain, M., & Marty, P. (1965). A Propos du Narcissisme et de sa Genese. *Rev. Franc. Psychanal.*, 29: 561-572.

Freud, S. (1899). Screen Memories. *S.E.*, 3: 299-322

______ (1914) Remembering, Repeating and Working Through.*S.E.*11:145-57

______ (1920) Beyond the Pleasure Principle. *S.E.*, 18:7-64.

______ (1895) Project for a Scientific Psychology, 1950, *S.E.*, 1: 281-391

Granel, J.A. (1987). Considerations on the Capacity to Change, the Clash of Identifications and Having Accidents. *Int. R. Psycho-Anal.*, 14:483-490.

Limentani, A. (1966). A Re-Evaluation of Acting Out in Relation to Working Through. *Int. J. Psycho-Anal.*, 47:274-82. Also in Limentani, A. (1989) *Between Freud and Klein: The Psychoanalytic Quest for Knowledge and Truth.* London: Free Association Books.

Marty, P., M'uzan, M., & David, C. (1963). *L'Invéstigation Psycho-Somatique.* Paris: PUF.

McDougall, J. (1974). The Psychosoma and the Psychoanalytic Process. *Int. Rev. Psychoanal.*, 1: 437-459.

_____ (1982). Alexithymia: A Psychoanalytic Viewpoint. P*ychother. Psychosomat.*, 38: 81-90.

McDougall, J. (1989). *Theatres of the Body*. London: Free Association.

Money-Kyrle, R. (1968). Cognitive Development. *Int. J. Psycho-Anal.*, 49:691-698. Also in Meltzer, D. (ed.) (1978) *The Collected Papers of Roger Money-Kyrle.* Aberdeen: Clunie Press.

Sandler, J. (l976). Countertransference and Role-Responsiveness. *Int. Rev. Psycho-Anal.,* 3: 43-47.
Sifneos, P.E. (l977) The Phenomenon of
'Alexithymia'.*Psychother.Psychosomat.,* 28: 47-57.
Tonnesmann, M. (1992). Comments on 'Negation'. In *The British Psycho-Analytical Society Bulletin*, 28, No. 2.

【第四章】青少女的性認同難題，及其與母親的連結[1]

77

卡塔利納・布倫斯坦（Catalina Bronstein）
英國精神分析學會的訓練和督導分析師

在這一章裡，我想探討一位青少女（我稱呼她為瑞秋），在接受自己是女性的過程中經驗到的強烈衝突與掙扎。我將特別審視瑞秋早年與母親的關係如何被強烈的敵意擾亂，最終導致她拒絕和很早就否定自己的性別，並且更為認同她的弟弟——她覺得弟弟才是母親想要的孩子。我認為，她對母親的恨，讓她察覺到她和母親一樣都是**女性**，而使她持續地憎恨所有女性。她否認自己的性別，也拒絕了她所擁有的現實，使得這位女孩處在心智破碎的狀態。

就像佛洛伊德（1924）對精神病（psychosis）的描述，「被拒絕的現實片段，不斷地強行進入心智之內」，這位女孩青春期經驗到的身體變化，喚回那些曾被排拒的現實（她的女性特質），威脅著她不穩固的防衛組織，並且再度內攝對母親與自己的強烈的恨意，因為她和母親一樣是女人。瑞秋以具象的方式經驗到，她的母親施虐式地將女性特質「塞」進她體內，迫使她得「接受」她自己也是生理上的女性。在這個案例中「需要」和「依賴」等同於受虐式「順從」，並且將身為女性視為可怕的內

1　原註1：本章較早的版本曾在一九九五年四月八日第十一屆歐洲精神分析聯合會大會中提出。（本註釋原文頁碼為92）

在特徵。

我打算探索這位女孩如何透過同性戀情去尋求一段理想化的母－女關係，並點出當她意識到她的伴侶「只是一位女人」所帶來的恐慌與強烈的絕望感，因為這再次挑起她身為女性的現實感。這個難題讓瑞秋覺得只有自殺或者象徵性地殺了自己——透過改變認同，才是留給她的唯一活路。

臨床案例：瑞秋

一開始，十七歲的瑞秋在第六次企圖自殺後被她的醫師轉介到我們的免預約中心[2]。在與我的同事進行一系列晤談後，她被轉介給我，進行一週五次的分析，由青少年危機研究中心（Centre for Research into Adolescent Breakdown）[3]資助。我的同事也見了她的父母，並獲得父母的同意安排轉介。

78

瑞秋形容她自己是「同性戀」。她覺得，她的問題，大多都是因為父母否定她的同性戀造成的。她感到憂鬱；她恨她自己，她受不了自己的姓名（「它們都不是我選的」）。她極度不喜歡自己的外貌，而這經常導致她用剪刀自殘，割傷自己的手臂與大腿。她感覺到，自己的心被切割成一片片，而這些不同部分的爭鬥，快把她逼瘋了。她常覺得徘徊在自殺的邊緣。

2　原註 2：布倫特青少年中心（Brent Adolescent Centre），地址位於 51 Winchester Avenue, London NW6。（92）

3　原註 3：青少年危機研究中心是慈善機構，提供精神障礙的青少年一週五次的精神分析。它與布倫特青少年中心有密切合作。（92）

背景

瑞秋的父母 B 先生和 B 太太都是移民。瑞秋四個月大時，母親再度懷孕，後來生下一位男孩（提姆）。另一位男孩，在瑞秋四歲時出生。父母雙方成長過程都很混亂，也都有近親自殺。

瑞秋的童年非常痛苦。家庭裡似乎充斥著暴力，主要是 B 先生會毆打太太和小孩。瑞秋描述 B 太太順從且具受虐傾向，她總是任由自己被打，從未站在父親與孩子之間阻擋；事實上，當孩子做錯事情時，她還會向 B 先生告狀、煽動他去處罰孩子們。這使得瑞秋和提姆，從不稱呼他們為母親和父親，而是稱他們為「應聲蟲」和「食人怪」。瑞秋變得極度憎恨她的父親。然而，她覺得在四歲以前，她一直與他保持著愉快的關係，並且帶著懷念憶起那時拍的一張照片——她坐在父親腿上、提姆坐在母親腿上。她不記得曾與母親有任何肢體上的親密接觸。B 太太說，瑞秋還是嬰兒的時候，她從未放下瑞秋，萬一她離開，瑞秋都會尖叫到底。

據瑞秋所說，她和提姆住在他們自己的世界，一個神奇的世界，在那裡他們互相依賴。他們總是乘著「魔毯」「飛走」，逃離那個「有怪物的樓下」。她記得，當二弟（約翰）出生時，她想幫他取跟她的泰迪熊一樣的名字，可是母親憤慨地說寶寶不能取泰迪熊的名字。瑞秋第一次抱弟弟的時候，她把他摔到了地板上。從那之後，她就很冷落他，所以約翰從來沒有參與過他們的遊戲。

> 提姆和我，總是乘著我們的魔毯飛走。約翰不大重

要；他會想參加，但他只是個小寶寶，我們會把他推開，或是假裝他掉下魔毯了。我們覺得，我們才是主人。

79 瑞秋說，她總是相信她有魔力，在她五歲時，上帝的來訪讓她更相信這點。她覺得，她的眼神有神力，她會停下來用力盯著她的父親，直到他有反應，通常是揍她一頓。她記得有好幾回，經常是在母親煽風點火或是冷眼旁觀下，被父親毆打和處罰，她覺得她是這些令人難以理解的暴力事件的受害者。

瑞秋七歲時，母親決定赴學，並把孩子們交給一位男性親戚照顧，而這個人到瑞秋十一歲前都對她進行性虐待。性虐待的細節從未被全盤托出，但看起來包含了自慰，並且曾有一次試圖肛交，因正巧進房的提姆而作罷。這位親戚說服瑞秋，如果她不讓他摸她，或者她告訴父母，他會讓整個家庭和他的父母都消失。她相信他有神奇魔力，直到她十六歲之後才揭露這些事。

瑞秋說，在她上中學之前，她從未想過她不是男孩子。孩提時，她覺得自己是家中「最大的男孩」。她還覺得她和提姆是雙胞胎。青春期，迴避不了的身體變化，帶來重大的危機。她越來越難以繼續否認現實，因為她得與改變中的身體搏鬥，而這身體將永遠洩露出她身為女人的事實。她覺得她的胸部約在十到十一歲時發育，而且「無比巨大」。十二歲時初經來臨。她恨透了她的身體，主要是她的胸部。她覺得母親也是促使她拒絕女性特質的原因之一。瑞秋說，她的母親拒絕承認她的胸部在發育，而且到了她很大以後才想買胸罩給她。她口中的母親總是說：「我為什麼生的不是三個男孩呢？」同時間，她也覺得有股壓力要她快點結婚，因為母親總會提出有些年輕人挺適合的建議。

從青春期開始，瑞秋就陷入了絕望，也是在那時她用剪刀傷害了自己。十二歲時，她第一次試圖自殺——喝下了洗潔精。其他次則是服藥，例如：安眠藥或止痛藥。

瑞秋青春期時覺得自己受到女性在性方面的吸引。她很欣賞一位她的老師，覺得她棒極了。她也變得很黏一位同校的朋友，但當這位女孩拒絕她時，她深深地覺得遭受背叛。十五歲時，她和一位表姊妹同床，被摸了胸部和陰部，這讓她覺得「棒透了」。似乎也在那段時間，她開始暴食和嘔吐，月經也停了九個月沒來。十六歲時，她和學校的一位同性戀男老師很親密，並且鼓起勇氣透露她是「同性戀」的事。這些對她的父母來說，似乎等同於宣戰，在家裡引發嚴重的暴力，最終導致瑞秋（不「知道」為什麼）用刀子攻擊母親。父親挺身出手，替母親挨了一刀。瑞秋被暫時安置，雖然後來她決定回家。

80

分析

她的內在世界

在瑞秋的經驗裡，差異總是被解讀為潛在的災難。差異，就像是她體內分裂的不同部位，總與彼此打架。她覺得她被分成四個部分，總是相互撻伐。第一個部分，她稱之為「中立的」。然後是一個象徵「過去」的部分。第「三」個部分很想哭、覺得糟透了、亟需協助；這是「危險的部分」，她覺得，這個部分通向了一個充滿幻境、極度消極且與客體融合的世界。第「四」部分，是「讓她活下去」的部分，比方說：它拉住她不去撞車，要她振作一些，別動不動就流淚。這部分的她蠻殘酷的，但「是存活下去所必要的、不可或缺的」。她覺得，第四部分的她用施虐的方式，帶入了某些現實感。「過去」帶來許多的恨，「中立」的部分則無法被解釋，但是我認為它（中立）的存在避免了其他部分之間的致命三角關係。

她認為會導向性交的性別差異，等同於危險，並且需要被否認。多數時間裡，她神態恍惚，不太正常。她有兩種主要的白日夢，占據著她的生活。其一是和「簡」——她想像中的女友，讓她有愉快性經驗的伴侶，並且是在她自慰時會出現在腦海裡的對象。她振振有詞地談著簡，所以她多數的朋友都相信簡確實存在。然而，「她知道」簡並不存在。另一個占據她腦海的白日夢，和一位同性戀藝術家有關（我將稱之為山姆，是潮流團體「皇后」的成員）。她要不就認同他，覺得她就是「他」，要不就，在某些時候她認同「被他選上的」人，成為他愛的對象。後來這些對山姆「所愛的人」的認同，都透過一場想像的場景重複出現——她是坐在山姆大腿上的四歲女孩。山姆是她的父親，給予她愛、關懷和物質。

當她開始感覺到自己是大人時，她對「他」的認同也發揮著作用。她叫自己「山姆曼莎」，且在妄想狀態和知道自己在做白日夢之間擺盪；她會用他的方式說話，在學校考卷上簽他的名字，買很多她負擔不起的東西，到櫃檯結帳時才意識到她沒有他的錢。那時，她覺得自己快瘋了，唯有透過貶低自己，才能找回一些現實感。她很難分辨夢、白日夢和妄想，因為她在這之間擺盪著。

81 為了找回一些現實感，瑞秋經常自責（「妳真笨，一個白痴，看不出他不是真的嗎？」等等），或者，有時是自我攻擊。這讓她覺得被貶低且充滿仇恨，而被迫得回到夢境裡，才能找回一些美好的感覺，因而造成了惡性循環，也就是施－受虐導致了對現實的否認，而這本身又更進一步地導向施－受虐。

她將之描述為「我的執念」：「我需要它，因為它是一部分的我，我花了很多時間在上面。」她說，她有一面印有「皇后」的鏡子，她總花很多時間盯著它瞧，直到有一天，她的父親生氣了，指責她把所有心思都放在盯著潮流明星看，且摔爛她的鏡子。

> 山姆是我的父親，我的第四部分說，它是無聊的想法，但是我真的相信，他是我的父親。我和他相處了好多年，但有一天，當我看到我在做一些事情時，我很擔心這會越來越失控。（她在學校考卷上簽了他的名字，直到老師詢問時，她才意識過來。）我更小一些的時候，會跟我自己說，半小時後，他會來接我，並在門邊等候……我覺得我跟他長得很像。不可思議，三年前大家都說：「噢！妳跟他長得一模一樣！」

有時，她會感覺到山姆的占有慾變得極強，成為不安與迫害的「分身」，讓她不得安寧。偶爾，想到山姆可能會被摧毀或消失，讓她非常焦慮。山姆可能會消失的想法，讓瑞秋驚慌失措，因為這個想像的父親，是她覺得唯一能保護她、讓她免於自身破壞力的人。

瑞秋晚上睡不著，因為她覺得她聽得到父母臥房裡傳來的聲音，意味著他們在性交。她把那說成一種強暴，她的母親會接受父親的暴力性交。晚上，她只好戴上耳機，聽著吵雜的音樂，但她覺得還是聽得到，所以她會到房外大叫、敲打，讓她的父母注意到，她知道他們在做什麼。

瑞秋無法自拔地需要傷害自己，用剪刀劃傷手臂、嘗試自殺、並且挑起父親的仇恨，好讓他攻擊她。值得注意的是，即使她有機會離開家、住在寄養家庭，她也拒絕了。在她描述父親毆打她的過程中，有一次她說，她想要他繼續打她，直到他殺了她。

她被反覆的、恐怖的噩夢折磨，其中一個夢，是她看到自己被困在一間滿是鏡子的、封閉的房間，她看到自己的鏡映無限重複。她的鏡映代表著不同年紀的自己，而她們都在嘲笑她。她不能逃走，被這些訕笑逼得快瘋了，但訕笑只會越來越大聲，直到她顫抖著醒來。

82

一直到分析後期，瑞秋才意識到她對母親的強烈情感。在那之前，她只意識到對父親深深的恨，但是不理解為什麼她差點殺了母親。

移情和反移情

瑞秋定期參加療程，但是有好幾次，她從離診療室很遠的地鐵站打電話給我，說她不知道怎麼到了那兒去。她扭曲的現實感，與她對時間感知的嚴重缺損相當。療程中，瑞秋經常失去所有的時間感。她會和她的男性「分身」融合，和他在一起，或是「變成他」，全然地將我排除。有些時候，我變成了「他」，被合併進另一個更融合的夢，在那兒，她是一位很小的小女孩，乘著一片葉子順流而下。她會進入恍惚狀態，力量強大，幾乎將我催眠，使得我時常難以保有現實感。當她和「他」在一起，卻仍能意識到我是一個獨立的個體時，她會變得非常焦慮，並經常覺得我想搞破壞和奪走她好不容易得到的幸福。所以我得承受所有對這段理想化的關係的嫉羨和嫉妒，有些時候她擁有理想化的客體、有些時候她就是理想化的客體。然而，她覺得我的詮釋是危險的，會強迫她去接受（那些她認為是有害的）現實。我認為這是因為，那將帶回她對母性客體的強烈渴望，也帶回隨之而來的謀殺慾望和絕望感。另一方面，當她在迷茫的狀態下離開診療室時，她也覺得我把她丟在危險且具有毀滅性的心智狀態中。接著，她會去泰晤士河畔，坐上數個小時，思索要不要跳下去；死亡被她理想化為全然地否認分離，和全然地重演破壞性。

否認時間的流逝是必須的，是為了否認改變，那些影響了她的身體的改變，那些將她的女性身體發展為成熟的女人的改變，以及在這歷程中被喚醒的強烈的愛、需求與恨的感覺。她很少承認我是「（與她）不同的」和「女性」。若有這些片刻，則會充滿劇烈的妄想性焦慮。她會幽閉恐懼，極度需要離開，而且因為無法躺在躺椅上，她得坐在椅子上。她覺得我在試著把她逼瘋，通常是認為我想把她變成異性戀，「強迫」她放棄她所認知的自己。我常覺得，她似乎在為不可能的任務而掙扎。身為女性，我會在她身上引出同性戀的感覺，而她覺得被此威脅、極度困擾，可能是因為與我之間具有性關係的可能，於是有了亂倫的意涵。但是，我認為是我的「異性戀女性特質」更有威脅性。於是，她覺得被困住，且被迫接受她認為是施－受虐的關係。她變得非常焦慮，不得不離開躺椅、坐起，並且覺得我在嘲弄或嚴厲的批評

83

她，往往是在笑她自認為又胖或又醜的外表。這些時刻，對她來說彷彿是我在「假裝」關心，或幫助她去擁有關於她女性特質的現實感，而做這一切是為了之後能貶低和攻擊她。同樣地，她覺得，我想要她需要且依賴我，這麼一來我就能差遣她和丟下她。於是，當她覺察到需要我時——例如週末或假期——都會喚起極度的焦慮。成為皇后－父親，或者與皇后－父親在一起，是唯一能對抗焦慮的安全解方。

我經常能感覺到她對我的不信任與憤怒帶來的影響，同時感受她也極度需要我的協助，還有她的絕望——不知道自己是否會在療程後，被自殺或自傷的願望攻占。我時常擔心她有自殺的風險，特別是週末和假期來臨時。有很多次，我因她的行為感到受威脅。也有時候， 當她意識到對自己做了些什麼，其所帶來的深沉痛楚，和對瘋狂的悲痛與恐懼，則充斥在療程當中。

臨床素材

在分析一年後的假期歸來時（湊巧她的父親在假期中出國），瑞秋說她很憂鬱：「這個月過得很糟。事情糟透了。我什麼也沒做，沒有工作，也沒讀任何東西；只是待在家，又割傷了我自己（主要是大腿）。」她說，她想要來見我，想得快死了，她一天又一天地數著日子，直到她能回來見我。

山姆也丟下我了！事情是，我決定要寫一本小說，一個關於他和一位像我的女孩的故事。但是，我覺得，如果山姆是這麼好、這麼棒的父親，那會很無聊，所以我把他寫成一個恐怖、邪惡、自私的人。他不想見我

> 了，也假裝我不是他女兒。他跟大家說，我只是他的親戚。我想回到山姆身邊，但是我做不到。我想我毀了他了，永遠。我試著去練習開車，但是我做不到，因為我覺得所有的車都衝著我來、把我吞沒。

接下來的一週，她談到了對食物的焦慮。無論母親準備什麼食物給她吃，她都想吐。她覺得，母親想占有她。她得逃走。擔 84 心我想從她身上得到什麼的焦慮，瀰漫在療程中。

週五時，她帶了前一晚做的夢來：

> 我當時在火車上，進行一趟漫長的旅程。我媽在車廂的前頭，我去和她坐在一起。我知道保羅在車廂的後邊（保羅是一位被她理想化的、也認同的男同性戀老師，現實中，這位老師協助她向其他老師們，揭露了自己的同性戀）。顯然，我和我媽一起上了火車，並只坐在她旁邊。但在某一刻，我走到車廂後邊，和保羅坐在一塊。我媽很憤怒，過了一會兒後來到我們的座位，對保羅尖叫，指控他有愛滋病，對他大吼大叫說他有傳染病，而且傳播得到處都是。他應該要被關起來，或者應該去死。我很氣她，所以我站起來、推她，想把她丟出火車。於是發生了一場可怕的打鬥。過了一會兒，保羅來到我們打架的地方。他的出現超重要的。他不需要說什麼；只要他在那裡，我就知道我不該把我媽丟出火車。然後，我回去坐在保羅旁邊，我眼前彷彿有電影螢幕，我可以同時看到我自己和坐在我旁邊的保羅。

瑞秋描述這場夢，彷彿她還身在其中。整個療程，她都很消極和疏離，只在療程尾聲時，我才能與她有些連結。

這場夢看來是現實的一部分，療程就像經歷了一場夢。我覺得在我能與她連結之前，我得接受它。我說，也許她覺得我想把她與夢境分開，就像她的母親想把她和保羅分開一樣。

她回應，她的母親總是想把她和保羅分開。「每個人都反對我和保羅在一起。但是，如果不是保羅，那就是山姆。」她接著描述，有時山姆會主導一切，這給她的生活帶來巨大的影響。

> 當我搭火車時，我得坐在一個空位旁邊，這樣山姆就能坐我旁邊。一起旅行時，我們說了很多話。我知道大家在看我，因為有時候我會忘記他們看不到他，但後來我還是大聲說話。我討厭有人來坐我旁邊，那個山姆坐的位子。我必須起來再找一個兩個一起的座位。

她接著補充，跟任何人說她的幻想都是不安全的。「我將會一無所有。」

我說，她很擔心、焦慮被我拋棄，那麼她不是會一無所有，而是會有真實的謀殺慾。同時，她看起來並沒有在這裡體驗到這些感覺，因為她變得非常疏離，彷彿這些她說的話，不是她說的。我說，這主要是她和山姆在一起的幻想，好讓她不會在療程中對我有任何感覺。

85

這時，瑞秋用非常疏離、消極的方式說話。她說，保羅曾跟她說，要怎麼處理家庭紛爭，那就是「退出、別管了。」有時，她知道她做不到，她只能不斷地爭吵。「如果夢裡沒有保羅，我可能已經殺了她。」

我從另一個角度談她的感覺，如果在療程中，她沒有保持疏遠，她可能免不了要攻擊我；但她也害怕我會攻擊她——拿走或摧毀她的理想化皇后－父親，那個使她能夠保有她好的那面的皇后－父親。

我認為，這說明了瑞秋透過再造山姆這個意象（或是夢裡的保羅），來避免自己殺了母親。山姆（或保羅）容納了不同部分的她——那個有能力對母親好與愛母親的她。但也因此，他也帶有危險的疾病——愛滋，這是對客體的需求，需要幫助〔愛滋（AIDS）＝協助〕。愛滋似乎濃縮了需求和性慾兩種概念，兩者都有殺傷力。夢裡的母親，似乎帶著瑞秋所投射的恨——對於週末被我丟下（可能是和男人在一起，而不和她在一起）。此時，她的謀殺慾望的唯一解方，是透過認同一位不需要女人的男人，但這個男人在認同女人而需要男人的過程中，患上了具殺傷力的疾病（保羅確實死於愛滋）。我認為，瑞秋的兩難是，她需要一位女人、也需要一位男人，而這兩種需要都以死亡告終。

再下一個週一，她在療程結束前的十分鐘到達，看起來極為焦慮。她坐在椅子上，因為她無法躺在躺椅上。她強調，她覺得糟透了，整個週末都糟透了。她再次割傷了自己。她無法理解「時間」。今天所有的時間，在她腦袋裡混成一團。當然，她知道，療程是下午二點二十開始，但是她仍然弄不清時間。她早上十點去上課，可是到了十二點他們才開始。

我說，時間對她來說似乎沒有意義。也許，週末當她覺得最需要我的時候，她無法見我一面，這讓她感到絕望與憤怒。

她說，她確實覺得很生氣。週日時，她好想見到Ｍ（在她被轉介來我這之前，她看了一年的學校諮商師）。她覺得，現在 M 應該完全忘記她了。她剛從書店過來，在那裡，她好想把書亂扔一通。她覺得她差點就要這麼做了。然後，她開始指責母86親對她碎碎念，一點也不了解她。她想殺了母親。她說，對某些人，她未曾感到憤怒。

我想，她是在告訴我，週末時，她覺得恨透我了，最終以攻擊自己畫上句點。她今天的遲到，可能是在保護我，同時間，她想丟掉和攻擊所有的知識，因為這包括了對「時間」的知識。

瑞秋非常痛苦的離開，一直到週二她才能述說她在週末時的感覺。

週二時她告訴我，週末期間，她開始恨自己。她受不了她的身體，和它的模樣。整個週末，她都在暴食和嘔吐。她覺得自己又胖又糟。觸發這一切的事發生在週六早晨，在鏡子前想像中的「一幕」。這個幻想包括了山姆、彼得（山姆真實生活裡的同事）和安（彼得真實生活裡的女友）。安是女演員，出現在電視廣告裡。瑞秋說，有時候她很嫉妒安。（我認為她無法區辨嫉羨與嫉妒，這一點是重要的，她說她很嫉妒，這點是正確的，因為她表達的不僅只是對女性——充滿女性氣質與魅力的女人——的嫉羨，還有她不得不與他人共享的恨。）在她腦中開始一場爭辯，因為她指責安無腦、愚蠢而無法思考。她也指責她，只是漂亮而已，只在乎身材、想變瘦。彼得開始替安說話，指責瑞秋攻擊安，說他會跟山姆說。瑞秋於是很害怕山姆會怎麼看待她對安的攻擊。於是，她開始攻擊自己。她說，她不能告訴我太多，因為我——「很瘦」——永遠無法理解。

幾個月後，瑞秋被父親趕出家門。有一晚，她很晚回家，父親開始對她吼叫。她回嘴，卻觸動開關讓父親更加暴力相向。他開始打她。瑞秋的母親試著介入，站在他們之間，但是瑞秋「意外地」一拳打在母親臉上。瑞秋一度意識到，她只想要父親殺了她。

離家之後，瑞秋開始與她的第一位（真正的）女友交往。她「迷戀」過很多女孩子，她們讓她覺得「棒極了」，但是一旦愛上她們，她就會為了另一個人拋下她們。她覺得和這位女孩就不同了。然而，幾天後，她很驚慌、並且極度擔心崩潰。她覺得她要瘋了，且是這位女孩（蘇珊）造成的。她再也受不了蘇珊了。蘇珊想和瑞秋在一起，她變得咄咄逼人、黏人，她「甚至送我花！蘇珊只想和女人一起，不喜歡和男同性戀在一塊。我再也受不了這些了！」瑞秋非常生氣；她覺得被騙了，因為她曾覺得蘇珊很強悍，但「最後她聽起來就像個女人！」

87

瑞秋需要一位男人來保護她，免於這些被黏人的生理女性觸發的敵意；同時，和異性戀男子在一起也不得安寧。她感覺到，她的山姆－幻想沒有像以往那樣幫到她。她開始尋找理想中的無性女性。這樣的衝突使她強烈地感到快要發狂，而分析的第二次暑假來臨，讓這一切變得更糟。假期後，她報告她夢到她變成別人：「我想成為別人，我想擁有另一具身體、不同的臉、不同的頭髮。」她覺得她得擺脫她自己，可能也包括對父母性交的覺察，因為那是她被受孕和被命名的由來。她決定去進行一個唯一不涉及實際自殺的解決方法：她透過改名換姓，給自己新生命，並洋洋得意地宣稱，她現在不再需要我了。

討論

我注意到許多困難與令人痛苦的環境，環繞著這位女孩的人生，這些情況無法在本章中充分探討，例如：她父母與她的文化衝擊、家族裡精神疾病的重要性和暴力養育下的影響，還有曾發生在她身上的性虐待的影響。

我將從素材中的其中一個面向開始審思，那就是，瑞秋對生理女性的恨，這代表著母親－分析師的性別，也包括瑞秋對自身女性特質的恨。

梅蘭妮．克萊恩（Melanie Klein）在她早期的著作中，發展出早期伊底帕斯情結的論點，這延續了兒童對聯合客體（敵意的母親帶有敵意的陰莖）的幻想。這個幻想，是基於兒童對破壞性施虐衝動的投射，使得乳房轉為壞的、迫害性的客體。斯皮利爾斯（Spillius, 1994, pp. 328-329）總結了克萊恩的想法，如下：

> 她（克萊恩）認為嬰兒覺得母親的身體，是所有好（和壞）東西的來源，包括父親的陰莖。在幻想中，兒童攻擊母親的身體，不僅出於挫折，也是為了獲得並占有她豐富的一切……混合著施虐性投射給母親的幻想，以及對於攻擊她的身體的焦慮，都意味著感覺到她的身體是危險的。

在〈分裂機制的一些想法〉（Notes on some schizoid mechanisms, 1946, p. 11）中，克萊恩描述投射的一個面向，是「強迫性地進入客體，並透過部分的自體控制客體」。據她所說，這導致內攝也被看成是一種強迫性的進入，從外在進到內在，而這「可能帶來恐懼，不僅是身體，心智也會被其他人用敵意的方式控制」。斯皮利爾斯（1994, p. 330）補充說： 88

> 克萊恩認為，女孩持續性地對身體內的破壞、有著恐懼，源自於她對母親的施虐性攻擊，這般的女性焦慮相當於男孩的閹割焦慮。

這帶出一個問題：兒童和母親的性別在他們的早期互動扮演了什麼角色呢？對這位女孩來說，有什麼特別有關的呢？是什麼因素，讓她無法修通伊底帕斯情結，使得她在性方面無法認同母親？

這裡，我們可能得納入早期母親對女兒的反應，以及寶寶投射出的憎恨、想控制和闖入母親身體的願望。我認為，我們不能只考慮到母親是否缺乏「遐想」（reverie）——也就是母親在接收寶寶的投射、並使之以能被接受的方式，予嬰兒再內攝時，可能會遇到困難（Bion, 1962）；這也涉及母親對自身女性特質的經驗，並影響她對自己的寶寶是女兒的反應。（艾絲特拉．威爾東〔E. Welldon〕認為，寶寶與母親的客體關係裡，從寶寶出生起，母親對寶寶性別的接納與認可，是兒童在建立性別－身分認同過程中重要的核心因素〔Welldon, 1988, p. 45〕。）此刻，我們或許應該要納入女孩對母親能夠和父親生育寶寶的嫉羨，和她的嫉妒、與強烈的被排除感。這留下一個未決的問題：有沒有可能是因為母親將自己身上被貶低的那部分投射到她的孩子身上，從而加劇了瑞秋對母親懷著另一個寶寶的恨。所以，她對母親女性特質的認同，也意味著內攝勢不可擋的憎恨，而無法將之整合入自體裡愛的那面。

或許在瑞秋看來，母親能認可女兒是一位女人，但這只是為了要「強迫她變得像她一樣」。這對瑞秋來說，代表著一位女性只會受虐式服從一位男性。當瑞秋意識到自己想被父親殺掉的願望，她的願望會挑起父親的憤怒時，她的焦慮變得更強烈了，於是，透過割傷自己，她自行演出這個願望。這樣看來，感到「需要」和「依賴」，就等同於受虐式的「順從」。母親對父親的需要，也能被這樣看待。這裡，也許有些讀者還記得，在這位女孩的夢中，「愛滋」是如此危險，以及當她的女同性戀伴侶變得依賴她時，她對她們的藐視。所以，對瑞秋來說，當女人就是要站在遭人輕視的位置，無法被愛。那就好像她的母親在說「妳應該像我一樣，但是如果妳像我，那麼對我來說妳就一文不值。」

瑞秋四個月大時，母親懷孕，也增強了女孩被拒絕的感受，不僅是她所投射出的敵意帶來的影響，也包括母親想要另一個寶寶，讓瑞秋覺得另一個寶寶能給母親的，是她給不起的。瑞秋對母親懷著寶寶的恨，讓她覺得全然被遺棄，而這讓她連結到對母親的經驗，母親作為女性——就和她一樣。也許在某個階段，瑞秋覺得是她給了母親小寶寶（Freud, 1931; Langer, 1951），同時，她也想要和母親一樣有小寶寶，所以她的生理期停了九個月，在她第一次的同性戀情之後。

89

在我看來，她過不了的關是，無法不怨恨自己尚未成熟所帶來的限制，以及對母親的需求，而母親是位真的能被父親受孕的女人。極有可能，她想透過認同「雙胞胎」兄弟，來繼續全然否認性別差異和與性相關的事，促使她轉向愛戀父親。唯有視自己為母親想要的寶寶，她才能保留一些對父母的好感，因為在覺得自己是母親想要的寶寶的同時，她能（透過自給自足的魔毯）神奇地否認「她」是需要母親的「寶寶」。然而，下一個男寶寶，伴隨童年非常痛苦的創傷事件，例如：生理上和性方面的虐待，可能增加了訴諸自大全能來否認性的存在之需求。母親堅持，寶寶不能取泰迪熊的名字一事，讓她明白，她不能給母親一個寶寶，也就是她自己不過是個小寶寶。

也許她曾視性虐待為母親對她更進一步的拒絕，把她丟下、暴露在男性的性攻擊底下。透過認同母親愛的寶寶，從而保存的對父親的好感和愛，被「異性戀」男子引發的敵意摧毀了。在此，我們可以看到，透過在分析的假期間（同時也是父親的出國旅行期間）想寫小說的願望，她想修復和尋回一位好的、慈愛的父親。但是，山姆－父親這個人變得很壞，當他變成了性虐待她、永遠地毀掉她與男性之關係的「親戚」。

青春期帶給了這位女孩一種「新的」現實。她的身體將會永遠提醒她，她的女性特質、她的身體與母親的身體相似之處──也就是母親的性，同時也提醒她性別間的差異。根據勞佛（Laufer,1993）所說，對身體的攻擊意味著，被攻擊的身體包括了母親有性徵的身體。在我看來，透過她的身體，那個鏡中的倒影（或是在受迫害的夢中），「施虐般地」提醒她母親的性，並迫使她再度內攝其引發的恨意。根據勞佛（1994），青少年感覺到他們的身體是焦慮的來源，身體所挑起的恨意強迫他們去攻擊它。勞佛說明，是青少年對與自己同性別的父母之身體的認同，造成特別強烈的焦慮，才讓焦慮到達令人難以忍受的程度。「這種幻想是，覺得被他們的身體逼著去成為母親或父親⋯⋯被父母 90

親的身體占領，且被迫去和他們一樣」（1994, p. 8）。

和童年時一樣，為了保有好的感覺，她（瑞秋）得分裂並投射性認同男性分身（現在是同性戀），然而這種好的感覺是非常不穩定的，讓她暴露在一旦她身上分裂的不同部位聚合（所以她需要讓「四個」分裂的部分分開）後，她隨時會瘋掉、發狂的感覺裡。在她的感覺裡，這種發狂的狀態是因為迫害性的感覺壓倒性地佔了上風，這將使她透過自己的死亡來殺死母親。於是，她在尋找一位能保護她的男性（保羅-山姆），免於具毀滅性的母－女關係（McDougall, 1979）。

有時連分身也無法防備她的謀殺慾，分身也會被搞砸、變成某個壞人，特別是當她的需求與渴望無法被否認時，這就像蘭克（Rank, 1914）所描述的，分身是如何成為投射出的惡的化身。蘭克強調，分身的迫害，現在已然變成了獨立的實體。

我們能在瑞秋身上看到，在一開始，分身確實可以讓她免於仇恨母親，也讓她能與母親（她真實的女性分身）拉開距離。接著，分身涵容了她男性的（也可能是理想化的女性：皇后）、無性別的、好的、愛戀的和可愛的面向之投射。無論「他－她」配對如何排列置換，它永遠都是兩人關係，並且否認三角關係的存在：

1. 四歲女孩和同性戀父親（代表一位不渴望女人的男人）。
2. 四歲的女孩和同性戀男人（代表「皇后」女性：所以是一對女同性戀伴侶、排除了男性，但這個配對很安全，因為她僅是一位女孩）。
3. 如果她覺得自己是成人，一旦否認有女性的渴望和需求

（然後怨恨、也面目可憎）的那一面的她（想將母親丟出火車），那就得是投影到電影螢幕上的他／她。

當她看著鏡子裡的男人－皇后映像，她也經驗到最後一項可能。當看著她兼具男－女性的自己時，她覺得無比滿足和安心。蘭克這麼說：

> 在臨床材料中，我們發現，分身通常認同於兄弟。……很多時候看起來像是雙生子，並提醒我們女性化的納西瑟斯（Narcissus）傳說：納西瑟斯認為，他在自己的倒影中看到了他的姊妹，在各方面都與他相似。
>
> （1914, p. 75）

瑞秋對弟弟的自戀式認同，似乎是一種對自己的理想化面向的認同（結合了自給自足的她），這麼一來，瑞秋就能夠否認自己的出身，並賦予自己生命。 91

在移情中，瑞秋很難能夠認知到我獨立於她之外和我的女性特質。這是唯一讓她能繼續治療的方法。任何依賴我的感覺，都會激起更多自我毀滅的行為，因為她得如此（做出毀滅行為），才能重新建立她的全能感（Laufer, 1994）。

歐沙那希（O'Shaughnessy, 1989, p. 141）描述一位在十三個月大時，迎來弟弟出生的兒童，所遭遇到的相似困難，據她所說「本來要隔離、攻擊有性關係的父母的投射性認同，碎裂了這個組合」。她將此連結到克萊恩（1952）說的聯合客體這個概念，這是伊底帕斯情結在最早的階段所具有的特色。引述歐沙那希：

> 無論如何，碎裂的客體會被未撤回的投射所扭曲，但是透過碎裂和更進一步的投射，他們的異性生殖能力會被摧毀，取而代之的是，患者會擁有病態的性客體——扭曲、不完整、裂開的。

她將這一點連結到父親因此被看作施虐狂，而母親經常變得弱小且公然受虐上。她繼續描述，因為他們的內在缺乏良好客體，所以「這些患者很難忍受自己一人。他們只能活在對另一個客體投射性認同的狀態底下。」（p. 149）

週末、或較長的假期，當她意識到她被排除在我和我的伴侶的配對的性關係之外時，分身便無法有效的涵容瑞秋的恨意。分裂和投射性認同似乎不足以涵容被有性的母親－我所激起的嫉妒和嫉羨，當她感到母親－我是如此「不長腦」到無法說「不」、且「想」去投入「受虐式的」性交、又同時貶低和看輕她被排除的女兒時。瑞秋對自己女性的身體的感受，也經歷了同等的恨意和相似的鄙視。我認為同性戀關係是一個綜合體，混合著因否認母親的異性戀而來的恨、又加上對女性的渴望和需求——這位女性讓她覺得她是能滿足母親的。但也是這份需求讓她充滿恨意，當她體會到另一位女性（她的對象）也有同樣的「需求」時——這份她恨透了自己有的需求、也深信是女性的身體本質上代表了這種需求——這些同性戀關係就會破裂。再內攝自己的女性面向——包含了她所有的敵意的這一面，讓她在同性戀行動之後感到強烈的焦慮，並且需要抽離以保持一些理性。於是，同性戀是不得不的「解方」，卻也不斷地失敗，因為她會重複地明白對方「只是一位女人」，跟她一樣。

參考文獻

Bion, W.R. (1962) *A Theory of Thinking in Second Thoughts: Selected Papers on Psycho-Analysis*, London: Karnac, 1967.

Freud S. (1905) 'Three essays on the theory of sexuality', *S.E.* 7: 135–243.

—— (1920) 'The psychogenesis of a case of homosexuality in a woman', *S.E.* 18: 147–172.

—— (1924) 'Loss of reality in neurosis and psychosis', *S.E.* 19: 186.

—— (1931) 'Female sexuality', *S.E.* 21: 225–243.

Klein, M. (1946) 'Notes on some schizoid mechanisms', in *Envy and Gratitude*, London: Hogarth, 1980.

—— (1952) 'The origins of transference', in *Envy and Gratitude*, London: Hogarth, 1980.

—— (1955) 'On identification', in *Envy and Gratitude*, London: Hogarth, 1980.

Langer, M. (1951) *Motherhood and Sexuality*, New York: The Guilford Press, 1992.

Laufer, M.E. (1993) 'The female Oedipus complex and the relationship to the body', in *The Gender Conundrum*, ed. Dana Breen, London: Routledge in association with the Institute of Psycho-analysis, New Library of Psychoanalysis.

—— (1994) 'Active and passive identifications and the relationship to the body in adolescence' (unpublished).

Limentani, A. (1979) 'Clinical types of homosexuality', in *Sexual Deviation*, ed. I. Rosen, Oxford: Oxford University Press.

McDougall, J. (1979) 'The homosexual dilemma: a clinical and theoretical study of female homosexuality', in *Sexual Deviation*, ed. I. Rosen, Oxford: Oxford University Press.

O'Shaughnessy, E. (1989) 'The invisible Oedipus complex', in *The Oedipus Complex Today*, ed. R. Britton, M. Feldman and E. O'Shaughnessy, London: Karnac Books.

Rank, O. (1914) *The Double*, London: Maresfield Libraries, 1971.

Spillius, E. (1994) 'Developments in Kleinian thought: overview and personal view', *Psychoanalytic Inquiry* 14 (3): 324–364.

Welldon, E. (1988) *Mother Madonna Whore*, London: The Guilford Press.

【第五章】一位神經性暴食症青少女的分析式治療 93

瑪莉詠・柏格（Marion Burgner, 1930-1996）
曾為英國精神分析學會的訓練分析師與正式會員、也是精神分析心理治療期刊（Psychoanalytic Psychotherapy）編輯委員會的創始會員之一

這段在一年後提早結束的分析，是關於一位因暴食與催吐等症狀而生活癱瘓的青少女。卡拉，十七歲，致電中心（中心指的是青少年危機研究中心，青少年在此一週接受五次的分析），她聽說這裡能提供密集治療的服務。她希望（事實上是要求）馬上為她進行分析，如此自大全能的期待，貫穿所有卡拉與世界連結的方式。對她來說最重要的，是願望能立刻被滿足，她無法想像、思考任何滿足的延宕，無論是由別人或是她自己造成的。也許持續蠻橫地要求立即滿足的主要原因，是她無法容忍焦慮，甚至是任何情緒，同時這也讓她無助地相信，沒有人能幫得了她。無疑地，移情中浮現的情緒氛圍是無法忽視的——這位青少女的內在，是一位吵鬧且匱乏的嬰兒，對我支持和幫助她的能力感到絕望；但也是一位洋洋得意的施虐兒童，不得不摧毀我提供的支持。

在卡拉被轉介來接受我的分析之前，中心的同事A醫師和卡拉做了六次會談評估。她是一位嬌小、很瘦的女孩，滿頭捲髮、化著精緻的妝容、穿著性感又誘人，在介紹她自己和她的問題時，顯得誇大、做作且咄咄逼人。A醫師覺得她令人不快、也同時討人喜歡，並且在會談後A醫師非常擔憂——在我的分析

工作中，也持續感受到這些反應。眼淚滑落卡拉的臉頰，她說她想去死，而且無法擺脫這個想法；一年前，也就是卡拉十六歲時，她吃了三十八顆克暈錠（一種抗組織胺類的藥物）。在分析中得知，她自潛伏期以來的自殺企圖。評估期間，她低估了幾近成癮的暴食／催吐循環在她生命中的重要性。她和父母試過幾個月的家族治療，但因無效而終止；同樣地，她與精神科醫師的短期治療也停止了。當然，這類患者停止接受治療的情況是非常常見的。

94

那時，她正在準備大學入學考，並且被一所知名的音樂學院錄取。分析期間，她延後了入學，守著一份無趣的辦公室工作，並且誇大地吹捧這份工作。她的朋友很少，男友也只帶她出去過一次；她的社交生活枯燥、重複，毫無樂趣。她的父母各自在十多歲時離開南美、來到英國，在此相遇，並在還很年輕時結了婚；婚後幾年，卡拉出生了，是家裡唯一的孩子。母親從卡拉出生時或者更早之前，就為憂鬱症所苦，並在卡拉八歲時開始依賴酒精與藥物。在卡拉與中心接觸後，母親便不斷介入；父親一開始比較沒有明顯的干涉，但是後來他帶來不少微妙卻具破壞性的阻礙。這對父母透過攻擊分析師和分析歷程，努力地想處理他們對女兒激烈的矛盾情感。

卡拉奉承母親，認為母親嫵媚動人、艷光四射，同時覺得父親完全相反——邋遢且不起眼。在某次我與這對父母的會談中，他們的不一致、卻一樣的刻薄且具破壞力，讓我印象深刻。母親穿得像是要去派對般走進來，戴著梳高高的假髮、長長的假睫毛，化著濃妝，而父親穿著樸素，看起來消瘦且憔悴。在我面前，這對父母之間的戰爭斷斷續續爆發，似乎在他們持續地對彼此進行施－受虐突擊中，無分軒輊。我看得更清楚，這對父母最怕他們的女兒會被我拐走，離開他們，使得他們三人無法共享包藏在卡拉的症狀之中，由破壞與亂倫帶來的興奮感。他們會監控女兒的一舉一動，強迫她量體重，鎖住廚房讓她無法取得食物，鎖住廁所阻止她催吐，儘管她仍會偷偷地吐在塑膠袋裡；她會向他們炫耀她削瘦的身體，而他們會抓住她嶙峋的骨架，懇求她吃東西，好讓她的月經回來。這份他們三人之間共享的興奮感，透過持續的攻擊和反擊維持著。

在我第一次與卡拉簡短會面時，我們討論如何開始分析會是適宜的安排，她表現得通情達理、溫柔迷人，並且小心翼翼地不讓我看到她的問題有多大。在分析開始時，我發現她的刻意修飾、老掉牙的用詞、俗套的機伶，實在是令人難耐，儘管如此她仍相當討人喜歡。她似乎總是模仿著母親會想什麼和說什麼的樣子，而沒有自己的想法和感覺。相當明顯地，母親從分析一開始就盤據在她內在，也在診療室內。卡拉反對使用躺椅，因為她想要看到我的臉、密切關注我的反應，儘管最終她同意躺下。

卡拉是一位非常寂寞、孤立的女孩，這與她第一次暴食和催吐的發生有關。那時她十六歲，她覺得她被父母和身邊的人遺棄、感到十分孤獨。分析的第一週，她談到她的朋友不出所料地遠離了她，因為她沒什麼可以給他們，和她在一起他們會感到無趣，當然，她害怕我也會這樣。她覺得她一點也不有趣，關於這一點，我默默地認為她是對的，在誇大和歇斯底里的面具底下，她是如此乏味與無趣的女孩。她說，有次在派對上喝醉時，曾對一位男孩有性方面的感覺，她描述，如果在有陽光的假期遇上一位男孩，那麼她或許能有短暫的、興奮的感覺。事實上，她無法

95

對男孩產生感覺，她只在意她對男人造成的影響；「我只在意他們是否對我感興趣。」她說。我向卡拉分享我對她的印象：她非常害怕愉快的感覺、性慾的感覺、甚至其他任何會失控的感覺，所以她得把所有的感受減到最少的限度；她的暴食是唯一被允許自由表達的，但她也立刻透過催吐來重獲得控制感。對她來說這種暴食／催吐模式是興奮的焦點，在分析初期時變得難以控制，頻率和強度都增加了。無疑地，她希望能與我一起複製她和父母之間那不斷循環的毀滅場景，並將我捲入他們之間共享且最說不出口的恐慌——她最終將殺了她自己。她能夠談論她的父母如何替她感到害怕，但不能接受我的理解：他們三個人都很害怕她會死掉。

她向我描述，她如何貪婪地吃上一個小時，直到她飽到天靈蓋為止，接著父母一離開家，她就讓自己再吐上一個小時。她補充說，要不是她會變得很胖，她會一直吃下去，也犯不著去催吐。我們在分析中逐漸明白，暴食和催吐對她來說的確有許多重要的心理意義。其中一項意義是，卡拉用具象的方式呈現她的經驗：她爭吵不休的父母，在她內在世界裡是不可動搖的存在，而且她透過大量的攝取食物和隨之而來的催吐排出，不斷去攻擊他們。同樣重要的是卡拉自戀式的相信，暴食和催吐是完全屬於她的，她對自己做、也為自己而做。我留意到更深一層的重要心理因素，與她所經驗到的情緒有關，特別是恐慌和憤怒，當她懷疑自己被分析師、父母或身邊的人遺棄或討厭時。在一個週末的治療空檔之後，我詮釋她用暴食傳達憤怒、接著透過催吐尋求內在的平靜。卡拉回應：「當我空洞且空虛時，我就是獨自一人的，且有時相當平靜。」於是，我將這虛幻的平靜與她極度的脆弱感連結起來，她覺得接受我作為她內在世界的一部分是危險的，因為那會將她暴露在被遺棄的風險中；反之，如果她摧毀我，那麼她就不需要害怕失去、也能維持她的自大全能。在分析開始六週之後，有一個四天的長假來臨。她說到「需要我的父母在我身 96 邊，因為他們很有警覺性，否則我會每兩個小時就吃太多、又催吐。這就像我體內的細菌，我無法控制。」顯然，她感到內在的父母讓她精疲力竭。同樣明顯的，第一次明確的突破令她不知所措，也害怕自己是否能在心裡讓分析師持續作為友善的內在客體，或是變成她得摧毀的某個人。

卡拉描述她總是能得到每樣她想要的東西，但是在學校她不快樂，還有女孩們聯合起來對付她。她主動說出，在十歲左右她開始偷東西。偷竊顯然是暴食與催吐的前兆，可能表達著她在前青春期和青少年早期的障礙。從十歲到十六歲，她持續地偷竊，從學校其他女孩那兒偷東西、從學校那兒偷文具用品、從母親那兒偷錢。她收集這些物品，並用這些錢買了許多化妝品，但很少使用它們，只是把它們雜亂無章地丟在購物袋裡。我們能夠看到相似的對照：她強烈的嫉羨其他女孩們和母親所擁有的，但每一樣她偷來的東西都是無用的；不管她偷來什麼都不會讓她快樂。同樣的，她塞進身體的食物，無論是珍饌美食或垃圾食物，都一樣沒有價值、變成吐出來的髒東西；同理，我在療程中提供給她的，也被她和她的父母搞砸，而成為無用的東西。但偷竊也有另一層意義：謊言和口是心非，某種程度上是卡拉再熟悉不過的家庭行為，任何她已內攝進來的超我都是父母親不良的道義。分析全程都承載著祕密與欺騙的印記。但終極且瀰漫的謊言，是父母自大全能的信念：只要分析師將他們的女兒還給他們，他們就會讓她好起來。

卡拉和她的父親認為我不僅有權「把他們的寶貝奪走」，正如父親所說的話那樣；在他們的妄想世界裡，我也是一位強大的分析師，威脅著他們三人之間強迫式地共享著的性興奮關係，所以我是他們不得不去摧毀的人。剛開始分析時，卡拉有時仍然和父親共浴，偶而也與母親；有時她會爬進他們的被窩裡，在他們兩人之間看深夜影片。她堅持，這對十七歲的女孩來說是絕對正常、自然的行為，然而在描述她試圖自殺之後，父親熱情地擁抱她，她也觀察到：「我已經可以做他太太，而不是女兒。」卡拉和她的父母心意已決，要保有他們之間這情慾的、亂倫的連結，並且一致決議我不該干涉。然而，卡拉的世界裡從來沒有過真正的伊底帕斯競爭，僅有三角關係的作用；對父親和母親來說，她都是性方面的第一選擇。她描述自己為「一個人質，用來將父母黏合，沒有我，他們會分崩離析。」我補充，他們在一個封閉的系統裡黏在一起，在那裡，他們不需要任何人，當然也覺得不需要我。實際上，我以外來超我的形式代表著他們三人，卻被視作威脅，要干預他們違常卻滿足的關係。

97

在分析中我們漸漸明白，唯一能讓卡拉覺得自己能與內在客體分離的方式，就是透過強迫式的暴食與催吐循環摧毀它們。但是，隨著她退縮進多重違常狀態之中，不僅殲滅了她內在的關係，也讓她邁進青春期的身體處在被摧毀的危險之中。就如同卡拉覺得她自己「成癮」於暴食和催吐，並描述它為無法忽視的「一種渴望」，她也經常表達對我「成癮」的恐懼，會變得「依賴和再也不想離開（我）」。同樣地，她經常感覺不到與母親分離，她覺得她們活在彼此的肌膚底下，共享著瘋狂、成癮和虛假的性。當我詮釋，她對於被母親淹沒、吞沒的焦慮時，卡拉激烈地反駁，並向我保證這是她想要的——被吞沒；當然，被吞沒或者分離獨立的議題，絕對是她的疾患的本質，也是移情的基礎。她將我視為在她體內的、她渴望的占有者，也同時視我為不停歇的迫害者，奪取了她的自主權與性，貪婪地拿走一切滿足我自己。在她與母親的爭吵中，母親會對她尖叫著說，只有父母親死了，卡拉才會好過一點。在談論父母親死亡的可能性時，卡拉說她永遠不可能接受這點；她和他們互相依偎，如果發生的話，她應該只會假裝那從未發生。

隨著第一個暑假臨近，卡拉沉痛地表達她的恐懼，她擔心自己會變得很糟，最後一定會被關到精神病院裡。她隱微地威脅要自殺，與所有控制我的議題連了起來——她無法阻止我放假，無法阻止我放棄控制她，她有著排山倒海的憤怒。她描述一本「不得不與父親分開的嬉皮女孩」寫的書，而我們談到了持續發生在她內在和外在的撕裂，她透過催吐試圖將父親撕離自己、也把自己撕離父親，和當父母親將她撕離我、撕離彼此時她感受到的興奮。她埋怨父母總是監視她；無論是在她的公寓（她曾暫時搬進祖母房子裡的一層樓），她的父親會輪流保養每扇窗戶，以便不斷探視她，還是在當地的食品店，她覺得母親會跟隨她，並公開地展示女兒的瘋狂、讓所有人注意到她買的食物。我詮釋，目前似乎有三個部分的她：有愛的部分，想要餵養和照顧自己；破壞的、有謀殺慾的部分，塞滿她自己和每個在她體內的人；有支配慾的部分，將每樣東西、每個人催吐出來，但是仍然無法控制我、阻止我離開她去放暑假。我詳述她的這些面向，特別是關於她勝利的感覺、嫉羨、憤怒和最後完全的絕望。接著，卡拉說 98

她覺得我要丟下她、讓她得靠自己做每件事，而且她不相信我會回來。我詮釋，她對於意識到對我的依賴和需求而感到焦慮，她回應這真的是問題之所在——週末已經夠糟，所以她不能太依賴我，因為分離會讓她的感覺和症狀變得更糟糕。於是，我們能夠討論她對於週末和假期的憤怒，也包括她的寂寞與絕望。卡拉看到的問題之一是，她將永遠無法「戒掉」我，她將會永遠依賴我、對我成癮。

接下來的八個月，眼見著她對分析漸進且有系統的破壞。回頭去看，我認為她不能忍耐延宕滿足，要我立刻滿足她的需求。暑假結束後，當我們回歸分析時，卡拉很快地讓我知道，她在回家「放鬆」（暴食和催吐）、還是要先來分析之間左右為難。她變得更加明顯地貶低我、折磨我，成功地複製了她與父母間的施－受虐戰爭，想要我和她的母親一般「卑躬屈膝，順從她的每個願望」。分析的最後幾週，卡拉不斷地失約，我後來知道，她開車經過街道的頂端，到山丘上俯瞰診療室，感受她的全能和我空著等她，然後繼續前往她的公寓，迎向她勝利的暴食和催吐。於是，我詮釋她對於與我之間的愛與憤怒感到惶恐，所以她得衝回家，而不是熱情地出席，和被置換過的、對我的破壞且猛烈的攻擊。對此，卡拉用一個幻想回應：我在她缺席時，坐在診療室裡「痛哭」，像她的父母親那樣，為她煩亂與擔憂。當我探索這個幻想，並稍微否認我有這種感覺時，卡拉就會生氣且快速地回嘴，她拒絕接受我這樣說：「事情不能是這樣，因為如果是這樣的話，那我的逃開就沒有意義了。」

然而，有些許片刻，她能意識到她的空洞與寂寞。如同她說的：「問題是妳一天只給我五十分鐘，我需要有人能夠時時刻刻占據我，所以這個人得是我自己。」我們可以清楚地看到她的自相矛盾：如果說客體的恆常是自我表徵與特定內在客體表徵所維持的情感連結，當它受損，基本上，她只能以有功能的部分客體，這種方式與客體連結；當客體是實體的存在時，他們滿足她的需要與願望；當客體不在了，她會被迫退回自己身上，作為自戀式客體。

一旦她對身體的偏執、以及對內在客體的猜忌加速發展，她更加強迫地暴食和催吐，吞下大量的緩瀉劑，一次四十顆。卡拉的注意力都在身體症狀上——流汗、落髮、胃痙攣、雙腿腫脹、疲倦。在分析滿六個月前，卡拉首次缺席療程。隔天，她帶著遺憾告訴我，在去參加厭食者匿名團體——這個她的父母這麼建議、她也同意了用來取代分析的聚會——的路上，她的車撞上迎面而來的車子。卡拉經常用譏諷的方式談論其他治療方法的效用，但這是第一次，至少就我所知，她試著去尋找替代分析的療法。我盡力去了解這場車禍，是否是她先前自殺企圖滿一週年的重演，抑或是在表達對於她能摧毀誰、又允許誰存活的無望的衝突，我的努力或許暫時幫助到她，但是她很快回來告訴我，她的父親認為我在說瘋狂的垃圾話。再下一週，她缺席了另一次療程，回來時告訴我，分析讓她更糟了，她要把分析停掉。就兩次事件，我回應，她缺席時採取了兩個激烈的行動——撞車、決定停止分析；也許這兩個行動都與她的兩難有關——是否要讓我們免於傷害、一起工作，還是要摧毀我們。

99

一些療程的內容顯示出，卡拉不僅攻擊、詆毀我，這也是她成功地不讓自己理解內在世界在發生什麼的方式。當我指出，幻想與現實有時會令人困惑地交疊時，卡拉憶起，那天在工作時，她告訴一個女孩，她即將有個有趣的週末，講得連她自己也都相信了——她計畫去拜訪許多朋友、和他們一起找樂子、並把煩惱拋諸於後。我詮釋，這捏造的故事裡裝著悲傷與寂寞，當她在週末失去我，她覺得我把她帶回到她於內在和外在皆體驗到的混亂之中。她抱怨，即使她拼命努力穿上三十歲職業女性會穿的講究服飾，工作場合中的男性卻把她當成一個孩子，儘管穿了這些衣服，她仍然覺得不像個大人。我點出，她倒是很努力地讓身體保留在孩子的狀態，而她的身體與她成為成人的夢想之間的落差，讓她非常困惑且悲傷。到這裡為止，一切都很順利，直到我點出她在暴食、催吐、吃緩瀉劑和排泄時，有明顯的性慾； 這些與性的活動與感覺不是隱藏的，只是做了偽裝，此時她變得非常生氣。她攻擊我，說我沒有讓她變好，也沒有給她一個會愛她的、特殊的人；反而讓她覺得腦袋裡快瘋掉，外在的身體是古怪的。的確，她經常覺得她是「父母親的瘋狂寶貝」。

外在與內在的狀況同時惡化。她愉快地在她和父母之間製造了嚇人且歇斯底里的情景，確保他們到她的公寓拜訪、看到她創造出來的混亂和那碗前一天的嘔吐物。她描述，她如何在長達一小時的暴食之前量體重，並在暴食後催吐差不多長的時間，她將嘔吐物裝在一個大碗裡，小心地測量吐出來的量是否和吃進去的一樣多；催吐期間她會不斷地量體重，一直到她的體重和暴食前一樣，她才會停下來。每天兩三回地重演這樣的行動。卡拉更詳細地說，當她達到理想的三十八公斤體重時，她覺得「脆弱且無助」，每個人都關切她、且替她擔心；然而，要是多了一公斤，她會妄想般地覺得自己「又蠢又笨」。我評述，她對於她的身體是男性的、或是女性的感到困惑，她憤慨地駁斥我的意見。進食，從快樂轉為攻擊的速度快得令人困惑；她先是發動攻擊似地塞食物進體內，然後摳挖且傷害她的嘴與喉頭，瘋狂地努力將體內的食物吐出。當她無情地攻擊自己的身體，她感到被迫害；滿足總是稍縱即逝，成癮般地虐待她的身體以取代關係的企圖總是失敗的。

在評估階段，卡拉撩人的穿衣風格就很顯眼。有幾次，她穿得像高級伴遊女郎前來會談。「女性特質」（胸和臀）對她來說是噁心的東西；當她要求說她想要「有一根就在裡面的陰莖」，她也意識到她是「多麼的害怕它」。她反思到，她這麼排斥性，卻又在幻想時極度渴望它；在暴食和催吐後，她幻想著她愉快地和想像中的無性客體在光暈下共舞。卡拉自己將放棄自慰連結到暴食上：「當我填塞食物時，我整個身體都興奮地顫抖。」

她變得更加害怕她對身體造成的傷害，擔心「我的性器官會萎縮」。但是任何在分析中獲得的滿足感，和「我的盛宴帶來的興奮」相比，都相形失色；她帶著裝滿食物的購物袋前來、並留在候診室裡，療程裡她始終都清楚，療程後她可以操控壓倒性的、至高無上的興奮，而我們分析中的互動，在她一個人時，會成為一個蒼白的影子。她深思，問題在她無法從自己身上找到對食物「渴望的來源」。她從自己的話裡驚醒，然後說她不是要說「渴望」，而是另一個她想不起來的字。我詮釋，她在渴望和戒除之間感到困惑，因為她渴望永遠擁有乳房，以及伴隨的和分析師／母親永不分離的關係。她無法忍受孤單與絕望，她也覺得無法和我分享她的內在世界，這些都被不斷地探索了，但我仍覺得她封閉且重複自性（autoerotic）滿足的系統，很有可能是分析的強大對手。

隨著分析緩慢，但無可避免地因著越來越多的缺席而減速、停止，她擔憂起她與我牽連的程度。她害怕她會「分崩離析」，變成一位瘋狂、發黑的藥物成癮者——幾年前她曾在紐約街頭看過的乞討者。她也得和我保持距離，因為她怕，胡作非為的她，將讓我崩潰。若我有可能和她一起崩潰時，有時她無法區分我與她的不同：這種破碎對她來說等同於瘋狂。她透過一部未來時空的電影，帶來一個主題，電影裡有一個女怪物，她迷惑人們，變成任何他們最渴望的人來滿足他們，然後再吸光他們身上的鹽分來報復，把他們變成一堆沒用的東西。這是當卡拉遠離療程時，她以為她在對我做的事情，是關乎於她對我的權力與控制的問題，並且危在旦夕。隨著我們探索這點，她讓我詮釋，也有一些別的東西正在瀕臨危險——也就是，她對我勝過她的、怪物般的能力感到恐懼和嫉羨——而這帶我們看見她無所不在的願望，她想要全然地依賴我、和我永不分離。

101

卡拉現在覺得我是牢牢嵌入的破壞性內在客體，於是她幾乎不出席療程。最後，當我再次聯絡她，並告訴她我們得結束後，她以出席來回應我。我解釋，我無法按照她的喜好繼續進行虛假的分析，讓她選擇性的缺席，然而，我強調，如果她能規律的出席，我還是很願意和她繼續工作。我小心地詮釋，缺席期間她享受對分析師攻擊的快感，無論是透過與父母共謀、或是暴食與催吐的循環，也詮釋在她內在劇場裡演出的興奮的幻想——她贏我了。我向卡拉說明，她的分析的重要特性，這的確也是她的關係的特性，這施－受虐的關係著重在相互毀滅。正當我覺得在我們合作的工作中，卡拉稍微能夠覺察她興奮的互動時，她也將此特性分裂掉，裝進她的暴食／催吐症狀中。那時，無論如何，每日三回地演出這些原始幻想，在自性脈絡底下是極其滿足的；而分析關係顯然是她無法忍受的。

分析期間，注意我的反移情反應是重要的。在我與卡拉的工作中，我經常覺察到生氣、憤怒、無力、罪惡、失望，以及覺得我得對她的混亂負責等等，就不一一列舉了；我也經驗到一些她不能、不敢允許自己去察覺的感覺。

我必須提到我心中反覆的疑慮——我能否成功地治癒這位青少女？因為她是如此根深蒂固地藏身在她的家庭環境中；我很清楚，分析沒有多大的希望，除非卡拉有能力長期、穩定地與父母分開生活。

討論

102

我認為卡拉是一位盼望心理獨立的青少女，遇上了分析，而這涉及早期的焦慮，預示著毀滅；分離焦慮於是有了毀滅焦慮的駭人特性。分析揭露出，這樣的青少女在發展階段裡，沒有體驗到足夠多的、可預期的、合宜的關係。反而，如果有任何關係的話，有的似乎都是微小的神經質衝突和隨之而來的**扭曲發展**。關於這點，我認為是從嬰兒期開始，就在本性上存在著作用強大的困難，並且往往幾乎沒有伊底帕斯的衝突、乃至解決的經驗，因為這些青少女的父母——特別是母親——以具有侵略性的方式、恆常地存在於孩子們的內在和外在生命中。反過來說，這些孩子也不能容忍一般的發展歷程，（與父母）分離，貪婪且充滿敵意的，必須留住父母客體成為她們內在世界的一部分。所以，這些扭曲的發展會從嬰兒期開始，在青春期附近停滯達到高峰，發展無法取回主權。事實上，這一眼看來是青少女飲食過度的疾患，本質上卻是不是真正的青少女，正如在先前的發展階段裡，也同樣帶有「假裝」的特性。在她們身上、和她們對別人的行為演出的**原初**（前伊底帕斯）本性中，能夠清楚地看見疾患。

這些扭曲的發展會在青春期的崩潰中更加綿密，但顯然這並非她們人生裡第一個嚴重的疾患，特別表現在她們沒有辦法在心理上與父母分離、內在客體關係與情感的混亂，以及心智結構存在的缺陷上。

卡拉結束她的分析時，明顯地尚未解決她主要的難題；該如何讓她在心理上與父母親、分析師分離，而不在這歷程中摧毀他們和她自己，這個議題持續存在著。自殺企圖，似乎會頻繁地發生在青春期中，因為青少年既難以面對分離，也無法邁入成人前期。也許，離開分析時，她覺察到沒有毀滅我，這份覺察雖然不多、但仍持續地幫助她。她接受我的轉介，前往厭食症患者的住院單位，儘管幾週後她自行出院，接著意興闌珊地想要回到分析中。

接下來的四年中，她申請過兩次面談。第一次時，她告訴我，她已經搬離父母的住處，並交了男朋友，但她想去別的醫院住院，處理她依舊強迫式的「習慣」。整個面談裡，她重複地強調到目前為止她所接受的各種治療是多麼的無用。她仍保有對所有治療與提供治療者的攻擊性，且無法不去破壞治療工作。當 103 時，她讓我覺得，她很難獲得進一步的治療性協助；無論是身為分析師、或是作為一個人，意識到這一點令我相當不安，因為無論是在譴責的移情裡、還是我的反移情反應裡，失敗都是明顯的特徵。

兩年後，她再次來見我。那時她二十二歲，看起來和上回很不同。她的體重和外表很正常，且我了解到她的月經恢復正常了。她既不攻擊、也不挑釁，腦袋也不再充滿自殺想法。她滿意自己的專業成就；她買了自己的公寓，離混亂的父母很遠。而他們仍然一起困在他們的施虐性爭執中，卡拉似乎更能與他們分開，她說：「我越是遠離他們的人生，他們就會越有進展，處得更好」。這最後的評語，的確是一種進展，相對於先前在分析中，他們三人小心地、以情慾的方式打造出的性三角關係，以對抗他們感受到的我帶著威脅入侵。

她繼續告訴我，結束一段兩年的關係帶給她的苦痛，和最近新開始的一段感情，擔心她的「成癮」也許會成為阻礙。她想要我重啟她的治療，不是分析也好，因為她仍然一天得至少暴食和催吐一次（不像她在分析期間一天兩三次）。

我將她轉介給我的同事，她和他開始進行治療。那段治療的進展，我知道的不多，只知道她的暴食和催吐減到一週一次；接著，有一段風風雨雨、濫交的日子，和一次墮胎，這讓她非常憂鬱。然而憂鬱的情緒是一種情感的體驗，而不是無預警的、爆炸性的、用來對抗自己的行為，對這類年輕人來說，這是治療中的進展。無疑地，這次墮胎與我們分析的結束有關，也和接下來過早的結束治療有關。當她的分析師離開倫敦，我獲悉她已經決定尋找更進一步的治療，但是現在要一週三次，而不是一週一次。所以，十年之後，她仍然嘗試在內在和外在世界中建立一些秩序。我認為，要不是她在二十二歲實現了最低限度的分離，她無法繼續這樣的努力，因為對她來說，這個年紀（二十二歲）幾乎已經到了青春期發展階段的盡頭了，所以她才能找回先前失去的主權，乃至發展出另一個選擇，這也是一開始我們在分析裡努力在做的，也是她之所以能在分析結束後，可以繼續有所進展的緣由。

【第六章】與一位厭食症患者的分析工作 104

達娜．比克斯泰德-布林（Dana Birksted-Breen）
英國精神分析學院的訓練分析師與督導

已經有非常多探討神經性厭食症的文獻，儘管比起精神分析，更多的是精神病學的觀點，其症狀包括了：不間段地追求削瘦、被食物占滿心思，並以此種方式生活著。（Bruch, 1974）

一些作者將重點放在口腔的症狀上，而非進食，他們認為這是對抗貪婪和口腔受孕願望的一種防衛機轉〔比方說：柏林（Berlin）等，1951〕；其他作者則強調身體形象的失調，就像克里斯皮（Crisp, 1973）指出的：「此疾患主要是身體體重的心理意義之一，與青春期有關，而非與食物有關，某種程度上它與母親有著直接的關連。」在佛洛伊德很早期的一篇文章（1895）裡，點出了神經性厭食症和憂鬱（melancholia）共有的核心問題是——失去胃口。克萊恩取向的觀點指出，被毒害的妄想式恐懼，有時與母親將自己的願望投射到兒童內在有關（Menzies-Lyth），或者是與擔心傷害到好的內在客體，這種憂鬱心理位置的恐懼有關。

弗朗西斯．塔斯汀（Tustin, 1984）指出厭食與自閉症的連結，並說明厭食症患者拒絕在感官層次上對食物著迷，並且在沒有食物的時候感到憤怒。法國作者克斯特貝爾格等（Kestemberg et al., 1972, p. 11），認為他們的患者「渴望滿足，死而足以」（我的翻譯），並且對其中倒錯和受虐的成分印象特別深刻。

近年也有從家庭作為系統的角度思考厭食症（Minuchin et al., 1978；Palazzoli, 1978），以及從母親的心理病理的角度來思考（韋因里奇等〔Weinreich et al., 1985〕）探討母親貶低女兒成為成人的意圖；肖爾斯（Sours, 1974）則討論母親自戀地使用兒童來維持誇大的自體〕。

多數對神經性厭食症的理解，都試圖納入一項事實，即：神經性厭食症是一種主要發生在青少女身上的疾患，因此，在某種程度上，厭食症是處理發展過程中困擾女孩們的衝突（比方說：伊底帕斯衝突）的方式之一。這樣的連結，令人思索，是否某些因素使女孩們更為脆弱（比方說，克萊恩假設的：女孩們有較強烈的內攝歷程），和母－女關係的本質，例如：格倫伯格（Grunberger, 1964, p. 76）所言，基本上「母女雙方都很挫折，因為沒有一方是讓另一方滿足的客體」。男性厭食症相比之下非常少見，並被視為女性的認同（Falstein et al., 1956）。

105

肖爾斯（1974）認為將兩種厭食症族群區分開來有助於思考：一種是患厭食症的族群，處於因青春期而漸增的本能壓力底下，感受到復甦的伊底帕斯女性願望，而導向退化、尋求解方；另一種厭食症族群，則呈現結構上的自我缺陷，這與她們早期的分離和個體化失敗有關；而第二種族群，年紀較長且比第一種族群更嚴重。

傑斯納和阿貝斯（Jessner & Abse, 1960, p. 302）總結此失調的廣泛性如下：「神經性厭食症具有歇斯底里、恐懼症、強迫症、身心症和精神病特徵與自殺傾向，似乎濃縮了所有青春期可能有的病狀。」

關於精神分析是否能治療厭食，普遍都存在著抗拒且消極的看法，因為厭食症患者並不覺得厭食是一個問題，因此相當難以形成治療同盟，而且也因為此病症的本質帶有反覆且深層的自我毀滅傾向。整體來說，厭食症患者能在那些密切涉入他們治療的人身上，激起強大的憤怒和失望反應，有時是緊跟在拯救的幻想之後。

和我一樣，許多人也對厭食症患者渴望卻又害怕與母親融合印象深刻（Bene, 1973; Spillius, 1973; Bruch, 1974; Boris, 1984; Sprince, 1984; Hughes et al., 1985）。在本章節，我將聚焦在神經性厭食症的這個面向上，並且開展此一思路，描繪我所看到的延伸影響。從此觀點，厭食症可以被看作一位女孩嘗試在身體上與母親的身體分離，以及一種獨立於母親之外的自體感；這些嘗試在病理上的本質，源自於青春期前並未達成這類的分離。厭食症患者夾在「對孤獨感的恐懼」（Sprince, 1984）和心智會被殲滅的恐懼之間。然而，與母親融合的願望與恐懼，可能將男孩導向性倒錯（Glasser, 1979），而在女孩身上，則導向尋求在身體上有別於母親，彷彿變成熟、進入成人期就是變成母親（Hughes et al., 1985）。在極端的情況下，它將意味著徹底拋棄她的身體。嫉羨的感覺助長了這個被融合的願望，透過自願飢餓來拒絕接受並攻擊母親身體的象徵物。和倒錯一樣，「正常的」成人期和這種情況下（厭食症）的女性特質，都會被詆毀，並且偏好與眾不同的生活方式和身體外觀（包括男性元素）。

鮑里斯（Boris, 1984, p. 319）用缺少「非我」和「非你」的空間，來談到融合。使用溫尼考特（1971）對過渡性客體的想法，他說：「過渡性空間就像一個緩衝物，是兩具身體之間的一個中立地帶（就像非軍事區一般），為想像的遊戲和對現實的理 106

解兩者都提供了空間。」厭食症患者無法維持這些界線，也因此沒有這樣的空間。

就全然現象學的方式來描述，在我與厭食症患者工作時，也曾震驚於在移情與反移情上，患者和分析師之間完全地缺乏空間。也許有人會認為這是因為缺少了第三元素——父親，這個打斷融合幻想的存在。在這裡，我使用「父親」一詞，和我們說「乳房」一樣，不是指真實的器官或人，而是父親代表的他者，以及一個母親與嬰兒之間的空間，沒有他，將不會有符號與文字。我想說的是，因此，神經性厭食症具有象徵能力的障礙，此現象與缺乏空間有關。在這裡，我要沿著漢娜．西格爾（Segal, 1957）的「象徵等同」（symbolic equation）這個概念，思索一些事情。對神經性厭食症患者來說，她們覺得食物真的是母親，而不是象徵著母親的照料。皮亞傑（1954）描述心智生活的早期階段中，會有部分等於整體的現象；在此是僅有部分功能的食物，卻代表了整體。索恩（Sohn, 1985）和鮑里斯（1984）都指出，對母親的嫉羨和貶抑，使她們將母親簡化到只剩這個功能。再者，在「象徵等同」（Segal, 1957）的層次，厭食症狀運作的類型，是自己身體的成熟，被看作是從母親的身體裡拿走一塊，而不是發展一具象徵著進入成人期、並擁有母愛的身體。在療程中，分析師的話並不象徵著關愛，而被感知為奶水、或乳頭、或陰莖，切實地使她變胖、懷孕、昏沉、中毒等。投射、嫉羨、需求缺乏恰當的滿足、和隨之而來的全然且全能的控制客體的渴望，都造成這缺乏過渡空間的現象，也因此妨礙了真正的象徵能力的發展。

如果一個人的身分認同是被語言建構出來的（Lacan,

1977），那麼拒絕說話——厭食症患者的特徵之一，也是拒絕接受一種身分認同（作為女性），和拒絕被定義（作為成人）。儘管缺乏分化，厭食症女孩仍為了獲得獨立的身分認同而持續努力著，但這卻不是為她而建構的身分，這種狀況下，她得留存在一種在幻想中與母親融合、卻又不像母親的狀態裡。

我想透過一位厭食症患者丹妮絲頭四年的分析，闡述這些論點和一些造成這個狀態的重要事件。我也在其他厭食症患者身上，看到我所描述的這些特徵。當然，也有一些神經性厭食症的面向，我不會在此討論（例如：身體的妄想、強迫特質、對性的恐懼）。在這章節裡，我把目標放在描繪出我所認為的，厭食症患者與她的分析師之間主要的客體關係型態，當然，也是她和原初客體的關係。

107

我會將一段分析的素材，分為三個階段。第一階段的特色是，她想與我融合的願望，這是為了否認她的需求，並且緩慢地為第二階段開路——當她能接受與我較長時間的分離、和更多的口語交流，但在這段期間她一再試圖摧毀自己的願望，並試圖變成一位「普通的」成年女性（出於無法忍受她的嫉羨感）。這裡有必要說，從這個觀點看來，或許能理解為何她和許多厭食症患者一樣，得在學業上有出色的成就，也就是在她身為孩子的範圍裡，達到她再也不能發揮作用的專業訓練水準。（我注意到，許多厭食症患者優異的學業成就，經常被解釋為患者順從父母的意願，而這很可能也是原因之一。）在第三階段，對於失落和死亡，這些曾被厭食的心智狀態防禦掉的焦慮，獲得釋放。

丹妮絲在二十多歲時來見我。從十幾歲起，她就明顯地厭食。丹妮絲來自說法語的國家，她在那裡求學，學習父母親的專業——建築學。當她的父親在倫敦履行合約時，丹妮絲剛從家鄉一家醫院的厭食症病房出院。丹妮絲並不想復學，和家人一同前來晤談。她入院時，體重大約四十公斤。住院期間體重增加到四十八公斤，但是出院後又再次快速下降。丹妮絲已經閉經許多年。搬到倫敦後，她的醫生安排她定期去一間教學醫院就診。幾個月之後，在醫生長期的建議下，她開始接受我的分析。那時，丹妮絲二十三歲。

在與我的第一次諮詢時，丹妮絲提早了十五分鐘到。她嬌小的像個孩子，令我十分驚訝。她穿燈芯絨長褲、襯衫和跑鞋，她的步態在我看來像男孩子。她頂著一頭蓬鬆凌亂的紅色捲髮、占了頭部很大的空間，對照她逐漸萎縮的身體，兩者比例不甚協調。她深不可測的臉龐，帶著一抹神祕而虛弱的微笑，讓我想起馬克思兄弟（Marx Brothers）裡的哈珀（Harpo）；這是在我發現她也近乎沉默不語之前。有趣的是，迄今唯一的一次，她拿自己類比為一位默劇演員——馬歇．馬叟（Marcel Marceau）——用來描述上一次療程裡的感覺，有一幕他假裝戴上一個永遠微笑的面具，但是他的臉斷斷續續地掙扎著去適應。

第一次的諮詢時，我請丹妮絲向我介紹她自己、並說明為什麼她前來見我。她沉默且緊繃，最終告訴我「這不會有用的。」108 她似乎在為到底要不要起身離開而苦苦掙扎。我試著鼓勵她說話，但她再次說：「這沒什麼意義。」我接著說，她正在呈現她的困難，帶她這裡見我的困難，也就是，她想要獲得協助，但是她很絕望，因為她無法讓任何人提供她需要的協助。她沉默半晌，最終說了：「這樣很丟臉。」像這樣，我們掙扎了許久，直到我安排給她的時間結束。然後，我說，我想幫助她理解她的困難，並且提供我有空的時間。（為了協助她，我得仰賴更傳統的精神醫療式諮詢，而這也是轉介她來接受精神分析的醫師已提供的）她說：「我覺得妳把時間留給別人比較好。」我說，她覺得她不值得這一切。她看來緊繃且沮喪。當她走出去時，她說她不想再來這裡了。我說，我認為她至少明天再來一次，我們可以更進一步討論。在那之後，丹妮絲持續前來，儘管有很長一段時間，我都不會理所當然地認為她會持續前來。幾個月之後，她對我說：「妳問我為什麼想來……**他們**覺得我是因為厭食症而來，我來是因為我不喜歡我自己、我做的事、我的想法。」

第一階段，有十八個月之久，丹妮絲幾乎不說話。在療程裡，她一般會提早到。當我去候診室接她時，她不會抬頭看我。一動也不動地躺在躺椅上，用手遮住臉，手指發青。她可以連續三次療程都保持完全沉默 。當她說話時，鮮少一次說超過三句話。她說話的內容非常簡短，常常模糊不清，甚至難以理解。她的語調也常令人困惑，以致於我不大確定她的情緒如何。通常，她不會回應我說的話。離開時，她不會看我、和我說再見。如果她生氣的話，她會摔門而去。

我認為，丹妮絲想與我融合，期待著她不用告訴我， 我就應該要知道她的事情，並且最重要的是，我應該要完全正確的理解。說話代表得承認，她需要從我這裡得到東西，而我有一些她沒有的東西。有一次，她說：「我說話，是一種很慷慨的行為，因為這會增加差異（她指的是在我和她之間）。」。使用文字，正好代表著承認兩個獨立的人之存在，他們得使用共通的語言去理解彼此，有時我會有一種我和她被埋在永恆沉默的墳墓之中的錯覺。丹妮絲經常使用「你」這個代名詞，來指涉她所感受或思考的東西，彷彿她和我是同一個人。

在一個她比較理會到某些退化性願望的階段，她抓著大毛衣的袖子、蹭著臉，就像個抓著安撫毛毯的孩子一樣。她用更極端的厭食來做回應。她告訴我，她想要有不吃任何東西的力量。她飢餓、腳底發寒、頭痛，但是她得證明自己是強壯的。她說，她只在有理由吃東西時才進食。如果她跟自己說，她得將體重維持在某個數字，那麼她就有一個正當理由吃東西，但是後來她覺得這是誘騙她吃東西的詭計，然後她就不吃了。我和她談，她很恨，為了活著，她得依賴別人和她自己以外的東西，並且很希望感覺到自己不需要任何人。她回應：「我可以跟自己說，為了活著妳需要某些東西或某個人， 吃吧！妳這個傻瓜，然後我想我只是在找藉口，所以就不能吃了。」

109

在稍後的療程中，談到她的父母如何評論她吃的一些食物，她說：「他們總是要指出，我不是永遠正確的，然後我就砸爛了一個杯子。」這讓我明白，如果不想讓她搞砸，我在點出她的進展時，我得非常委婉。有一次，她告訴我，一位她很欣賞的朋友在一趟考察行程中被殺害，實際上她欣賞的是，她不惜拒絕舒適和安全，去面臨死亡，甚至死亡也無法讓她背離崇高的理想。事實上，除了死亡，什麼都是不完美的。

丹妮絲從不告訴我，在週末或假期之間，她會做什麼、或她做了什麼，但治療兩年後，她卻描述了一個假期，詳細地傳達出自給自足的自大全能狀態、和那她退縮進入且融合的理想化的乳房：

兩年前的夏天，那時我在挪威，最後一週我們去了一個中間有座山丘的小島。那一整週，我們是那裡唯一的人。在森林裡開路，著實不易，但是棒極了。最後一晚，去睡覺時想著，我是唯一一個知道如何生存的人。二十四小時候我將返回倫敦，我將什麼也不能做了。

並且，在多數的假期之後，她都差點中斷治療。事實上，她中斷了在醫院與醫師進行的治療（醫師後來寫信給我時，我才發現）——這是與她的分析同時並進的「心理治療」。他寫道：她現在已經達到了接近目標體重的重量。

相當明顯地，丹妮絲沒有成功地堵住她的需求，相反地，她非常痛苦地感受著它們，並且極度難以忍耐這些需求被挫折。在某個非常罕見的情況裡，她遲到了，最後她終於說明了她被困在路上時的情形。一輛救護車過來，但是過不去：她非常緊張。她打開收音機、聲量太大，新聞上播的每件事都讓她更緊張（我假設她指的是災難與破壞）。她遲到了二十分鐘，並且在想……（她停住了）。她沒有告訴我她想了什麼，但是我猜想她沒說完的是，她現在到了這裡，她不明白為什麼她如此渴望到這裡來、或者她來這裡要做什麼。我想，她是在告訴我，有一部分的她極度迫切、著急著要到我這裡來，而這讓她在受挫時會有謀殺慾和憤怒，以及她處理這種情況的唯一方式就是什麼都不要。離開療程時，她說著：「現在，我得去面對妖魔鬼怪了。」她所描述的情境，也讓我想到，嬰兒太興奮時會無法吃奶。我想，這也說明了，為什麼她不讓自己獲得「乳房」。「我想要的太多了，如果我拿了，我會恨我自己。」有一天她這麼說。另一次，她讓我知道，在她的沉默之牆背後，她強烈的情緒：「基本上，我只有 110

一種情緒狀態，那是一種混雜著挫折與憎恨的感覺，它由恨、恐懼、顫慄組成，並且讓我只想崩潰。」

對於感受到有需求，丹妮絲處理的重要方式之一，就是把我視為苛刻且需索無度的人，這麼一來她就能夠挫折我並控制我。我得全神貫注於她說的一字一句、使勁聆聽她微弱的語調、當她一句話沒說完時被吊足胃口，或者當她在三十分鐘的沉默後終於說出三個字、但我沒聽清楚或無法理解、而且她不會再說一次或更進一步的說明時，我會覺得我錯過了一個能讓一切清晰的事情！她嚴格地控制我的「進食」，所以我常態性地被留在沒吃飽的狀態，但也透過這個方式，她能夠控制我對她的回應。在受盡剝奪後，她終於說了什麼時，會加大我的快樂與興奮，如同她曾告訴我的，她會透過先挨餓，來增加進食帶來的愉悅。

我也驚訝地注意到，某種她和我得競爭資源的感覺。療程裡，有個不尋常的節奏：長長的沉默……我會說一些簡短的話……長長的沉默……她會說些簡短的話……長長的沉默……我會再次說話，等等。那彷彿是我和她得輪流，且不相上下的。她不會給我多於我給她的。這像是在競爭著，我倆之間誰才是比較匱乏的、或是更值得被滿足的。有天，她被咕嚕作響的肚子惹惱，我抓住這個片刻說，她沒有提到是我的肚子先咕嚕作響（我想是因為餓了）。她說：「我自己在想『這回我可以打敗妳』。」另一次，我點出，某些部分的我、和她，都被她看成是從未被滿足的嬰兒，她回應：「我在想，哪個貪婪的寶寶才值得被餵食呢？」

丹妮絲也想證明，說話只是為了我的需求：「如果我從不說話呢？我想那樣，妳就會告訴我，我得說話。」這也與丹妮絲想把我看作一位貪得無厭、苛刻、從不滿意的父母有關。當然，這確實是留存於她之內的內在父母的樣貌，具有非常貪婪、從未滿足的嬰兒特質。有次她告訴我，她在為一位女性做貼壁紙的工作，這是項不可能的任務，不可能的原因是沒有足夠的壁紙，但是那位女性告訴她，無論如何她都得完成。同時，這位女性的母親正在臨終之際，丹妮絲滿懷厭惡、憂慮和恐懼。我認為，她描述的是，在面對這樣一個殘忍的、苛刻的她自己時，她有多擔心她活不下來，如同她覺得我也活不下去一樣。

我也覺得丹妮絲想讓我經歷一些帶有希望的事情、再將之摧毀（似乎，在處理厭食症患者的過程中，失望是一種常見的感受）。有一天，我體會到一個相似的、特別劇烈的感受。當時，我正在跟她說話，我突然抬起頭來，看到她的手放在頭上，手臂遮著耳朵，有一刻，我體會到強烈的恐慌、失措，當我意識到我以為她本來有在聽，但卻發現她是「聾的」，我的言語落入了虛無。我思忖，她在多大的程度上向我傳達了，當她期待著聯繫時，卻突然且徹底地感到孤獨的經驗，而且這如何讓她渴望自給自足，或是渴望與所愛的人合而為一。但即使是孤獨，也意味著有另一人的存在，而在那一刻，我覺得我的分析師身分、或者甚至是我的存在遭遇著威脅，而這也許就是丹妮絲透過厭食在尋找的身分認同感和自體。

儘管，丹妮絲想無需多解釋、我就能完全地了解她，並希望與我融為一體。但當我真的理解她時，她也極度覺得被侵擾，帶著強烈的不甘願，她會讓我知道我說對了。一旦我對她說的事情發表意見，她會回嘴說：「噢！我這樣說只是想要讓事情更難懂。」我認為，丹妮絲保有一個大祕密是為了要羞辱我，同時也去維護她作為獨立個體的認同感。她找不到一個接受的方式，來讓自己找到自體感。接受，對她來說，代表著被占領，和心理上被殲滅。

第二階段的種子漸漸播下。丹妮絲開始能認知到她作為獨立的人、對我的依賴：「我以前可以不在乎，但是現在行不通了，我昨天說我想要大家別煩我，就是這個意思。」

相比於過去用「你」來指涉她自己的想法，丹妮絲現在使用「我」，並更直接的對我說話。這讓我立刻想到，我和她之間更加的分化與更強的親密感。她現在可以讓我知道，她有多想來見我。整個療程的節奏改變了。在一個典型的療程中，她會在短暫的沉默後開始說話。她先說一些事情，再等我說話，如果我沒說話，她會繼續說。我的反移情也改變了。儘管丹妮絲仍偶而威脅要中斷治療，並且在假期過後很有可能成真，我卻開始比較少擔心她會中斷治療。我不再覺得手上有個脆弱的寶寶，必須仰賴著我完美的照顧與理解才能生存。同時，我注意到，我也變得對她的沉默較沒耐心，在沉默時，較不能（或不願意）聆聽和閱讀非語言溝通。我現在對她有更多期待。

112

丹妮絲再也沒有復學，她多次重複令她極度痛苦的埋怨：她不知道該做什麼好。（很多年後，她告訴我，在分析的早期，她每天都會花很多個小時做運動。）然而，在分析快滿十八個月時，在我不知情的狀況下，丹妮絲帶著想成為法語老師的想法，申請了研究所、並且被錄取了。直到幾個月後，療程與上學時間即將產生衝突時，她才告訴我。她費了很大力氣才說出口，儘管她深信我會嘲笑她的自以為是。

丹妮絲開始上課後，發現這對她來說太困難了。她面對的困難，可能也是導致她最初學業中斷的原因。從第一天開始，她就想放棄，到最後才明白她只是不確定自己是否能夠堅持到底。如同在分析開始前我的猜想，我覺得讓她不要破壞它的壓力落在我身上，而這是令人無比疲倦、沮喪且重複的負擔。我告訴她，她給我的選項是：要不是把我變成老媽子，被她激怒，教訓她去動手做些事，但這會惹怒她、並且想停掉所有事情；或者把我變成過度寵溺的母親，說著只要她不想做、也沒關係，但這麼一來，她會覺得我不關心她。這似乎讓事情暫時緩解了。

在努力完成課程後，下一個問題是找工作，更確切地說是接受一份工作，因為丹妮絲顯然不難找到工作。她會像是鬆了口氣般，說她那份工作沒錄取，但仔細觀察會發現，當對方問她能不能勝任時，她會說不行；或者是問她如果錄取會不會來上班，她也會說不（然後被告知本來是要錄取她的）。當然，一部分是因為對丹妮絲來說，意識到自己想要一些東西是很困難的，但也是因為沒有哪份工作是合適的工作。比方說：她不想教「有錢人家的」小孩，因為她想彌補她自身擁有過的優渥教育。

她最後接受了一份工作，並且再次地證明這對她來說有多難。丹妮絲在學生身上看到，她對於被教和被協助有多憎恨。「我不喜歡教書，至少，如果你是被教的那個，你還能趕老師走。我不想教那些不想被教的人。」她發現站在講台上極為痛苦，覺得被看著和批評著。丹妮絲也恨極了當個新手、會犯錯，不能直接變成資深老師。她深信，這對其他老師來說要容易得多了，並且她覺得她無法得到協助。她覺得她不足以勝任這份工作，但同時，這種工作也不夠「好」（也就是，值得讓她覺得她這麼糟糕）。 113

這是一個熟悉的主題，如同我們常見到的，丹妮絲覺得唯有抹滅過去才是能忍受的，並且能將她從巨大的罪惡感中釋放出來。她覺得沒什麼值得去做，因為那從不可能好到足以彌補她過去表現出的惡意與頑強，她也覺得做這些事沒有意義，因為她知道在不久的將來這些都會被她給毀掉。

丹妮絲受不了被定義為一名教師，或是說，其他任何東西。她想要覺得她擁有無限可能。她想要與眾不同、獨一無二。我認為，她在療程中保留的祕密，也與此點有關。如果她清楚地告訴我她的想法，那麼她會成為一位「普通的」患者，我將會知道她的想法很一般。

儘管丹妮絲恨透了什麼都不做，但越來越清楚的是，現在她在與我的療程中、也在外在的生活裡都「做了一些事情」。她覺得她更直接的與我和其他人競爭，並且無法忍受自己不是最棒的。她覺得她缺少了威嚴和魅力，那些她認為能讓學生聽話、學習的能力，而她認為我擁有這些能力，所以能讓她工作。接下來的片段將描繪出此點：

在這次療程中，丹妮絲談到老師們召開安全會議的情況。每件事都很危險，然後她感到一陣恐慌。她說到她不喜歡教學（我想是因為那很「危險」），接著說，她只能跟自己說明天不去了（直到最後一刻），才能撐過來。我說，她被自己想要殺死那些孩子的願望嚇壞了，因為這些孩子讓她不好過。

令我驚訝的是，她接著告訴我一個夢（這是三年的分析以來的第一次）。

那裡有一個蜷縮著的孩子，我踩上去，並且殺了它。它大叫著，而我踩上去。它如果沒有叫，它就是死了。它在叫時，是那麼的棘手，殺了它，卻是那麼簡單。

後來，她把殺掉它的想法換成，它化為烏有。她繼續說：

今天早上，我在教一年級，他們抄寫一段話，然後我意識到還有五十分鐘，而我卻不知道該做些什麼。這種狀況下，我開始寫「完了，完了」，逆著寫，這樣就沒有人能讀懂。

她覺得學生在嘲笑她的法國口音。我認為，她在告訴我，她有多恨她體內那個大吼大叫的孩子、她能輕易地扼殺它，或者用這種方式讓我「讀」不懂她的想法。她似乎也在暗指著一種恐懼，隨著她的成熟，需索無度的一年級小孩會漸漸萎縮，會被完全遺忘，特別是，她覺得，她要不就是那個全然尖叫的嬰兒，否則她就得為了像成人般運作，而全然地壓制這個嬰兒。 114

我真正想說明的是，在告訴我這個夢之後，她的強烈反應。她幾乎要放棄她的工作（或許也包括分析），因為她覺得非常赤裸（在學生面前）——事實上，她沒有去上班，也不確定她還回不回得去。週末結束後，她帶著較為狂燥的情緒來到療程中，並告訴我她去參加了障礙競賽，穿越河流，儘管她是最嬌小的，但（在一群男人之中）她如何不落下風，而團體中唯一比她還快的是個超過六英呎的高個兒。接下來的兩次療程，她幾乎、甚至完全沉默，第三次療程，她說：「我在想，如果沒有任何人可以讓我去上班，當然他們不能，那會怎麼樣。」那時，我才看得更清楚，她想證明我沒辦法讓她工作，並且出乎意料地，是在她發現她自己竟然在「工作」，透過告訴我她的夢境。我說，她發現我能讓她工作、她卻不能讓她的學生學習，這讓她恨透了教學，並且想放棄，障礙競賽讓她神采飛揚，不僅是因為她做得很好，也是因為她覺得在那個領域，她不需要和我競爭。

隔天，她回來時說，很幸運地，她當天回去上班了，而且一切並沒有那麼糟糕。接著她告訴我，她無法管理好的那些課程，但是她還沒有告訴任何人。她說她不想只是讓學生聽寫，而想嘗試比較不傳統的方法，但是一些六年級的學生已經跟校長投訴了。我談到，和我在這裡時，她多渴望能自由一些，特別是，能告訴我夢境，但是那麼一來，另一部分的她會前來破壞一切，並且重建秩序與控制感。也許這和她談到六年級學生有關，年紀最「大」的那一面的她，是最有可能與我競爭的。在此之後，她帶著強烈的羞愧告訴我，在工作時她覺得自己是在「偽裝」，她只是「假裝是老師」，而很明顯地，她就像個孩子。我回應，她想繼續當個孩子，並且也覺得我會因為她想要和我一樣而嘲笑她。她說：「但就是這樣，這怎麼可能，我落後在好幾千里之外，很可笑……不管怎麼說，我一點也不想當老師。」

此刻，我應該提到，曾經有一次她讓我知道，她在來見我之前換了衣服（儘管她沒有先回家），因為她覺得讓我見到她成熟女性的那面，讓她非常不自在。「我被學校裡的女孩子赤裸裸地談性嚇壞了……但這不代表我想和她們一樣。」那刻，她和我說，並且也是第一次，她告訴我她的閉經問題。也是分析以來第一次，她告訴我她有一位男朋友，這段關係「差不多和我來這裡

一樣久」。但是，對她來說，要讓我看見較成熟的她，仍然非常困難（六年級學生想要被當個小孩來對待）。 115

因為覺得落後在「千里之外」，而讓她破壞性地攻擊自己想成為母親般、成熟女性的願望，和與此同時發生的，對她（和對我，當我被視為母親時）的嘲弄，讓我想起每回她將可愛的紅捲髮剪成非常短、剛硬、男孩樣的髮型時，帶給我的強烈反移情——讓我感覺到一種直接，幾乎像是身體上的攻擊。

在這個片段之後的幾個月內。我剛才提到的，丹妮絲有天告訴我，她是這麼說的：

> 差不多是上個月發生了一些奇怪的事情，我甚至沒有注意到——我的體重增加了，超出了我的想像，不知道妳有沒有注意到，但是我甚至沒有意識到：當你以前滿腦子都是這個東西，反而要花時間適應它。實在很不一樣，我不知道怎麼接受它。

她也告訴我，她會期待吃東西，進食並且感到滿足，這件事她能「把它做對」。她也提到，人生首次，她開始享受和他人相處。

不過，丹妮絲仍然在與嫉羨的感覺奮戰。「我和妳之間的差異，讓我覺得我不夠好。」她說。並且，她恨她的工作， 因為她不覺得她能勝任教職。對丹妮絲來說，很難接受她可能想成為和我一樣的普通成年女性。「我想對重要的事情堅持不尋常的想法」，她說，我猜想，是暗指著她自大全能、自給自足的願望，和對成人世界的嘲弄。

> 它仍然會一閃而過，我知道那不是真的，但是它仍會閃過，如果我不吃，每件事就會好好的，但是如果我吃，它就會變糟……最糟的是，我知道它在退步。

我認為，她也談到一個想法，也就是如果她不接收我給的或向我學習，那麼她就不用需要我、也不用與我比較。

我將描述的第三個階段是在分析的第四年，丹妮絲越來越能忍受對我的強烈需求和依賴。某日，她相當中肯地告訴我，不要感到失望的方法，就是讓自己什麼都不要想要，但這樣做的問題是，它會讓她在得到想要的東西時，得不到好的感覺，然而冒個險是值得的。當然，她並非總是這樣的，就像她的厭食所生動傳達出來的——在另一次她告訴我的「我吞不下的想法是，我所企求的是被照顧、並拋下所有的責任。」儘管丹妮絲確實表明她有多想被愛、被照料，我也開始理解到，她重複敘說著，她永遠不會（在職業生涯裡）做任何有價值的事，或許和她害怕對我來說她永遠不會有價值有關。這會是另一種羞辱和嫉羨的來源，那意味著，她知道，對她來說，我是有價值的。

116

能夠認知到，她有多需要我，丹妮絲再也不能逃避面對一種新的焦慮，也就是在第三階段裡所形成的主軸：「如果妳想要某樣東西，但那個東西沒有了，該怎麼辦？」她問。一開始，這透過她在思考著要是有一天不再來見我了，她要怎麼過日子，呈現出來。她不明白，明知有一天她將不再前來，還繼續來治療有什麼意思。她表示，週末是不一樣的，因為這樣她會期待著回來。我說這「表示」，因為還有很多時間，所以可以由我來決定是否要破解一些相當難解之謎。然而，相當清楚地，她說：

「有一天，當我不再來以後，我對妳的感覺、和妳對我的感覺都會死掉。」此刻，我們更靠近她心中浮現的、非常令人恐懼的擔憂——我會死掉，這是她努力地不要去想的事。當我把這些說出來，她說她整個下午都很恨我觸碰到這條敏感神經、並且丟給她自己面對。最後她說：「如果沒了吉姆，我會死掉。」

我想她是在告訴我，她感覺到，如果沒有我，她會餓死。接著我說，我想她的厭食是一種控制挨餓或不挨餓的方式。（我認為目的不是要死掉，而是要透過自大全能、自給自足的幻想來擺脫死亡。）下一次療程，丹妮絲告訴我，她無法像以前那樣有效地切斷自己的情感，「但是，妳要怎麼感覺到那些，那些可能的災難、剝奪，並仍然可以繼續下去？」這不僅只是一個反問句，因為丹妮絲是真的想知道我怎麼處理這些難題；是否我得透過否認死亡的可能性才能「活下去」。

丹妮絲仍在用的、靠自己處理此問題的方式之一，就是投入高度危險的運動中。「感到害怕讓我覺得很弱，」她對我說，再一次試著去證明，她不會被她的身體需求或特徵限制住。就像不吃東西，我認為，丹妮絲想要用這種方式證明她能超越她的身體，以此證明她的不死。

差不多這時，丹妮絲因為和男友共度連續假期，以及隨後的學校旅遊，預計會錯過一週半的療程。在這段時間裡，有一天我在答錄機上收到一則留言，說她隔天想要來赴約療程，如果不行的話，希望我回電給她。隔天她來的時候，她說，她以為我會打電話跟她說她不能來，但是當我沒有這麼做時，她深信我一定是發生了什麼不好的事。這次療程後，她去了學校旅行，回來後的幾個療程之後，她這麼告訴我：她的男朋友，下午的時候出去，

卻沒有按照預期的回來。整個晚上，她不斷打盹又醒來，發現他

117 還是沒有回來。她變得非常擔心，因為她知道如果他沒有打算回家，他會先打電話的。那天早上一早，她做了這個夢：

> 這個小女孩正在做體檢，而女醫師，我不確定她是醫師還是別的，正在發表評論。她指著她身體上的一個痣，然後指著頭上的兩個腫包；這兩者的關聯，一下子變得清晰，它們是惡性腫瘤，並且是令人緊張且無法避免的。但是，突然間，那個女人說，她沒有問題。緊張和鬆一口氣的感覺，好像太多了。

隔天丹妮絲發現，她的男朋友試著打電話告訴她、他不會回家，但是她沒有接到電話。我認為，在這場夢裡，丹妮絲描繪出沒有來分析時，發生在她內心深處的惡性歷程，也是當男友出門時，她覺得他出車禍了，這種無法被反證（我的歸來、他的來電）打斷的歷程，造成了丹妮絲對內在客體的絕望感，並且覺得沒有一件她能做得夠「好」的事。兩個腫包，我認為（但沒說出口）指的是他的男友和我，兩位父母，和兩顆乳房。在夢裡，挽回絕望的唯一方式，是透過神奇的歷程，讓一切最終都好好的。事實上，儘管有這樣的結局，這個夢並沒有令人安心。我認為，這個夢也談到一種感覺，也就是我盤問她：在我們沒見面期間，她都想些什麼，並試著透露她無所不在的壞、破壞性的想法。幾次見面以後她說：「我在想，如果沒有想像力這種老是讓人得意忘形的東西的話，那會是什麼感覺。」讓我知道她的沉默和缺少夢境的背後，藏著不同的故事。

這讓我能夠和丹妮絲談論她的困難，直接指出她被寵壞的部分，整體來說，這個部分的她還未被她意識到。這是一個我一直小心以對的領域，因為她的價值感已滿是傷痕，以至於她對我的評論非常敏感，容易覺得冷淡且嚴苛。

現在，丹妮絲比較能承受嫉羨之感，不再那麼需要蔑視她所渴望的，在分析中和生活中，她也有顯著的進展，一些其他浮現的議題也解釋了，為什麼她得讓自己維持在青春期之前的兒童狀態。

暑假過後，丹妮絲對她的工作充滿負面情緒，說著，如果大家知道工作帶給她什麼感受的話，他們一定不會讓她繼續做。她不適合這份工作，她說，而她得做些什麼來另謀高就。有一陣子，她幾乎要說服我了，但最終，我回應這是她要告訴我，我完全不了解對她來說來見我有多丟臉，讓她覺得有多不適任，因為如果我懂的話，我就不會逼她來面對這些感覺了。

下次療程她帶著很不一樣的情緒前來，說著，她已經準備好 118 開始工作了，也覺得開心許多。下一次療程，是在她回去工作後的第一天。她穿了一條裙子，並說她受夠了得在來分析前換衣服。她也說，讓她很驚訝的是，那天蠻順利的。她能態度堅定地面對學生，定調她對他們的期待。她說，有必要讓他們覺得這份工作是重要的。下一週，丹妮絲說，一切很不一樣，當她不再覺得自己不適任之後一切都不一樣了。但接著，丹妮絲出現了妄想般的信念，相信她傷害了我、她讓我不高興，這讓她變得緊張，求我告訴她她哪裡做錯了，如果傷害了我那就不值得了。

這樣看來，丹妮絲覺得她變成熟的方式僅有透過生硬地從我身上奪走一部分給她自己，而這導致了迫害式的焦慮、並且害怕失去所愛。在這之後很快地，當丹妮絲的生理期在停止多年以後初次來潮，她也患上婦科疾病，讓她得做檢查，並且深信她得接受重大手術並移除器官。彷彿說著，我和她之間，只能有一位成年女性。這麼一來，我們可以說，透過停止她的生理成熟——在幻想中使時間暫停——她在保護她的母親和她自己，免於毀滅與死亡。

作為結語，我想說神經性厭食症不僅只是一種論身體重量的心理意義的疾病、或是與食物的關係出了問題的疾病而已。它帶著殲滅人類存在之本質的企圖——失衡、失序的生命週期推展、死亡。我認為這種狀態的因素之一，源自於象徵化的障礙，也就是缺乏與原初客體的「過渡空間」有關。

我描述了丹妮絲是如何透過病症，致力於避免競爭——她攻擊自己想要變得像所仰慕和嚮往的分析師般，成為女性、有性能力的父母、或令人敬畏的老師的願望——當她否認了情感和身體的需求，也是在企圖去掌握死亡以及幻想著自己的不死永存。她想要「不一樣」，避免比較競爭，但不僅於此，她想要找到一種「不同於」既有的人類存活的狀態。這在這段現在仍進行中的分析裡，留下了許多未解的謎團，特別是究竟是什麼樣的心理與關係，能夠醞釀出這般劇烈的現實扭曲。

總結

本章中，我從一位厭食症患者與母親融合的渴望和恐懼的角度，探論了神經性厭食症。我描述了一些被此種融合狀態抵禦的情感、和其後果，特別是缺乏「過渡空間」，及其對心智發展的

119

影響。

透過描述一段與厭食症患者行進中的分析中頭四年的工作，我得出結論：厭食症帶有殲滅人類存在之本質的企圖——失衡、失序的生命週期推展、死亡。

參考文獻

Bene, A. (1973) 'Transference patterns in a case of anorexia nervosa' (unpublished).

Berlin, I. N. *et al*. (1951) 'Adolescent alternation of anorexia and obesity', *Amer. J. Orthopsychiat*. 21: 387–419.

Boris, H. (1984) 'The problem of anorexia nervosa', *Int. J. psychoanal*. 65:315–322.

Bruch, H. (1974) *Eating Disorders, Obesity, Anorexia Nervosa and the Person Within*, London: Routledge and Kegan Paul.

Crisp, A. (1973) 'Primary anorexia nervosa or adolescent weight phobia' (unpublished).

Falstein, E. I., Feinstein, S. C. and Judas, I. (1956) 'Anorexia in the male child', *Amer. J. Orthopsychiat*. 26: 751–772.

Freud, S. (895) 'Extracts from the Fliess Papers: *Draft* G,' *S.E.* 1.

Glasser, M. (1979) 'Some aspects of the role of aggression in the perversions', in *Sexual Deviation*, ed. I. Rosen, Oxford: Oxford University Press, pp. 278–305.

Grunberger, B. (1964) 'Outline for a study of narcissism in female sexuality', in *Female Sexuality*, ed. J. Chasseguet-Smirgel, London: Virago, 1981, pp. 68–83.

Hughes, A., Furgiuele, P. and Bianco, M. (1985) 'Aspects of anorexia nervosa in the therapy of two adolescents', *J. Child Psychother.* 11 (1): 17–32.

Jessner, J. and Abse, D. W. (1960) 'Regressive forces in anorexia nervosa', *Brit. J. Med. Psychol*. 33: 301–312.

Kestemberg, E., Kestemberg, J. and Decobert, S. (1972) *La Faim et le Corps*, Paris: PUF.

Lacan, J. (1977) *Ecrits*, London: Tavistock.

Menzies-Lyth, I. Personal communication.

Minuchin, S., Rosman, B. and Baker, L. (1978) *Psychosomatic Families: Anorexia Nervosa in Context*, New York: Harvard University Press.

Palazzoli, S. (1978) *Self Starvation in the Treatment of Anorexia Nervosa*, New York: Jason Aronson.

Piaget, J. (1954) *The Construction of Reality in the Child*, New York: Basic Books.

Segal, H. (1957) 'Notes on symbol formation', in *The Work of Hanna Segal*, New York: Jason Aronson, 1981, pp. 49–65.

Sohn, L. (1985) 'Anorexic and bulimic states of mind in the psychoanalytic treatment of anorexic/bulimic patients and psychotic patients', *Psychoanal. Psychother.* 1: 49–56.

Sours, J. (1974) 'The anorexia nervosa syndrome', *Int. J. Psychoanal*. 55: 567–576.

Spillius, E. (1973) 'Anorexia in analysis' (unpublished).

Sprince, M. (1984) 'Early psychic disturbances in anorexic and bulimic patients as reflected in the psychoanalytical process', *J. Child Psychother.* 10: 199–215.
Tustin, F. (1984) 'Autistic shapes', Meeting of the Applied Section of the British Psycho-Analytical Society, 25 January 1984.
Weinreich, P., Harris, P. and Doherty, L. (1985) 'Empirical assessment of identity syndromes in anorexia and bulimia nervosa', *J. Psychiat. Res.* 19: 297–302.
Winnicott, D. W. (1971) *Playing and Reality*, London: Tavistock.

第二部
生育過程中早期表徵的再次復甦

【第二部】導言 123

瓊・拉斐爾-勒夫（Joan Raphael-Leff）
國際精神分析學會女性與精神分析委員會創會主席

我們都在母親的子宮裡展開生命，但是，唯有女人有能力在自己身體的內在空間中，再造她的源起。無可避免地，生育聚焦在人類必經的妊娠、出生、成長、失序與死亡的過程。懷孕這種專屬於女性的經驗，將女性直接帶入一種矛盾的經驗中，既是她自身的，同時又是一種重複；是原始的、永恆的、普遍的體驗，又具有強烈的個體性、主觀性、時間性與文化特異性。此外，對於在現實生活中活出內在生活的女人來說，懷著自己的孩子，就像母親懷孕的身體孕育著她自己和她的手足那樣，無可避免地，受孕會重啟童年時對母親的身體如何運作、裝些什麼等身體之謎的關注：寶寶是如何產生、由何而來等生殖之謎；對自己容納、維持、保護與養育的能力，以及自己是否有權保有嬰兒感到焦慮。於此同時引發了性別差異、創造力與破壞性之間的古老衝突等議題，此外與代際的生命力、父母權力有關的困惑、敬畏、憤怒、嫉羡與嫉妒感等久遠的感受也會再度復甦。

梅蘭妮・克萊恩（1928）認為，一種女性獨有的、對內在受損的焦慮，源自於擔憂有生育力的母親，會因為生育能力遭到嫉羡攻擊而進行報復。臨床經驗顯示，當受孕成為難題，或是準父母被診斷為不容易受孕時，這種焦慮很常再度活化。茱蒂絲・凱斯登堡（Judith Kestenberg, 1956）也將注意力集中在身體內部，亦即女性的「內在性器」衝動，這種衝動在幼兒期、早期與母親的互動中外化，並在成年期、懷孕的過程中重獲新生、再度整合。

我曾在其他的文章中（1991, 1993），把懷孕的子宮比喻成沸騰的大鍋，是父母幻想與投射的容器，潛意識會跨越世代傳遞，而當小生命在裡頭誕生，被整合到心智世界裡時，便會被居住其中的內在人物的精神樣貌給填滿。因此，每位寶寶都是出生在一個充滿幻想的大千世界，受到各種家庭成員的內在人物象徵、以及投射的影響。

124

我們可以將懷孕比喻成一個發展階段（Benedek, 1959），隨著過度投注於先前不受關注的內在生殖器結構（Kestenberg, 1981），帶來防衛機制的鬆動、心智重組與再整合的機會（Kestenberg, 1976）。研究過生育之情感面向的分析師都強調童年願望的再活化、激起**新的**成長同時，從而能夠認同古早的母親，但又要與之分化（Deutsch, 1944; Pines, 1990）。佛洛伊德認為生孩子的願望，源自陰莖嫉羨，始自伊底帕斯情結與補償（1933），是一連串的亂倫願望造成受孕的心因性障礙。其他的障礙成因，則與對偉大的、有生育能力的母親的過度認同、虧欠或競爭性對抗有關。

研究妊娠的精神分析取向學者發現，殘存的、未解決的衝突，與早期的關係、母親身分認同的衝突有關，會在懷孕期間表現為退化式的改變、焦慮、過度敏感、強烈的防衛、神奇的思考，以及增加的依賴（Bibring 等，1961；Breen，1974；Raphael-Leff，1980）。在懷孕期間、和嬰兒的發展達到父母自身困難的節骨眼時，這些復甦的議題會再度爆發（Benedek, 1959），接下來，這些問題會被孩子無意識地內攝而入，往往會轉而在他們自己的育兒過程中再度活化。重溫了嬰兒般原始而無助、苦樂參半的經驗，育兒提供了無數機會，讓人們以具體的方式演出內在的劇場，並參與帶有補償性質或遲來的報復的互動，也提供了良性修復的機會。若當前的互動蒙上了「育嬰室的幽魂（ghosts in the nursery）」的陰影（Fraiberg 等，1975），那麼治療性介入能幫助人們辨識出屬於自己的部分，並將自己的早年經驗與育兒的經歷連結。

我認為，產後對女性來說壓力特別大，因為頭幾個月主宰生活的是無眠的耗竭、賀爾蒙波動，以及無情地、沒日沒夜地暴露在嬰兒的原始情緒中。此外，她還得不停的、直接接觸原始物質的氣味、感受與觸碰。在她們毫無遮掩的直接了當、自我－他人的相互穿透、排出的身體物質，如羊水、惡露、奶水、糞便、尿液、口水、黏液、眼淚、血液、汗水等之中，引爆了照顧者自身嬰兒期的、潛伏的感官記憶（1989）。

自身脆弱的時候，又必須為一個纖細依賴的他人負全責的情況下，千萬不可低估重新活化的情緒所帶來的影響。反之，考量到西方社會產後症候群的普遍盛行與變異（百分之五十以上的新手媽媽都受某些類型的痛苦折磨），我認為，這不應該視為單一個案，也不該歸咎於單一因素。明確描述產後反應的許多種形式（例如躁狂、共生、憂鬱、妄想、強迫、受迫害或躁鬱）似乎有所幫助，並**將女性產後的心智狀態視為受多重因素交叉影響的功能**，這些因素可能是重新觸發的、現下和／或反覆發生的、內心的、人際之間、社會經濟等，無所不在，但對每一位女性、每一次生產來說都是獨一無二的。此外，在我的臨床經驗中，家族史

125

中的產期前後併發症使得女性更容易受到產後憂鬱的影響，產後憂鬱會加速惡化，是因為女性必須面對自己在潛意識表徵裡對嬰兒的幻想——這種幻想會被添上她投射的理想化、或被被詆毀的嬰兒自體和母親意象，並遇上了以下兩種情況所帶來的落差，這兩種情況是：一方面是意識中對為母之道的期許、另一方面是分娩、母職和與真正的寶寶相會的獨特經驗（1985）。

在產期前後的精神分析治療

有鑑於生產期間更容易觸及先前存在的模式、和獨特的心智可滲透狀態，在產前和／或產後的精神分析治療通常卓有成效；當然，也有風險。隨著診療室裡不受侵擾的兩人關係，漸漸地納入另一個生命，不知不覺地，分析師被捲入心智現實的強大引力之中；此引力在逐漸隆起的肚皮呈現出來，也顯見於母親和寶寶的互動之中。她可能會陷入對兩位案主（準媽媽和胎兒）相互矛盾地負責任的境地，或是夾在兩位寶寶之間，不知該忠於誰，必須在患者的寶寶－自體，以及在躺椅上女人的身體或懷裡、以肉眼可見的方式成長的寶寶，這兩者之間梳理自己的困惑。在分析歷程中，懷孕的患者經常呈現出顯著的變化：夢境生動、情緒擺盪、神奇思想、她們更能找到進入潛意識素材的縫隙。在亂流的衝擊下，分析師可能會發現自己在面對這種毫不掩飾的潛意識素材、原始幻想、和界線瓦解的公然呈現時，因為懷孕患者的自我完整性而嚇得目瞪口呆。事實上，一些治療師誤將這些發作與災難性的精神病性發作混為一談，甚且過度驚慌失措。

也就是說，除非母親能夠從再度活化的脆弱情感中放過自己，否則嬰兒赤裸裸的情緒對母親來說，勢必會對她成人心智的穩定性造成巨大威脅，使她自體內的匱乏、貪婪、虛弱或情緒狂野等面向再度甦醒。在產期前後的臨床情境下，這些尚未成熟的經驗導致許多女性患者失去自體和身體的凝聚力，並且經常短暫地退化到以感官為主的非象徵作用（asymbolic impressions），126 和明顯的身心症狀等激躁狀態，並在反移情之中迴響。在再度甦醒的這段時期，準媽媽或新手媽媽會投射出特別強大的移情「植入體」，強烈地誘使分析師感覺自己是理想化的助人者、全能自大，或悲觀、無助，或是過度強大的存在。這些情緒壓力需要小心地自我審查，因為有時候，它們可能會與治療師已有的反移情傾向「相互配合」，從而難以分別患者的煽動與她自己的認同（與祖母、母親、或寶寶），也難以區辨是自身無可避免的、復活的嫉羨，還是因同理脆弱的女性和／或她的胎兒／寶寶，而想滿足或保護才形成的動力。

最後，正如本書序所指出，專屬於女性分析師的經歷是，在與患者工作的期間自己懷孕了。外在現實闖入診療室的影響之一，是每位患者最重要的嬰兒期衝突會再度被喚醒，相較於精神官能症患者，邊緣性患者會更快覺察，反應也更強烈（Lax, 1969）。雖然這加劇了移情和反移情的議題，但多數的治療師都將自己的懷孕視為促進患者成長的動力，包括：憶起遭潛抑的素材、重新體驗分離的恐懼、伊底帕斯排除，以及希望嬰兒死亡的願望（Penn, 1986）。其他常見的表現有憤怒、對有生產力的女性或胎兒嫉羨、性好奇、手足競爭等（Raphael-Leff, 1980, 1993; Bassen, 1988; Lazar, 1990）；認同一位全能、神奇的母親（Mariotti, 1993），和反移情效應，例如：害怕患者的攻擊、對治療行程的中斷感到愧咎（Etchegoyen, 1993）。目前已知，男女患者會有不同的反應，男性在移情裡的性會增加，女性則有較多的悲傷、嫉羨與伊底帕斯競爭反應（Nadelson et al., 1974）。

以分析師與患者同時懷孕為主題的「雙重」懷孕的文獻幾乎沒有。在我和一位、或一群懷孕的女性工作的經驗裡，分析師在聆聽時技巧上會感到額外的張力，她可能會試圖自省，或者，保護自己免於懷孕患者的焦慮或競爭，也可能想保護她的胎兒免受療程中表達出的原始情緒影響（Raphael-Leff, 1993）。

產後的治療，可能是在懷孕期間開始、或先前就開始的治療的延續。在這段期間，不會有新生兒的母親將那些因孩子存在而喚醒的情緒亂流視為自身的嬰兒期議題，因而尋求治療協助。如同本書的章節所闡明，產期前後的精神分析有自身的力量，因為問題會在患者與分析師之間、患者與寶寶之間、患者與母親之間、分析師與寶寶之間等多個領域來回震盪。

127 章節簡介

設定好背景之後，我們從迪諾拉・派因斯（Dinora Pines）的文章開始第二部，多年來，她的「身體」工作著重在潛意識中女性使用身體來表達情感上佔據心思的事，也是一種原始焦慮、衝突的表達方式，這些都會在懷孕期間再度浮現，並以傾向終止懷孕或墮胎的方式表現出來（Pines, 1993）。在第七章，她探討了女性與母親「分離－個體化的終生任務」中，懷孕作為發展階段的地位。探索孕婦經歷的雙重認同，無論是賦予自己生命的母親、還是體內成長的胎兒，如同她在母親體內成長；迪諾拉也談到想要有孩子的嬰兒式願望，並且將想要懷孕、想要成為母親的願望這兩者區別開來。她不斷強調懷孕具有三個世代的面向，第二部的每位作者皆重複暗指此一主題，追溯三個世代、有時是四個世代，甚或更多世代累積下來的，對此時此刻父母與子女互動造成的影響，並反映在移情的各種排列中。

而於下一章中，葆拉．馬里奧蒂（Paola Mariotti）探討了將生育視為一個人的事，並防禦性地使用這種根深柢固的潛意識幻想，以及這些幻想不僅對懷孕與母職產生影響，也影響到女性的關係、和作為一位能思考的人的身分認同。為了輔助臨床片段，她追溯了人類學與歷史神話的思路，馬里奧蒂帶來「A 太太」的寶寶十個月大時，與她工作的詳細素材，以說明單親幻想對母嬰關係的影響。此外，她討論自己對移情元素的反移情經驗，這呼應了患者對理想化母親意象的模仿性認同。這類型的認同，著重的是一模一樣，只允許重複，而不允許自發、真實的創造性反應，既是其所描述的原初獨佔式的母女關係典型，也是患者當下照顧自己孩子的經驗之典型。一旦看見差異，分析關係裡，成長就能開始發芽。如同派因斯的患者，馬里奧迪的患者說明了懷孕的願望或許不是渴望有個寶寶，在這個案例中，是想要證明她的孤雌生殖能力（parthenogenetic fertility）。本章最後總結了一些想法，亦即排除父親（或母親）會強化自大全能的幻想，從而忽視了對陽具能力的渴求與嫉羨，同時，對雙親關係的否認會限制一個人的創造能力。

戴博拉．施泰納（Deborah Steiner）則提出一個主題：當成人的現實檢驗能力被母親的「遐想」淹沒時，母親心中嬰兒般原始的渴望會被喚醒，使得她容易陷入與她的嬰兒**兩人的瘋狂**

128 （folie a deux）。如同馬里奧蒂的單親幻想，兩人的瘋狂是一種妄想狀態。在這種情況下，母親自願成為嬰兒的**排他二人組妄想**的合作者，來自於母親使用嬰兒來滿足自身強大的情慾衝動，並間接滿足自己理想化的寶寶－自體。透過臨床片段，戴博拉・施泰納追溯母親否認嬰兒獨立性的源起，她嚮往提供嬰兒一段融合的經驗，也是她在自己與分析師的關係裡所渴望的。如同迪諾拉・派因斯和本書的其他作者一樣，戴博拉呈現的案例，探討了複雜的往返交涉，這是一位母親在生育過程會經歷到的，涉及了對自己母親、和自己嬰兒期自體的認同，以及她在區分自己再度甦醒的嬰兒般原始的需求和渴望、與坐在她腿上的孩子的需求和渴望時所遇到的困難。

瑪姬・密爾斯（Maggie Mills）撰寫的第十章，和本書許多章節不同的是，她從資源不足的母親中挑選樣本，帶來了臨床素材（短期治療，而非分析）。透過推廣計劃，我們難得地得以一窺沒有心力或資源自行尋求分析的女性的生活。基於這個原因，我們將這篇文章納入本書，儘管接受治療的案主，多數在先前並不具備心理學理論知識，她們的故事生動詳細地驗證了許多相同的議題，即痛苦的跨世代傳遞，以及生育的經驗如何將新手媽媽丟回自己嬰兒時期的創傷經驗中。

第二部的最後一章，由艾莉西亞・埃切戈延（Alicia Etohegoyen）撰寫，著重在父母親與孩子的關係，這些被懷上或接受的孩子在這些照顧者的心理，代表著另一個孩子。在某些案例中，躁狂式地逃避失去前一個孩子（無論是死亡還是收養）或失去另一位家庭成員的現實，是藉由具體的替補來實現——用新的嬰兒取代舊的嬰兒。考量到其中牽涉的複雜家庭動力，一位孩子在成長過程中被指定成為另一個人時，勢必承受不少苦痛，尤其是在不知道這層因素時。艾莉西亞從一位九歲女孩的分析治療帶來了詳細的素材，說明露西對偷偷出生又死亡的那位患有殘疾的孩子的潛意識認同，以及其對露西的智能與情緒發展所造成的影響。接著是 A 太太的案例（分析師對 A 太太有著無法解釋的偏愛！），說明壓抑哀痛帶來的不良影響，以及她的否認對收養的孩子、對所有協助家庭的專業網絡造成的深遠影響。再一次，如同戴博拉・施泰納的文章所示，我們看見父母親的投射對孩子的情感與智力發展是多麼地有殺傷力。

總而言之，我們發現，這些作者的臨床工作都指出，一旦女人成為女性生殖鏈中的一環，她會動用**多種潛意識認同和早期經驗，因而加強了進入母嬰雙人組合時，虛幻的排他性帶來的危險與快樂**。近年來，隨著人們越來越知道新生兒有能力區分照顧者，也偏好與每個人形成不同的關係，分析師們強調一個概念的重要性，也就是將原初的兩人關係擴張，進而涵蓋「三人」關係，第三人可能是照顧者的配偶或是其他人。在我看來，關係還必須包括經常受到忽視的手足的貢獻；這些不僅是競爭父母親的資源，也是學習互惠交流的基礎。接受輪流、別人有權決定要不要分享，皆根植於連結與相互依賴。 129

參考文獻

Bassen, C.(1988) 'The impact of the analyst's pregnancy on the course of analysis', *Psychoanal. Inq*. 2:280–298.

Benedek, T.(1959) 'Parenthood as a developmental phase: a contribution to the libido theory', *J. Am. Psychoanal. Assoc*. 7:389–417.

Bibring, G.L., Dwyer, T.F., Huntington, D.S. and Valenstein, A.F. (1961) 'A study of the psychological processes in pregnancy and of the earliest mother–child relationship', *Psychoanal. Study Child*, 16:9–72.

Breen, D. (1974) *The Birth of a First Child*, London: Tavistock.

Deutsch, H. (1944) *The Psychology of Women*, New York: Grune & Stratton.

Etchegoyen, A. (1993) 'The analyst's pregancy and its consequences on her work', *Int. J. Psychoanal.* 74:141–150.

Fraiberg, S., Adelson, E. and Shapiro, V.(1975) 'Ghosts in the nursery: a psycho-analytic approach to the problems of impaired infant–mother relationships', *J. Am. Acad. Child Psychiat.* 14:387–421.

Freud, S. (1933) 'Femininity', *S.E.* 22:112–135.

Kestenberg, J.S. (1956) 'On the development of maternal feelings in early childhood', *Psychoanal. Study Child.* 11:257–291.

—— (1976) 'Regression and reintegration in pregnancy', *J. Am. Psychoanal. Assoc (suppl.)* 24:213–250.

—— (1981) 'Notes on parenthood as a developmental phase', in *Clinical Psycho-analysis*, vol.3, eds S. Orgel and B. Fine, New York: Jason Aronson, pp.199–234.

Klein, M. (1928) 'Early stages of the Oedipus conflict', *Int. J. Psychoanal.* 9:169–180.

—— (1932) 'The effects of early anxiety-situations on the sexual development of the girl', in *The Psycho-Analysis of Children*, London: Hogarth.

Lazar, S. (1990) 'Patients' responses to pregnancy and miscarriage in the analyst', in *Illness in the Analyst*, eds H. Schwartz and A. Silver, New York: International Universities Press.

Lax, R. (1969) 'Some considerations about transference and countertransference manifestations evoked by the analyst's pregnancy', *Int. J. Psychoanal.* 50:363–372.

Mariotti, P. (1993) 'The analyst's pregnancy: the patient, the analyst, and the space of the unknown', *Int. J. Psychoanal.* 74:151–164.

Nadelson, C., Notman, M., Arons, E. and Feldman, J. (1974) 'The pregnant therapist', *Amer. J. Psychiat.* 131:1107–1111.

Penn, L.(1986) 'The pregnant therapist: transference and countertransference issues', in *Psychoanalysis and Women: Contemporary Reappraisals*, ed. J. Alpert, Hilsdale: The Analytic Press, pp. 287–316.

Pines, D. (1990) 'Pregnancy, miscarriage and abortion', *Int. J. Psychoanal.* 71:301–307.

—— (1993) *A Woman's Unconscious Use of her Body*, London: Virago.

Raphael-Leff, J. (1980) 'Psychotherapy with pregnant women', in *Psychological Aspects of Pregnancy, Birthing and Bonding*, ed. B. Blum, New York: Human Sciences Press.

—— (1985) 'Facilitators and regulators: vulnerability to postnatal disturbance', *Journal of Psychosomatic Obstetrics and Gynaecology*, 1985a, vol. 4, pp.151–168.

—— (1986) 'Facilitators and regulators: conscious and unconscious processes in pregnancy and early motherhood', *British Journal of Medical Psychology* 59:43–55.

—— (1989) 'Where the wild things are', *Int. J. Pre & Perinatal Stud.* 1:78–89.

—— (1991) *Psychological Processes of Childbearing*, London:Chapman & Hall.

—— (1993) *Pregnancy: The Inside Story*, London: Sheldon Press (New York: Jason Aronson, 1996).

【第七章】與懷孕和墮胎有關的早期心理發展 131

迪諾拉・派因斯（Dinora Pines, 1918-2002）
前英國精神分析學會的訓練分析師與督導

引言

作為一代宗師，佛洛伊德深信懷孕與生產滿足了每一位女性的根本願望。孩子這份禮物，部分彌補了一直以來沒有陰莖的缺憾。然而，我的分析經驗和這樣的論點並不相符。根據我的經驗，我認為懷孕、帶新生命來到這個世界，與成為母親的願望之間有相當大的差異。源自於女人一生的功課，也就是和自己的母親分離／個體化的早期焦慮與衝突，也許會不預期地經由首次懷孕和成為母親的情感經驗顯露出來。

在這個章節中，我將討論的焦點放在：女性認同內在（自己的）母親表徵之困難，這份認同會因為懷孕而強化。我也會討論於孕期復甦的嬰兒期幻想——自己身在媽媽的身體裡、是子宮內的胚胎，這些幻想會因為自戀式地認同此刻切實在自己體內的胎兒而活化。懷孕時，生理上的共生現象、伴隨著準媽媽情緒上的共生狀態，會引發強烈的矛盾感，因為這個時候的孕婦認同母親，也認同自己是胎兒。因此懷孕提供準媽媽一個決定要讓胎兒活下來或死掉的機會。我會以和一位重複懷孕又墮胎的患者的分析工作來闡述這個主題，這位患者和女性分析師工作時所遭遇的的移情－反移情難題，反映出她和母親困難重重的關係，使得她無法成功地消除自身嬰兒般原始的那面、並整合進成人自體當中。

首次懷孕

比布林（Bibring）等人（1961）寫道：「懷孕與成為母親所必須解決的特殊任務，涉及了在自體表徵和客體表徵兩者之間投注心力的變換和分配。」對一些女人來說，懷孕也許是一生中最富足的階段，因為這不僅創造了一個新的生命，而是擁有近乎上帝般的感覺。因此對於曾和自己的母親擁有「夠好」經驗的年輕女性來說，暫時退行到早期對全能的、有創造力的、能給予生命的母親認同之中，以及彷彿自己就是腹中胎兒的認同之中，是一段愉悅的發展階段，在這個階段中，自體或許能實現更進一步的成熟與成長。對其他女性而言，懷孕與邁向母職所引起的無法避免的退行，可能是痛苦而令人恐懼的經驗。嬰兒般原始地期望與母親融合、和與之相反的恐懼融合，而造成的自體 / 客體分化上的部份失敗，或許會再重新來過。這麼一來，就無法成功地將原初母嬰一體的幻想，整合進成人的現實之中，然而在成人的現實中，這種分化至關重要。

擁有孩子的嬰兒式願望

孩提時渴望認同一個原初客體，即強大的前伊底帕斯母親，這個願望在可能成為父母之前，早就出現在兒童的遊戲與幻想之中了（Deutsch, 1994; Benedek, 1959）。性別認同在童年早期建立，而性向認同則大多在青春期末期確立。身體的生理成熟，迫使青少年進入情感上分離－個體化的重要階段。生殖器性慾望驅動青少年體驗第一次性交，進而確立了她擁有自己身體的主權。一直到親職階段的晚期，主權這個議題都還有待折衝。在生物學基礎上，初次懷孕為女性提供了更進一步的認同階段。她進入最後階段，成為像她母親那樣的生理成熟的女性，因為擁有性伴侶而受孕（在幻想中是與母親的），有足夠的能力創造新生命。隨著懷孕帶來的生理改變，女性的身體再次經歷最初與母親的融合感，這同時提供一個機會，和那個曾經承載著自己的、母親的身體分化，於是她被推向更進一步的分離——個體化。

這些身體上的變化無可避免地伴隨著嬰兒期情感發展的再度重演，與自體和客體的關係裡的原慾攻擊和自戀元素，在內在與外在世界裡交替更迭。懷孕期間，過去發展階段裡令人不安的衝突會被喚醒，年輕女性也許會覺察到那些原始的、先前受潛抑的幻想，包括：兒童期對自己受孕、子宮內的生命和出生，等性理論（Pines, 1972）。爾後，對自體與客體的好與壞，都可能投射到這個還見不著的胎兒上，彷彿它是她們的延伸。

初次懷孕所引發的，這種獨特、混合著身體與情緒的感受，為年輕女性提供了解決心理衝突的替代方案。生理上，胚胎也許在子宮裡留存、如蛹般包裹起來，並賦予生命；或者以流產或墮胎的方式，遭到身體拒絕，當媽媽否認胎兒的生命，並拒絕邁向母職生涯時。這麼一來，如同早年嬰兒期的發展階段，再次使用身體來表達心中的情感的狀態。小女孩對胎兒能否存活的幻想，往往和手足或自己有關，這或許會增強她的全能或無助感。這類反應不僅源於童年和教養的早期經驗，也根植於與孩子出生相關

133

的家族羅曼史。[1] 在我看來，若是小女孩曾經得知自己的母親對於懷她的矛盾感受，必定會使女孩最終的認同變得複雜，也讓她在懷孕時感到矛盾。

利用身體作為達成分離－個體化的替代方案

現在，我將專注於年輕女性與自己的身體、自體、作為客體的母親的關係，以及她身體與心理上受到母親照顧的經驗。對孩子來說，母親不僅是成熟環境的象徵，也是慈愛的來源。母親身體的臨在、母親對待孩子與其身體的情緒態度，都納入孩子的經驗、與母親的意識和潛意識幻想整合在一起。用這種方式創造出來的內在母親之表徵，是女兒們一生的模範，女兒們認同這個模範、但也讓自己與該模範不同。

目前學界普遍認為，得透過身體經驗與心智表徵的整合，來形成自體的基礎、並且區分自體與客體。僅在童年早期，小女孩不只開始認同她的母親，也內攝母親和自己之間共有的身體滿足經驗（Balint,1973）。我要加上，如果在前伊底帕斯期，小女孩沒有覺得被母親滿足，或是沒有覺得自己能滿足母親，她將永遠無法彌補這項根本性的失落，無法在自己體內與身體意象中感到基本的穩定與安寧，除非她犧牲邁向好的伊底帕斯結局的正常驅力（Pines, 1980）。自戀受傷及其引發的自戀憤怒、對母親的嫉羨與低落的自尊，都會造成痛苦感，並且使得與母親分離更加困難。

1　譯註：孩子為了防衛被父母排除的感覺，會想像自己真正的父母出身貴族名門。

母親是否能夠享受自己成熟的身體所具有的性特質，以及母親與父親的關係，都會影響兒童的分離－個體化歷程。如果母親在生活中是滿足的，那麼心理上她與嬰兒共生的日子便不會過度延長，父母之間愉悅的氛圍、母親對自己的身體與自體的享受，提供給孩子的不僅僅是讓孩子內化與認同的、滿足的客體，也給了孩子實踐自己天命的希望。

當一位母親對自己作為女人是不滿意的、難以接受父親作為一個男人，與孩子分離對她來說會很不容易，因為她希望在孩子身上找回她的缺憾，希望透過孩子重活一遍。對這位母親來說，如果懷孕時的融合與共生沒有在心理上分離開來，那麼幻想與現實將變得模糊。對孩子來說，如果孩子沒有在母親的行為中體驗過足夠好與恰當的照料，使得好與壞能夠整合，而非分裂，孩子將會難以區辨幻想與現實；而這會導致母親與孩子間的雙向分離困難。孩子是否能經驗到母親的身體、以及（日後是）母親的想法與幻想，顯然都是母親自己的呢？還是孩子仍對母親的身體、想法與幻想感到困惑？因為她的身體仍處在自體與客體分化前的原始、共生階段。

134

青春期的生理變化，迫使孩子的身體意象改變，轉為一個能夠生育孩子的成熟女性。女孩覺察到自己正在發育的成人身體，這不僅會再次引發先前關於認同母親的衝突，也使身體的感覺和刺激更加強烈。情感退化的傾向高漲，同時也有邁向成熟的動力，而且必須在這兩者之間達成妥協。生理成熟與性活躍的身體，讓年輕女性確立了她的成人狀態，但這也讓她能以換掉身體的感覺，來將痛苦的情緒分裂出去、或是否認痛苦的情緒。這麼一來，就能夠具體地將對自體或對客體的愛或恨表達出來，避免憂鬱、提昇自尊。因此，在外界看來，性行為似乎是成人的行動、生殖器性慾，在潛意識中，卻可能是一種滿足未曾實現的前生殖器渴望，也就是對母親和受母親照顧的渴望之手段。在我的經驗裡，過早探索異性關係的青春期少女，是為了用她們的身體再度體驗那種最原始的、母親與寶寶之間的接觸。前戲令她們滿足，但她們通常對性交不感興趣。透過這種方式，她們試圖建立一種客體關係來彌補早期的匱乏，亦即沒有內化滿足的或令人滿意的母嬰關係。然而這是註定會失敗的嘗試，因為性伴侶生理上的插入、或與性伴侶情感交融，都會再度引發（母嬰關係最初會引起的）自體的原始焦慮，亦即融合或毀滅。這些女孩們尚未達成的，是更成熟地認同母親的成年生活與有性的身體，能回應父親的插入，並因他受孕。她們也無法將她們的性伴侶或其他客體視為真實的、有情感需求的人，因為她們尋找的是回到嬰兒期的全能自大之中。身體的成熟、訓練良好的智能、世俗的成就，並不能影響或左右這個在情感上回到嬰兒階段的、退化性固著的趨勢。如果（母親）尚未發展到成熟的、對客體的愛（object 135 love），也就是自體和客體的需求能夠獲得相互理解與滿足，那麼一位真實嬰兒的出生，也許會是場災難。

臨床素材

三十六歲的白人教師，X 夫人，因重度憂鬱前來求助。她的婚姻支離破碎，一次又一次的外遇，對象皆為有色人種。她渴望成為作家，但是在大學受訓時感受到思考上的困頓，於是轉而成為老師和文學評論專家。她一直對夢境與做夢感興趣。分析頭幾回漸漸釐清了，她的憂鬱始於上一次墮胎之後的第九個月，當時的對象是她的現任、非白人情人。由於她來自一個不允許跨人種發生性關係的國家，因此她是有意識地計劃好的，沒有猶豫或明顯的罪惡感。一個不是白皮膚的孩子是不會被任何人接納的，特別是她自己的母親。這個事件後，X 夫人離開了當時的工作，和情人來到這個國家。情人很照顧她，並且在墮胎後悉心照料她，彷彿她就是那位失去的寶寶。X 夫人很享受依賴他，彷彿她是寶寶、而他是父母，直到寶寶出生、她得承擔母親的角色為止。

X 夫人是兩位聰明又富吸引力的女孩中的姐姐。她的父親，一位消極且退休的男士，在長期的陰莖癌症住院治療後，於 X 夫人十五歲時過世。她生氣勃勃的母親，是位富吸引力的女人，丈夫死後立即嫁給了她的情人。X 夫人的父親在過世前告訴她，他留了些錢給她上大學。她充滿罪惡感地意識到，她希望父親儘快過世，因為漫長的疾病折磨令全家人痛苦萬分。父親死後，母親告知她，並沒有讓她上大學的基金，但是非常明顯地，卻有錢支應其他母親認為更必要的開銷，例如：服裝、化妝品等讓女兒更美麗的物質，一如母親花錢裝扮自己那般。在 X 夫人的一生中，儘管母親持續照料她的身體，但像這樣不認可她的情感需求和抱負，並非單一事件。X 夫人總是覺得自己迷人的身體與外表不能讓母親滿意，充其量不過是母親的延伸，供母親來吸引男人。母親經常告訴她，她的父親在性方面從未滿足自己，同樣地，X 夫人覺得她也從來不能滿足母親。她意識到，儘管父親臥病在床，母親仍偷偷地與情人們幽會。消極地接受如此處境的父親與他面對死期進逼的被動，讓 X 夫人非常憤怒。但她從未將憤怒說出口，繼續當個乖小孩，她的困惑、無法思考，使得學業 136

表現越來越糟。這些苦痛直到青春期才找到替代的出口。X 夫人透過使用身體，規避哀悼失去父親的痛苦，以及母親的戀情所喚醒的自戀式狂怒。透過身體，她重獲母嬰關係裡退化、原始的滿足感，藉此得到安慰，畢竟母親在各方面都不能撫慰她。X 夫人的母親很不高興女兒企圖和自己分離，並讓女兒為此感到罪疚。最終，X 夫人無法再忍受這樣的處境，企圖自殺但沒有成功。救了她的警察，將她帶回母親那兒，嚴厲地訓斥她，在滿十八歲以前，她都是母親的財產，沒有權力自殺。這加深了 X 夫人的信念：她的身體是屬於母親的，不是屬於自己的。

後來，分析中的一個夢和對夢的自由聯想，幫助我們認識到她的兩難。夢裡，哭泣的 X 夫人向她的情人尋求安慰。為了回應她，他靠過來，移走她白色的、虛假的前襟，並換上他黑色的乳房供她吸吮。但是男人的乳房並沒有乳汁，X 夫人非常飢餓又絕望。隨著針對這個夢工作與後來浮現的材料，X 夫人認知到，她在每個男人身上尋找母親的影子，即便他們在生理上完全與母親不一樣，這種關係基本上重複著她和母親之間令人不悅的情感，她覺得自己依附一位能夠抹煞她的存在、斷絕她的糧食的人，如同在夢裡那樣，無時無刻。這個夢標誌著她洞察的時刻，她意識到她渴望母親的乳房，當然那是她再也無法得到的。

X 夫人與母親的關係一路走來崎嶇；儘管一開始是共生、相互滿足的，到了孩提時期，X 夫人試著與母親分離，從情感上獨立出來，關係開始變得激烈。她走的每一步都會激怒母親，她變得更加苛刻獨裁，不斷告訴 X 夫人她是個多麼糟糕的孩子，盛怒下，她甚至告訴 X 夫人，打從娘胎起她就是個忤逆的孩子，事實上，母親在孕期時曾試著拿掉 X 夫人。儘管 X 夫人的行為有些挑釁，卻從未正面表達對母親的憤怒，但還是留下自己是個壞孩子的印象，並將母親描繪成潛在的殺人犯。X夫人和男人的關係重複著相似的模式，關係總是風風雨雨，她挑釁男人、使他們暴怒，儘管用不明顯的方式，而她一貫地是受害者。這些關係多數是受X夫人引領而走到盡頭。這麼一來，在幻想中，她不僅是那位需要緊緊依賴求生的嬰兒，也輪到自己當那位不得不墮胎的母親。儘管她強大的母親試圖墮胎，X夫人抓著生命不放的幻想成為她的自戀、自大全能幻想的基礎，並且行動展現在她對胚胎生死去留的決定上。

在這個夢之後，X夫人透露成年後有過三次計劃性墮胎，每回都是她主動誘惑一個男人進入關係，然後懷孕。他們之中沒有人想要孩子。墮胎之後，很快地，她會斷絕和這個男人的關係，如同在治療過程中，她在墮胎後也企圖終止治療兩次。分析中，關於情感上的親密議題更加清楚，她尋求並渴望再獲得的是早期共生的快感、和與母親相互滿足的關係，然而這也喚醒她對於融合的原始恐懼，因為她的母親不認可她作為情感獨立的個體，讓她擁有自己的需求，或是在她想要的時候允許她獨立。於是，對X夫人來說，懷孕能夠實際證明她擁有自己的身體、憑藉自身的條件作為女人，然而情感上仍然和母親糾纏。如果胚胎成長為嬰兒，她的乳房開始哺餵嬰兒，那麼情感上她將無法繼續作嬰兒，這是她不願放棄的。她渴望找回嬰兒的全能感、與母親融合。透過懷孕，一旦她確實建立起自己的性別認同、證實她和母親的身體分離，那麼對她而言，這個胚胎彷彿是她身上無意義的一部分，就該墮掉了。然而，X夫人記得那些寶寶們預計出生的日子，惦記著如果寶寶出生現在應該幾歲了。

137

分析歷程中，我們明白了 X 夫人如何使用自己的身體來報復她那強勢的母親，而這個發現也為分析歷程帶來意義。她享受著母親所不允許的、和男人的性關係，並且不給她外孫來取代自己的地位。我們終於明白，透過流掉胚胎、結束關係，和中斷分析的企圖，X 夫人才能感覺到自己比那個她曾經認同的、壞的、兇殘的攻擊者，也就是母親，更加偉大與全能。胚胎也象徵著她自己，是母親口中那個沒人要的、難搞的小孩，也是那個有謀殺慾的攻擊者，母親。除了認同壞母親或是壞孩子，沒有其他生路可走。

這段歷程也隱約反映在移情中。透過在 X 夫人國家的一位同事轉介，X 夫人成為我的患者。第一次見到她時，我沒有空檔，想要將她轉介給另一位同事。當我告知她時，儘管 X 夫人非常不舒服，仍堅持只願和我工作，而且願意等待。很快地，我意外騰出空檔，開始與她工作。第一次面談時，毫無疑問地，X 夫人理解到我對她初次懷孕的故事感興趣，因為懷孕一直是分析工作中讓我特別感興趣的領域。我沒有空檔與她工作、和她堅持要等待我，都在移情中透露出，她得緊緊抓著猶豫不決的母親，並且誘惑母親使她賦予自己生命，也就是這個基礎卻全能的幻想。一開始，X 夫人試圖建立矛盾不安的反移情，在其中，我們將會重演一段施虐－受虐的關係。她總是拖延支付分析費，也從不配合假期造成的中斷。這些行為帶有她的企圖，試著讓我成為一位貪婪的、苛刻的、憤怒的人，使得她為自己的獨立存在感到罪惡。X 夫人不願躺上躺椅，但帶著許多夢前來，就這個階段而言，是豐富而有趣的。她將夢寫在一本筆記簿上，每次分析時帶著前來，令人驚訝的是，每次她讀給我聽時，總是用毫無情

138

感的小女孩語調朗讀。她也會非常聰慧地詮釋自己的夢，讓我這位分析師沒有空間發揮我的創造力。我的角色是仰慕地見證她的聰穎、和她同時作為分析師與患者掌控全局的能力。這個模式重演了她的家族羅曼史，她曾經是受到大人讚賞的第一個孩子與孫子。她的母親過去時常告訴她，她認為X夫人是個比自己還要聰明的嬰兒，於是重演了兒童期的自大全能和無助。寶寶的聰明被用來掩蓋分析剛開始時的焦慮感。夢是豐饒的好產品，但她不能夠冒險接受我的詮釋，免得後來發現它們原來是嚴苛的攻擊，將使得她本來就不穩定的自體感支離破碎。一直到X夫人測試了我的能耐，知道我可以容忍這般處境，不會變成那具有破壞性且控制的，也就是那個她既希望我是、卻又不希望我是的父母親，她才能夠躺上躺椅，允許她自己退化而進入分析的工作。

她經常用不帶情感的語調向我講述，她的情人如何控制她、虐待她，而我無聲地感受憤慨，心疼她承受殘暴，一個無助的受害者，思索她是如何活下來，彷彿我們一起重新經歷了生命最初的、母嬰關係與心理上的共生階段，在那個階段，嬰兒的非語言經驗不僅受到母親對嬰兒的反應調節，也受到母親過去和現在的生活影響。這麼說來，我的反移情不僅源自我對患者的反應，也源自我個人的生活，而對X夫人的分析而言，則是最隱微、可用的工具。

隨著更加理解分析中的處境，接下來的工作多半集中在X夫人維持與母親情感上融合的需求，儘管她有著完全相反的願望，她真正想要的是獨立與自由。打從孩提時期起，她就會跟朋友講述所有她與父母親之間的問題，透過他們為她憤慨的反應來決定該怎麼做，因為她無法自己下判斷。她說：「我覺得自己好像遺失了核心的部分。」我們這才理解，無法繼續懷孕，是內心深處渴望保持空洞與死寂的徵兆。隨著治療同盟的發展，X 夫人開始更了解自己的感受。這個時期，她很害怕自己的夢，為了獲得協助，她允許我詮釋她的夢，但是因而失去控制與嬰兒式的全能自大感，又叫人難以承受，同樣地我和她之間越來越深厚的親密，也很難忍受。她的憂鬱與哀傷，不僅是因為在分析中、與情人之間，她不再是慧黠的寶寶，也不再認同自己是專業又聰穎的評論家，也就是像母親一樣的角色。當她能夠說出這些，她終於能夠感覺哀傷，然後哀悼上一次墮胎帶來的失落。但是令人好奇的是，她並沒有絲毫罪惡感。此外，每在分析中，我們增進對彼此的了解或是出現深刻的洞察，隨之而來的是她對治療的負向反應，或是和情人的關係中施－受虐態勢增強，彷彿在說我和她之間建立起令人滿足與滿意的關係，讓人太快樂、也太危險了。

139

這種展現理解的詮釋會引起 X 夫人對於與我融合的恐懼，於是她再次使用身體，在每次分析時段之前與情人性交，藉此將自己和我分隔開來。如此一來，她能夠利用與男人狂歡、融合的身體經驗，沖淡驅散情感上與我良好地靠近帶來的興奮、與和我融合的恐懼。那刻，我們理解到，在更深的層次裡，每個男人都受到 X 夫人的言語撩撥，進而恨她的母親、想將她們分開。她與有色人種男士在肉體上外遇，是使用自己的身體，彷彿她的身體是母親的延伸，並用這種方式偷偷地羞辱母親。X 夫人的母親頻繁地批評、責備她，說道：「曾經在我體內的妳的身體，怎麼能夠對一位我受不了的男人有感覺！」從這個角度，我們可以看到 X 夫人的母親共享女兒的幻想：擁有她的身體、與之融合。X 夫人透過選擇一位母親不會嫉羨的男士，來避免母親嫉羨她所帶來的恐懼。這再度重演了童年時她對迷人的母親的嫉羨，也是在青春期反覆出現的嫉羨，並且這份嫉羨在移情中，亦即她嫉羨式地攻擊我們一同的工作中也再次展現。我們不是為了要共同創造生活經驗而相互滿足與興奮，而是為了懷上一個孩子，好讓 X 夫人能夠墮胎。這反映在 X 夫人的創造力中，她會提出許多令人興奮且富生命力的想法，讓她的學生去執行，卻不是自己付諸行動。透過這種方式，她除了無法讓寶寶出世，也無法寫作，因為她將破壞性願望投射到外在世界上，讓每位讀者都成為批評、施虐的與她融為一體的母親。

這時，我們的分析工作著重於，她的施虐衝動一開始是如何投射到母親身上，接著又是如何透過移情投射到分析上。現在，X 夫人能夠接受自己的施虐衝動，她說：「我做了我的母親只敢想想的事情。」她流著淚說：「我謀殺了那些寶寶。」關於 X 夫人無法接受「好母親」的詮釋，無論好母親是她的分析師、母親或是她自己，透露出一個偷偷主宰著她童年時光的幻想，而且這則幻想從未受到潛抑。在幻想裡，她時時刻刻存在著，她是一顆一直藏在母親子宮裡，等著父親受精的卵子。透過這個幻想，她參與了父母的性交與創造她的過程。隨之而來的是，在幻想中、還不能區辨口腔與陰道時，在父親插入時撕咬父親的陰莖，不僅造成了導致父親死亡的陰莖癌症，也留住了母嬰之間最原始的融合，所以她不清楚她是母親還是她自己。因此，每次懷孕都可能會實現這個未受潛抑的伊底帕斯願望。她可以毫無罪疚地、確定地排出受精卵，逐出她體內的胎兒，因為它不僅代表殺了父親的致命癌症，也象徵自己施虐的那面，與她投射到母親身上的施虐交融。可預見的是，如果分析中有些進展，她就得面對不小 140

的磨難。如果她能接受父母是有能力滿足彼此的好配偶，就如同她接受分析師和自己能夠有一段夠好且令人滿意的關係，那麼她得面對排山倒海而來的罪惡感，那來自於她在自大全能的幻想中破壞了父母的婚姻；隨之而來的是，在全能自大的幻想中，她也摧毀了自己的分析。她為這個從未受潛抑的施虐幻想所付出的代價，對她而言是非常沈痛的。她能為了實現意識中的願望，亦即實踐成人關係、成熟的生理女性認同、學術上的成就等而努力，但卻得否認她達成了這些目標。她能存活，但不允許自己活下去，因為她認為母親不曾這麼做。

顯然，前伊底帕斯和伊底帕斯早期中那未受潛抑的亂倫性幻想，主宰著 X 夫人的生活。包藏在強大幻想中的施虐快感，以及她在子宮中擊敗母親、賦予她苦痛的快感，不僅驅使她選擇生理上有別於父親的有色人種性伴侶，也找上那些不想要孩子的人。透過這種方式，她倚靠他們的看法來擺平自己矛盾的願望。如此一來，她可以打掉這個未出世的孩子，這個象徵著隱藏的伊底帕斯伴侶的孩子，來再次摧毀罹癌死去的父親。在這段分析素材之後的一個夢與自由聯想，透露出其困境的另一面。由於 X 夫人需要回到她的國家，在我們共同決定於一年後結束分析不久後，她夢到她已經決定再墮一次胎。值得注意的是，除了在夢裡，如今她已經不再渴望懷孕或墮胎了。夢裡，墮胎後，醫生讓她看了胚胎，並給她一些他的血液，讓她做親子鑑定。看起來很痛苦，但是為了幫助她，醫生仍然這麼做。在自由聯想中，她浮出胚胎就是癌症的連結，象徵著她無法放手和哀悼的、她心裡的父親。沒有任何一位性伴侶可以取代他，因為在情感上與他分離，彷彿就確認了他的消亡，如同在情感上與母親分離，潛意識裡等同於她的死亡。能被流產手術摧毀、也能被下次懷孕取代的胎兒，以具象的方式代表她既愛又恨的雙親。在分析中，思考父親死亡的那刻起，X 夫人意識到她一直認為他從未與他的母親分開，在她的幻想中，他的死等同於回到子宮。這麼一來，死亡和出生前在子宮內的生活在不知不覺間被劃上了等號。 141

分析使得 X 夫人得以悼念她過世的父親。先前受到潛抑的、她和父母的美好回憶得以浮現。透過憶起已逝的父親，也就是父親慈愛地照料她的記憶，她再次開始寫作，就像是為了他而寫。她和母親的關係也變得較成熟，她能夠對母親說：「如果爸爸還在世，我的人生會完全不同。」她的母親終於能夠允許自己為首任丈夫流淚，後來，她們也一同為了母親的第二任丈夫離世而傷心、追悼。X 夫人還會夢到懷孕和墮胎，但再也不需要付諸行動。她考慮是否要與情人繼續這段令她不滿足的關係，還是分開，並且倚靠自己、實踐自我。她遇見了一位白人男士，他讓她覺得能夠發展較為適配的關係。接納自己的施虐願望、愛的感覺、和對父親的悼念，都為她提供了生存與生活的另一種選項。

結語

最後的結語源自和 X 夫人的分析工作，也得自於我和其他女性患者的臨床經驗。初次懷孕在女性終生的（與母親）分離－個體化任務中，是重要的發展階段。在生理基礎上，懷孕給了女性一個在情感上認同前伊底帕斯母親的新階段。肚子裡有寶寶的經驗，也讓女人能夠將自己的身體和母親的身體，亦即那個孕育她的地方區分開來。生理上具象地感受到母親與胚胎此時共生在她成熟身體內，同時在情感上共生。在這個階段，母親與孩子被視為自體－客體（self-object）。初次懷孕的女性，必須在她的內在和外在的客體世界中，找到一個新的順應的位置。懷孕期間經歷到的正常退化，會增強內在認同自己的母親作為客體，以及自戀式地認同胎兒，彷彿自己就是寶寶。如果小女孩知道母親對懷孕有著先入為主的矛盾，可能會扭曲年輕女性初次懷孕的成果，因為這是她首次實現在生理基礎上認同自己的母親。她體內的胚胎，此刻同時象徵著自體與客體的好與壞，如果她覺得母親從未授予她存活的許可，那麼身為母親，她可能不會允許胎兒活下來。懷孕的母親對未出世嬰兒的矛盾心情，也許映照出她自己和母親早期且強烈的矛盾情感，而這會導致自體－客體難以分化，更進一步造成分離－個體化困難。和不擅言詞的父親關係薄弱，並不能幫助孩子和母親分離，也不能讓孩子感到受雙親喜愛和期待，並擁有屬於自己的生命。除去預先存在於母親心中關於受孕的矛盾，對於活著滿心罪疚，可能會阻礙孩子盡興地活著，因為她可能覺得自己只能苟且存活。儘管母親是強大的、兇殘的攻擊者，孩子能倖存下來的得意，也許是他自大全能幻想的來源，也是在更廣的客體關係裡重演施虐幻想的理由。潛意識中，分離等同於自體或客體的死亡。難以接受母親是好母親，可能會導致女性難以接受自己是有創造力且能給予生命的好女人。

142

摘要

我描述且探討了懷孕這個發展階段和母親身分，特別強調女性與母親分離－個體化這項終身任務，也闡述了小女孩想要透過有個孩子來認同母親的願望。這項願望的情感發展與結局會影響生理成熟度的起伏，也受到生理成熟度起伏之影響。

初次懷孕為年輕女性提供了情感上更進一步認同的兩個階段：認同前伊底帕斯階段、全能的、給予生命的母親，此刻有了生理上的基礎，同時認同胎兒，彷彿她就是她自己的小孩。此時若母親是「夠好」的，這將會是個令人愉悅的發展階段，促使自體能夠達成進一步的成熟與發展。

對某些女性來說，如果她用身體來迴避分裂出去的、痛苦的心智狀態，那麼懷孕和為人母所引起的無法避免的退化，可能是令人心驚膽跳的經驗。依被照顧的經驗而定的，原始的焦慮和衝突也許會再度活化。懷孕與成為一位活著的孩子的母親，這兩種願望在此劃出區別。

和一位反覆讓自己懷孕又墮胎的患者進行分析工作，說明了此一主題。在她的分析裡，與女性分析師所發展出來的移情－反移情問題，反映出患者與母親困難重重的關係，這段關係裡她還沒成功地消除嬰兒般原始的部分、並且整合進成人自體之中。

參考文獻

Balint, E. (1973) 'Technical problems found in the analysis of women by a woman analyst', *Int. J. Psychoanal.* 54: 195–201

Benedek, T. (1959) 'Parenthood as a developmental phase', *J. Amer. Psychoanal. Assoc.* 7: 389–417.

Bibring, G., Dwyer, T. F., Huntington, D. S. and Valenstein, A. F. (1961) 'A study of the psychological processes in pregnancy', *Psychoanal. Study Child* 16: 9–72.

Deutsch, H. (1944) *The Psychology of Woman*, New York: Grune & Stratton.

Pines, D. (1972) 'Pregnancy and motherhood: interaction between fantasy and reality', *Brit. J. Med. Psychol.* 45: 333–343.

—— (1980) 'Skin communication: early skin disorders and their effect on transference and countertransference', *Int. J. Psychoanal.* 61: 315–323.

【第八章】創造力與生育力：單親幻想 144

葆拉・馬里奧蒂（Paola Mariotti）
英國精神分析學會的精神分析師與正式會員

A 先生和 A 太太曾經多年不孕，他們的獨子，是在三次流產後，嘗試了各種可能的受孕方式（自然受孕、以 A 先生的精子進行人工受精與更侵入的方法，例如試管嬰兒。在我和 A 太太進行分析那時還是相當新穎的作法）後得來的。人工受精的兒子出生後，他們試著再次懷孕，沒有成功。表面上，A 太太將這些她稱為「醫療程序」的人工受精與試管嬰兒療程帶來的壓力處理得很好。

他們的困難似乎在 A 先生身上，因為他的精子數量與活動力皆不足。儘管如此，他的太太仍能正常懷孕，只是多次流產，A 太太有時會說，她覺得他們無法順利走完孕程，她也有責任。確實，儘管她在很多方面抱怨丈夫，但這麼久以來，她未曾因為他是造成他們問題的原因之一，而對他生氣或是煩躁。當我指出她對這個部分顯然缺少負面情緒時，她說畢竟不是他的錯。她經常想出這種「合理的」回應，但又不像表面上看起來那麼有道理或符合邏輯，事實上她回應時經常使用陳詞爛調，以打發一系列的詢問，而不是進一步闡述。

然而，A 太太沒有生她先生的氣，事實上在她訴說關於醫生、診所、其他相同處境的女性、各種程序的統計結果、她的賀爾蒙濃度時，她很少談到他。特別是，A 太太會與我、產科醫師、和（放在最後但絕非最不重要的）她的母親討論，為了要懷孕得做對哪些事：對的食物、對的維他命、對的運動。她能開車嗎？她能宴客嗎？在試管嬰兒療程後，她能否搭飛機或度假，還是這些會對孕程帶來風險？可以說，她是思慮周全的女性，極度渴望成為母親；然而，作為她的聆聽者，我不禁好奇，她認為真正能讓她懷孕的是什麼呢？針對這個問題，她給了一個相當理性的答案，說她希望「醫療程序」能夠成功，但是事實上，她是看她的生理狀態來決定這個月要對順利懷孕保有信心、還是懷抱恐懼，當然也受心理狀態影響，只是影響比較少。她興奮地報告，她依序吃完了維他命療程，現在在休息，在分析中她沒有太多情緒，所以她「覺得」她會懷孕。她以完全不切實際、幾近感人的樂觀來推算設想中的孕期，但幾週後，她的美夢將被狠狠擊碎，她會失望、無法置信，她將不得不意識到自己並沒有懷孕。她幾乎沒提到丈夫的精子數量，可能是影響受孕的因素之一。

145

我要提出一個合適的模型，來描述影響 A 太太的信念與行為的洶湧暗潮。

這個模型以此假設呈現：生殖，在她根深柢固的潛意識幻想裡，是單親事件。更準確地說，在這個模型中，母親才是必要的，父親則顯得多餘。當然，這不是一個理性的信念，我稱之為單親幻想，可以說成一種心智上的設定、結構，形塑了患者的經驗。她對受孕的感受，隱約說明受孕這項產物「只屬於」一個人，不需要另一個人的貢獻，所以她只來自她的母親，她的孩子只來自她。親子間的連結，不僅只是獨佔的關係，懷上的子女，也因為沒有外來的貢獻而（和母親）完全相同。生育這段歷程似乎意味著複製，而非生殖。在這樣的架構底下，沒有發展的可能，因為受孕的產物無法成長壯大，反而註定得排出體外，這是我的個案有時恐懼、有時渴望的結果。如同我想在本章呈現的，讓我的患者持續地想要不花一點力氣就能在身心兩方面都有創造力的潛意識幻想是：她期待我、其他人，用完成品的形式，把點子和想法交給她，讓她不用再加上任何東西。同理，她獨自創造出寶寶，不需要丈夫的創造性參與，或者不需要她主動參與，就植入她之內。

這種特殊的幻想，在 A 太太的內在世界裡起到了多種功能。她以此為防衛幫助自己屏障掉伊底帕斯衝突、與父親競爭母親的情感、和對父親（與多數男性）的強烈競爭與嫉羨。然而，在本章，我把重點放在這些幻想如何影響她的關係、她的生殖經驗，以及她身為女性、一位能思考的人的身分認同。

值得注意的是，潛意識幻想並不是一種理性的見解。當然，A 太太很清楚地知道寶寶是如何受孕的。我使用潛意識幻想（Isaacs, 1948）這個概念，來描述嬰兒在非常早期、前語言，總之是非語言的階段，試圖理解對嬰兒的內在和外在世界產生影響的經驗。潛意識幻想可能會透過身體表達出來，這些潛意識幻想不僅會在特定領域強化一個人的行為，也構成堅不可催的基石，讓人能夠合理化自己的感覺、意見與信念。要將潛意識幻想化為言語並非易事：在分析歷程中，會以各種方式、多次接觸這些幻想，因此在情感與認知之間個案建立的連結是有生命、能發展的。潛意識幻想呈現的邏輯有別於外在現實，因為它是依照非常年幼的孩子對發生在她身邊事物之理解而建構出來的。 146

為了避免誤解，我要在一開始就澄清，我所稱的單親幻想應以個人內在世界為脈絡來理解，而不應視為一種社會現象，它指的不是男人或女人因個人選擇或環境使然，而單獨養育兒女。即使是在一段穩定關係裡同住的人們，可能也會或多或少抱有這樣的潛意識信念，也就是他們的伴侶對他們的孩子來說，並非不可少的另一半。換個角度來說，一位單親媽媽，即使伴侶完全不在身邊，卻可能會在心裡堅定地視他為孩子的父親，愛或恨、尊重或斥責。

或許不同的意見會指出，一位女性能夠在不太了解另一半的狀況下懷孕，也許是和偶遇的人，僅是一場隨意的性，再無任何聯繫。事實上， 無論這段關係的兩方多麼無涉，或者關係多麼短暫，對受孕的孩子來說，男人的參與是絕對必要的。如果母親能夠認可父親無可替代的貢獻，不傾向於將父親很快的消失誤解為不存在，那麼，她便沒有落入她是唯一的父母這樣的幻想中，即使她很可能是唯一得負責任和提供愛的雙親。

然而，關於「父親在受孕之後立即消失，那還算不算父母」的這個討論帶來一個重要的寓意。寶寶從哪裡來這個問題，包括佛洛伊德在內的許多人，都認為是對人類心智發展很重要的問題，如果父親僅是一項偶然因素，只在他遵從某些社會既定準則，例如與孩子繼續維持關係時，才與孩子的存在有關，那麼這個問題要不變得毫無意義，要不就是只能以終極相對（主觀且視脈絡而定）的方式回答。同樣的爭論也應該適用於母親這方。如果一對伴侶是否為孩子的父母，是由社會的標準來決定的，那麼世代之間的關係在本質上會變得多變，由環境約定俗成，並依照習俗的演進來改變。摒棄生物學現實，視之為毫無意義，似乎讓代際關係議淪為偶然論。

147

在本章節中，我將簡要地討論，如何在不同的脈絡下辨識單親幻想，也就是在社會人類學與歷史學脈絡。在這些領域裡，我們可以看見有人用這種幻想來推動對人類起源之探問，但可能也有潛力扭曲或阻礙探究。接著，我想轉向A太太的分析之臨床素材，以討論、描述我的假設，即單親幻想增強了個案對心理活動與生殖的感受，就某些方面而言，這些感受是一模一樣的：第一個假設是，外來的力量之於促進受孕、生長和發展重不重要；其二在於，處理受孕之可能的或真實的產物的方式，無論是胎兒還是想法。

我們可以從分析中對我的移情，以及她描述與兒子、和（非常重要的）母親的關係的方式裡看出這點。在她的感覺裡，受孕失敗就像每個月反覆流產、或視從肛門排除胚胎，也就是她無法創造性地餵養的胚胎，她也用同一種方式體會分析工作裡的「失落」。最後，我會簡短討論父母配偶這個概念，以及否認這點帶來的後果。

單親、單性：人類學和歷史學省思

關於人類的起源、與其相對應的個體生殖等問題，在歷史和民族誌裡已有許多不同的闡釋。關於人類起源的信仰，如創世神話和其他宗所述，是可以區分社會和文化族群的特徵。對本章主題來說，特別值得注意的是關於單親生殖的神話和信仰。

關於人類的起源，能找到相當多圍繞著男人和女人最初先祖而開展的神話（Perelberg, 1995）。最初的父母經常（不總是）具有女性意涵，比方說，舊石器時代的「維納斯」雕像，即使她的確切意義仍不明，她仍被比作現代部落對女性神話先祖的象徵物，部落亦據此追溯自己的起源（Eliade, 1978）。有人指出，儘管從西伯利亞、到法國和義大利等，這遼闊範圍裡皆挖掘出女性雕像，卻尚未發現令人滿意的男性塑像（Young, 1993）。或者在蘇美爾泥板上發現太古海洋的象形文字，和女神納木（the goddess Nammu）——「孕育所有神靈的女性先祖先」——是相同的。根據伊利亞德（Eliade, 1978, p. 58），「這種水性的物質被認為最初的母親，她透過孤雌生殖，孕育了第一對配偶——天空（安〔An〕）和大地（琪〔Ki〕），體現了男性、女性原則。」

148

從個體生殖的角度，單親的議題已有廣泛討論。一九〇三年，根據人類學家羅斯（W. E. Roth）的描述，在澳大利亞北方昆士蘭的原住民部落，似乎不認可性交與懷孕的關連，原住民也未察覺父親在受孕歷程中所扮演的角色。爾後，人類學家馬林諾夫斯基（Malinowski, 1929）透過他研究的特羅布里恩群島（the Trobrianders）特殊的族群，一個為人熟知的文化樣例，提出人們似乎完全忽略了父親在生殖歷程的角色。爭論的戰火持續數年，一些人類學家認為，這些部落只是單純地不知曉生命的真相，但其他人並不同意，一九六六年，利奇（E. Leach）強烈地聲明，「相信沒有男性授精的狀況下得以受孕的信念，並不源自天真或無知，相反地，它們與神學上最偉大的奧祕之論點一致。」（p. 85-86）他繼續提出，這種信念是一種教條，具有社會意義，並將之類比於基督社會熟知的處女生子一說，針對這個論點，我稍後再說明。

社會人類學的探究應用在西方文化指標，例如伊底帕斯神話時，仍有其意義。李維-史陀（Levi-Strauss, 1977）筆下的伊底帕斯神話：

> 與無能有關，因為文化裡深信人類是土生土長的（……）在這個理論和知識，亦即人類實際上源自於一男一女的結合之間，找到令人滿意的過渡……伊底帕斯神話提供了一個合乎邏輯的工具，來回應最初的問題：究竟是一個人生孩子，還是兩個人？其衍生的問題是：是同一人所生，還是有不同人參與？（p. 216）

李維-史陀以他略顯獨特的方式，從結構來分析神話的「組成要素」。我的理解是，他詮釋伊底帕斯拖著浮腫的腳、掙扎地站起來，成功地殺掉了斯芬克斯，這個土生土長的「不願意允許人存活的怪物」。他活著走出來，卻因無法面對雙親的結合，而在劫難逃：神話的張力在「高估（與母親的）關係」和「低估（與父親的）關係」之間展開。與雙親過度連結的張力，和伊底帕斯勉力站起、殺掉斯芬克斯，形成對比。

我不想讓大家以為，可以簡化地使用精神分析的概念來推論神話故事的意涵。透過呈現一些非常簡明的人類學實例，我想說明的是，生殖這回事並沒有簡單的答案。即使是馬林諾夫斯基有時也困惑，他所謂的「野人」是否真如他們看起來那般無知，李維-史陀對伊底帕斯神話各個角色間的關係進行結構分析，似乎指出了理解神話的方向，在於將複雜張力表達出來，此張力源自探討人類起源議題的各種不同說法，透過神話的不同「組成要素」呈現出來。 149

在本章節後段，我將以我的患者為例，描述單親幻想與缺乏創造力有何關聯。我要強調的是，不應過分簡化應用到同時代的另一個文化，或是不同時代裡神話、宗教、社會的信念。

現在，回到西方文化的單親神話，這個神話相信神性從處女誕生，宣稱在父母沒有性交的前提之下，仍能誕生一位特殊的孩子、如神一般的兒子。宗教信仰可以用來合理化個人的潛意識信念，如同 A 太太的案例一般，她是住在天主教國家的虔誠天主教徒，她的周遭都是宗教人士，頌揚母職的價值和重要性，同時大大地忽略母職與性之間的關聯，或是迴避公開地認可，成為母親這回事無可避免地與性行為有關。醫療程序，例如人工授精，甚至是試管嬰兒（IVF）、輸卵管精卵植入術（GIFT）等，都繞過了人類的性關係，或許也增強了近乎孤雌生殖的信念，使得原本不可或缺的男性貢獻遭到漠視。女性的貢獻一樣被化約為醫療檢查的總和，真正的主角是醫師和他／她的醫療設備，受到密切關注的既不是女性、也不是未來的媽媽，而是一位病患。對 A 太太而言肯定是如此，她是國家裡第一位接受試管嬰兒的個案，也因此她成為了醫學界極為關注的對象，這點令她非常滿意。

關於生一個寶寶需要幾個人、有多大程度的差異，在爭論這些議題上，原始的特羅布里恩人、原住民與我那不快樂的患者並不孤單。一長串優秀的思想家、哲學家與醫師似乎深信：如果真的需要兩個人，那麼單一性別足矣。在生殖歷程中，另一位父母呈現出某種附屬狀態。歷史學家拉柯爾（Laqueur, 1990）曾提出一個「單性模式」的觀點，他認為，直到十八世紀，單性模式在西方世界的文化發展中是普遍可見的。他在書裡廣泛引用許多思想家，即「發現」男性和女性的性器官非常相似的學者，他們在很多情況下達成的結論是：女性是一種「較不完美的」男性。

拉柯爾提出「相信就是看見」。因為基本上要被定義為科學，就得宣稱它基於事實和經驗上的觀察；結論的威信建立在他們聲明自己是客觀的，這些觀察經過挑選作為證據和確認，印證了觀察者心中所想，即是單性模式。在這個模式的脈絡下，他提出：幾世紀以來男女之間的差異，是由文化和政治來決定性別差異。換句話說，與性別分派有關的性特質，與意識型態上的預設立場、權力關係有關，而不是來自於（隱約察覺到）解剖學上的差異。身體上的性別差異是社會需求的結果，而非原因。拉柯爾用大量的歷史素材支持這個論點：「直到十九世紀中葉，當人們發現兩種不同的生殖細胞（卵子和精子）結合才形成胚胎之前，都極有可能相信父親一點也不重要。」（p. 57）。拉柯爾建議「可以把單性模式解讀成……保護天父的練習，他代表的不僅是秩序，也代表文明本身的存在。」（p. 58）從歷史角度而言，單性模式確實（經常明確地）假設男性為優，而這並非此模式所固有的。相反地，如同拉柯爾指出的，「古典模式裡真正的問題並不是……為什麼是女人？更棘手的問題反而是：為什麼是男人？」（p. 20）在生殖歷程裡，女性顯然是不可或缺的，而男性的風險在於，如同偶爾發生的那樣，被認為僅只是為了「點燃」受孕歷程。 150

稍後我將討論，為了維持單親幻想必須否認在自己的經驗裡，曾經有過具創造力的父母配偶；在這個脈絡下思考單性模式，我認為重要的差異並非哪種性別被認為是唯一的參考標準，甚至不是女性和男性之間是否存有客觀差異——胚胎的早期階段並沒有可辨識的解剖學差異，至於染色體的差異，也沒有解答女和男之間的差異是如何被察覺與經驗的問題；問題是：除了（無論是明顯或隱微地）與另一性別對照之外，思考一種性別是否還有意義。定義兩種性別的張力，或多或少是為了與另一者相互接近，文化元素中特別能看見這點，體現在社會性別化上，也就是歷史上定義一種性別的特性，必得參照另一種性別，無論比照其相異或相似之處。社會性別，帶有其文化和政治意涵，一直是定義和理解性別差異與歷程的決定性因素。在社會性別方面，潛意識中的單親幻想是行得通的。這麼一來，性別差異裡重要的是，一種性別是在本質上具有創造力的，而另一種則是某程度上處於附屬地位，服務著創造行動，而非參與其中。

簡要地回顧生殖和性別的神話與歷史記載顯示了，創世神話和醫學研究一樣，都可看做是在嘗試去接受並進一步發展一些核心的問題、一些引人深思的問題。我們可以把個人的精神病理表現視為一個人面對這些困境時的最終解決辦法，儘管這些解決之道或多或少地必須存在，是因為存在著造成問題的因素，這些因素防礙了和諧的發展，因而無法得出更為實際的結論。我意在說明這看似簡單的生殖議題的複雜性。現在，我將試著描述 A 太太，一位在與這個問題和其遇到的困難搏鬥的人，而這些難題都能在精神分析治療的脈絡中獲得理解。

151

A 太太和單親潛意識幻想：臨床片段

先前，我討論過這個命題：有時潛意識幻想是構成想法和行為的（隱藏的）基礎。現在，我要回到患者 A 太太身上，以一些臨床素材闡釋這個論點。我會試著描述，在解讀臨床素材中相對連貫的單親生殖幻想時，所需的詮釋工作。我將探討：在患者與我的關係中，我如何認為自己能找到映照此幻想的移情元素；另外，在她陳述的與兒子和母親的關係中，如何找到相似的和其他的元素。最後，我會指出此種單親潛意識幻想可能會干擾心理上的創造力。

A 太太的背景：雙親似乎有一段穩定的婚姻，鮮少談論父親、對他不屑一顧；經常且非常讚賞母親。她有一位較年幼的手足，在她一歲半時出世。她說母親第二次懷孕有些狀況，出現未明的醫療併發症。

分析療程裡「此時此刻」的移情，提供了與患者內在世界有關的強力資訊來源。長久以來，理想化的關係似乎出現在診療室裡：我的患者或早或晚，最終都會同意我說的話，儘管我的意見似乎對她的思考方式沒有絲毫影響。多年的分析裡，她總是順從地回應詮釋，傾向於用陳腔爛調來解釋她的感受，很少表現出自發性、獨創性或創造力。在療程中，她的表現似乎和她說的在校表現如出一徹，也就是表現勤奮、唯獨缺乏創造力。她看起來是位「好患者」，總是接受我說的一切來與我合作。有時，她會流淚，但鮮少坦白她的憤怒，對於毫無防備地表達情感她顯得小心翼翼。她告訴我，她對我既不喜歡也不討厭，因為我們的關係是「專業的」，意味著沒有人味、有些疏遠。漸漸地，她開始意識到，表面之下，有時她會對我有非常負面的感覺。她也覺得，由我來決定休假日期非常地不公平，譬如她決定在不同天放假，或是因為醫院的不孕療程不得不取消預約，卻又必須為錯過的療程付費時。曾經有一次，在分析一年之後、她成功懷孕之前，我提起，她覺得我收取費用代表的意義是她應該前來療程，儘管這可能會危害她的不孕治療。她用悲傷、無奈的聲音回答，我期望她

152

不計代價地前來分析當然是對的，是她不夠了解，她不應該錯過任何療程。她沒有說的是，我的嚴格規定，亦即分析應該比她的不孕療程還重要，讓她感到殘酷無情。

在這次交談後又過了幾次療程，她帶了一個夢來。這是我的診療室搬到新地點，一個與其他分析師共用的地方之後的第一次療程。一開始，A 太太說這個地方真好，她在候診區遇到了其他人；接著她開始告訴我夢境。她正在接受醫療程序，也許已經懷孕了，但是她需要輸血。她請一位女醫師幫她，但是女醫師拒絕了，因為她很忙、有很多事得做。A 太太懇求道：「這次懷孕太重要了！」醫生說，別人可以為她輸血，但是附近沒有其他人。患者接著告訴我下次的試管嬰兒療程，說這個月似乎不太對勁，她忙著安排假期，但是她覺得兩、三個月後這個療程就行得通了。我點出，她在說的也是分析，我剛搬到新地點，她認為我應該很忙，擔心她的分析這一陣子會不順暢。她同意並補充：如果剛搬家的是她，她會無法關注其他任何事情。接著，她說她想當重要的人，可是她覺得自己不是。

我認為，我呈現的素材總和了 A 太太經常傳達給我的複雜情感：迫切而無望的需求，卻很少如此直接地表達出來，她依賴一個冷漠而且終將非常殘酷的客體，很清楚地是指我——這個本該在她最困難的時候提供協助的人。此外，她試圖以稱讚新的診療室來討好我，沒提起那些讓她煩躁與憤怒的想法（我可能無法如往常般專心聽她說話），還有她需要「讓一切看似無恙」，比方說談論她的假期。

然而，與我目前論點最直接相關的溝通交流在於，她對我的感受與反應的經驗；她肯定地表示我的感受與反應和她的相同。

如同在她的夢裡暗示的、在她的自由聯想中說出的，想當然爾，我無法給予她恰當的關注；確實，當她滿心思都是假期時，我無法進行分析，就如同她無法開始懷孕那樣。關於她的溝通，我的理解是：她並沒有想到我是否會做出和她一樣的反應，但她很確定我的感覺跟她的感覺一樣。在此處和其他素材中，她如此確定我的感受，顯示了 A 太太相信她和我的心智功能，與其說是相似，不如說相同。這是一個重要的差異。如果她不斷地想，或者害怕，不知道我的心智狀態是否和她一樣，那麼她的心就會有空間，問這個痛苦但富想像力的問題：她對我的心智狀態的期待，可以因為記憶、反思、情感、整合她的對立兩面，而豐富、逐漸走向進一步的發展。然而，對她來說此局勢早已底定、木已成舟，沒有必要、沒有空間去發展思考或情感。

約莫一年後，A 太太懷孕了。先是在分析裡，她意識到她的失望：一直在為她治療不孕症的知名老教授將部分工作委派給他的助手，一名女醫師。患者這才開始注意到自己有被遺棄的感覺，以及她嫉妒其他仍由他照顧的病患。此外，差不多在她真的懷上孩子時，她隨口說道，正在治療她的女醫師好像是懷孕了。幾週後，事情更明確，證實了女醫師懷孕了。

現在，我要概述一次在患者生完孩子大約十個月後的療程，從中，我們可以對這段複雜的關係（她、她的兒子、在這個家庭裡她的丈夫被看待的方式）有點印象。這次療程大約發生在上面提到的夢之後兩年。

A 太太以有幾件事情想告訴我開頭。她總是如此開場……昨日的療程似乎遙不可及。（確實，在療程中，她經常用相似的評語開頭，給人的印象是：前一次療程的工作，某個程度上已經從她的心裡消失了，而且那次的工作得再做一次，但對此，她無能為力。）

接著，她繼續抱怨丈夫，據她所言，比起她，他更在意他的父母。她似乎特別憎恨他留給母親的時間，這位在自己的丈夫外出工作時失落和孤單的母親。她也明確表示，她不信任婆婆會妥善照顧孩子。（我心想，對她的丈夫和他家人的責難正在積累，讓他們看來不適配且冷漠、對她和孩子來說毫無用處。）我提醒她，前一天她將自己對丈夫的憤怒、與她自己和寶寶美好的關係做了對照。她不苟同，但說她確實想談兒子的事。

昨天，她們和其他的媽媽寶寶們一起去了學前遊戲班。那些寶寶比她兒子年幼，但有一些長得比兒子高大，寶寶們用杯子喝果汁，但是對於十個月大的兒子來說，「讓他喝下一百毫升的果汁，會是一場整天的戰爭。」（患者似乎很擔心孩子的液體攝取量，我不大確定他是否還在喝母乳）我說，據我所知，他還在喝母乳。是的，她說醫生說她該停了，但是他沒有奶嘴，也不吸手指，他的唯一安撫物是乳房。我點出，寶寶似乎過得不錯，然而她讓自己為他而忙，測量和擔心著果汁（回顧我的評論，我想我是擔心這個狀況：親餵的母親與心滿意足的寶寶被忽視了，我的患者仗著醫師迎合病患要求而給出的意見，正變成一板一眼、斤斤計較的果汁供應商。她似乎一心想剝奪自己和孩子都滿意的哺乳狀況，毫不意外地一場與孩子的戰爭已經展開。然而，A 太太的焦慮具有高度侵入性，在這個／和其他情況下，她的焦慮似乎集中於她的孩子和其他孩子的比較上）。

154

她同意，她從沒想過讓兒子喝奶粉。（我認為，A 太太說沒想過餵奶粉這點是真的：親餵兒子的關係，如其所是的親密且賦予生命，現在無可避免地到達終點，而分離對她來說實在無法想像。此時，我們停止討論哺乳，我的印象是，她並沒有因為談話而變得更強大，也沒有對孩子的健康或自己的照顧能力感到放心。在短暫的沉默後，她開始說下一句話，用一個典型的「隨便啦～」，表示這個主題已經結束，從她的心中消失。）

無論如何，昨天的狀況是：一開始一切都很好，很快地兒子哭了起來，他們不得不離開。她並不介意，畢竟她並不開心。在踏出門的那刻，兒子不哭了，她的眼角餘光看到他微微一笑，於是她說：「你這個小兔崽子！」但是她很高興他只想和她在一起。寶寶露出燦爛的笑容，睡了一覺後，他心情很好。我問她，是否覺得兒子表達出和她一樣的感受，也就是其他人，包括她的丈夫和其他的媽媽們都令人厭倦，他們最好單獨在一起，只有母子倆。她同意，並說有一些狀況不是這樣，她甚至不喜歡她兒子和爸爸在一起。有時她會設計一些小測試，看看丈夫是否合格（有能力單獨照顧小孩），但是就像她期望的一樣，他做不到。我指出，如此一來，她的先生會因此被排除在她和孩子的理想關係之外，意思是他是不必要的，也許，如今某些她對婆婆的恨，源自於老太太是如此想念她自己的丈夫。A 太太同意，她與婆婆對男人的看法的確非常不同，並舉了一些例子，但仍是用經常重複的陳腔爛調總結那次療程，希望她的先生能與眾不同，並且與她更親近。

155

我選擇以此次療程來描繪，A 太太多麼強烈地希望將其他人排除在她和兒子的關係之外，甚至為此犧牲了他的發展和她的樂趣；特別是她的先生，顯然被視為不值得信賴而且是不必要的。她侵入性地操縱寶寶與外在世界的接觸，數算著小男生應當喝多少容量的果汁，同時否認了他們共同創造的哺餵經驗，這是一段相當成功、卻漸進尾聲的經驗。在她說她沒有想過之後，我對於餵母乳的看法也被她拋諸腦後。

A 太太和兒子之間獨有的連結，以及其意涵的進一步證據，可在她對他們的親密關係的描述中發現，她企圖以犧牲他的獨立性來維持這種關係。有時，她似乎很擔心，但言談間又常帶著滿足的微笑，她說她覺得他表現得很好、有禮害羞、一點也不吵鬧。她會指出他不像其他的男孩子，反而表現得像她自己孩提時的模樣。她認為丈夫和他的母親的關係，與她和兒子的關係之間並沒有相似之處。她堅持，小男孩就像她自己，他們、和她與母親那樣親密，亦即分析開始時她眼中完美的母親：「她不可能做得比母親更好。」

A 太太和母親的緊密連結體現在很多方面，特別是在剛開始分析時，對她來說一點問題也沒有。不誇張，每個決定她都得徵詢母親的意見，包括自己家裡的壁紙顏色。不過，沒關係，因為媽媽「真的比較懂」。和我在一起時，她順從且友善，然而，正如夢所呈現的，她覺得我——這位醫師——非常殘忍、冷漠，準備從她身上收回她最渴望的，足以確認她懷孕的「輸血」。

努力懷孕的過程中，她有時會夢見一個孩子，是她的孩子，但因為被綁架或偷走，而沒有和她在一起。終於懷孕時，她總是擔心自己會發生不好的事情，她談到了「因迷信邪惡之眼而來的恐懼」，可能會用某種方式傷害她的孩子。

拒絕，總在拐角處。如果她覺得自己被某個重要的人，例如：我或是她的丈夫，惡劣、甚至殘忍的對待，就像夢裡那樣，她會接受，並且為侵略她的人辯護。她對丈夫的所有抱怨都是精心設計過的，所以如她認為的，什麼都不會改變，她說，改變只會變得更糟，而且她的丈夫會拋棄她。帶著討好的態度，她傳達著一種恐懼：除非遵守一些嚴格的潛規則，否則她會被我趕出去；其中一條規則似乎要求她得依賴我。某次，她帶來給我的一些素材指出，她認為分析是她忙碌生活中的另一項要求，如果不用接受分析的話，她會很高興。我的詮釋是，她覺得不需要我。下一次的療程，她顯得憂傷，她很確定我打算中止她的分析，因為她表達了不需要我的感覺，我一定會對她不知感激而生氣。她試著向我保證，事實上她需要我，她相當清楚。我們終於理解這一切是在移情裡重現她與母親的經驗，她的母親可以無情地切斷與女兒的任何情感連結，除非她（女兒）全然地依賴。有很長一段時間，她認為母親的這種態度是完全合理的。 156

母與女：創造、還是重複？

我打算用模型來概念化這位女性與她的母親、兒子之間非常緊密的關係，同時丈夫和父親都缺席，以及她難以接受在分析關係裡，我和她在身分上的差異。在這個模型裡，創造的歷程本應是結合不同的元素，帶來新的結論，卻被相同的複製所取代了。後者，不需要「另一個人」的參與來實現想望的結果，不需要接觸可能令人挫折、或滿足的外在現實，也不需要因為一個新的分析洞見而（迴避不了）挑戰自己的認同，一如新生兒在主張自己與新生父母的關係時，會遇到的身分認同危機。

在這種情況下，A 太太在治療她的醫生懷孕後幾週內也懷孕了的這點，就顯得很重要了，儘管她無法談論她對醫生的感受，她堅稱與這位醫生單純僅有專業關係。

然而，A 太太經常注意到她與母親之間的相似處，隨著分析進展，她越來越不安，特別是關於她們在思考為人母親的方式時。我的假設是：A 太太有一個可以追溯到嬰兒期早期的（潛意識）幻想，建立在母親和女兒之間「相同」的這個基礎之上，因而導致她期待生一個和她一樣的孩子，就像是母親生她的時候那樣。如果父親，身為不可或缺的另一位父母能被消滅，那麼她與母親之間的關鍵區別也將消失。在伊底帕斯配偶之外，母親作為成人的性意涵已成為空洞的符號。最後，懷孕不是生殖過程的結果，而是身體輸血的結果。隨著父親消失，從母親那兒傳輸來的「完成品寶寶」，無可避免地意味著她的身體缺乏創造的能力。這個僵固的想法，平行地展現於她心智上的缺乏創造力。與母親的分化失敗、迴避父親，用拉岡的話來說，使得她無法使用「象徵語體」（symbolic register）。

157

A 太太與母親的影像融為一體，置她於理想化的懷抱中，在那兒，她只能將自己鑄造成母親，而非做她自己。擺脫這種擁抱意味著，一方面她會失去與母親的理想化關係，類似孩子與她的關係，那個丈夫／父親被排除在外、而且被視為無用的，母－子關係的一環。另一方面，她的心裡似乎沒有逐漸成形的分離感：如果她不符合母親（或分析師）的期待，那麼理應善於悉心照料她的人，就隨時準備好要擺脫或是拋棄她。為了避免這場災難，她的策略之一是順服和忍耐，在分析中，這意味著接受所有我做的詮釋、像個乖巧的小女孩重複我說的話。這麼一來，她放棄了自己的創造力，只能擁有母親或分析師的想法。因為這段歷程裡，討好的本質是如此根本，而且無所不在，這種方式下得到的想法是無法被她自己或是其他人改變或豐富的。她從我這兒得到所謂的想法，是特定的、明確的、毫無生氣的產物，這些都不應在她心中發展，並且壽命有限。在不同的場合、不同的日子，她需要不同的想法，如同在她的夢裡，她需要輸血才能懷孕，或者才能維持並支持她的孕程。她缺乏滋養和思考自己的想法的能力，在這個案例中，我將這種能力視為與母性功能相同。

認同母親的概念很複雜，並且可能使人困惑。A 太太被困在對僵化、理想化的母親的認同裡，並把這份認同「寄託在」外在現實中的母親身上，過去她經常仰賴這位母親的建議，然而這些建議對她而言卻像是僵化的內在客體，比如：她試著去猜在某些情況下，什麼是「正確」該做的事。她沒能內化具有創造性的母性功能，對一位母親來說，從胚胎受孕，到她能夠真實、恰當地回應孩子的情感溝通，此功能都綿延不斷地發揮功用。

成功地內化母性功能，似乎需要孩子有能力區辨母親和她自己，也就是之於母親自己是女兒，並且能認識到母親和父親的關係，這段孩子無法介入的關係。換句話說，為了將母性功能內化，小女孩必須接受她目前尚未擁有這項功能。

我之所以使用「功能」這個概念，是因為它沒有具體的指涉什麼，無論它指的是心理領域或是生理領域，都同樣饒富意義。這意味著培養自己成為一位母親的能力，而某個程度上，我的患者以模仿或重複她認為母親會怎麼做，來取代這種能力。當 A 太太的醫師懷孕時，可能是她的複製傾向促成了她自己的懷孕。 158
然而，A 太太否認兩者之間有任何關連。

如果我們視母性為一種功能，那麼其中存在的抽象元素就能創造出一個空間。在這個空間裡，特定的經驗會填滿每個特定的情境，然而這種填滿得視狀況而定，無法預先決定，也不能是重複先前的行為。母性的功能無法以固定、特定的姿態實現，需要擁有不斷的臨場創造力。可是我的患者無法觸及這個抽象層次，並且受困在特定的示例之中。然而，她的母性創造力並沒有缺席，而是在分析中進一步發展，只是有時非常有限，取而代之的是，她試圖做母親眼裡正確的事。她需要一個寶寶來證明自己的創造力，但是，這個「證據」只有在寶寶還是寶寶的時候才有效，所以需要再一個證據、下一個證據……不停地。

A 太太成年後不孕帶來的失望，與她幼兒期的自大全能願望帶來的苦澀和固執產生共鳴。在談及想要孩子的願望時，她拒絕思考丈夫的困難，並對我說：「這是真的！我的確不要想這個！我真的不相信這（丈夫不孕）很重要！不要想，有什麼問題嗎？如果我去想，那會讓我陷入低潮。」她說得很清楚，比起不得不接受令人憂鬱的現實，癡心妄想更吸引人；同樣地，在她心裡，她還沒放棄那個與母親建立特殊、特別美好關係的潛意識幻想。第二次懷孕的哀悼歷程很困難，因為在她的童年早期，她沒有機會接受自己和母親不一樣；母親的創造力是有能力和父親一起生育另一個孩子。我相信，從小她就沒有內化，她是孩子、與（性成熟的）母親不同，成年之後，她無法向自己身上那位性成熟的女子尋求協助，而是困在嬰兒的信念系統裡，像個幼兒般徹底絕望、挫折地踱腳，無法理解她的願望為何不會實現。

許多作者都曾注意並討論過，以恰當的方式認識並且接受，這份源自兒童期、或是更後期（特別是針對母親）的攻擊性情緒的重要性。迪諾拉．派因斯（1993）描述了難以受孕或維持孕程的女性，與自己的母親之間複雜的心理關係。負面情緒，例如恐懼、生氣和憤怒，如果過度強烈，女性就會難以認同好的、善意的、具創造力的母性形象。在某些狀況下，這可能意味著重複性地終止妊娠，另一些狀況則是，如果已經不可能當媽媽了，這些女人在自己的心裡可能無法找到一位能令她寬心的人，幫助她哀悼育兒的願望、也幫助她在其他領域發揮她的創造力。 159

梅蘭妮・克萊恩（1957）點出一種特定類型的攻擊與缺乏創造力的關聯，她寫道：

> 對創造力的嫉羨是擾亂創造性過程的一項重大元素……被強烈的嫉羨投射的超我型人物，變得特別具有迫害性，並干擾了思考歷程和每項有生產力的活動，最終干擾了創造力（p. 202）。

我們或許躊躇，是否能明確地將嫉羨感歸咎給嬰兒；我認為，在我的患者的例子中，我們可能過度地簡化了她的困境。然而，她性格中的一些特質的確說明了處理嫉羨的難題，例如：在她的婚姻裡，她傾向於與丈夫競爭，一如她和多數男性競爭。她對邪惡之眼的恐懼，也指出了她對嫉羨對象有一種深層的、原始的恐懼。此外，她和母親之間的比較讓她自尊耗盡，因為她認為（理想化的）母親需要不停歇的讚美和支持，而患者必須藉由讓自己差上一截、需要建議與協助來提供這份讚美。

我想對患者的經歷中，缺席的父親（無論是她的父親、或是孩子的父親）多做一些思量。我曾在（1993）一篇文章中探討，關於認知到父親作為一個人、與嬰兒和母親有別，孩子被排除在父母親連結的關係之外的重要性。在此之前，嬰兒必須有能力允許未知的事物存在；在他／她的心智中或是外在的世界裡，這種能力和上述的認知到父親，兩者密切相關。作為一個獨立個體，父親無法被嬰兒概念化，而是逐漸認識到，他是在母親的生活中佔了一個位置的人，一個孩子無法觸及的位置。在這個理論模型中，孩子構思出一個未知空間的能力裡，棲息著人與人的關係，而非僅仰賴自己，這種能力是她未來能夠允許自己在心中發展新的、不可預測的、有創造力的想法的前身。

我在前文討論的解釋模型，側重於單親的原始潛意識幻想。然而，支撐起這條思路的臨床素材，可以用不同的方式解讀；確實，它們能夠在分析治療的不同階段、在不同的層次上來詮釋。特別是，也可以想成，透過消滅父母之一直接實現防衛功能，因而讓我的患者避免了伊底帕斯衝突。彷彿還不夠似的，在 A 太太的案例中，她很不自在地意識到自己在專業上與男性的競爭，也和丈夫競爭，雖然她很不屑陰莖－嫉羨這樣的說詞，但她說，由男人發明這個詞彙一點也不是巧合，她無法否認自己對男性陽具能力的憎恨，並且對需要有男人的陰莖才能生孩子這點深感其擾。摒棄父母其中一方，讓孩子能夠否認需求，同時支持她認同一位全能的父母。利門塔尼（1991）描述了分析師是如何陷入否認父親重要性的境地中的，更不用說是患者了。他指出，事實上，一位缺席的父親透過他的「不在」非常有份量地存在著。沒有人比分析師更清楚這點，因為他／她的患者必須透過將分析師貶低為無能的父親，才能維持自己的伊底帕斯勝利。

160

思考與父母配偶

「父母配偶」這個概念，是具象地描述導向創造行為之內在歷程的方式。此意像根源於一個人對於父母不在自己掌控下的認知，帶著（一些）愛連結，創造新生命。配偶這個概念，強調出兩個人的存在，彼此關連以產生創造性結果。在精神分析理論的最新發展中，創造性的父母配偶在成功被內化後，被視為開展了創造性思考歷程的道路，在此，允許不同的想法加入、允許新的想法繼續發展。在克萊恩學派論伊底帕斯情結的選集中，布里頓將觀察和學習的能力，與在伊底帕斯三角中處於「第三者位置」的經驗連結起來：

> 如果在愛與恨裡，父母之間的連結能被感知到，能夠為孩子的心智所容忍，那麼它就為孩子提供了第三種的客體關係原型，在這種關係裡，他可以是見證者，而不是參與者。（Britton et al., 1989, p. 87）

用「父母配偶」這一詞所指涉的心理結構發展既複雜且困難重重。這須要承認父母雙方都是獨立於自己之外的個體，能夠進行創造性活動，並且顧名思義，孩子不能參與這場創造性活動；父母之間的性別差異在在說明著，個人的有限性，以及對另一方的需求。

據法國分析師潔妮・查瑟蓋-斯米格爾（Chasseguet-Smirgel）所言，在發展出倒錯的解決方式之路上，也就是殲滅性別和世代差異的道路上，否認差異扮演了至關重要的角色。倒錯的方式否認了，發生在父母之間的成人性行為與兒童性活動之間的差異，即前性器期和性器期之間的差異。羅恩・布里頓等人（1989）提出「伊底帕斯幻覺」這個說法，描述一種潛意識幻想，這種幻想迴避了認知父母關係、與親－子關係之間存在著本質上的差異，在提出這種幻想時他們並沒有特別指涉倒錯的個案（p. 94）。

查瑟蓋-斯米格爾（1985）提出，在肛門期的發育階段，會有將一切體驗為相同的傾向，而肛門期先於前性器期。倒錯的方式否認了差異。然而，歸根究底，「試圖用一般發展裡更早的階段取代性器期，是對現實的抗拒，是試圖用虛假和偽裝的世界來代替現實。」（pp. 127-128）她指出倒錯與未能內化父性功能兩者的關聯性，這種父性功能是「阻斷亂倫的屏障」（p. 121）。貶低父親和他成人性器期的性，是為了朝向前性器的、與母親融合。欣賞現實和思考的能力在這段歷程中被拋棄。為了抵消逐漸意識到自己倒錯式依戀內的、嬰兒般原始的本質，才建立並培養了理想化傾向，事實上查瑟蓋-斯米格爾也將之描述為一種「理想化的衝動」（p. 91）。

161

我的患者 A 太太並沒有任何臨床形式的倒錯，但似乎有一些可能會造成倒錯的元素，對她的精神病理狀況造成了影響。她對我和理想化母親的順從，反映出深層的困境，亦即她難以用自己的想法進行創造性思考。「思考：就是敵人」，查瑟蓋-斯米格爾這麼寫，她描述，施加暴力攻擊是為了拒絕認識差異、和隨之而來的現實；或許她是為了 A 太太而寫。

這種理想化與母親之間的獨佔關係的衝動，使得患者心中沒有空間讓父母能有具創造力的性關係，而這是阻礙患者發展自己的創造力的重大因素。為了保護自己不要傷痛地覺察到困境，她必須不能思考，而這又讓她離創造力更遠了。

結語

本章，我描述了一種潛意識幻想，我相信它努力地回答了「嬰兒從哪裡來」這個問題。透過一些歷史和社會人類學的素材，我說明「為何是雙親，而非單親」這個問題，其由來已久、且有著引人注目的歷史。在我的患者的人生中，單親的潛意識幻想意味著強大的限制，限制著她的創造力。這種幻想企圖彌補、掩蓋絕望感，當患者無法找到一位有生命力和真切有創造力的母性人物時。我也探討了這種潛意識幻想如何干擾她的思考歷程和生殖經驗。

參考文獻

Britton, R., Feldman, M. and O'Shaughnessy, E. (eds) (1989) *The Oedipus Complex Today: Clinical Implications*, London: Karnac Books.

Chasseguet-Smirgel, J. (1985) *Creativity and Perversion*, London: Free Association Books.

Eliade, M. (1978) *A History of Religious Ideas*, Chicago: The University of Chicago Press.

Isaacs, S. (1948) 'The nature and function of phantasy', *Int. J. Psychoanal*. 29: 73–97.

Klein, M. (1957) 'Envy and gratitude', in *Envy and Gratitude and Other Works*, London: Hogarth and the Institute of Psycho-Analysis.

Laqueur, T. (1990) *Making Sex: Body and Gender from the Greeks to Freud*, Cambridge, Mass.: Harvard University Press.

Leach, E. (1966) 'Virgin birth', *Proceedings of the Royal Anthropological Institute* 33–39.

Lévi-Strauss, C. (1977) *Structural Anthropology*, London and New York: Allan Lane.

Limentani, A. (1991) 'Neglected fathers in the aetiology and treatment of sexual deviations', *Int. J. Psychoanal*. 72: 573–584.

Malinowski, B. (1929) *The Sexual Lives of Savages in North-Western Melanesia*, London: Kegan Paul.

Mariotti, P. (1993) 'The analyst's pregnancy: the patient, the analyst and the space of the unknown', *Int. J. Psychoanal*. 74: 151–163.

Perelberg, R.J. (1995) 'The psychoanalytic understanding and treatment of violence: a review of the literature and some new formulations. Pre-circulated paper to the 16th International Colloqium at the Anna Freud Centre', *Bulletin of the Anna Freud Centre* 18: 89–122.
Pines, D. (1993) *A woman's Unconscious Use of her Body*, London: Virago Press.
Young, G. (1993) *The Dying Goddess*, Pittsburgh: Dorrance Publishing Co.

【第九章】母親和寶寶的相互欣賞：兩人的瘋狂？

163

戴博拉・施泰納（Deborah Steiner）
英國精神分析學會的兒童與成人分析師

受到祝福的寶貝…………當，他的靈魂
宣稱與塵世中的靈魂有著血緣
從他的母親眼中搜羅熱情

（華滋華斯，《序曲 2》，1805）

華滋華斯《序曲》中的這幾行詩生動地捕捉了，在母親和新生寶寶接觸時的某些特質：在一個忘卻外在的片刻裡，全情投入地相互尋找，喚醒了局外人或旁觀者心中非常複雜的情緒。這也點出，母親熱情地欣賞寶寶，反之亦然，是寶寶良好生命開端的理想成分。

本章，我想探討非常早期的母／嬰關係中的元素，這些元素帶來了令許多母親既煩憂、又滿足的奇特且獨一無二的熱烈情感。我將試著運用一位在分析期間產下第一位孩子的患者之素材來說明，母親和寶寶之間的（如果要使關係成長茁壯，這個階段是至關重要的）密切互動，也包含衝突和困難的種子，這是多數母親在這個階段和後來的離乳階段，在允許寶寶分離時會遇到的。我想從戀愛的角度來看待這段原初的關係，兩人的瘋狂（folie à deux），母嬰雙方都熱切且願意投入，同時排除緊逼而來的伊底帕斯敵手－父親，這位也象徵外在現實的人是重要的因素。

164 在論達文西的文章裡，佛洛伊德強調了母親和嬰兒之間原初依附的情慾本質：

> 母親對她所哺育和照顧的嬰兒的愛，比起她後來對於成長中的孩子的愛，要深刻許多。本質上，這是一種是令人全然滿足的愛情關係，不僅滿足了每一個心願，也滿足每一個生理需求；如果它代表的是人類可以實現的幸福形式之一，那在很大的程度上是因為它提供了一種可能性，使長期受到壓抑的願望衝動（稱之為倒錯）可以不受責備地獲得滿足。（1910, p. 117）

佛洛伊德暗示，在原初的關係裡，母親潛意識中滿足性的需求，和意識中滿足嬰兒的情感與生理需求的願望一樣強大。他也暗示，隨著孩子的成長，這段「戀情」會結束或改變。

我所關注的階段，大約是溫尼考特描述的在「原初母性全神貫注」狀態的母親（1958）。他認為這是一段「高度敏感階段……尤其是在孕期快結束時……在孩子出生後持續數週」（p. 302）。溫尼考特的「全神貫注」引發了關於母親全神貫注於什麼或誰的問題，而這正是我想提出的。然而，溫尼考特繼續說道：「唯有當母親以我所描述的方式變得敏感時，她才能感覺自己設身處地地為嬰兒著想，從而滿足他的需求。」（p. 304），對我來說，這引起了一個潛在的危險處境，即雙方可能都無法取得並使用母親的意識和成人功能。

與這種情況相關的另一個問題是，一位平凡母親和嬰兒之間熱烈地相互欣賞的片刻，會不會對嬰兒的發展起到重要的功用。一位在非常早的生命階段裡，從未有過這樣的片刻、從未覺得自己對母親（或其他長期穩定的照顧者）來說絕對是世界上最重要的人，這樣的嬰兒，人們能想像他會成長茁壯嗎？

這樣熱烈的時刻涉及了對客體和自體的理想化。這樣的時刻存在一種相互的投射性認同狀態，在此，寶寶和母親不受歡迎的，或是危險的面向都會分裂出去，並覺得它們屬於他處，也許是在父親、母親的父母或其他手足身上。這麼一來，提高了親密感，分離、和孤獨感被拒於門外。對新生兒來說，這種在生理和心理層面與母親密切的交流，代表的是生與死之間的差異。對母親來說，這又代表什麼呢？或許可以這麼假設：有了新生兒的母親，既要哀悼失去待在子宮裡的寶寶，以及，就某個程度來說是幻想中的寶寶，同時必須與真正的嬰兒，也就是她必須有意識地努力養育的嬰兒建立關係。

梅蘭妮·克萊恩在〈論孤獨感〉一文中寫道：

> 整合……意味著失去一些理想化，無論是客體還是一部分的自體，這從生命伊始就在與好客體的關係上染了基調。意識到好客體永遠無法接近理想化客體所期待的那般完美，使理想化破滅，更痛苦的是，意識到自體裡沒有真正理想的部分……對理想化的需求從未被真正放棄，即使在正常的發展中，迎面而來的內在和外在的現實，往往會削弱它。（1963, p. 305）

165 她繼續引用一位患者的話說，當自體和客體的理想化消逝，他覺得「魅力離他而去」，讓人鬆一口氣，但也帶來一種孤獨感。

佛洛伊德多次提及早期母／嬰關係中的誘惑元素。在論達文西的文章中，他似乎認為蒙娜麗莎的微笑既誘人又冷酷，可能是藝術家對童年經驗到的母親的表達：父親不在時，母親對他有著溫柔又熱切的依戀，卻又將他交給另一個女人照顧。後來，在論〈女性氣質〉（1933, p.124）的篇章裡，佛洛伊德談到「愛裡的蔑視與失望，隨著禁令而來的嫉妒和誘惑」，一切皆源於這段最早的關係，使它帶有濃烈戀情的色彩。

強．拉普朗石（J. Laplanche）在《精神分析的新基礎》（*New Foundations for Psychoanalysis*, 1989）一書中，進一步提出了原初誘惑的概念，即母親的溫柔和生理照顧對嬰兒有著無法抗拒的誘惑力；他主張「偏差的成年人」，例如：具誘惑力的母親，是因為：

> 有鑑於兒童會繼續存在於成人之內，面對孩子的成人特別容易表現出偏差行為，且有搞砸或甚至採取（行為舉止等）象徵性舉動的傾向，因為他被捲入了與另外一個自己的關係之中，一個與他過往的自己的關係。

我會說，這指的是母親的參與，她將自身嬰兒期的自體投射給寶寶，並且欣賞他／她、愛他／她，而這是關係發展的必然過程。然而，嬰兒作為一個獨立個體的發展，也取決於母親覺知到自己的不同面向的能力，既愛又恨，因此不理想化。

拉普朗石繼續問這個問題：

> 精神分析理論能否繼續無視女性潛意識、性慾上關注乳房的程度？乳房，似乎是天然的哺乳器官。難以相信嬰兒會沒有注意到這種性灌注……難以相信嬰兒會不懷疑這種灌注是一個惱人問題的根源：除了喝奶的我，乳房還想從我這裡得到什麼，它為什麼想要哺育我呢？

在此脈絡下，使用「倒錯」和「違常」之類的詞似乎令人不安，因為這些詞彙挑戰了我們理想化母／嬰雙人組合，並使其不受攻擊和性等感覺污染的傾向。雖然不想過分強調此類比，但這些問題好比患者問分析師：「為什麼你要這麼做？為什麼你對我這麼有興趣？你想從我這裡得到什麼？你從中得到了什麼？」等分析師必須不斷問自己的問題。在我看來，倒錯和違常的因素在某個程度上源於關係的不平等，也來自於透過權力和理想化、一直存在且想要被滿足的願望。如果這種想要被欣賞和被理想化的願望持續地以潛意識和未被認知的方式，留存於分析師心中，那麼分析的關係將會處在**兩人的瘋狂**的風險之中，也因此會無法處理患者情感生活中較混亂的那面。 166

在一篇名為〈一位精神分析師看催眠師：對兩人的瘋狂的研究〉（1944）的有趣文章中，阿爾伯特・亞伯拉罕・梅森（A. A. Mason）更進一步提出誘惑的相互性。他主張，成功的催眠恍惚狀態是對強大的投射性認同的強烈移情幻想：

> 這種幻想最戲劇化和強大的效果，來自它以最原始的方式存在時，例如：患者的神奇和自大全能式幻想，以及當這類患者遇上同樣擁有此強大幻想的治療師時。

這時，「我想占有」，順著此願望推論與鏡映，例如：「我可以被占有」，便找到了一位實踐者，也希望並相信他或她能占有另一位人類。我相信，像這樣的雙人舞是催眠狀態的基礎。

他接著把這比做充滿激情的母嬰雙人舞。嬰兒將母親作為容器，投射他處理不來的破碎感和死亡感，從而擺脫了無法忍受的痛苦和恐懼。這段歷程的一部分是自大全能幻想，在那裡，他占有和控制了乳房。母親不僅涵容和處理了嬰兒的感受，而且在最初的幾週、幾個月裡，透過回應他的需求，也「撫養」了這種控制的幻想。嬰兒全能自大地幻想著他擁有乳房，而母親樂意使得事情就是這樣。「寶寶陛下」下令，母親服從；在此情境下，透過非她不可、也非她莫屬的需求，寶寶迷惑了他的母親，而她則透過受到誘惑來回應。透過全身心投入對嬰兒的生理照顧和餵養中，她誘惑他、使他相信，他是她的唯一。梅森辯駁，在催眠的恍惚狀態裡，這種雙人舞可以被視為一種妄想，而母親是自願的合作者。因此，寶寶認為外在世界就是乳房，這般狹隘的觀點在母親的餵養和照料中找到共鳴。

在發展過程中，對這種**兩人的瘋狂**的渴望從未被完全放棄，而是受到潛抑，然後以潛意識願望和幻想的方式留存於成年生活中。在家庭中，可能會以一位父親或母親持續地與孩子結盟呈現出來，而父母中的另一方，這位孩子害怕或瞧不起的人，則被視為危險的入侵者。可以這麼說：在分析情境中，患者潛意識中對特殊、獨一無二的關係的願望，經常與分析師的潛意識需求相

167 扣，從而形成一種相互欣賞的情誼，實際上這種情誼對於更進一

步的理解和洞察是有害的。

所有的患者，包括那些被認為病得不重的，都對他們的分析師抱有想法和幻想，更認為那是事實，並且在擁有（有別於幻想的）較為理性、批判性的想法的同時，原封不動地留存這些想法與幻想。成為分析師「最愛的」或者根本是「唯一的」患者，這種想法是非常常見的，而這可能會隱微地滿足分析師被欣賞和理想化的需求。假設分析師不會有這種願望和幻想的話，那就太天真了。意識到這種幻想出來的關係裡的渴望，有多麼的常見和強大，以致於任何與之對立的證據都會遭到否認、忽略和駁回時，確實令人驚訝。患者可能會以各種微妙的方式來確認這雙人舞的相互關係，我將透過一個簡短的片段來說明我的論點。這段素材來自分析的頭一年，在一週的尾聲，長週末之前；也發生在我告訴患者，在這之後不久，我將有一週的休假之後。

患者是三十出頭的女性，已經抱怨丈夫一陣子了，她指責他在三歲的女兒想和他玩的時候，忽略了她。總括來說，孩子們應該被保護並遠離男人這種生物。隔天，她帶來了一個夢，夢裡她身處一個試著解決某種危機的小組中。小組中有兩名女性是寡婦，其中一位是較資深的同事，她覺得是一位溫暖有人性的人，另一位是大學時期的朋友，她現在討厭這位朋友，因為她虛假、淡漠。她的女兒和母親也在小組中，小組有一種可怕的低迷、消極感。她把這個夢連結到最近過世的外公，說出失去外公之後外婆曾表達自殺的想法。患者與母親關係非常密切，母親在失去父親後很消沉。在男性人物缺席的狀況下，氛圍是憂鬱和停滯的，似乎和前一天她對丈夫的憤怒連結起來。患者接著報告她與丈夫的另一次爭吵，他拒絕跟她和女兒一起去主題樂園，因為他不喜歡那種地方。她大發雷霆，殘酷地對他冷嘲熱諷。在告訴我這件事時，她似乎緊密地認同女兒，並與女兒結盟、攻擊她的丈夫。我也覺得，她想把我拉進去，而在某個時間點，我點出她似乎想要我讚賞她的堅決和強烈的立場，同時把丈夫說得殘忍且卑劣。她沉默許久，接著用煩躁的聲音說，她覺得自己很幼稚；她想讓我知道，她的丈夫和她一樣壞。我對她說，我認為，她想和我在一起，就像母女一致認為父親應該被排除一樣，但是現在她覺得我拋棄了她，刻薄而殘忍地站在她丈夫那邊。隔天，療程一開始，她就說她沒有任何想法，很期待長週末。停頓了一會後，她說她要去見家庭醫師，但是不情願，因為那其實不是她的家庭醫師，她的醫師已經退休了。她覺得去也沒什麼意思，因為退休的醫師才是她真正喜歡、信任的人。接著，她談到一位資深同事，有一件重要的事情出錯了，而她忘了諮詢這位同事，但是她並不在意，因為無論如何她都不會重視這位同事的意見。我認為，她回到療程中，對分析師感到失望與憤怒，她覺得分析師和不可信賴、令人失望的醫師一樣，拒絕她的提議——我和她有一樣的想法，就像她（夢裡的兩位寡婦）排除男人時那樣。這讓夢裡的兩位人物更加清晰，被理想化、「溫暖且有人性」的人物，就是全心投入的、餵養的母親，以及令人恐懼和憎恨的虛假、有所保留的母親。現實中，後者的特質被歸到丈夫身上，她對他表達憤怒與鄙視。在移情裡，這個受到憎恨的人被體驗為我拋棄她、拒絕她誘惑我的企圖、讓她感到渺小。

168

我認為，個案是在潛意識的底線上與我連結，在那裡，她和我投入了一場分析式的**雙人瘋狂**。一場危機若隱若現，長週末和一週的休假意味著我外面的生活，而這引發了痛苦的伊底帕斯衝突。夢，暗示著她覺得我背叛了她，成為不值得信任的醫師或虛假的朋友，這些曾與她結下誘人同盟的人，現在拋棄了她。那場夢，以及隨後與我的互動，似乎是試圖要恢復我和她同行的情境，但必須是在兩位寡婦，也就是沒有男人在場的基礎上。這滿足了她想與我進行親密且獨一無二的雙人舞的願望，但也引起消極和停滯的恐懼，在那裡，一片死寂。

許多人在試圖建立關係時，採取了這種機制。一段友情可能會以熱情、強烈的方式迅速開始，但是當其中一方轉向其他任何一種關係時，便轉為恨與鄙視，因為那立刻被認為是無法原諒的背叛，背叛了本來被渴求的、理應用來排除真實世界的關係。

作為一位願意與她的新生兒共享**兩人瘋狂**的參與者，可以說，母親必須讓外在現實留在觸手可及之處。比如：當嬰兒逐漸意識到父母是一對配偶，並且體會到伊底帕斯競爭時，母親不僅必須忍受寶寶的不安，也要承受變成那位被恨的、不值得信任的母親，而不是受到喜愛的好母親。從出生開始，特別是離乳時期，母親總是得帶著相當大的痛楚和失落、不斷地放棄，不僅得放棄與寶寶的特殊關係，也得放棄她身為完美的、全然給予的母親，理想化的那一面。隨著寶寶的成長、首次爭取自由和獨立，許多女性會經驗到憂鬱和被遺棄的感覺。由於渴求避免這種痛楚感，反而帶來「放下」這段原初關係的難題。允許寶寶獨立，意味著必須放棄作為那個獨一無二、他人需要的人所帶來的滿足感，還要抵抗強大的、想誘惑孩子留在親密關係裡的衝動。母親不僅要有能力認同一位慈愛的母親，也要能夠認同促進分離過程的父親，這在寶寶發展的過程中是不可缺少的必需品。

169

帶著熱切的性意涵，隱約地表示「你是我的全世界，我也是你的」，母親與新生兒之間有著近似於妄想的原初關係。藉由描述一位患者，我想探討此觀點。L 女士，正為了照顧新生兒的任務而苦苦掙扎。我認為，寶寶誕生帶來的最初影響是，她回到了運用分裂和投射的原始歷程，這種原始歷程是一種防衛，用來對抗那些威脅到她與寶寶的理想化關係的暴力、負向情感，致使她必須排除嬰兒的父親和她自己的母親，因為在她眼中的他們，心中充滿了對寶寶以及寶寶佔有母親的憤怒、嫉羨與仇恨。這一點出現在分析（與分析師的關係）中，並引發她能否繼續進行分析的衝突。

透過移情中的轉變和動盪，我先檢視她與嬰兒的關係的早期階段，以及後來與嬰兒分離時遇到的困難，特別是離乳階段。當她努力地確認自己是寶寶的母親時，她在分析中面臨的是，必須接觸自己性格的某些部分，而我認為她很害怕這些部分會傷害她和寶寶的關係。

L 女士是三個孩子中的老大，妹妹在她快一歲半時出生。她對童年的回憶顯露，她透過當個好孩子、幫助母親，處理她對妹妹的強烈競爭、嫉妒感。然而，帶著相當程度的不安，她描述與母親的關係，暗地裡一切似乎都在她的控制中，母親對待她比較像是「閨蜜」。她給人的印象是個退縮、順從的孩子，不像妹妹，更為外放而咄咄逼人。家境似乎是儘管不太容易，父母勉強照顧得來三個小孩的需求，實際上一家人仍在一起。在 L 女士的記憶中，父親是嚴格的，為了不讓孩子們惹母親不高興、讓她生病，父親有時會對她們很嚴厲。在分析過程中，這幅圖像有了幾分不同，有時她的母親會用更堅強的、比父親更能面對現實的方式出現。

在分析進行六年後，L 女士首次發現自己懷孕了。那時，她和孩子的父親已建立了穩定的關係，儘管她和另一半想要孩子，說起未來願景，她仍帶著驚惶。她有一份好工作，有許多自由，也對有了寶寶之後而必須的改變感到焦慮。那是一個星期六，她確定自己懷孕了，她為自己是世界上唯一知道這件事的人而偷偷地感到自豪。接下來的星期一，她帶來一個跟分析師有關的夢，她只記得一個片段，那就是患者穿著一件紅色的絲綢夾克，是我和她的穿著的組合：在一個我們倆都出席的週六活動，我積極參與，身穿一件夾克，她則穿著紅色絲綢襯衫，一件她的客戶很羨慕的襯衫。這件夾克也讓她聯想到一位密友，對方嘗試擁有孩子但總是徒然。L 女士告訴我懷孕的事，又表示不願意告訴母親，因為她會和她一起「捲入某些事情」。

170

這場夢似乎暗示著，隨著懷孕，L 女士對分析師感到困惑。藉由告訴我懷孕的事，而不是告訴母親，她似乎把我當做她的「閨蜜」，如同她的母親對待她一樣。

這個「祕密的驕傲」帶有興奮的特質，會激起其他人對她成功受孕的嫉羨，比如：不孕的朋友。顯而易見的是，對 L 女士來說，新生兒的出現充斥著與親生母親、與她的內在客體有關的焦慮與衝突。

寶寶在假期前出生，因此假期後她才回來分析。寶寶出生時，她的伴侶通知了我，而後我寄了一張卡片向她道賀。很快地，她打電話來向我道謝，聲音聽起來很為寶貝兒子的誕生感到興奮和欣喜；後來她因為忘記告訴我他們選的名字，打了第二次電話給我。和躺椅上那位沉悶、甚至鬱鬱寡歡的懷孕患者完全不同。儘管寄送賀卡是普通的回應，但我認為，L 女士把賀卡視為我和她「捲入了一些事情」，因而感到興奮。當她回來時卻覺失望沮喪，因為我沒有繼續恭喜她，也沒有同意她不再需要分析了。當L女士回來繼續分析時，一種遭受迫害的焦慮越發明顯，首先是聚焦在會對寶寶造成危險和威脅的保姆：她擔心保姆沒有好好照顧他，或者不喜歡他，她抽煙的煙霧也在傷害他。她想過裝錄音機，以便監聽她不在時發生了什麼。她覺得丈夫介入得太少，不足以阻止保姆做出會傷害寶寶的事，例如：抽煙。雖然這是她最關心的事，但她也認為，我「堅持」她必須繼續分析這件事在傷害寶寶。她滿腦子都是乾脆結束分析或是減低分析頻率，我承受巨大壓力不得不同意她的想法，因此充滿焦慮和懷疑，不確定維持分析是否對她有幫助，還是真的威脅到她正在努力和新生兒建立的關係。移情中，她把我看做是壞經驗的來源，171 因為我出於嫉妒的「要求」，她必須每天前來分析，把她和寶寶分開來。她認為，我無法忍受寶寶無可避免地帶來的、對分析關係的干擾。在這一點上，我總是非常驚訝，她似乎沒有察覺到任何自己可能會有的、對寶寶的矛盾情感，她似乎需要展現她和寶寶的關係是全然美好的，負向感受都落在外頭，在保姆、分析師那裡。值得注意的是，這段期間她幾乎沒有提到伴侶，也就是孩子的父親。我認為，為了維持和寶寶的理想化關係，她把**自己**對寶寶的（也許是可惡的、奪走所有關注的手足）憤怒或競爭的感覺，投射到丈夫或她的分析師身上。在此階段，任何詮釋她此類感受的嘗試，都會被看做是我的嫉羨攻擊，謀劃著要干擾她和寶寶的良好關係，因此是無益的。我認為，這是她在努力成為好母親的過程中，試圖運用分裂和投射等原始歷程，來擺脫自己破壞和匱乏的部分。

這個過程對於繼續分析構成了立即的威脅，因為在這個階段，每日分析的提議對L女士來說，相當於在傳達，分析師嫉妒她和寶寶的親密關係。下面這個夢，是她在寶寶五週大時做的，說明了她覺得自己所處的內在困境。

> 她有一對雙胞胎，其中一位尚未出生；隨後，她在一個又大、又擁擠的地方，有很多樓層。她遭遇危險，一個男人違背她的意願、要對她做一些事；她逃跑，又和他搏鬥；沒有合適的空間。最後，她逃走了，去找她的母親，但是她病得很重、躺在路上，但又好像在火車站裡。

多樓層的擁擠場所，似乎暗指寶寶出生對L女士的心智狀態帶來的影響，以及她所面臨的不同程度的認同與衝突，其中一項衝突顯然與她的伴侶的性需求有關。事實上，這場夢發生的那天，是L女士發現很難讓寶寶待在他自己的房裡入睡、騰出空間給她的伴侶的那天。我認為，雙胞胎象徵的是她自己和寶寶，幾乎沒有區別。尚未出生的寶寶，也許象徵的是第三個人物，這位不被允許介入她和她的完美寶寶之間的人，也就是有性慾的伴侶，或有貪婪需求的分析師。未出世的孩子也許象徵著她自己，因為擔心會打擾這段完美的原初關係而無法袒露的那些部分。夢的後半段似乎暗示L女士害怕生病，或許是憂鬱，或是不能正常思考（沒有合適的空間）。考慮到她害怕我帶著敵意的嫉妒，某個程度上，分析代表的是一種可能會傷害、而不是幫助她的侵擾。儘管在現實中，患者過得不錯，她的夢卻透露出，她在這個 172

階段仰賴著，將大量非常困難的情緒投射出去，然而這個歷程使她耗竭、暴露在被迫害的焦慮之中。在夢裡，她試圖從母親那兒獲得幫助，然而，母親病了、遭到遺棄，所以無法幫助她。這似乎更加清楚地說明了，對於被「捲入某些事」她感到恐懼，例如：認同一位被視為很糟糕的母親，也許是憂鬱或是病了的母親，或者是嫉妒女兒的年輕與性的母親。這個夢有助於了解為何她懷疑能否從我這裡獲得幫助，亦即此刻關於分析滿足的是誰的需求，她感到困惑。

這一刻，對我的患者來說，這種性質的恐懼以盤據心思的形式，擔憂著她是否該繼續進行分析。然而，儘管她害怕我們的關係會傷害她和寶寶的關係，她仍有成熟的那一面，能夠意識到她需要分析，並且持續、規律地前來。她想立即停止分析的衝動，逐漸被一個表達出來的願望取代，也就是她和我可以想一想她所謂的「恰當的」結束。然而，那時她很確定唯一的選擇，要不是我們無感地突然結束，要不就是無止盡的分析。事實上，這之中稍微能夠獲得理解和討論的，似乎就是這個「合適的空間」，而這讓她鬆了一口氣。

下一次的療程和夢，說明了這時期L女士對於前來分析的主要衝突。寶寶六週大、親餵也順利了。L女士在週一上午來到，開頭就說她覺得很累；寶寶的體重增加了；整個週末都感到沉重。她認為朋友的寶寶會早產，然後，她說了一個夢，如下：

> 發生了一件抱錯寶寶的狀況；另一個女人抱著我的寶寶，而我卻照顧別人的寶寶。寶寶看起來像一匹海馬，我覺得很痛苦，嬰兒的嘴巴和乳頭間銜有一個金屬

噴嘴；我把它扯下來，乳頭也掉下來了。

她做了以下聯想：那個噴嘴看起來像是腳踏車的充氣接頭，似乎是被鎖進去的，才會在她扯下來的時候沒有血或任何東西。儘管在夢裡那不是她的孩子，她仍然愛他，因為她已經習慣了。對於溫暖的血肉和冰冷的金屬之間的對比，她也感到詫異。海馬，讓她想起一個她看過的節目：公海馬會孵化、生下和父母完全一樣的小海馬，小海馬一出生立刻就不依賴父母。L 女士繼續說到，她總是帶著寶寶到處走，因為如果她放下他，他就會尖叫。她還提到，她不喜歡寶寶吸吮 F（她的伴侶）的手指。

這場夢似乎是出現在寶寶茁壯成長的時候：母乳哺餵且體重增加。然而，這似乎讓 L 女士非常消沉倦怠，夢裡充滿疏離 173 感，那是別人的寶寶，以及她與寶寶間的金屬噴嘴。確實，這和寶寶正在發展，因此變得更加獨立，同時仍「依附」著乳房有關。這場夢獨缺「熱情」，因為她愛寶寶只是出於她「習慣了」。但是，她確實感到「痛苦」，這暗示著在溫暖的熱切情感和冰冷的疏離之間的情感掙扎。在她的聯想中，有一個「這現在是父親的寶寶」的暗示，亦即海馬、以及噴嘴聯想到寶寶吸吮的她的伴侶的手指，而她無法和寶寶一樣認同父親。我認為，只屬於她的完美寶寶是**共享兩人瘋狂**的寶寶，然而現在她認為寶寶拋棄了她、破壞了這完美的伴侶關係。夢，似乎是對寶寶越來越獨立，以及寶寶更意識到父親的戲劇化反應，我認為這指出 L 女士很難適應這些發展，於是寶寶成了威脅、破壞這原初雙人舞的人，而 L 女士不願意放下他，也許源自於她想收復失土的潛意識願望，以及她憎恨他造成破壞的罪疚感。夢，似乎非常生動地表達了對於失去她的乳頭的恐懼，也就是象徵著她的力量與對寶寶的控制權的乳頭。

我認為，在週末之後回來分析讓L女士非常痛苦，因為她不確定是我們倆之中的哪一位需要她來——夢裡抱錯了寶寶。過了週末，她已經擺脫了嬰兒般原始的自體，它被分裂出去、覺得是屬於我的。想到週一必須回來「接我」，那個尖叫、苛求、嬰兒般的我，她就感到疲倦。真正的嬰兒吸吮著她的伴侶的手指，讓她想起她所厭惡的、自己的這一面。

如同我先前描述的，L女士必須否認任何對嬰兒的負面感受，我認為這是回到分裂和投射的原始歷程。這個夢似乎隱喻著防衛結構的崩毀，讓她的恐懼在分析裡更進一步展現出來。L女士繼續否認這些感覺，但沒有那麼堅定了。換句話說，在她的潛意識心智，亦即認知到與寶寶的親密**和**疏離帶來的矛盾感，以及和意識心智，亦即否認任何對寶寶的矛盾情感，兩者之間似乎不再那麼僵化地分裂。彷彿有一種對無痛分離的渴望，並且相信如果這不可能，那麼就不會有分離。因此，實際上，她很難放下C（寶寶）。我認為困難出自於，她害怕成為寶寶不滿足時憎恨與憤怒的對象，而且這混雜著她在潛意識中，對另一位嬰兒有著嬰兒般原始的憤怒與憎恨，也就是她的妹妹，這位插足她和母親之間的人。

新手媽媽正在經歷一段複雜的重新協商，這段歷程涉及：更真實地認同自己的母親、以及自己嬰兒般原始的自體。為了在母職生涯裡認同母親，她必須放棄對母親的破壞性競爭，以及對父親的不滿、與那源於伊底帕斯情境中他未能滿足她，使得她轉而想要戰勝他的願望。過去，L女士透過把討厭的感受投射給妹妹，也就是視她為苛求、易怒的寶寶，得以維持一段與母親「特別的」關係。某種程度上，她的母親似乎也促成這一點，儘管很難知道多大程度上是L女士的幻想、哪些又是現實。

寶寶出生後，父親在性方面被排除是常見的問題。如果新手媽媽與自己母親的關係是建立在倒錯的共謀之上，也就是建立在削弱、排除父親之上，對於這位被削弱的人物，她的認同，不僅會損害她在孩子出生後、在性方面「回到」丈夫或是伴侶身邊的能力，也會削弱母親的內在資源，這些能幫助她建立界線、引入現實感到她與寶寶的**雙人瘋狂**處境中的資源。新手媽媽是否能修通失去與自己母親的理想化關係，決定了她是否能夠將父親納入關係之中，我認為，L女士還做不到這一點。

直到第二年，L女士持續親餵兒子。當嬰兒慢慢成長，她不再談論親餵的快樂，反而是她越來越不舒服，因為兒子對乳房的要求似乎越來越多。她發現，當他堅持、憤怒時，她很難拒絕他，甚至經常屈服，因為她認為若不這麼做就是殘酷的。我認為，這種不舒服源自於潛意識裡的罪惡感，也就是滿足寶寶的貪婪需求的同時，讓她的伴侶感到挫折與無力。在分析歷程中，許多議題有了進展，關於L女士的貪婪、關於她的願望——希望我「強硬」、「讓她正派」，這樣她才不會有機會利用我。所以，任何普通的要求，比如：改時間，都是她無法提出來的，如果我妥協了，都會造成她極大的焦慮，擔心我的內在狀態，以及她是否迫使我做什麼。這讓我想起曾經有過的兩難：「屈服」於她的要求，讓她放棄分析或減低分析頻率？或者，如果我不這樣做，我會不會太嚴厲、殘酷了？

那段期間，L女士的寶寶睡得不穩，表面上，他們常常不得不帶他到父母床上，他們才能得到安寧。實際上，他們無法安寧，因為在這種狀況下，孩子不會「放過她」。她描述他「爬到她身上」，或是「扯開她的 T 恤」（給人性侵的印象）。關於要不要帶他上床，她極度不確定，在我看來，她在回應自己的潛意識願望，以獲得一些性滿足。在這個階段，兒子對乳房熱切的依戀讓 L 女士感到不安，正是因為這激起了她心中的熱情與渴望，以及想找回最初的、**兩人瘋狂**的關係的願望，這對她來說曾是滿足的源泉。這導致了倒錯的行為，當寶寶哭泣時，她把寶寶帶到他們的床上，但是不給他乳房，這樣他才會在「爬到她身上時」更加地興奮和絕望。然後她會「屈服」，導致她覺得他在操縱她、心生憤怒與憎恨。看來就像她在誘惑孩子，讓他滿懷期望、再讓他失望，於是、再一次地，究竟是滿足了誰的需要，這個問題變得含糊。在我看來，L 女士重複地將寶寶帶到父母的床上這個行動，就像是拉普朗石所謂的「搞砸的行為」的例子，也就是說，潛意識歷程的運作，妨礙了她幫助寶寶與她分離的能力。我認為，或許此時，孩子躁動不安與睡眠問題的起因，不僅只是失去乳房的憤怒與悲傷，也是因為感到困惑與焦慮，他不明白「乳房想從他身上得到什麼呢？」

175

當**兩人的瘋狂**裡的幻象驅散後，無論是在寶寶往後發展的每一刻，或是更戲劇化地在最後的離乳階段，母親和寶寶都會遭遇難題。母親和寶寶都會經驗到背叛和失望的感覺。母親內在對堅定、有力量的父母人物的認同，影響她是否能從此誘人的狀態中痛苦地撤離，從而使寶寶邁向分離。若是母親與寶寶的需求變得混淆、難以區別，這種幻想就會繼續存在，並且可能會傷害孩子的情緒與智力發展。

在我看來，母親與寶寶之間的熱烈愛情是關係的良好開端，但若要讓孩子的情緒與心智生活獲得最佳發展，則需逐漸讓外在現實介入，也就是從父親、從母親的父性特質介入。我所描述的**兩人的瘋狂**，可能會提昇嬰兒的重要感、價值感，但也含有混亂和停滯的種子。因為，如果這種狀況持續下去，當孩子必須面對現實時，所遭遇的自戀受傷也會更加尖銳，那麼日後的伊底帕斯衝突就會無法修通。與母親分離的過程必然會破壞理想化的二人關係，無可避免地，母親與寶寶都會或多或少地抗拒。在與母親的原初、熱烈關係裡，如果孩子爭取自由這回事被視為太具有威脅性，或者遭到禁制，可能會在日後造成情感和智力發展的損傷。

參考文獻

Freud, S. (1910) 'Leonardo Da Vinci', *S.E.* 11: 117.
—— (1933) 'On femininity', *S.E.* 22: 112–135.
Klein, M. (1963) 'On the sense of loneliness', in *Envy and Gratitude*, London: Hogarth.
Laplanche, J. (1989) *New Foundations for Psychoanalysis*, trans. D. Macey, Oxford: Blackwell.
Mason, A.A. (1994) 'A psychoanalyst looks at a hypnotist: a study of *folie à deux*', *Psycho-analytical Quarterly* 63: 641–679.
Winnicott, D. (1958) *Primary Maternal Preoccupation: Through Paediatrics to Psychoanalysis*, London: Karnac Books.
Wordsworth, W. (1805) 'Prelude 2', Norton Critical Editions, eds J. Wordsworth, M.H. Abrams and S. Gill.

【第十章】「地下水」：理解母親的憂鬱 177

瑪姬．密爾斯（Maggie Mills）
英國精神分析學會會員

在這個低窪的側邊上，長著成束的藺草，四處都是這種奇特的菖蒲，在朝陽裡，它的葉片像鐮刀般閃閃發亮。但，總體來說，沼澤總是致命的。從它那潮濕而有毒的外衣之中，似乎吐出了地底下和地下水中邪惡事物的精華。

——湯瑪士．哈代（Thomas Hardy），
《遠離塵囂》（*Far from the Madding Crowd*, 1874）

我們稱之為憂鬱的心理狀態，可以被視為在特定的社會結構裡全然適切、敏銳地偵測系統性壓力的能力，然而矛盾的是，它也是一種心理動力式的防禦：帶有真實的麻木與繭縮特質的憂鬱症狀，阻止患者應對被喚起的痛苦情感、從而修通它們。其矛盾之處在於，憂鬱症的人們會以深刻思考、全神貫注的方式，沉浸於碰觸自身的感受，但同時，在被問及時某程度上卻無法表達這些感受，因此，患者被留在一種絕望的虛無中受苦。然後，突然意識到，他們確實陷在絕望之中，無路可進。

這正是那些在原生家庭中、生而為人的權益沒有被滿足的女性，在擔起自己的母職、生育自己的孩子、重新接觸自己的童年經驗時，心理上會經歷的事。年輕母親的憂鬱經驗有一些非常獨

特的特徵，這些特徵與她們對母親和自己被母親照顧的經驗所建構出的幻想有關，在這些幻想中，在綿延的關係裡，並沒有明顯的怠職、也沒有長期的分離、或是早年失去母親的失落（Bowlby, 1980）

本章節的臨床研究和工作，借鑒於這群鮮少受到精神分析界關注的族群，全部來自英國城市裡資源不足的母親們的存在與經歷，她們是家裡的嬰兒和幼兒的主要照顧者，無論是否有父親和／或伴侶的存在或積極參與。過去十五年中，約有五百名女性，其中多數達到憂鬱症的臨床診斷標準（依據《精神疾病診斷與統計手冊第三版修訂版》〔DSM III〕準則），加入了作者參與的四項不同計劃。[1]

178

透過為自己建構一個虛構、理想化、美好的母親，這些女性才能維持住一些心理幸福感。我們在最近期的計劃中，針對子女有嚴重問題的家庭提供密集介入，該計劃要求女性建立一個人格網狀圖（Billinge, 1992），包含她們對自己的母親自然而發的態度、對其他好的與壞的育兒模式的描述，以及評估自身的育兒表現與「完美母親」的評斷。她們心裡活躍的理想母親形象，與記憶中、報告裡所呈現的現實中母親的不稱職，形成了極度懸殊的對比。這種嬰兒式的好／壞母親的分裂仍然潛伏在這些女性的心智中，隨時可能被啟動。

1　原註：(a) SLUFP，南倫敦的短期幼兒計畫——研究母親的憂鬱對幼兒的影響。
(b) 新平（Newpin），一個以心理動力方式支持父母的治療性社區網絡。
(c) 相提（Shanti），一項國民衛生保健署服務（西蘭貝斯醫療保健信託基金〔West Lambeth Health-care Trust〕），提供女性短期心理動力心理治療，通常服務來自少數族裔的婦女。
(d) 溫柔教養（Mellow Parenting），一項位於蘇格蘭兒童精神科日間病房和眾多社會服務的家庭中心的項目，目前正進行由 DHS 資助的研究評估（Puckering et al., 1994）。
（本註釋原文頁碼為 193）

當然，在現實面前，這位完美的母親會漸漸消失，因為實際上，一位年輕的母親必須無微不至地照顧自己的寶寶。無論她喜不喜歡，這種親密接觸對於解開童年真實事件的記憶有著強大的影響。記憶中的情緒、感受和某些影像都回來了，這些曾遭到壓抑與否認的情感中，有許多牴觸了詩意且愉悅的治療，這種幻想是為了對抗幻滅與失去客體，一輩子的防衛措施。

此現象的一個例證是，參與「相提」（Shanti）短期心理治療計劃裡不同女性的經驗，在短期治療終止兩年後，談到她們使用治療來探索自己是如何被養大的，經常是有鑑於她們自己是如何做父母的（Reader, 1993; Mills, 1996）。

> 我以為我有一個美好的童年、和**完美**的父母。（在治療裡）我們真實地去看……看到它並不是這樣的美好，除了在我的想像中，十九歲時，我經歷了一場精神崩潰。
>
> 那是第一次，我能夠探索對我母親的負面情緒。我一直**假裝**我和我媽的關係超棒的……但是其實不是。
>
> 我談了很多關於我童年的事……一些我從未意識到我想過或知道的事。我已經將它們**封鎖**在記憶之外。很**令人困惑**。我不知道這一切是從哪裡來的。

此處的證據顯示，在面對早年有問題的照顧管教時，會出現理想化的母親的幻想，對這些女性來說，她們能夠在移情精神官能症裡重建這些幻想，將它們安全地帶到意識之中，並在具涵容功能的治療中探索。但是，正如曼恩等人（Main et al., 1985）所

179

發現，許多父母經常感到困惑、（該有卻）沒有憤怒（在「理想化」失去客體這場劇中不可或缺的一環），並且普遍缺乏與童年事件有關的思考。在每日與自己的孩子大量的親密接觸裡，痛苦的童年素材得以解鎖，所以在日常生活中再也無法用理想化的母親來否認童年的經驗。這些童年記憶阻礙了一位母親對自己母親的認同，而那原本是要在女人的母性角色上協助、並支持她的認同（Stern, 1995）。

與母親的連結本來是成為母親所必需的，所以失去與母親的連結，或者是這個連結無法重新建構或是尚未修通，都可能被認為是病態的哀悼歷程的成因。佛洛伊德（1917）在〈哀悼與憂鬱〉一文中，指出憂鬱症與失去理想化的自體或重要他者之間的關連。當虛假的完美母親得被放棄，又不能作為心理上的支持與認同，來促進對下一代的母性養育時，憂鬱就會變得明顯。如同瓊·拉斐爾-勒夫（Raphael-Leff, 1991）所提：「如果一位母親出於防衛，而美化了內在對疏於照顧自己的母親的經驗，她將會變得過度焦慮，相較之下，她認為自己是不理想的母親。」（p.484）但也可能認同以下幻想：「女兒必須放棄或壓抑自己潛在的滿足，以及生下自己的孩子的快樂，才能安撫不滿足且憂鬱的母親。」（Laufer, 1993, p.74）。

當然，在我們研究母親的憂鬱症（Cox et al., 1987）時，再三聽到的故事是，女性的苦痛，以及對早年家庭生活的不滿，致使她們透過一種模式提早擺脫與父母的、令人不滿的連結，包括：逃學、沒有適當的就業出路、過早的性伴侶關係，以及因而懷孕；研究中百分之六十一的憂鬱症母親，在生下第一個孩子時未滿二十一歲。

然而，因為擁有了第一個孩子而來的全新開始，「一個屬於我，讓我去愛、也愛我的」這份承諾卻未能兌現。原本想要給予子女良好的照顧，那個她們自己從來沒有獲得的照顧，好讓她們能夠修復失去理想化母親的失落，這個「舒適的窩」，亦即幻想中的世外桃源與迷思，卻被驅散了。幻想於焉破滅，如同今日在市中心貧民區的許多母親們一樣，對這些資源與支持不足的母親們來說，事實是，要成為令人滿意、成功的父母是極度困難的，母親們發現自己在育兒角色上失職，更讓人難以忍受的是，正如她們所猜想的，她們的母親辜負了她們。

對這樣的母親來說，外在現實與內在現實是交疊的。參加新平計劃（Newpin, Cox, et al., 1991）中與伴侶同住的婦女，根據報告有半數身在不和諧關係，其中有百分之八十的人在懷孕期間或是產後六個月內遭到伴侶遺棄。這裡沒有溫尼考特（1965）所稱的促長環境（facilitating environment）的跡象。他也提出，在病理性憂鬱症的脈絡底下，母親和孩子之間存在著明顯的連結。180

> 對憂鬱症的分析，牽涉到對內攝之心理機制的理解，以及在患者的幻想中所謂內在心理現實的揣度——在自己的肚子裡、頭腦，或是以其他方式存在於自己裡面。失落的客體被納入此空間內，並在那兒臣服於仇恨；直到恨意消散，並從憂鬱或哀悼中復原……通常是自然而然的。（p. 231）

此種象徵性的失落的具體所在地，經常位於幼兒身體本身，直到近期，都還在母親的「肚皮」裡——仍然是她的一部分，沒有完全獨立於她。所謂浪漫的正義，亦即子女的存在解鎖了童年記憶，挑起所有與導致憂鬱的、「理想化的母親」這種狀態有關的心理問題。現在，這些子女成為了它的象徵性住所，以及母親憤怒與怨恨的對象。我們該如何解釋這個普遍的研究發現（Radke-Yarrow et al.,1985; Mills andPuckering, 1985; Hammen, 1991; Patterson, 1990; Stevenson, 1982），在憂鬱母親與幼兒的家庭中，觀察到的互動特色是：母親的負面情感、敵意詆毀和批評，如此強烈且具有破壞性。

母親的憂鬱通常會在寶寶出生後頭幾個月發作（Cox, 1988; Murray, 1991; Kumar et al.,1986）。發病與否，取決於真實生活裡的日常照料、與幼兒的參與之間發生的一些偶發事件，以及這種互動在母親心中喚醒的感受，這會反過來打開母親自身在童年期處理掉、否認的部分。我用一個進行中的溫柔教養（Mellow Parenting）介入計劃的一個案例來說明（Puckering, 1994）：

> 一位年輕、非常憂鬱的母親，無法忍受必須照顧她十五個月大的女兒，或是必須在她傷心、哭泣時靠近她。她會讓孩子一直哭下去，自己消失一會。在托兒所裡，經常可以看見她堅定地和女性友人聊天、刻意忽略女兒的難過。在家裡，她說這讓她發狂。治療幾週後（團體每週有時程完整安排的整天聚會），並在計劃主持人持續努力之後，仍無助於母親和嬰兒之間達成某種和解，母親崩潰了，自顧自地哭，一邊揉著背，說著好疼。這樣的情景令人心碎，她一直都相信自己有個很棒的母親，也知道她害怕、不信任她的繼父。隨著孩子持

> 續不斷地哭泣，她想起自己仰躺在母親車前的鵝卵石小路上哭泣，哀求母親帶她一起去每週一次的購物之行。母親從未答應允，而當她不在時，女兒經常遭受性侵犯。

這種狀況下，一個哭泣的孩子（她的孩子）使她回想起一段孩子（她自己）在哭的、令人難以忍受的回憶，被喚起的不僅是早年創傷，也帶回現實裡沒有提供保護、缺席的母親；這份現實與幻想中她總是認為自己擁有支持她的母親，形成鮮明的對比。這段揭露而出的經歷不僅令她非常痛苦，也引發了她的憂鬱症，更在她和孩子之間設下屏障，一道我敢肯定不經治療，絕對跨越不了的障礙。那個哭泣的孩子，就是她自己。

事實上，在觀察家庭時，如果母親的童年大多處於抑鬱狀態，孩子的行為往往會表現出哭泣與高度痛苦等特徵。（Puckeringand Mills, 1986）。此外，在檢驗市中心貧民區高度相似、可對照的三個「高風險」家庭樣本時（Puckering et al.,1995），我們發現患有憂鬱症的母親的幼兒最常哭，實際上，幼兒哭泣的時間是其他孩子的三倍。

憂鬱症會減損母親在滿足子女需求時的反應品質，不難理解，處理自身心理苦痛的女性，會特別難以安撫依賴著她的孩子的痛苦。格林（Green, 1986）透過下述假設，總結了她們的困境：

> 隨著母親的憂鬱，在孩子心智中形成的母親意象，活生生地從一個原本提供孩子生命源泉、有生命的客

> 體，殘暴地變成了一個疏遠、平板單調、幾近死寂的樣態……因此，這位死的母親，與旁人認定仍然活著的母親完全相反，但在她照顧的幼兒眼中，可以說是，精神上已經死亡。（p. 142）

如他所說，「她的心已不在。」照顧是機械式的，我們的研究代碼稱之為「懸浮」，也就是母親漠然看著茶杯放空：無視孩子。這是一個毫無生氣的環境，與一位遙不可及的憂鬱母親一起生活，她無法涵容或「移除」痛苦。幼兒會潛抑、否認他們的苦楚，只有在成年之後，才會在自己身上找到這口深埋地底的淚池，亦即哈代使用的隱喻「地下水」，本章的標題就是由此而來。

現在，我想談談一位名為柯蕾特的年輕母親。由於這是僅有十六週的短期治療，我無法像本書其他作者那般詳細地說明，患者在對待自己和客體態度上的深刻變化。然而，治療期間、乃至爾後，她漸漸開始面對與他人的、自己心裡的重大問題。兩年後，她寫下對治療的看法（一篇為相提計畫而寫的文章，獲得她的同意收納於此），我將以她的故事為本章結尾。

182

打從十八個月前，柯蕾特最好的密友出國之後，她的孤獨與憂愁日漸增加，因此她來參與相提計劃。她補償性、強迫性地過度進食，這讓她痛苦，正尋求協助以教養她精力充沛的兩歲小女兒。身為單親家長，孩子的挑戰行為很快地讓她精疲力竭，甚至心生怨恨。她害怕傷到孩子，她說她們之間的爭執讓她想起與母親的鬥爭，「母親是一位極度渴求權力、輕佻、刻薄、多愁善感的女人」，她一點也不想跟母親一樣，但卻在與女兒的角力中覺得自己越來越像母親。

面談評估診斷出她患有臨床憂鬱症，伴隨著嚴重功能缺損、持續兩年以上的精神障礙。她描述自己為白人、工人階級、為出生於英國的愛爾蘭婦女、女同性戀，帶著混血女兒（父親為奈及利亞人）獨自生活的二十多歲婦女。她強調，擁有一位工人階級的治療師對她來說有多麼地重要，並且接受每週一次、共十六週的標準合約；評估當中她也展現了想要積極改善她與孩子的關係，這關係正是當下她內在騷亂的核心。

從治療開始的那刻起，柯蕾特就在順從和對抗之間左右為難，例如：診療室的窗戶必須打開，那會是她的逃生路線，以防治療師表現出令人難以忍受的控制、像她的母親那樣殘酷地支配她。當我向她詮釋此點，她告訴我，她能夠將情緒與靈魂從身體裡分離，事實上，是丟出那扇窗，只留下過重的軀殼；獲得具保護性的脂肪，就沒有人碰得到她。當她還是小女孩時，她試著把自己關進櫥櫃裡，逃避母親的愁雲慘霧和躁動的侵擾，但是在她們的戰爭裡，母親對於獲勝的執著「讓她精疲力竭」。（這是她在第一次療程中，形容自己對待孩子的方式。）

我讓她擁有離開的自由，如果她想要的話。她能夠將此與早年的行為聯繫起來，並告訴我，為了維護她的自尊和一些偽裝，她會抽離、僵滯，絕對不讓母親看見，她受傷時有多難過。母親說她是一塊無情的石頭；但內在的小孩卻是怒火中燒！我給她的詮釋是，點出兩者之間的對比，亦即她的母親總是要求她以虛假的自體回應，以及在治療中我能夠涵容，並接受她的憤怒。

再者，這種人為的冰凍，一個終生的生存機制，並不能緩解她暴烈的情感表達，特別是憤怒，此刻這些感覺太強烈了，她不敢宣洩出來。如果我是中產階級的女性，是不可能理解她的感受183的。她告訴我，青春期時，唯一一次，她打了她的母親，但是遭到母親以煎鍋痛打報復。在第一次療程中，她憶起幼兒園有個孩子，不斷地彈去她畫作上的灰塵，她越來越生氣，最後咬了那孩子的手指，孩子受傷進了醫院，柯蕾特覺得很糟、很內疚。她覺得，她無法和像我這樣的人分享她的悲傷與悔恨，我這樣的人可能會對她說教，一點也不理解讓她這樣做的絕望感，既然如此，文字當然無法成為我們之間的溝通方法。

後來我得知，她曾是青少年幫派的一員，四處毆打男人。她的生活中不曾有過能真正幫助她的男人。她描述父親為溫柔的巨人，但是完全無法對抗母親，除了在她十六歲離家的那一晚，他阻止母親用刀傷害她，因為母親認為她的女兒一直在和他們的房客搭訕。我試著讓她看到，男人是如何被邊緣化與貶低，以至於她很難運用我富有創造力的男性面向，儘管與我的關係幫助她逐漸面對她處境中的一些困難，但是在這個方面，她從未真正地接受我的想法。

柯蕾特的母親從不允許女兒發展性。事實上，在柯蕾特不得不離家的那個痛苦夜晚，她正是因為母親的幻想內容（在性方面，她是活躍且具吸引力的）而遭受懲罰。治療結束後，我反思了柯蕾特以女同性戀方式生活的選擇，是為了解決此衝突，但我並不認為，在我們一起工作的過程中，我能找到一個告訴她的方式。

事實證明，讓母親最害怕且不敢想的是，她會帶一位黑人情人回家。柯蕾特既實現了這些恐懼，同時找到隱蔽的方式表達她對母親的敵意，可以預見的，她的父母從未見過、也不想見這個孫女。她左右為難、非常痛苦，一方面為了以這種方式戰勝母親而欣喜，也在她們之間拉開安全且不可逆轉的距離，另一方面，身為母親，她渴望被自己的母親接納與欣賞。當我向她詮釋這一點時，柯蕾特很驚訝的是，那次隨意的性交原本對她來說從來不重要，卻在她的內在世界有著如此重要的意義。在我看來，這項新的理解，在我們的療程初期，大大地增強了悄悄浮現的正向移情。

如今，她希望自己能站在橋下，在火車駛過時尖叫，以驅除暴力的感覺。不意外地，她害怕在女兒面前爆發，而現在她足夠信任我，能對我坦承她非常真實的恐懼，也就是不能控制自己的攻擊。不過，她可能是易怒、掩藏和多疑的。

療程第七次，治療師因病取消，她驚訝地意識到，她因為一把遺失的剪刀，而對一位一直雇用她的朋友徹底失控大發脾氣。 184 柯蕾特能意識到她的憤怒、甚至是那把剪刀都與我有關，就像一位讓她覺得她被遺棄、不在她身邊的朋友。

我詮釋，這次的疏忽讓她再次接觸到童年的忽略，這是迄今為止她未曾讓自己審視過的。她記起，媽媽在叮囑她不要動之後，她坐在階梯上看顧弟弟好幾個小時。當母親終於返家時，她非常麻木，我們可以將此連結到內在的空虛感，迄今她仍然感覺到內在的自己是空的。

針對這個詮釋，她的反應是告訴我一個回憶，家裡的奶瓶都有標記，而冰箱就像諾克斯堡[2]，如同母親的內在。母親在客廳的桌子上放了一盒美味的巧克力，給她自己，孩子不能碰，不像

2　譯註：美國陸軍基地。

一般可能會設想是要給孩子的甜點。有一次，柯蕾特偷了一顆，然後連續好幾天擔心地等待被發現，之後，她果真被皮帶抽了一頓。我試著讓她看到，她害怕如果她從治療裡帶走任何有價值的東西，我一定會視她為竊賊，並因此處罰她，或是身體威脅、或是遺棄。

她的匱乏總是讓我為難，她的飲食、體重（此時她有些超重）和她的身體形象都是高度敏感的話題。如果我直接談這些議題，彷彿我變成了她的母親，對她的身體擁有規範的權利，而這可能會引發更多的自我毀滅行為。處理她內在的空虛，確實是治療的任務。作為極度聰明的年輕女性，她用順從、渴望在治療中被接受，表現她的匱乏。我得避免（卻不一定成功）一段共謀的指導關係，因為這可能會使她經驗不到真正的痛苦。另一方面，重要的是，她視治療師為堅強的職業婦女，不但是她所嫉羨的對象，也期待治療師能確認她的情感、確認她做為一位有才能、能成就事情的人的價值。

要做到這點，我認為最好的方法是，不迴避她正掙扎的痛苦感受。總的來說，在這點上，要增強她的自信並不困難，但在其他方面，她的自尊很脆弱、蔑視自己，總是隨時準備好要應對內化在心裡的、母親的詆毀。懲罰自己是她存活下來的方式。因為她很清楚這種心理機制，所以我避免去詮釋它，而我認為，在這一點上，她很感謝我的圓融。

當任何關於治療的描述提出來的時候，無可避免地，聽起來很像治療師總是精準地知道發生了什麼、自己在做什麼，但這段療程經常不是這樣。有時，我很怕柯蕾特：有時她會陷入受迫害的位置，必須等了又等，直到柯蕾特卡住的情緒和凍結的憤怒能

185

夠浮現出路。事後回想，我才明白，我能為她做的就是試著成為一個容器，用比昂（1959）的話來說，通常意味著什麼也不做。然而，一旦她以這種方式使用我，也就是我有能力嘗試與理解正發生的事情的意涵，並且以非懲罰的方式，甚至有時候是有幫助的方式詮釋，對她來說，這顯然與她的母親，一位無法以充滿愛與反思的方式護持她的大人是非常不同的，她因而有時能夠站到她的孩子的角度來思考。

治療中，當柯蕾特再次提到失去了一位「朋友」的時候，離開這個循環的出路浮現出來了，這位朋友原來是女兒的嬰兒車——一個重要、事實上是她侷限生活裡不可或缺的部分，最終崩潰成碎片。沒有它，她感到無助與孤獨，這些感覺讓她聯想到小時候幻想中的朋友，看不見的朋友的存在，像守護天使，讓她覺得（彷彿）有個大人陪伴並保護著她。

我覺得，這可能就是我正在扮演的角色，在痛苦又困窘的倒數第二次療程中，有一段長達二十五分鐘令人侷促不安的沉默，那時浮現了一樁性虐事件，柯蕾特說發生在在愛爾蘭的暑假，她被一位信任的男性家族友人折磨。在之前的那一次療程，柯蕾特帶來了一個屏幕記憶，當時我沒聽懂。她告訴我，有一回，當她站到椅子上換燈泡、褲子卻掉了下來時，她有多麼困窘，而她身邊的家人都笑了。事實上，是弟弟在假期拍的幾張快照帶回了這段記憶：她穿的是那條在性虐事件中被拉下來的褲子，她認為，如果不是在治療中和我一起面對，她永遠無法向任何人透露這件事。

在這次療程中，我一直默默地希望柯蕾特能揭露令如此她困擾的事情，而這一刻我相當期待她可能會揭露的內容。我試著接納與傾聽，當然也感受著柯蕾的尷尬與無力。但就這種同時涵容她，而且不迴避痛苦感受的心理治療策略而言，我覺得對柯蕾特來說她能自己說出這些經驗是重要的，如此一來她才能感覺到，現在掌握和擁有身體自主權的是她自己，而不是我或她的母親。

也許是分享這段羞恥的經驗，加上短期治療總是難以結束，兩種原因讓柯蕾特未出席最後一次療程。我寫信向她指出這一點，安排了另一個時段，由治療師與個案一起處理分離帶來的痛苦感受與失落，也許對柯蕾特來說，這是頭一回有這樣的經驗，對我來說也並不容易。

在六個月後的追蹤療程中，柯蕾特描述她的情緒，現在**感覺**起來不大一樣了：憤怒和失落有所區別，悲傷和苦痛不同，而不再是一大團的困惑、毫無差別、無法言說的痛楚。她仍然覺得女兒讓她費力且困難，但她說，更多時候，她覺得自己有能力涵容她自己的、和女兒的情緒。當然，如果一位母親將自己失去的、理想化的客體之意義以象徵的方式投注到孩子身上、並認定是孩子帶有這些意涵，那麼憤怒是預料中的事，這麼一來，孩子就會首當其衝當地承受這種憤怒與責難。當然，我希望我和她一起的工作能讓她不再需要將自身的憤怒與痛苦投射到她的小女兒身上，從而防止此憂鬱的代間循環，那會讓無法被涵容與表達的苦痛繼續下去。對柯蕾特來說，短期治療的缺點是，那讓她如此「打開情緒」、卻又脆弱。關於結束，我感到些許不安，因為，不意外地，有一些急迫、強烈、未解決的情緒仍在柯蕾特心裡。

186

市中心的貧民區裡，有近半數資源不足、家有幼兒的母親受臨床憂鬱症所困（Cox, 1988），這短短的描述勾勒出我們在基礎的國民保健服務（National Health Service, NHS）看見的的年輕母親，而在社區中更常見的是未能受到照顧的女性。我們所見到的女性，已經用理想化的內在母親（並非基於真實的經驗，而是基於幻想）取代了她們現實裡憂鬱、拒絕的母親，而她們在十幾、二十歲初就渴望有個孩子，往往與她們想要取悅和撫慰她們的內在客體的願望有關。當然，她們的孩子一點也不是理想的孩子，不是那個她們想要作為禮物呈給她們的內在母親的孩子，因此這些孩子常常受到拒絕。她們不僅必須接受這種挫折，也必須接受整個早期場景的重現，也就是被她們的孩子、以及孩子對母親的索求再度喚醒的場景。

我認為，正是這個時刻，她們必須同時接受童年的失落，並透過幼童再平凡不過的痛苦來接觸自身原始的悲痛與無助，這個過程讓她們陷入呆滯、憂鬱狀態，這長久以來她們以理想化的防衛來迴避的狀態。顯然，這對她們成熟的成人發展來說是一個關鍵，在柯蕾特的例子中，它提供了前來接受治療的機會。

她和「地下水」接觸，終於使苦痛決堤，就像她後來說的，哀慟她的童年。然而，當時移情裡她呆板的僵直簡直是一種麻痺的痛苦，讓我想起溫尼考特（1965）描述母親與孩子（或分析師與患者，就此而言）溝通中所謂的「生氣勃勃與活力」。他談到，寡歡或憂鬱的母親們：「在嬰兒早期的關鍵時刻，母親內在的核心客體已經死亡，她的情緒是憂鬱的。在這種狀況下，孩子必須扮演**死亡**客體的配角。」（p. 191）。

母親的潛意識裡裝滿了孩子的死寂，讓孩子不得不用一種過於用力且虛假的活力，來抵消這股源自於母親的憂鬱的反生命因素（anti-life factor），而這麼做會干擾孩子的自我自然發生、正常成熟。我認為，這些母親確實很有可能經常以孩子死掉的方式

187 對待子女，自己也有同樣的感覺（在這些母親身上，自殺的企圖與意念並不少見，有時唯有一個依賴她們的孩子能阻止她們）。

不同於健康的母親，憂鬱的女性無法與孩子的世界連結，與人往來互動的交流能力也嚴重受損。她們之間毫無生氣。互為主體性的實踐假定：存在著一個有感知的人、能夠與之溝通，但這些「極簡」的母親，雖非故意忽略，但是如果在幻想中，感覺不到孩子的生命力、甚或是活著的，那麼持續地對談話保持興趣又有什麼意義呢？反之，用格林（1986）對分析體驗的美好召喚，孩子面對的是：

> 一位專注於自己或其他事物的母親，沒有回應、無法觸及，總是悲傷。一位沉默的母親，即使叨叨絮絮。當她在場時，她仍然漠不關心，甚至在責備孩子時也是如此。（p. 154）

「死亡」母親的憂鬱舉止，最終讓年幼的孩子感到厭煩。接下來的情況會是，建立一種不良的互動模式：麻木包藏的痛苦，接踵而來的是外顯、失控的憤怒，關係陷入僵局，且在憂鬱症自動緩解後（Stein et al.,1991; Hammen, 1991），兒童仍持續面臨關係上的困擾，有很高的比例患有精神疾病（Cox. 1988; Stevenson, 1982; Weissman, 1974）。的確，在寫這一章時，我經常覺得我在描述一組戴著頭巾的俄羅斯彩繪套娃，一個套一個，象徵的母親們交疊於彼此的內在。那失落的、理想化母親可能自己也很憂鬱，就像她的女兒一樣，並且透過這個循環交遞到下一代、有憂鬱母親的孩子身上。

那麼該做什麼呢？我們知道，個別、精神動力心理治療可以為貧困、資源不足的女性提供一個「新的開始」（Brown, 1993），由於她們嚴重遭受剝奪的童年，且／或文化與種族背景使得她們往往不容易獲得治療的機會，也確實很可能不會尋求治療。選擇自願前來的女性，感謝這種非官僚（「相提」計畫落座在布里克斯頓莊園的一間小宅中）、非醫療、非藥物介入的方式。如同一位女士在研究訪談中說的：「有一個安全、友善、匿名的地方能來，讓痛苦與困難的揭露成為可能。」

這裡只提供女性心理治療，所有的工作人員也都是女性。在數百名個案中，從來沒有人向我抱怨把男人隔絕在外，或者問為什麼這樣安排。我認為讓我們的個案們感到驚訝的是，溫尼考特（1957）主張「在潛意識幻想中，女性人物對她的存在或能力不設限。」這不同於她們在日常生活的世界所經驗到的以陽具為中心的論述，在那裡她們沒有太多經濟獨立的機會，她們的創意與天分只有有限的出路，也很少體驗到身體自主權能夠不受威脅。

在結構層次上，我們為案主創造的可能是類似溫尼考特所稱的過渡性空間。我說的是，某個程度上，女人們隱隱約約認為她們彼此之間有著天生的吸引力，當然是因為發生的相互認同。不過，我們知道，隨著臨床工作的進展，很明顯會造成一種錯覺，也就是與母親的前伊底帕斯情境會帶來許多種陷阱，以及沒有覺察到的技術困難，特別是在女人對女人的工作，例如：伊妮德・巴林（1993）在她的經典論文〈女人想要什麼？〉（本書第一章）中的討論，和克萊恩（1932）論述一位女性對母親身體裡的內容物所做的潛意識攻擊幻想的早期文章。然而，正是此種假定的吸引力、在女性共享的世界裡懷抱浪漫希望的躍躍欲試，讓女 188

性上門求助。如同一位女性在她的研究追蹤訪談中所言（Mills, 1993）：「在相提計畫所看到的這些女性帶給我許多慰藉與信心……不同的體型、種族、體態、聲音都在那裡工作，開心著。我從不屬於我的家庭。」

相較於分享受壓迫的生命，我們分享更多身為女性的經驗。當然，將育兒與工作結合的普世困擾讓我們團結在一起。性別、性和女性特質是富饒的領域，但我想聚焦在女性的身體及其歷史，或許正如寇恩（1994）所指出，這是「沉浸在想像裡的」，但卻對女性的地位造成高度問題。試想在文化、醫療和社會學的假設裡，關於佛洛伊德的歇斯底里症的漂浮子宮與鼻道，或者所謂近代的瘋狂往往和（通常是女性）厭食症的身體具象化有關。

女性們知道談論自己的身體是一種確認社會主流價值的方式，而且這樣的認知將她們聚攏在一起（Cohen, 1994）。對女性有著根深柢固的文化偏見，可悲的是，女性自己經常將這些偏見內化，學會以負面的角度看待自己的身體。在許多宗教裡，子宮的內容物本身，例如：經血，被認為是不潔的，需要教堂儀式，才能將分娩後的母親變回人類。如同厄舍爾（Ussher, 1991）所說：

> 社會將女人的生殖循環和性建構為一種不自然、污穢的……是一種缺陷，而不是力量……我們被教導我們的身體是弱的：他們讓我們痛苦和瘋狂。那麼，當我們**感到**瘋狂時，轉向我們的身體和生殖去咎責，也就不奇怪了？（p. 253）

然而，女性的共同經驗能夠被理解、並且有建設性地使用。我們曾住在子宮，並且我們各自擁有子宮。畢竟，第一個被內攝進來的是另一位女性，我們的母親。女人共通地與女性的身體有著親密接觸；隨著整個生命週期的發展與變化，女性的身體會經驗到相同的韻律與儀式。但是，讓她們界定彼此的是懷孕的潛能；產生和孕育這驚人又複雜的另一個生命的能力。對某些女性來說，如果相提計畫裡女性對女性的治療可以這樣理解的話，她們可能會經驗到子宮，如同孕期一般，是一個讓她們停泊、滋養的環境，也是在有限的療程結束時，將她們推出去、進入世界。對於本章描述的，在生育和養育過程中與憂鬱症搏鬥的女性們來說，對這些幻想應該特別同感。

189

當然，如同心理動力取向所昭示，每位女性的經驗對個人而言仍是獨一無二的。我們發現，不一定需要創造出全然的移情精神官能症、修通它，也能夠帶來真正的改變（Hildebrabd, 1986）。畢竟，佛洛伊德相信在很短的時間裡（他的早期個案接受短期的心理治療）是有可能幫助人們理解一些困擾他們內心的事情，並且透過洞察為生活開啟重大的轉折。在第一次療程，我們獲得許多重要的訊息，但誠如佛洛伊德所言，真正花時間的，是了解它的意涵。短期工作確實需要快速思考與行動的能力，也許是審慎地使用文本分析、直覺與同理心，掌握移情流動裡稍縱即逝的線索，並且經常在「此時此刻」中工作，提供護持與涵容的關係，使良性的、部分退行得以發生。這麼一來，情感總是能被關注、被表達與闡明，而無需「正面對抗」地努力消除防衛。

將記憶和幻想引出、釋放，但以女性在其客體關係中對情感與衝動的處理與適應模式這樣的方向來詮釋，而不是以原始潛意識幻想的角度詮釋。因為沒有時間將素材「上架」、容後再瀏覽，也不需要等待一個「正確的」確認再來詮釋，所以移情可能帶有的意涵與連結，需要清楚且主動的反思。我們必須專注在那些對治療工作的焦點而言是重要的動力，並搜羅素材來闡釋。面質，可能是重要的，並且在正向的治療聯盟的脈絡下，一個人能在短期工作裡達成更多成就。我們見到的女性，少有成功地與生命中的重要人物處理好分離的經驗，更多是充滿痛苦的失落，也因此，在治療伊始，結束就要放在心理、並且工作著。與分析不同，不會有明天的療程這種保證贖回方案。然而，如果想要的話，幾個月後會有追蹤療程，能夠幫助修通。

究竟這類型的工作與精神分析工作有什麼共同之處？當然，對個案和治療師來說，十六週就要適應彼此終究太短，查明和驗證「臨床事實」的時間也不夠。當然，短期工作可以視為粗略且現成的「急救包」。但是，如同海納爾（Haynal, 1988）所說，精神分析不僅是一種技術，「更像是兩個人之間的關係」。分析或是短期工作提供的，是兩人關係的結構。

190

確實，有太多的修通必須留給患者獨自完成，儘管，我認為短期工作順利的話，會出現某種「觀察性自我」（an observing ego），並內化一些治療歷程，以內化進來的關係作為改變的觸媒，女人有能力倚靠自己處理不少事情。但是，可以肯定的是，我們都在做伊妮德．巴林（1993）認為很重要的事：

> 有時，是在移除那些阻礙個案接觸思考或夢境的障礙，或是妨礙他們的衝動。有時，分析師必須指出這些障礙；這些阻礙了個案找到她們正在尋找的東西

的障礙，偏偏正是自己為了避免承擔痛苦而放置的（p. 122）。

當然，短期工作與分析根本上的差異在於技術；這些知識**如何**分享、在什麼層次、用什麼方式才能有治療效果，特別是考慮到短期工作中，患者可能沒有完全準備好，也還不能理解發生在她們的內在世界的事情，或者還無法忍受她們對自己的潛意識投射之洞察。關於歷程的說明，幾乎能查到的文獻都根植於執行完整的分析的臨床經驗，對從事短期工作的人來說，如果就這樣拿來當做短期工作的模式使用，很顯然會造成誤導。

然而，還要對抗的是那個如詛咒般的想法（Ussher, 1991），即外在現實的各種壓力佔據了那些資源不足、身處劣勢的女性，以至於沒有能力「奢侈」地探索她們的內心世界。相反地，根據對相提計畫（Reader, 1993）進行的一百個連續、短期、聚焦的治療進行評估研究，我們得知，治療中的洞察、自我肯定與與基於現實的自我覺知等成就，是治療結束後兩年，女性心理健康的最佳預測因子。然而，要成功與這類型的案主工作，確實必須有能力將她們的外在與內在世界的重合與互動牢記在心。

短期、心理動力心理治療能夠幫助這類女性擺脫各種心理困境，特別是她們在母職與育兒的情境下容易患上的憂鬱症，如同接下來我要呈現的柯蕾特的陳述。

「當我回頭看，現在我才明白，我一生中大部分的時間，都被嚴重的憂鬱症發作折磨。直到女兒出生前，我都透過酗酒、吸毒、後來的強迫性進食等虐待自己的方法，來處理（或者擺脫）我的憂鬱症。即使，對我的人生來說，孩子的出生是歡喜且重大的事，但是靠我自己，在幾乎沒有錢和實質支持下要養一個孩子，這種日復一日的折磨，是難以招架的。

191 她兩歲時，我發現我受不了她的要求與脾氣，甚至常常嫉妒她能夠表達她的憤怒與挫折，畢竟我是不被『允許』那樣做的。有一天，我受不了了，當下我才明白，如果我不把自己整理好，我永遠不會是體面的母親，或是快樂、滿足、自我實踐的女人。我一直拒絕接受治療這項建議，部分是因為我以為我可以處理好自己的問題，另一部分是因為我覺得這是給那些負擔得起的、中產階級女性的中產階級的玩意。

開始治療的時候，對我來說非常難。我認為我的中產階級治療師，永遠不會了解我這樣的工人階級、愛爾蘭裔、天主教背景是什麼心情，當時這讓我覺得特別不舒服。一想到每週有一個小時，有一個人只屬於我、聽我說話，我簡直不知所措。在表達情感方面，我一直都偷偷摸摸的，很壓抑，完全不知道從哪裡開始、要說什麼。

我的痛苦是那麼的強烈且消磨意志，我不知道有哪個詞彙能表達我的感受。在療程裡，我常常保持沉默，但是憤怒與痛苦哽在喉頭，也因為沒有能力用語言表達自己，或總是說得詞不達意而生自己的氣。當我的治療師解釋，我的痛苦回溯到生命裡還不認得任何詞彙的時期，我發現那很有幫助，給了我一個我從未有過的觀點。

有時，我會後悔沒有更好運用療程。因為各式各樣的原因，我保留了很多事沒有說出口。有時，是因為羞於啟齒，或者因為我覺得治療師不可能懂，有時則純粹是抗拒。『不想讓治療師知道太多我的事。』那段人生，我懵懵懂懂的，只是維持運轉、應付基本生活，但是眼淚、憤怒，以及被拒絕的感覺和孤獨，似乎沒有盡頭，我以為我會永遠這樣。

漸漸地，我開始信任治療師，不是完全，但足以讓我感到安全地開啟心門，雖然只是一道隙縫。在整個治療過程中，雖然我堅持給治療師貼上中產階級的標籤、給自己貼工人階級的標籤；帶著這些標籤固有的偏見和限制，我卻越來越覺得自己處在平等位置。治療師總是坦承、率直，很尊重和重視我，而且是真實的我，這總是令我驚訝。

但，有時候，更重要的是，當突破或連結發生時，她幫助我看到，這些連結是**我**做到的。一直以來，我都想把功勞歸給她，因為我把自己想得太渺小，我想，這可能是我學到的最有價值的事情：我確實有力量、可以掌握我的人生，意思是我不是完全無能為力，消極地任由事情發生在我身上，讓人們利用、虐待我，任由我的女兒擺佈，變得越來越胖，不覺得我有辦法做任何事情。

192

離開治療後，看起來好像沒有什麼改變，除了我哭了很多次，這是我以前沒有過的狀態。三年後的現在，我可以清楚看到，我是在治療**結束後**才開始我的發展歷程，有一些東西點燃了，也許是治療師讓我能夠拿回我自己，或是我的力量，不管那是什麼。

我必須哀悼我的童年，這件事花了很長一段時間。我仍然強迫性地進食，讓別人利用我，甚至比治療前還多，但某個程度上，球已經開始轉動，我太想改變了，停不下來。我花了大概十八個月處理悲傷和憤怒，我知道它不會永遠真的消失，但是現在我可以擁有憤怒與悲傷閃現的瞬間，為我在童年時沒有以我需要的方式被愛與照顧而憤怒與悲傷，然後讓它們再次離開，而不是讓這些感覺幾乎癱瘓我或使我跛足。

慢慢地，變化發生了。我對自己更有信心了，在關係裡，我不再害怕索求我所需要的情感。我更能理解自己的感覺和如何陷入舊有的行為模式。我和朋友的關係更自在、也更充實了，因為我越不需要隱藏缺點，就越能接受我的朋友們本來的樣子。

我不再需要持續用體重來保護自己這種情感需求，並且放下我的「超重行李」。明白我的發展和作為孩子與成年女性時感受到的痛苦，都讓我理解、希望能支持其他有著相似經歷的女性。現在，我擔任一些像是扶助者的志工，以真誠的方式，而不是因為我需要拯救或幫助他人，因為，我已經拯救了我自己，也能照顧自己。我知道，這將是一段漫長且緩慢的過程，直到我覺得已經發揮了我的潛能、感到充實、快樂、有創造力（我也能接受自己也許永遠不會完全成為那樣），但是，我強烈地覺得，我已經走得太遠，無法回頭。

沒有那些難以忍受、難以形容的痛苦負擔，而且我也不再像以前那樣憂鬱，感覺真的太棒了。當然，我還是會感到厭倦、覺得「低落」，但不再持續很久，而且我現在相當清楚**為什麼**（當厭倦時）會有這種感覺，也有信心知道**該怎麼**改變，我足夠尊重、喜歡自己，**想要**改變讓我不開心的一切。」

致謝

很感謝與我分享經驗的母親與孩子們。我想表彰柯蕾特的貢獻，謝謝她，還有克莉絲汀・帕克林（Christine Puckering）、安妮-馬里・山德勒（Anne-Marie Sandler），她們的見解在我撰寫

193

本章節時非常有幫助。

參考文獻

Balint, E. (1993) *Before I was I: Psychoanalysis and the Imagination*, London: Free Association Books.

Billinge, M. (1992) 'Assessing families where there is "grave concern"', *Child Abuse Review* 5 (3): 6–11.

Bion, W. (1959) 'Attacks on linking', *Int. J. Psychoanal.* 40: 308–315.

Bowlby, J. (1980) 'Loss, sadness and depression', in *Attachment and Loss*, vol. 3, London: Hogarth.

Brown, G. (1993) 'The role of life events in the aetiology of depressive and anxiety disorder', in *Stress: An Integrated Approach*, eds C. Stanford and P. Salmon, Chichester: Wiley.

Cohen, E. (1994) 'The body as a historical concept', in *The Good Body*, eds M. Winkler and L. Cole, New Haven: Yale University Press.

Cox, A. (1988) 'Maternal depression and impact on children's development', *Archives of Disease in Childhood* 63: 90–103.

Cox, A., Mills, M. and Pound, A. (1991) 'Evaluation of a home-visiting and befriending scheme for young mothers', *J. of the Royal Society of Medicine* 84: 217–223.

Cox, A., Puckering, C., Pound, A. and Mills, M. (1987) 'The impact of maternal depression on young children', *J. Child Psychology and Psychiatry* 28: 917–930.

Freud, S. (1917) 'Mourning and melancholia', *S.E.* 14: 245.

Green, A. (1986) *On Private Madness*, ch. 7, London: Hogarth.

Hammen, C. (1991) *Depression Runs in Families: The Social Context of Risk and Resilience*, London: Springer-Verlag.

Hardy, T. (1874) *Far From The Madding Crowd*.

Haynal, A. (1988) *The Technique at Issue*, London: Karnac Books.

Hildebrand, P. (1986) 'Issues in brief psychotherapy', *Psychoanalytic Psychotherapy* 3(1): 1–14.

Klein, M. (1932) *The Psychoanalysis of Children*, London: Hogarth.

Kumar, C., Cogill, S., Caplan, H., Alexandra, H. and Robson, K. (1986) 'Impact of postnatal depression on the cognitive development of young children', *Brit. Medical Journal* 292: 1165–1167.

Laufer, E. (1993) 'The female Oedipus complex and the relationship to the body', in *The Gender Conundrum*, ed. D. Breen, London: Routledge.

Main, M., Kaplan, N. and Cassidy, J. (1985) 'Security in infancy, childhood and adulthood: a move to the level of representation', in *Growing Points in Attachment*, eds I. Bretherton and E. Waters, Monographs of the Society for Research in Child Development 50, serial no. 209, nos 1–2, Chicago: University of Chicago Press.

Mills, M. (1993) 'Psychotherapy for women', *J. of Mental Health* 2: 89–92.

—— (1996) 'Psychotherapy for women from ethnic minorities in the inner city', in *Planning Community Mental Health Services for Women: A Multiprofessional Handbook*, ed. S. Jackson, London: Routledge.

Mills, M. and Puckering, C. (1985) 'What is it about depressed mothers that influences

Mills, M. and Puckering, C. (1985) 'What is it about depressed mothers that influences their child's functioning?' in *Recent Research in Developmental Psychopathology*, ed. J. Stevenson, London: Pergamon.

Murray, L. (1991) 'The impact of postnatal depression on infant development', *J. of Child Psychology and Psychiatry* 49: 1–39.

Patterson, G. (1990) *Depression and Aggression in Family Interaction*, New Jersey: Lawrence Erlbaum.

Pound, A. and Mills, M. (1985) 'A pilot evaluation on Newpin', *Assoc. Child Psychology and Psychiatry Newsletter* 7: 13–19.

Puckering, C. (1994) Personal communication.

Puckering, C. and Mills, M. (1986) 'A comparison of children's emotional distress in three "at risk" family groups', Paper presented to 3rd International Child Psychology and Psychiatry Conference, Paris.

Puckering, C., Cox, A. and Mills, M. (1993) 'A long-term evaluation of Newpin', *Research Report to the Department of Health.*

Puckering, C., Mills, M. and Cox A. (1995) 'The effects of family background, marriage and maternal depression on children's emotional modulation', in *Childhood Depression*, ed. G. Forrest, ACCP Occasional Papers no.11: 53–66.

Puckering, C., Mills, M., Rogers, J. and Cox, A. (1994) 'Mellow mothering: process and evaluation of group intervention for distressed families,' *Child Abuse Review* 3: 299–309.

Radke-Yarrow, M., Cummings, M., Kuczynski, J. and Chapman, H. (1985) 'Patterns of attachment in normal families and families with parental depression', *Child Development* 56: 884–

Raphael-Leff, J. (1991) *Psychological Processes of Childbearing*, London: Chapman & Hall.

Reader, L. (1993) 'Evaluation of a psychotherapy service for women in the community', *SHANTI: Final Report to the King's Fund*.

Stein, A., Gath, D., Bucher, J., Bond, A., Day, A. and Cooper, P. (1991) 'The relationship between postnatal depression and mother–child interaction', *Brit. J. of Psychiatry* 139: 39–57.

Stern, D. (1995) *The Motherhood Constellation*, New York: Basic Books.

Stevenson, J. (1982) *Preschool to School: A Behavioural Study*, London: Academic Press.

Ussher, J. (1991) *Women's Madness: Misogyny or Mental Illness*, Hemel Hempstead: Harvester Wheatsheaf.

Weissman, M. (1974) *The Depressed Woman: A Study of Social Relationships*, Chicago: University of Chicago Press.

Winnicott, D. (1957) *The Child and the Family*, London: Tavistock.

—— (1965) *The Maturational Processes and the Facilitating Environment*, chs 17 and 21, London: Hogarth.

【第十一章】壓抑哀痛，以及替補兒童症候群 195

艾莉西亞．埃切戈延（Alicia Etchegoyen）
精神分析師與兒童分析師，任職於切爾西和威斯敏斯特醫院
（Chelsea and Westminster Hospital）

介紹

在本章中，我想談文獻裡很少探討的症候群，也就是「替補兒童」症候群。凱恩和凱恩（Cain& Cain, 1964）首次將此定義為：父母中的一方或雙方有意識地決定懷孕，以取代不久前過世的孩子。波茲南斯基（Poznanski , 1972）認為，此症指涉的是一位特意孕育出來的孩子，用來取代已過世的手足，或是在家中已有特定角色的現有的手足。她認為，這種症候群的發生頻率比聽聞的還要高。這樣的結果，可能是因為醫師沒有指認出來、或是家庭不願報告。於是，她的文章擴展了「替補兒童」這個概念，並且點出這個問題的發生率可能是更高的。

近期的研究支持這項論點，提出產期前後死亡（perinatal loss）、未解決的傷慟與受孕率提高之間存在關聯性，其中多數發生在前一位孩子過世後一年內。

羅維等人（Rowe et al., 1978）針對二十六個遭遇週產期死亡（perinatal loss）折磨的家庭，進行回溯性研究。二十六位母親中，有六位經歷了延長的悲傷反應（十二至二十個月）。作者發

現，病理性悲傷反應的唯一預測因子是家中有新生兒，緊跟在具有指標性的兒童過世之後而來，例如：相較於失去孩子後沒有馬上再懷孕，或是六個月之後再懷孕的母親，懷著雙胞胎、卻只有一位倖存的母親，或是失去孩子後五個月內再度懷孕的母親，更可能出現病理性悲傷症狀。

魯賓和費倫茨（Rubin and Ferencz, 1985）有個為期三年的研究，比較兩組條件的母親的懷孕比例，一組是嬰兒罹患先天性心臟病，對照組則是嬰兒身心健康，結果發現嬰兒因心臟病夭折的母親懷孕率顯著高於對照組。

羅森（Rosen, 1982）表示，父母在其中一位孩子過世後不久，就懷上另一位孩子的情狀並不少見。他主張，替補兒童的概念應該擴及那些在孩子被診斷出殘疾不久後就希望懷孕的父母。換句話說，不管是因為死亡而失去孩子，還是因為缺陷而失去期待已久的「理想小孩」，都可能出現替補。

196

我同意這種觀點，亦即「替補兒童」症候群遠比報導的狀況更常見。替代的願望可能是「公開的」或「隱藏的」，也就是潛抑、否認或保密。我認為，此種「隱藏的替補症候群」，在一些流產、死胎和收養的案例中，經常被忽視。根據羅森（1982）的觀點，建議將這種症候群定義擴大，包括所有有意識或潛藏願望裡，想要取代已故、殘障或出養孩子的所有案例。

據我所知，文獻中描述的案例符合「公開」的類型。「隱藏」的替補案例的發生率有待確定。我認為，將「公開」和「隱藏」的替補區分開來，在臨床工作上可能是有幫助的。在我的臨床經驗裡，我發現「隱藏」類型的案例對診斷和治療來說是一大挑戰，如果臨床工作者不特別留意它們存在的可能性的話，很可能會錯失機會。

接下來，我想對此症候群的起源，以及對替補兒童與家庭的功能、專業網絡的影響，進行理論探討。我將提出一個「開放」替補、一個「隱藏」替補，藉由兩個臨床案例詳細說明一些理論要點。最後，我將對治療取向和症狀處理提出一些想法。

理論探討

人們普遍認為，此症候群源自於父母無法哀悼和修通失去孩子的失落感，而以懷孕或收養來取代哀悼。鮑比（1980）描述了正常哀悼的四個階段：

1. 麻木的階段，持續數小時到一週。
2. 懷念和追尋所失去的人的階段，在某些案例中，持續數個月到數年。
3. 混亂和絕望的階段。
4. 不同程度的重組階段。

佛洛伊德在他的開創性文章〈哀悼與憂鬱〉（1917）中提出，哀悼的工作包括痛苦地接受失去所愛客體的現實。他認為，一開始，失落會被（主體）對客體的認同所否認：「客體的影子將落在自我（ego）之上。」（p. 244）接著是，欲力分離（libidinal detachment），也就是「當現實感檢驗（reality testing）顯示所愛客體已經不在，那麼它會繼續要求所有的欲力都應該從它所投注的客體上撤回。」（p. 244）。

197 克萊恩在〈哀悼及其與躁鬱狀態的關係〉（1940）一文中，在哀悼與嬰幼期的憂鬱心理位置之間建立了十分重要的連結。她假定，失去好的外在客體，會再度觸發潛意識中憂鬱心理位置的焦慮，那些童年關於傷害、失去內在好客體的經驗。因此，哀悼的工作牽涉的不僅是外在的失落，也包括內在失落的修通。這代表哀悼者所面對的，是比他／她原本預計還要更廣大 、也更痛的難題。克萊恩認為，兒童期的憂鬱心理位置是否處理圓滿，決定了生命後期是否有能力哀悼和修復。

繼克萊恩之後，史泰納（Steiner, 1993）更詳細地描述了哀悼的工作所牽涉的焦慮與心理痛楚的本質。哀悼的早期階段會否認失去這個事實。透過投射性認同（一種全能控制的幻想），主體企圖佔據、保有客體。這種認同客體的內在歷程，往往會引起鬱悶、死氣沉沉、萎靡、慮病等症狀，並且可能造成身心症。為了讓哀悼進行，主體必須放下客體，讓它「死去」，面對失去客體帶來的強烈焦慮，並且在沒有客體以後面對自身的生存。

放棄全能控制客體的願望，代表主體必須承認，在心理現實中，自己沒有辦法保護與修復客體。這也牽涉到再度喚醒一個嬰幼期的處境，亦即想攻擊、也想修復客體這兩個願望之間的衝突。這些處境底下的經驗，會喚起強烈的罪疚感、孤寂與痛楚。這也對應到鮑比所說的，混亂與絕望的階段。

為了使哀悼有個令人滿意的結局，必須接受失落這份現實。為了做到這點，需要在心理上與客體分離、分化的過程，透過痛苦地分清楚哪些屬於自體、哪些屬於客體，方能達成。最終的結果是，更真實地看待客體，還有那些被自體否認的部分，也漸漸收回自我中。這段歷程的結果，使得自我更加豐碩與強韌。這對應到鮑比所稱的重組階段。

顯然，修通哀悼是一段困難的過程，在任何一個階段都可能出現障礙。探討異常與病態哀悼的文獻博大精深，超出了本章的範圍。我將焦點放在壓抑哀悼與懷孕上。

路易斯（Lewis, 1970）提出，哀悼發生於孕期的喪親之痛特別困難。他認為，對母親來說，她必須一方面與活生生的寶寶有著深刻連結，同時（如同一般哀悼歷程）想念已逝之人、充滿情感，這兩種情感上是難以相容的。在多數狀況下，哀悼的歷程受到壓抑，或者沒有完全走完。

在死胎或週產期死亡後懷孕的傷慟表現，也非常困難。生與死，兩個對立面的現實融合在一起，使哀悼者必須面對強烈的不真實與困惑。許多因素都可能造成週產期喪子後，以替補來壓抑哀痛，可能因素有：職業、社會態度、潛在的父母與家庭動力。 198

一直到最近，人們才意識到週產期死亡所造成的影響，這一點在已發表的文獻中昭然若揭。專業人士對這一主題的興趣，使得死胎與週產期死亡的處理有了相當大的變化（Condon, 1986, 1987; Lewis, 1979, 1983）。然而，必須注意的是，要恰當地回應週產期死亡，不僅是悲痛的家庭需要投注相當多的情感，醫療照護團隊也是如此。拉斐爾-勒夫（1991）提出，促進生命健康的專業人員自己也經常遭受死亡驚嚇，可能會逃避與失去親人的父母交談，免得翻攪出自身的失望、挫折與罪惡感。對事件保持沉默的共謀（Bourne, 1968）或給予不適切的勉勵，例如：鼓勵母親快點再懷孕，一點也不少見。

孟席斯・莉絲（Menzies Lyth, 1975）指出社會在面對死亡的意義與重要性的困難。她說明，死亡已經取代性，成為現下禁忌的話題。「有時，提到死亡，會被視為骯髒下流」（p. 208）。她認為。這種態度壓抑了哀悼歷程，也因此，在當代社會，相對缺少公開的哀悼儀式和親友的私人支持。

與替補兒童有關的潛藏的心理動力歷程是什麼呢？在一篇非常有趣的論文中，阿爾比（Alby, 1974）寫到許多母親會在另一個孩子罹患致命疾病，往往是最後一次復發的時候，替補性地懷孕，並探討其潛意識動機、衝突和幻想。她認為，母親替換垂死孩子的深切需求，源自於潛意識裡放棄和背叛重病孩子的想法，以及矛盾與罪咎的情緒。懷孕成為躁狂式的防衛，用以修復母親有一個「壞掉了的」孩子的自戀式受傷。她相信，在某些案例中，漸漸進逼的失落感覺起來就像是一場災難式的自戀創傷。因此，懷孕代表絕地求生的掙扎，以阻擋讓母親心智解體的原始焦慮和排山倒海而來的憂鬱。

阿爾比觀察到，在一些案例中，當母親的自戀是脆弱的，替補成為一種防衛，對抗原始焦慮，印證了我的臨床經驗。失落的經驗猶如心理上的災難性創傷，有其治療上的意義，這點將在稍後探討。

凱恩和凱恩（1964）提出，父母親對已逝的孩子投注的強烈自戀和母親的心理脆弱性，都是決定替補的重大因素。

199 鮑比（1980）描述了一種強迫性照顧的偏好，和一種與自戀運作相關的、維護情感連結獨立性的傾向。

對家庭和關係來說，失落也會造成深遠的影響。利柏曼和布萊克（Lieberman and Black, 1987）提及，失功能的家庭面對失去時，會出現迴避、理想化和漫長的悲傷等反應模式。兩位作者點出一個為人熟知的事實，亦即家庭失去親人之後，往往會快速地透過婚姻、懷孕或生育獲得補償。想要取代或替代已逝之人，或許是導致這些改變的緣由。

家庭中，失序的哀慟也可能藉由憤怒的關係模式展現出來，有時甚至會導致家庭單位的毀壞。路易斯（1983）提及家庭失和、憂鬱的週年反應和某些例子在下一代身上造成的替補性懷孕。蓋約托（Guyotot, 1982）寫到出生與死亡的巧合，在孕期前後，父母或祖父母的過世，顛覆了原先對因果、時間和順序的設想。家庭成員會經常混淆姓名、個人特質、日期等狀況，說明對於失落象徵化與內攝的障礙。

最後，這些未能哀悼的失落會如何影響替補上來的孩子呢？在早期的母子關係中，未解決的喪親之慟帶來的影響，是有據可查的。路易斯（1978, 1979）指出，在週產期死亡之後，母親的照顧能力會深深地受到影響，範圍從失去照顧嬰兒的能力、將嬰兒與死去的孩子混淆、拒絕、忽略，乃至某些案例可見地在生理上虐待替補的孩子。

德羅塔與厄文（Drotarand Irvin, 1979）提出，嬰兒的死亡可能深遠地影響母親與之後孩子連結與適應的能力。凱恩和凱恩（1964）發現，替補兒童被過度保護的父母撫養長大，家裡充斥著對死去的孩子的理想化意象。在他們身上可以看到不穩定的自我認同、較低的自尊、普遍的不成熟。

在一篇談論六歲兒童的心理治療文章中，里德（Reid, 1992）描述，從一開始就將寶寶視為「問題」的母親，日後數年無法與孩子發展正向的關係。

萊格和謝里克（Leggand Sherick, 1976）將替補兒童症候群視為一種發展干擾，由於對尚未成熟的自我提出其回應不了的要求，因而對兒童產生負面影響。無可避免地，替補兒童的父母會感到衝突，因為過度投注情感在孩子身上，卻又不斷被孩子提醒那已逝的手足。作者強調，伴隨替補兒童一生的困擾將是，如何獲得「充滿愛且有生存意義的」自我認同感。

整體來說，替補兒童在心理認同、分離和倖存者罪疚等方面，面臨重大的難題。根據定義，替補兒童被賦予另一位孩子的身分認同，後者往往是被理想化的。替補的孩子有份不可能的任務；為了彌補父母親的失落，他必須符合他們的想望。而這難以避免地會失敗，並導致一種蔓延的不適任、殘敗的內在感受。認同了死去的、失去的、損傷的手足，導致他對自己存在的核心有不真實、困惑的感覺，有時甚至會引發嚴重的憂鬱症與自殺意念。

200

留存於潛意識的倖存者罪疚感，可能會對孩子的發展造成極具殺傷力的影響。替補孩子經常感覺無權利用自己的才智成長、並有所發展。智性能力的壓抑、缺乏足夠的自我肯定、整體來說消極被動，以及情感上不成熟都是常見現象。父母親潛意識中對於孩子努力成就其獨立的自我認同帶有敵意，可能不利於兒童成長。

關於「替補兒童」的長期心理影響，已有詳細的描述。薩巴迪尼（Sabbadini, 1988）報告了一位三十歲出頭女性的分析，她的出生是為了取代大她九個月的姐姐。患者因脆弱的自我認同、無法維持長期關係和憂鬱前來治療。

波羅和波特利（Porot and Portelli, 1993）發表了一位四十二歲男性的自述，他是強褓兄長的替代品，終其一生都受關係困難所苦，並且無法成為兒子的好父親。

身為替補兒童，會對自身的性與親職態度產生什麼影響，需更多研究說明。父母親希望生育某一特定性別的替代品的意義，目前尚未確定。

臨床案例

案例 1

我要描述的是一位九歲女孩的案例，她是唐氏症寶寶的替代品，以詳細說明替補的心理影響與家庭動力。

露西，我這麼稱呼她，在九歲三個月時，因為學校長時間擔心她，而轉介到當地診所。在與露西溝通這件事情上，她的老師已經不抱任何希望。她似乎總是在做白日夢，沒有什麼作為。她非常孤立，無法做任何事情，很多時間獨處，玩經營餐廳或學校的遊戲。同學霸凌她，她在其他孩子眼中就是個怪胎。診所花了一個學期深度評估露西和她的父母。

露西是在母親四十四歲、父親五十歲出頭時在海外出生。她有一對十六歲的雙胞胎哥哥，他們顯然適應良好。據母親描述，懷孕與分娩期間沒有困難，露西是「安靜、漂亮的寶寶」；母親無法親餵，原因是一個乳房「塞住了」，寶寶也沒有吸吮。露西飢腸轆轆地轉向瓶餵，並且維持了五年。她不喜歡副食品，在各項發展評估都落後。露西兩歲時開始參加學前遊戲小組，不大適應、拒絕再次參加。幾週後，由於政治動盪，一家人不得不突然返回英格蘭。在英格蘭時，她參加了兩個學期的學前遊戲小組，並且樂在其中。三歲轉入幼兒園時，露西不大適應、也沒有交到朋友。從那刻起，她在學校的困難一直持續。露西的精神科／心

201

理動力評估顯示，她有嚴重的智力抑制、嚴重的情感疏離，以及間或的薄弱現實感。

露西的母親給人脆弱且敏感的印象。討論露西的困難，引發她強烈的焦慮，使她陷入恐慌，並且對專業支持毫無反應。對於母親迫切需要迴避痛苦或煩亂的感覺，診所團隊感到擔憂。

作為評估的一部分，診所提議進行一系列的家庭會談，包含雙胞胎哥哥。父母拒絕了，因為他們覺得把兒子們扯進來，既無關、也不恰當。診所建議提供露西完整的分析（一週五次），並且一週見父母一次提供引導與支持。基於對父母和露西的問題本質的了解，診所才提出這樣的提議。感覺起來，露西問題的嚴重性與範圍，影響的不僅只是她的學習，也包括她整體的功能，需要密集的心理治療。

儘管向露西父母說明，母親完全不願意接受幫助，且清楚地表示，對她來說，心理上有困難和精神崩潰是一樣的。

我第一次與露西父母見面時，母親表達她對露西的能力有著很高的期待。正如父親所說，母親希望露西能「天下無敵」。對母親來說，要接受自己的女兒有嚴重的情緒困難、能力普通，是非常困難的。心理測驗顯示，在九．二歲的年紀，她的全量表智商為一一六，閱讀能力為九．三歲，拼寫能力為八．四歲。母親害怕，接受分析會讓露西被標籤為精神科患者或是障礙人士。母親用理想化的方式描述露西：一位美麗、有藝術天賦、特別敏感的孩子。我得知，家裡為了避免露西不高興，給她很多零用錢。父親承認，露西發展的不算好，並且需要協助。

在他們差不多要離開時，母親告訴我，露西是在她上一次流產的一年內計畫出生的孩子。第二次面談時，我得知母親在四十三歲時意外懷孕，胎兒八個月大時出生，是一位唐氏症寶寶。父親說，寶寶在出生不久後就死掉了。母親很驚訝，因為她以為寶寶是死胎。這個事件之後，母親決定再要一個孩子，因為她「必須成功」擁有一個健康的孩子。毫不懷疑地，母親認為她會有一個漂亮的寶寶，一切都會順利的。 202

唐氏症寶寶是家族祕密。值得關注的事情是，露西對於接受治療的立即反應是「她不是殘障，不需要協助」。

在父親支持、母親猶豫的氛圍下，我們開始分析，包含：規律地出席診所的會談，探討他們對露西的擔憂、對上一位孩子死亡的感受。我意識到，親職方面的支持可能是治療是否成功的因素之一。

在審慎地與診所團隊討論過後，考慮露西迫切需要治療，我們決定繼續前行。希望透過規律與診所接觸，緩和一些父母的焦慮，或許可讓母親獲得一些她需要的協助。

我認為，露西的經歷與表現顯示一些替補兒童症候群的特徵。對於患有殘疾的孩子出世的現實，這位母親傳達出深切的否認（「那是死胎」），也否認她對此的感受。母親並沒有從創傷經驗中走出來；透過塵封與迴避（這個家族祕密），它已經變成「未曾發生過的事」（Bourne, 1968）。在某個程度上，這種病態的操作方式是與父親勾結的。解決的方式是計畫懷孕，以維持母親不穩定的心理功能。

露西作為一個獨立的人、有自己的問題，這樣的身分並未受到認可。證據顯示，父母雙方都將她理想化並過度保護。在字面上，母親將心理困難等同於殘疾，意味著將露西的自我認同與已逝寶寶的身分認同混淆了。

母親否認在孕期或產後出現任何焦慮或憂鬱，正彰顯出她的脆弱性。這與傳聞或研究的發現不符（Phipps, 1985）。整體來說，我的印象是，母親似乎缺乏語言可用來表達她的情緒，而對於她的憂慮進行反思的能力，也不是完整無損。然而，我相信，孩子還是會感知到這種強大的、潛藏的情緒，反應在她害怕被看成殘疾人士。

我認為，相較之下，父親比較能接受現實中孩子有殘疾的事實，以及露西失能的困境。然而，最重要的是，他必須保護妻子免於焦慮與痛苦， 因此有時在面對女兒的困難、受助的需求時，他不得不忽視他真誠的擔憂與同理心。

這個分析是按照兒童分析技術進行，這個技術來自克萊恩（1932），伊爾瑪・布倫門・派克和 漢娜・西格爾（1978）更進一步發展。克萊恩認為，療程中、非結構的情境裡，兒童的遊戲等同於成人分析裡的自由聯想。理論上，她認為，從出生起客體關係就存在，自我以初始的能力體驗到焦慮，並且對之做出防衛反應。因此，她認為，能夠透過對早年移情的詮釋和細心關注反移情，兒童分析可以像成人分析一樣縝密地進行。透過密切地觀察兒童的語言與非語言的行為與遊戲的模式，根據這些搜集到的資料，能夠詮釋兒童的潛意識衝突。

203

近年來，分析師的性別是否影響移情與反移情，這樣的議題在文獻中有越來越多的討論（Pearson, 1983; Chasseguet-Smirgel, 1984; McDougall, 1988; Lasky, 1989; Lester, 1990）。我追隨的觀點是，分析師的性別固然重要，但長遠來看，並不是主要因素。精神分析方法的基石是，患者會將他們與重要他人的關係裡的各方各面，由過去轉移到現在。

繼克萊恩（1952）之後，約瑟夫（1985）提出「完全處境」（total situation），發展出移情的概念（包含反移情）。她表示，無論性別或是其他的真實特徵如何，分析師的任務是探究並詮釋「完全處境」的意義，包括「此時此刻」與分析師的情感關係，以及其與過去經歷的連結。

初次療程十一月十九日

露西身上的衣著光鮮，有點維多利亞時代的風格：一件帶有毛皮飾邊的連帽大衣、牛角扣，一條藍裙子和潔淨的白色套頭衫。我注意到她美麗的臉龐和長長的金髮。整體來說，她身上有股死氣沈沈、沉寂和古怪的特質，會透過突然的鬼臉或面部抽搐顯露出來。她很安靜。她畫了一隻小羊，告訴我她喜歡甜食。最後，她做了一些算式，彷彿是來補習的。當時，在相當長的一段時間裡，她堅持學校很美好，學業也非常容易。

我認為，初次療程描繪出露西嚴重的智力與情感壓抑。她的安靜，傳達著她思想的空洞、無法表達自己、無法與人互動。她畫的小羊和吃甜食的願望，以一種再明確不過的濃縮方式，呈現出她心理病理的重要之處。如同我們稍後會理解到的，小羊是她消極、不成熟的、理想化的自體。她對甜食的渴望象徵著她的期待，被她的家庭功能增強的期待，那些難以吞嚥的事實都應該透過迴避、再保證和過度保護，來變成「甜點」。露西使用否認，這點映照著母親的方式，這是從一開始就很明顯的。

分析第一年的工作，圍繞著露西的潛意識信念，那就是她不需要從任何人那裡接受任何東西。有好幾個月，露西讓我在移情裡扮演一位老師或母親，但是她對我提供的一切冷漠、毫無興趣，在我身上喚起了深深的不適任與絕望感等反移情。漸漸地，我們開始審視她心中理想化的自我、自給自足的意象與其後果：嚴重地抑制求知慾與健康的自我肯定。

204

對露西來說，要放棄自己是一隻「甜美的小羊」的形象，以及移情中，她期待我成為保護的、過度擔憂的父母移除她所有擔憂的要求，這些都令她難受。

在母性移情裡，我開始談起，她可能會害怕，我會不喜歡或處理不來她所帶來的任何混亂的、痛苦的情緒或不夠好的感覺。現在，我將呈現一次療程，藉此清楚地說明導致她學習受阻的一些因素。

療程：十月十九日，開始分析十一個月後

露西興高采烈地進來，看著我，看著她的玩具箱，拿出一些糖果開始大聲地吸吮。她走到躺椅前，試著抬起座墊、讓座墊靠牆立著，但是沒有成功。她試了好幾次。我說，她試著做一些很困難的事。邊嚼著糖果，她爽朗地說：「我會一試再試。」試了好幾分鐘後，她看起來很累。我告訴她，我認為她想讓我看到她內在的感受：她總是覺得，她非常努力，卻做不來。這也許也是在學校發生的狀況。她慢了下來。我繼續說，我認為，她想讓我看到她被內在的某個東西驅使著，像個嘮叨的聲音說「再努力一點」、「做得更好些」，這些一定讓她覺得很累。她停下手邊的動作、吸著糖果。她靠近我，用微小謹慎的聲音對我說：「我試了，可是我的表現從來都不夠好……我從來都不夠好。」接著是一段酸楚的沉默。我說，她想讓我知道，這種不夠好的感覺有多痛。她抬起頭，快步走到桌邊，畫了一張充滿混亂、交叉、棕色線條的圖（有別於她平常有漂亮花朵的圖），中間有一個非常小的紅點。指著那個小點，她對我說：「這是我的感覺。不夠好的時候，我就像這樣，不清楚。」她緊張地看著我，又移開目光。我說，當她覺得渺小、不好，這會使得她害怕，我可能不會想知道這些。在短暫的沉默之後，我繼續說，她可能會擔心我是那種只想要好小孩的媽媽。她在另一張紙上畫了一些線條，並告訴我，這是她在學校的位置（在最末段）。她似乎很退縮，吸著糖果、畫些漂亮的花。我描述，對她來說，在覺得渺小和迷失、並且害怕我會受不了這些時，要留住這些被翻攪出來的痛苦是很難的。也許現在，她試著想擁有一個「甜美療程」，讓她跟我都快樂。

在我心裡，那次療程就像是分析的轉折。露西開始能夠認知 205 她深層的不足與憂鬱感。她無法持續與分析師維持情感連結，因為她害怕客體的心智狀態。我認為，她的退縮呈現出早期與母親的關係的根本難題，在那裡母親被感知為無法涵容焦慮、難受的感覺，並同時內化為脆弱且咄咄逼人的：「妳一定、必須表現得更好。」一開始，我以為露西的退縮是焦慮使然，後來，我才更完整地了解，露西消極的願望是，躲進內在「風景甜美、可人」

的世界。

在這些議題稍作修通後，露西在學業與社交的難題有了顯著的改善。從分析師和老師那裡接收並學習的能力改善了，但這也使她面對可怕的任務：必須認識損壞的自己。她主動告訴我，她總是覺得自己不正常且殘障。這一點，我理解為，她在潛意識裡認同了唐氏症寶寶，以及在她生命早年裡孤立的母親。這是她「憂鬱的核心」，並在分析中帶來強烈的酸楚，嚇壞了露西的母親，這些呈現在分析十六個月後，也就是那年五月母親寫給我的信裡。

> 昨天，我去接露西時非常困擾。她的狀態很糟，回家的路上哭了整路。我不正常、我瘋了、我是殘廢，她試著向我解釋，她身體裡面有另一個不受控的人。我聽不懂她的話，這不像她會說的話。我從不想讓她知道妳是一位醫師，這段經驗會跟著她一輩子，我想要的是讓她盡快忘掉這一切。

差不多在那時，露西得知一所媽媽選中的中學接受她了。很自然的，學業上的成就加深媽媽和露西對分析的矛盾感受。然而，父親的支持讓分析多走了一年。他漸漸明白，露西需要支持，才能面對、修通她深層的悲傷。分析第十七個月，那年六月的一次療程傳達出露西有自殺性憂鬱與解離等感受。

> 她告訴我，她有一個我不會懂的祕密。上帝讓她很特別、跟其他人不一樣……她很生氣，我沒有猜到她的

祕密。我說，如果我沒有立刻且完美的理解她，會讓她生氣。我想，她試著告訴我，有時候她覺得感覺不到自己、和其他人……她很激動，大吼「妳不懂」好幾次。我試著描述，寶寶會因為自己掌握不了的東西（母親的憂鬱和死去的寶寶）、和沒有人能幫自己的感覺所困擾。她冷靜了下來……告訴我，在她八歲生日時收到一個娃娃。她心裡有一個奇怪的感覺，想哭。在她九歲、九歲半和十歲的每一天，她都有這種感覺。我描述她想告訴我她曾經感覺到、現在也感覺到，心裡很悲傷。她淚流滿面。她說，她想去神那裡，她覺得糟透了……來見我，讓她覺得糟透了……

206

和逝去的寶寶有關的素材，緩慢地揭露出來。我得知，分析開始時父母親曾經告訴她這件事。一開始，我把露西的臉部抽搐和鬼臉看做是在溝通，意味有事情不對勁、失調。在症狀改善幾週後，素材卻轉換了，我得知一個祕密故事和想像的世界，有些與愛情、火山、死亡的意象有關。某個程度上，這些被上帝的影像平衡掉了。她告訴我接下來這個幻想：

她屬於一個特殊的部落，存在於三種地方：在銀河裡、與神在一起，或是不存在。她解釋，不存在的地方就是地球。在天堂，她不需要說話，那裡沒有大氣、也沒有空氣，取而代之的，那裡有一種像是蒸汽或霧的東西。天堂像一個盒子，信件在霧氣中雕篆，像絲綢一樣柔滑。她聽起來很興奮。我點出這點，但也點出可能會有的害怕，像是不存在或是在箱子裡，像是死掉的人。

隨著素材揭露出露西深層的自殺性憂鬱和認同混淆，她想退縮去到一個興奮的童話世界與理想化天堂的願望也隨之漸明。她告訴我，在安靜時，她可以聽見並與上帝對話。

> 也許她活著……也許她死了……也許在這個療程裡、這個世界裡、樹林、椅子都是不真實的……她認為她不是真的在這裡（地球上）。上帝把她的心智送來地球，實際上她在天堂，她是隱形的。

很自然地，露西發現談論這些感覺讓她害怕，經常退縮到她祕密的想像世界裡，一個我碰不到她的地方。或者，她會在生理上變得具有攻擊性，試著將我推開。

在那時，我敏銳地留意到，父母對分析的支持薄弱。父母沒有投入診所規律的會談中。一直以來，母親堅持，露西前來接受治療只是為了幫助她的學業。探索母親的個人議題或是家庭功能，都不會是母親願意的。就此觀點，父親並未與母親爭執。

我試著談論露西不可能解決的兩難：一邊是她恐懼自己必須面對在分析裡揭示而出的「死亡般」、「不真實」等困惑感，以及母親無法容忍的她的現實焦慮（在移情中密切地複製）。另一方面，顯然，只有當她能從死去的寶寶身上解脫出來，她才能「活著」。

207

到了十月中，因為露西的攻擊與危險行為，我必須暫停兩次療程。她曾「開玩笑」似的玩繩子，試著繞在脖子上。當我不得不阻止她時，她攻擊我。幾天後，她告訴我，她的媽媽和她都認為她準備好停止治療了；我囚禁了她。毫不意外地，很快的，我接到父親的來電。關於露西繼續接受治療的事，他的太太非常生氣。「為了他太太的心理健康著想」他決定在聖誕節終止露西的治療。

關於結束，露西的情緒複雜：她覺得自己內在自由許多，但也比剛開始做治療時糊塗和憤怒。她想忘掉她曾經有過問題。在我們最後一次面談時，母親告訴我，遺忘與退縮不一定是壞事，她決定要忽略她殘疾的孩子已逝的事實，她已經抱有這幻想一個月了，她覺得一點也不痛、不焦慮。我向父母指出，對殘疾寶寶懸而未決的哀悼，對露西和家庭來說仍然是重要的問題。我建議他們審慎思考對家庭或母親個人提供協助。我建議在復活節時再重新評估一次。後來父母並未與我聯繫。

我認為分析的發展以及在第二年時提早中斷，清楚地顯示出抑制哀悼的病理性影響。死去的寶寶之存在與意義，在母親心中遭到否認，都無法被哀悼。自相矛盾的是，這些又在露西的發展中活生生地造成阻礙。關於有障礙的寶寶為何無法被哀悼，是個有意思的問題。

儘管我沒有母親的內在世界與早期經歷的第一手資料，在我看來，她運作的方式是基於自我理想化，這是她對自己作為「美麗的孩子的成功母親」的藍圖。有障礙的孩子出生，對母親來說是一場心理上的災難。母親脆弱的自我認同感，必須透過另一次成功的懷孕才能修復。有證據指出，露西的特質與母親相信遺忘是一件好事之間，存在著不幸的結合。我說的是，露西傾向於被動地退縮進入一個想像的世界，在那裡沒有痛苦與挫折，可能就像她在嬰兒期曾做的那樣，不努力吸吮乳房。露西薄弱的自我認同感，使她轉而成為母親的投射（她的憂鬱，和對死去的、受損的嬰兒的恐懼）的接受器。

我深信，露西的分析中發現的問題，被硬生生地體驗成一種對母親的心理健康的威脅。再次地，藉由停止分析，父親與母親的迴避結合成共謀。

208 **案例 2**

在「隱藏的替補」案例中，強大的情感暗流尤為複雜。除非謹慎地診斷發生的境況，否則專業團隊很可能受困家庭的防衛系統中。接下來的案例將會說明這點。

現在，我將描述 A 太太這個案例。我將十一歲女孩稱之為瑪格麗特，A 太太是她與八歲男孩達米安的養母。專業團隊將孩子們安置在一對「絕對合適」的夫妻那兒，等待收養。我將會討論，在孩子們安置十四個月後，專業團隊如何痛苦地驚覺，潛藏在收養的動機底下的根本願望是，母親的祕密與想要取代失去的寶寶的強迫式罪疚感。

瑪格麗特和達米安曾經過著混亂且不安定的生活。關於父親，只知道他有暴力傾向，並在達米安出生時就離開了。母親海洛因上癮，生活一團糟，有一連串的男友。證據顯示，孩子們曾經接觸色情影片，瑪格麗特可能曾經遭受性虐待。出於疏忽與情緒虐待，在孩子九歲與六歲時，社福機構接手照顧，並決定終止與母親的聯繫，兩人一起被收養。在收入機構照顧時，兩位孩子都呈現出情緒與行為混亂等症狀。不管是白天還是晚上，瑪格麗特都會尿床，此外還有偷竊、對權威人物的生理和語言施虐在內的反社會行為。在學校，她無法與同儕建立關係、學習。達米安的行為幼稚，有時很奇怪，和人建立關係的方式是，滔滔不絕地說那些腦海中閃過的念頭，包括愚蠢的笑話和雜亂無章的意見。他似乎活在一個住滿殘酷與暴力人物的幻想世界裡。儘管智力良好，學業上的表現卻低於正常水準。達米安迷戀暴力，大部分的空檔都在看恐怖電影或雜誌。

孩子們被安置在中途之家，等待收養。一年後，有一對夫妻認真地考慮收養他們，但在最後一刻縮手了，這讓孩子們（那時十歲和七歲）感到苦澀、失望。收養這樣一對有困難的孩子，可以想見會遇到的難題，這對夫妻卻步了。

A 太太在二十三歲時結婚，打從青春期起就想組建一個大家庭。接下來的四年，她流產了七次，接著又子宮外孕，隔年她二十八歲時試管嬰兒療程失敗。反覆出現的婦科問題，在她三十三歲時因子宮切除告終。在與精神障礙、失常的青少年工作方面，A 太太經驗豐富。兩年後，這對夫妻接觸了這家著名的收養機構。A 太太表示，她準備收養一個年紀較大、曾經受虐的孩子。歷經六個月的大規模評估後，專業人員普遍認為這對夫妻已經走過傷心與失落，並「竭誠」地推薦他們為收養人。 209

那時瑪格麗特十一歲、達米安八歲，於一月搬進他們家，計劃同年稍晚走完收養手續。收養機構提供準父母定期的會談，予以支持、討論教養議題，也提供規律的家庭會談。九月時，這家人被轉介到該部門。母親的焦慮程度過高，超過了對孩子的情緒與行為障礙應有的反應，而且持續增加中，使相關部門感到擔憂。A 太太似乎無法接受任何專業意見，越來越常在營業時間外要求機構與家庭醫師協助，而她仍無法運用獲得的協助。在初次訪談中，父親友善又疏離，母親的焦慮排山倒海，讓我印象深刻。我們得知，孩子們搬進來之後，父母的性生活也隨之停擺，兩人都否認婚姻裡有任何不快。

每位孩子的個別評估顯示，他們都因過去的混亂與暴力而深受創傷。儘管有著明顯的困難，但顯然已對這對夫妻產生了強烈的依戀，並且有意願接受協助。團隊認為有必要幫助他們修通一些過去的經驗，以便「自由」地與新父母建立連結，因而提供每位孩子個別心理治療。

大家都同意，在清楚的界線下，讓父母親和家庭持續地在社區接受協助，在互相同意的規律時間裡，該部門針對父母親的焦慮與婚姻問題提供治療性介入。每學期，團隊會定期審查。孩子們的治療從一月開始。

就在五月初即將進行第一次審查之前，我從收養機構得知 A 太太背景的新資料。這對夫妻的家庭醫師，B 醫師表達了他對 A 太太承受的壓力感到擔憂，並強烈地對這對夫妻是否適合收養持保留意見。後來才發現，A 太太在結婚頭幾年，曾因憂鬱症和藥物過量到精神科接受住院治療。

A 先生不知道 A 太太與母親的關係很糟，童年和青春期都過得很艱難，疑似被父親性虐待，事實上，她有一個已經十七歲的兒子，在六個月大時被她自己的母親收養。那次懷孕顯然是在一場宴會上遭陌生人強暴造成。A 太太的兒子，從小到大都被告知 A 太太是他的姐姐。

我認為父母否認與隱瞞真相，某個程度上影響了專業團隊（代理衝突），而團隊裡遭到否認的是 A 太太之困難的嚴重性，與她難以忍受的罪疚感。A 太太迫切地想要有個寶寶來取代她的兒子，團隊重演了這一點。首先是第一位家庭醫師沒能揭露出事實。接著，在團隊以準收養者來評估這對父母時，沒能判斷出收養的願望，這並非意味是心理上的前行、成功哀悼後的成果，反而是對憂鬱與失落的強烈逃避。

儘管收養機構對這次的披露感到震驚與痛苦，還是決定勇敢地公開資訊、繼續支持這次的安置。整體來說，父母親一開始的反應算是正向，「罪疚的祕密」被公開了，A 太太大大的鬆了口氣，而她的丈夫，儘管如預料中地感到沮喪，但是與她更親近、也更能支持她作為母親。

在接下來的幾個月，A 太太的焦慮明顯減輕，對孩子的教養也有改善。然而，對於檢視 A 太太的憂鬱、以及她親生的孩子對他們的關係的影響，這對夫妻極度抗拒，甚至有敵意。A 先生覺得，應該要忘掉太太的精神病史，因為那是很久以前的事了。A 太太則認為親生兒子的事情「已經落幕」，應該維持下去。

好多問題懸而未決，比如：親生兒子是不是亂倫的結果呢？或者，A 先生是否完全不知道太太的「罪疚祕密」嗎？又或是，他潛意識裡曾察覺，並與她的迫切共謀呢？

因此，我們的工作範圍受限在支持、引導親職教養。孩子們的心理治療這工作是成功的，兩年後，孩子們在十三歲和十歲半，順利進入收養家庭。然而，A 太太的罪惡感仍未解決。她無法認可自己對孩子的進步有任何貢獻，覺得自己無法回到之前她很享受的兼職；性生活也沒有恢復。收養前，諸多的身心症抱怨陸續出現，還發生了一次重大意外（A 太太的腳被掉下來的熱油嚴重燙傷），似乎意味著潛意識裡有自我處罰的願望。

我們同意在收養程序完成後仍保持聯繫，孩子們已經結束療程，但我們再也沒有收到他們的消息。幾個月後，我們從家庭醫師那兒得知，A 太太憂鬱發作，進了療養院。

在試圖理解事情如何演變至此的過程中，我們驚訝於這對夫妻如何使用否認來處理痛苦的議題。A 先生否認太太服藥過量、入住精神科病房、婚姻關係緊張的重要性。對自己有孩子一事，A 太太仍然保密，不僅對其他人、也對自己。失去寶寶一事，不僅遭到否認，甚至拒絕知道，她藉由替補收養來的瑪格麗特與達米安，迴避了痛苦與內疚。後來我們才理解，在 A 太太的潛意識裡，達米安就是替補的寶寶。瑪格麗特則緊密地被認同為 A 太太受損的自體，亦即她希望擺脫、並以躁狂式全能感來修復的受損自體。

211

在我看來，這對夫妻強力的否認、全能感影響了團隊。不難了解，為何第一位家庭醫師沒有向機構揭露這則訊息。A 太太表示，保密不是問題。她以為，她的家庭醫師會告知機構她的背景。我們可以推測，他可能「忘掉」了，而這可能是這對夫妻沒有告知或是提醒他相關訊息所造成的。帶著後見之明來看，專業團隊並沒有因短時間內多次流產而提高警覺，探索這些懷孕是不是可能受強迫式的重複驅使，而不僅是解決傷慟與失落。受到 A 太太顯然在尋找一個嬰兒的影響，全能感可能「滲透」了整個團隊。或許，A 太太透過一種微妙且強烈的方式，在潛意識裡影響了團隊，傳達出強力的訴求：希望有人照顧她，將她從重複失去親人的悲慘境遇中拯救出來。專業團隊以重演她的願望的方式回應她：允許她收養。顯然，如果收養機構掌握了這對夫妻的所有相關訊息，必定會強烈擔憂他們是否適合作為養父母。

治療考量

這些臨床案例說明了，壓抑哀痛所產生的病理機制與深遠的影響。治療性介入必須建立於此基本概念之上，只有體會過現實的失落之後，才能開始進行哀悼的工作。

我認為，對失落的否認越強烈，越有可能對替補的孩子、家庭和專業團隊帶來破壞性的影響。我相信，我描述的這兩個案例呈現的是光譜裡最嚴重的那端，值得細細探討。在這兩個案例裡，內在與外在現實的失落都遭到否認，無法容忍的感受則被分裂與投射出去。露西的母親以為寶寶生下來就死掉了，A 太太則讓它「落幕」。露西的母親將生出缺損寶寶所帶來的失敗與痛苦等令人難受的感覺投射到露西身上，混雜著潛意識裡她的要求，她的女兒必須成為「成功人士」，以修復母親脆弱的自尊。露西的消極和傾向於退縮進入幻想世界來逃避挫折，都可能導致「病態式的契合」，也就是成為容納母親不想要的感覺的接受器。A 太太將她無法承受的罪惡感與自己想要被「拯救」的全能願望，投射給專業團隊，團隊也就重演了全能的回應（提供 A 太太兩 212 個孩子）。換句話說，沒有確實評估 A 太太未解決的哀悼，提出恰當的專業回饋。

兩位父親都同意繼續否認失落的重要性，以及母親情感上的脆弱。在抗拒接受心理協助修通失落、中斷治療方面，這兩家都表現得令人訝異。用來抵禦心理覺醒的強烈防衛（投射、否認、躁狂式全能自大），可能都指出，對這些母親來說，失去寶寶象徵的是一場災難性的創傷。

佛洛伊德（1920）針對創傷及其影響寫到：「那些外來的、

任何強大到足以突破自我之保護罩的刺激，都被我們形容為創傷。」（p. 29）

加蘭德（Garland, 1991），訪談了遭遇自然災害的受難者，描述「保護屏障嚴重受損，因而導致無法表達、無法言語」（p. 510）。她指的是受難者經驗排山倒海而來的無助感與瓦解，被視為一種心理崩潰的狀態。

海耶特・威廉斯（Hyatt Williams , 1981）提到，如果創傷經驗沒有在心中修通的話，此事件的心理狀態就會一再重演。一種「心理消化不良」的狀態隨之而來。未代謝掉的經驗就像異物一樣，處在一種情緒上懸而未決的狀態。然而，群集在心中的異物的會在底層繼續活躍，可能在情緒緊張時爆發。

我認同加蘭德（1991）和其他作者的觀點，創傷事件的負面影響，來自於個人對經驗的象徵性思考能力遭到破壞。缺少了象徵思考能力，對失落、破壞和死亡的感覺都無法修通。正如比昂（1962）所描述的那樣，沒有涵容是可行的。在這些臨床案例中，迴避掉哀悼會造成短路。接下來發生的，是硬梆梆地，用一個新的寶寶替代失去的寶寶。

我相信，在這些案例中，替補症候群代表了一種絕望的嘗試，試圖找回心理上的平衡。出於未代謝的經驗的本質，困在無法象徵化的境界，這種嘗試註定會失敗。我會說，對這些母親來說，創傷的經驗硬生生地等同於精神崩潰。我相信，如同溫尼考特（1963）描述的，「對崩潰的恐懼」解釋了她們如何阻抗心理治療介入。

為了母親的心理健康與父親的共謀，露西的分析不得不中斷。在 A 太太的案例中，隱藏在替補症候群下的情緒暗流特別複雜，並且影響了團隊。在與機構的溝通中確實有了失誤，可能在潛意識層次與專業團隊共謀，阻礙了審慎的評估情況。透過收養的意圖，A 太太暫時止住了崩潰。然而，她仍處在慢性憂鬱的狀態裡，表面上勉強應付，卻深深地受到自己青少年時期懷孕，這場已經落幕卻未哀悼的篇章所影響。

213

值得注意的是，在這些嚴重的案例中，儘管極度需要心理治療介入，卻不一定能夠即刻實行。恰當的評估診斷，應當提醒團隊潛在的陷阱，並協助團隊擬出實際的介入計劃。限定的治療目標，例如：替補兒童的症狀改善，是可能達成的。

在較不嚴重的案例中，研究證據顯示（Leon，1990；Raphael-Leff，1993 和其他作者），以短期治療、諮商、與／或自助團體的方式提供心理介入，都可能對哀悼歷程的開展有幫助。然而，重要的是要知道：解決哀痛需要的時間比我們原先預期的還要長，有時是以年為單位（Bowlby, 1980; De Frain et al., 1991）。這個過程可能不是一步一步邁向解決，而可能交雜前進又後退的特性。

然而，如果這個歷程可以開始，那麼已逝的寶寶「可以被抱起、並回歸死亡」（Lewis, 1978），就會得到新的的空間來創造和成長。

參考文獻

Alby, N. (1974) 'L'enfant de replacement', *Evolution Psychitrique* 39 (3): 557–566.

Bion, W. (1962) *Learning from Experience*, London: Heinemann.

Bourne, S. (1968) 'The psychological effects of stillbirths on women and their doctors', *Journal of the Royal College of General Practitioners* 16: 103–112.

Bowlby, J. (1980) *Loss*, London: Hogarth and the Institute of Psycho-Analysis.

Cain, A.C. and Cain, B.S. (1964) 'On replacing a child', *J. Am. Acad. Child Psychiatry* 3: 443–445.
Chasseguet-Smirgel, J. (1984) 'The femininity of the analyst in professional practice', *Int. J. Psychoanal.* 65: 169–178.
Condon, J.T. (1986) 'Management of established pathological grief reaction after stillbirth', *American Journal of Psychiatry* 143 (8): 987–992.
—— (1987) 'Predisposition to psychological complications after still birth: a case report', *Obstetrics and Gynaecology* 70 (3): 495–497.
De Frain, J. *et al.* (1991) *Sudden Infant Death: Enduring the Loss*, Lexington Books.
Drotar, D. and Irvin, N. (1979) 'Disturbed maternal bereavement following infant death', *Child: Care, Health Development* 5 (4): 239–247.
Freud, S. (1917) 'Mourning and melancholia', *S.E.* 14: 243–258.
—— (1920) 'Beyond the pleasure principle', *S.E.* 18: 7–64.
Garland, C. (1991) 'External disasters and the internal world: an approach to psychotherapeutic understanding of survivors', in *Textbook of Psychotherapy in Psychiatric Practice*, ed. J. Holmes, Churchill Livingstone: 507–532.
Guyotat, J. (1982) 'Recherches psychopathologiques sur la coincidence mort–naissance', *Psychoanalyse a l'Université* 7 (27): 463–476.
Joseph, B. (1985) 'Transference: the total situation', in *Psychic Equilibrium and Psychic Change*, eds E. Bott Spillius and M. Feldman, London: Tavistock/ Routledge, 1989, 156–167.
Klein, M. (1932) 'The psychological foundations of child analysis', in *The Writings of M. Klein*, vol. 2, London: Hogarth and the Institute of Psycho-Analysis, 1981: 22–39.
—— (1940) 'Mourning and its relation to manic depressive states', in *The Writings of M. Klein*, vol. 1, London: Hogarth and the Institute of Psycho-Analysis, 1981: 344–69.
—— (1952) 'Some theoretical conclusions regarding the emotional life of the infant', in *The Writings of M. Klein*, vol. 3, London: Hogarth and the Institute of Psycho-Analysis, 1981.
Lasky, R. (1989) 'Some determinants of the male analyst's capacity to identify with female patients', *Int. J. Psychoanal.* 70: 405–418.
Legg, C. and Sherick, I. (1976) *Child Psychiatry and Human Development* 7 (2): 113–136.
Leon, G.I. (1990) *When a Baby Dies*, Yale University Press.
Lester, E. (1990) 'Gender and identity issues in the analytic process', *Int. J. Psychoanal.* 71: 435–444.
Lewis, E. (1978) 'Help for parents after stillbirth', *British Medical Journal*, Feb. 18: 439–440.
—— (1979a) 'Inhibition of mourning by pregnancy: psychopathology and management', *British Medical Journal*, 2 July 7: 27–28.
—— (1979b) 'Mourning by the family after a stillbirth or neonatal death', *Archives of Disease in Childhood* 54 (4): 303–306.
—— (1983) 'Stillbirth: psychological consequences and strategies of management', in *Advances in Perinatal Medicine*, eds A. Milunsky *et al.*, vol. 3, New York: Plenum: 205–245.
Lewis, E. and Page, A. (1978) 'Failure to mourn and stillbirth: an overlooked catastrophe', *Br. J. Med. Psychol.* 51: 237–241.
Lieberman, S. and Black, D. (1987) 'Loss, mourning and grief', in *Family Therapy: Complementary Frameworks of Theory and Practice*, eds A. Bentovim *et al.*

Academic Press: 251–265.
McDougall, J. (1988) 'Interview', in *Women Analyze Women*, eds E. Hoffaman Baruch and L.J. Serrano, New York: New York University Press: 63–84.
Menzies Lyth, J. (1975) 'Thoughts on the maternal role in contemporary society', in *Containing Anxiety in Institutions*, vol. 1, London: Free Association Books, 1988: 208–221.
Person, E. (1983) 'Women in therapy: therapist gender as a variable', *Int. Rev. Psychoanal.* 10: 193–204.
Phipps, S. (1985) 'The subsequent pregnancy after stillbirth: anticipatory parenthood in the face of uncertainty', *Int. J. Psychiatry Med.* 15: 243–264.
Pick, I. and Segal, H. (1978) 'Melanie Klein's contribution to child analysis: theory and technique', in *Child Analysis and Therapy*, ed. J. Glenn, Jason Aronson: 427–449.
Porot, M. and Portelli, C. (1993) 'Jean-Pierre, enfant de replacement ou la suspicion illegitime', *Annales Medico Psychologiques* 151 (2): 142–143.
Poznanski, E.O. (1972) 'The "replacement child": a saga of unresolved parental grief', *J. Paediatr.* 8: 1190–1193.
Raphael-Leff, J. (1991) *Psychological Processes of Childbearing*, London: Chapman and Hall.
Reid, M. (1992) 'Joshua: life after death. The replacement child', *Journal of Child Psychotherapy* 18 (2): 109–138.
Rosen, G. (1982) 'Replacement child: expanding the concept', *Developmental and Behavioural Paediatrics* 3 (4): 239–240.
Rowe, J. *et al.* (1978) 'Follow-up of families who experience a perinatal death', *Paediatrics* 62: 166–170.
Rubin, J.D. and Ferencz, C. (1985) 'Subsequent pregnancy in mothers of infants with congenital heart disease', *Paediatrics* 76: 371–374.
Sabbadini, J. (1993) 'The replacement child', *Contemporary Psychoanalysis* 24 (4): 528–547.
Steiner, J. (1993) *Psychic Retreats*, London: Routledge.
Williams, A. Hyatt (1981) 'The indigestible idea of death', unpublished paper.
Winnicott, D. (1963) 'Fear of breakdown', in *Psychoanalytic Explorations*, eds C. Winnicott *et al.*, London: Karnac Books: 87–95.

第三部
精神分析歷程中的女性經驗

【第三部】導言 218

羅辛・約瑟夫・佩雷伯格（Rosine Jozef Perelberg）
英國精神分析學會傑出會員、訓練分析師和前任主席

在很早以前，精神分析認為，性別的心理現實必須和生理解剖現實分開來。佛洛伊德在《性學三論》（1915）中，提出生理和心理之間並非一對一相應。男人和女人也不是在生理上或社會上「形塑」為男性或女性，而是成為如此。佛洛伊德的性概念，指涉的並非生理或人際結構，而是連結到性的潛意識面向。

然而，最初之時，佛洛伊德假設伊底帕斯情結的發展中有著對稱性：男孩愛他們的母親、與他們的父親競爭；女孩渴望她們的父親、嫉妒她們的母親。彼時的佛洛伊德仍是一位「庸俗的經驗主義者」（Laplanche, 1980, p. 81）。在一篇一九二五年寫的論文中，他將男孩和女孩的性心理史區分開來。在那之前，男孩一直都是他的理論的典範，此時，佛洛伊德看出了前伊底帕斯階段的重要性，也就是男孩和女孩都有著女性和男性的屬性。這個階段的的嬰兒都愛他們的母親，並且不得不放棄母親、轉向父親。女孩必須從愛她的母親轉而愛她的父親，男孩則因為理解他將有一個屬於自己的女人，而能放棄愛母親。在這個理論模型中，男孩在建立男性身分認同之時，也認同了父親，小男孩以父親繼承人的方式認識他的角色。另一方面，小女孩必須在認同母親的同時，放棄將她視為愛的客體，取而代之地，轉向父親。對佛洛伊德來說，此種離開母親是基於挫折與失望，也就是小女孩無法滿

足母親，因而帶著敵意。

自佛洛伊德時代以降，「前伊底帕斯」時期與母親的關係有多重要，可見詳盡討論（Deutsch, 1925, 1930; Brunswick, 1940; Chasseguet-Smirgel, 1964, 1985a, 1985b; McDougall, 1985）。更近期，對女性身分認同本質的興趣，可參見美國埃瑟爾·柏森（Ethel Person）、艾琳·法斯特（Irene Fast）與傑西卡·班傑明（Jessica Benjamin）的作品，或是法國潔妮·查瑟蓋-斯米格爾（Chasseguet-Smirgel）、呂凱-帕哈（Luquet-Parat）、瑪麗亞·托霍克（Maria Torok）與喬伊斯·麥克杜格爾（Joyce McDougall）的作品。原初母性意象的強大特質是男童、女童都體會得到的。男孩與女孩都希望成為母親渴望的客體，兩者都想給她一個孩子。查瑟蓋-斯米格爾曾探討，為何在小女孩轉向父親時，她必須理想化他，並且潛抑她對父親的攻擊本能。

219

在這初始的階段裡，兩種性別皆具雙性特質，那麼，在伊底帕斯階段是什麼遭到潛抑呢？佛洛伊德的工作主軸，在兩個假設間搖擺不定。根據假設一，遭到潛抑的、潛意識的核心，是屬於另一種性別的那一面；根據假設二，兩種性別皆「否定女性特質」（1919, 1937），此一事實是兩性之間不對稱性的基礎元素。佛洛伊德認為，這種否定是精神分析的根底，也是關於性的重大謎團（1937, p. 252）之一。對佛洛伊德來說，這是無法分析的領域之一。

陰莖與陽具之間的區別，是佛洛伊德區分生理與心理現實的基礎。陰莖界定出解剖、生理現實（Laplanche1980, p. 56）；然而，陽具存在於生理解剖現實之外。拉岡認為，這是母親慾望的符指，於是，伊底帕斯情結的核心問題成為陽具存在或不存在，也就是母親渴求之客體在或不存在（D' Or, 1985, p. 102）。父親的角色也變成象徵性：他代表成為母親渴望之對象的不可能性。佛洛伊德也將父權社會定義為已故父親的律法。在《圖騰與禁忌》（1912-13）中，他描述了原始部落施行的原始弒父，他們殺掉並且吞噬他們的父親。隨之而來的，是悔恨與內疚（因為他們又恨又愛他們的父親），因此，他們的父親變得比在世時還強大。這是佛洛伊德的社會創始神話。

蓋洛普（Gallop）曾指出，假若將這種神話內化，那麼活著的男性將比女性更沒有機會達到最高的位置（Gallop, 1982, p. 14）。然而，蓋洛普也探討了此種區分的曖昧之處。陽具，不若陰莖，不為任何人擁有（男性或女性），它代表雙性的結合，也是兩性都未曾放棄的。在陰莖和陽具之間的混淆仍支持著一種結構，也就是僅有男性擁有權力，女性沒有，這點看來似乎合理，暗諭將父親的律法簡化為現實中由活著的男性來統治。然而，在這個理論的觀點中，陽具有一種組織的功能，將兩種性別區隔開來，但是兩種性別都得接受成為母親渴望的客體是不可能的。

達娜．比克斯泰德-布林（Dana Birksted-Breen）曾提出陽具與「陰莖作為鏈結」之間的差異（1996）。前者代表的是自戀組織裡「自大全能與實現的表徵」（p. 651），後者代表的則是「連結與結構的心理功能」，還有內化的父母關係。儘管布林 220 在這兩種不同的客體選擇類型上做出重要的區別，她使用陰莖來指涉連結功能，使得一切冒著回到生理層次、「以陰莖為中心」的風險（也見 Steiner R, 1996），強調男性的器官；而這正是佛洛伊德試著不要掉入的陷阱（見以下摘錄，1935，p. 328-9）。如上所述，相比之下，陽具不應被化約為生理解剖現實上的男性器官。陽具不為任何人所擁有，它代表的是想成為母親渴求之客體的一種潛意識幻想（見 Mitchell，1974； Mitchelland Rose，1982； Perelberg，1990； Kohon，1996）。

為什麼是陰莖呢？克莉斯蒂娃（Kristeva, 2002）指出，因為這是看得見的，它會勃起，使得它具有可以分離的特性。因此，它成為欠缺的符指，也意味每件事都是有意義的。對佛洛伊德來說，在生命之初，有一種陽具一元論的嬰兒期潛意識幻想，此陽具即為性發展的組織者。查瑟蓋-斯米格爾曾提出陽具一元論這個想法的防衛功能，是為潛抑早期知識的結果。此理論源於兒童的無助與對母親的依賴（1986, p. 20）。

陽具是一種器官，是自戀與情慾聚集之處，是欠缺的符指。在和恩斯特・瓊斯（Ernest Jones）的爭論中，佛洛伊德指出瓊斯大大地誤解了性的基本本質，也就是瓊斯又回到生理化約論。摘自佛洛伊德（1935）：

> 我反對你們所有人（Horney，Jones，Rado 等），因為你們沒有更清楚地區別什麼是心理、什麼是生理，你們試圖在兩者之間打造純粹的平行關係……我們必須將精神分析與生物學分開，就如同將精神分析與解剖學、生理學分開一樣……。

在克萊恩的理路中，小女孩渴望獲得陰莖，將之作為口腔滿足階段的客體「整併」而入，這是最初的慾望。口腔慾望是陰道慾望的原型。這麼一來，一如荷妮（Horney）和瓊斯，克萊恩強調兩性差異的生理、「自然」觀點：

> 女孩的性器發展聚焦在女性渴望接收父親的陰莖，也就是在潛意識中她主要掛慮的是想像中的嬰兒，這個事實是女孩發展中的一項明確特徵。（1945：413）。

起初，小女孩與乳房連結，接著與陰莖連結，在克萊恩的構想中，是陰莖替代了乳房。如同格林（Green）和格雷戈里奧．可宏（Gregorio Kohon）指出的，對克萊恩來說，是離乳那一刻，而非閹割那一刻，才是建構出性別差異的時刻。在克萊恩的理路中，伊底帕斯情結發生了巨大的變化：

221

> 在改變伊底帕斯情結的概念的同時，對於亂倫的禁制和閹割情結這些觀念，也就隨之改變」（Kohon, 1999, p. 8）。

在佛洛伊德的理論模型中，在伊底帕斯的情勢之下，重組會發生，而性是它的箴言。在論戰的討論中，艾拉．夏普（Ella Sharpe）曾指出，在克萊恩和佛洛伊德之間，伊底帕斯情結的差異為：古典的伊底帕斯情結需要自我發展，以及在現實中認識挫折、潛抑、使用象徵替代品和超我，這些與佛洛伊德的伊底帕斯情結密不可分。賀佛爾（Hoffer）也點出佛洛伊德學派的伊底帕斯情結所具有的三項主要特徵，他強調，僅有在**回溯時**才能知道一項早期的事件是否會致病。是由後來的事件轉化先前的事件並且賦予意義，而這不正是「**事後作用**」（après coup）的概念嗎？賀佛爾指出每個模型的主要元素：在克萊恩學派的模型中是焦慮，在佛洛伊德學派是性（見 Kingand Steiner，1991；

Perelberg，2006 與伊底帕斯情結有關的探討解析）。

當克萊恩將焦點放在女孩發展時的內在世界，這對理解女性特質帶來了重要的貢獻。「她的潛意識幻想和情感主要圍繞著她的內在世界和內在客體建立」（1945, p. 413）。克萊恩假設，潛意識對陰道有與生俱來的知識。如今，多數分析師都能接受這個想法，儘管我認為這更像是比昂的主張：等待實現的先備概念，在此，喚醒潛意識知識時，經驗的角色是至關重要的（1962, p. 69）。用格林的話來說，這是指**重新獲得的傾向**：透過個體的經驗，**最初的**潛意識幻想重新實現（2007）。在查瑟蓋-斯米格爾的理路中，潛意識知識代表的是，同時已知**與**同時未知的事（1985a）。

法國的分析師們曾指出，內在空間的建構與女性發展的順序這兩者的關聯：從子宮裡面、被抱在母親懷中，到建構出從口腔到肛門、乃至陰道等潛在的內在空間，最終導向懷孕時女性子宮中的真實內在空間，以及透過分娩的外化，（Kristeva, 1995, 1998; Brierley, 1932）。此三孔洞（口腔、肛門和陰道），以及作為邊界的皮膚感覺表層，構成了女性逐漸體會到內在空間的主要方式（參見 Chasseguet-Smirgel，1976，Shengold，1985）。

思考身體內在空間的能力，對擁有內在心理空間來說是至關

222 重要的。因此，可以這麼說，對於身體內填滿女性器官具有想像力，與對母親的認同有關，這位母親不僅有能力心智化、思考、詮釋，也被感知為生命的給予者。因此，這種對於身體空間和心理空間的感知與母親有關；這位母親能夠容忍孩子們的生命之存在，也能夠讓他們在她面前獨處，既不太過干涉，也不會過度忽略她的孩子

因此，對孩子來說，男性氣質與女性氣質之間的對立，並非以**既定事實**（fait accompli）的方式呈現。個體並非天生的，而是透過性別分化組成的（Freud, 1933）。兩者之間也存在流動性：「**精神分析無法解釋，在傳統或生理學詞語中被稱為『男性氣質』和『女性氣質』的內在本質，它僅是接手了這兩個概念，並使它們成為工作的基石。當我們嘗試更進一步地化約時，我們發現男性氣質消失在主動性中、女性氣質消失在被動性中，而這並未給我們足夠的訊息。**」（Freud, 1920, p.171）。查瑟蓋-斯米格爾（1986, p. 40）特別提到，男性氣質和女性氣質從未以單一的形式出現，而是無論任何一者都需要另一者，才能表現自己。比克斯泰德-布林（1993）指出，佛洛伊德表示：「當一個人試圖掌握男性氣質與女性氣質的本質時，反而會失焦，也就是沒有人能掌握這點。」（p. 4）她認為，「佛洛伊德的理論更加關注動靜……而非分類。」

明斯基（Minsky, 1995）也指出，佛洛伊德認為「身份認同總是分歧、不穩定的，並且因有潛力顛覆的潛意識而岌岌可危。」（p. 2）這位作者認為，客體關係理論視身份認同為「能夠變得統一、穩定和真實」。

佛洛伊德認為，伊底帕斯情結的災難代表人類秩序戰勝了個體。因此，他的著作與這項秩序的創造，以及它如何與生物學區分有關（也見 Mitchell，1974，1984）。透過伊底帕斯情結，個人進入了象徵的秩序，因為個體建立了關於性別與世代的分別。孩子永遠被排除在父母雙人之間的原初場景之外，對孩子來說，明白這點甚是粗暴。佛洛伊德描述，他認為人類處境的核心事實是：棄絕（renunciation）會發生在有血緣的核心家庭之中。（這個主題曾出現在佩雷爾貝格〔Perelberg, 2008〕的文章，在那篇文章中，我提出伊底帕斯處境下**性犧牲**的重要性）這個假設是：人類秩序需要帶著「自然秩序的」基本、暴力的斷絕。佛洛伊德的工作強調了原初場景裡的性，和每個人為了進入象徵領域必須鬆手和放棄的東西。

與這篇簡短介紹文有關的另一主題是，嬰兒般原始的性和時序之間的關係，這種關係體現在**嬰兒**和**嬰兒般原始**（infant and infantile）的區別上（Green, 2000; Perelberg, 2008）。嬰兒是過去的寶寶，在個體的發展歷程中可觀察得到。嬰兒般原始，據佛洛伊德的說法，是成人裡的孩子，或許僅可透過建構歷程觸及。在《鼠人》一書中，佛洛伊德將嬰兒般原始等同於潛意識。然而，嬰兒是觀察對象，而嬰兒般原始是分析師在「事後作用」的歷程中再建構的結果。正如格林的提醒，精神分析的特定客體是潛意識，也就是僅能以逼近的方式接觸，在佛洛伊德的理路中的這種「其他事物」，用尚．拉普朗虛（Laplanche, 1999）的話來說永遠是「內在的異物」。「真正的」孩子已經遺失，診療室裡，透過潛意識幻想所投注的回憶，才能接近那個孩子。早期的素材已因事後作用而重譯。在大量的精神分析文獻中，我們可以指出兩者之間的混淆，將過去的嬰兒等同於嬰兒般原始，此外，在分析當下，嬰兒般原始也等同於過去發生的事情（無論在現實或潛意識幻想中）。在佛洛伊德學派的理路中，在診療室的當下，一個人能觸及的是已經精心闡述的過去。

克莉斯蒂娃將前伊底帕斯描述為，嬰兒和母親之間一場身體韻律和前語言交流的遊戲。她談到柏拉圖在《蒂邁歐》（Timaeus）篇章中，稱**容器**（chora）為一個母親與孩子共享

223

的、未分化的身體空間所在之處。在伊底帕斯情結中，佔主導地位的是象徵，是統一文本、文化表徵和知識的領域。然而，在符號學和象徵之間的這種區別是回溯性的，因為，唯有透過象徵，一個人才能使用符號。對克莉斯蒂娃來說，主體性是建立在對母性、容器、符號和卑屈（過渡狀態，例如：懷孕）的基本潛抑之上的。克莉斯蒂娃曾被指責為將女性化約為母性功能，但她也被認為深化了對前伊底帕斯的理解。

在法國女權主義著作中，對「多樣性」進行了深遠的追尋，也就是女性氣質的特性（對比於男性氣質），這種多樣性能在試圖捕捉女性氣質的言語中獲得表達。矛盾的是，我們又回到佛洛伊德對歇斯底里症的思考。精神分析的第一位患者安娜．歐（Anna O），她的症狀包括：緘默、癱瘓、「時間缺失」、記憶空白，全都在表達現實領域中的阻斷，而這一點卻被否定了。精神分析指出，儘管女性氣質往往代表陰性、也常被視為是（男性氣質的）反面，性別仍是透過區隔與不連貫而創造出來的（Perelberg, 1999）。

本書的作者代表了各種觀點的混合，並在論證中採取了不同的立場：

我們挑選瓊．里維埃（Joan Riviere）的論文，作為她的時代（見拉斐爾-勒夫的〈開場〉一文）女性分析師撰寫關於女人的性之論文中的代表作品，她在文中提出女人「可能戴上女性氣質的面具，以避免焦慮和害怕遭到男性報復」（見本書原文頁碼第 228 頁），並以誘人或挑逗的方式展現自己。里維埃更進一步指出，真正的女性氣質和偽裝的女性氣質之間沒有差異，並列舉好幾個女性患者的例子，她們無法在與男性平等的基礎上認真 224

看待自己。里維埃從克萊恩的觀點出發，亦即小女孩對雙親的早期口腔施虐衝動和穿透母親身體的願望、吞噬其內在所有物，包括：父親的陰莖、她的糞便和孩子。根據里維埃的說法，這種早期的潛意識施虐幻想，在小女孩身上引起了極大的焦慮。她試圖安撫母親、認同父親，卻將因此得來的男性特質用於「為母親服務」。然而，同時她也憎恨父親，而她的女性氣質則是為了安撫他所做的努力。儘管如此，她對他的恐懼從未如她害怕母親那般強烈。

巴特勒（Butler）曾以重要的方式探討里維埃對於偽裝的想法。這一詞彙是否暗指一種必須被否定的女性慾望，或者這是女性氣質自身的建構？她引用伊瑞葛來（Irigaray）：「偽裝……是女人所為……為了參與男性的慾望，但代價是放棄自身的慾望。」（1990, p. 46）。因此，女性氣質成為女人們呈現的東西，而這些女人既渴望男性特質又害怕被父親報復。關於「偽裝」一詞的爭論，包含本書所探討的核心議題，也就是女性氣質是否應被定義為一種欠缺、反面的詞，抑或作為一種被潛抑的慾望，或者它是否擁有自身的正面定義。

在珍・藤普里（Jane Temperley）撰寫的章節，她對照、比較克萊恩和拉岡思潮，並說明當代克萊恩思維認為：接受父母配偶之存在，標誌了於心理現實和象徵秩序中的痛苦誕生。在我看來，這符合了上述所探討的，佛洛伊德對原初場景和伊底帕斯情結的最初想法。如果說藤普里的文章一方面淡化了這段歷程中隱含的災難，另一方面她點出這段歷程中所要達到的象徵秩序、憂鬱心理位置、加入人群。或許有人會說，當佛洛伊德探討伊底帕斯情結時，旨在打造一個理論、適用於臨床，也提供一種對人類本質與文化的解釋，而克萊恩似乎更專注於個別化的臨床工作。

哀悼與棄絕的概念也出現在拉斐爾-勒夫對**生成創造認同**的概念中。這是一種將自體建構為具有創造生成力的實體，源自於對男性／女性生殖差異的認識。透過接受生命的基礎事實（卵子與精子的結合；在女性體內孕育）、性別能辨的身體限制（僅能是單性）、起源（並非自製）、生殖力的侷限（僅能是生殖聯盟的其中一半）、兒童的侷限（例如還沒有能力）來達成。一旦生成創造認同得以完成，透過將雙性聯合的生殖力內化進來，即可在心中超越這些限制與約束，因而能實現昇華。若是缺少了哀悼、超越，或是拒絕失落，創造力的前提心理「空間」就會遭到限縮。生成創造認同「源於對性別差異的認識」，和早期對父母／造物者的生殖能力的認同。 225

西納森（Sinason）撰寫的章節，探討了受虐與學障女孩的精神分析式心理治療，以及性別相關的議題，例如：身體表徵、性和生殖。這些女孩認為自己是具有破壞性的性交之產物，西納森談論了這個念頭如何影響她們朝向伊底帕斯位置的努力。她們帶進診療室的潛意識幻想，要不是父母的性交是會造成傷害的行為，要不就是自己在子宮中的暴力。小女孩對母親特別依賴，使得走向分離與個體化之路極為艱鉅與痛苦。西納森指出，在移情中，女性分析師同時成為想摧毀她有缺損的寶寶的前伊底帕斯母親，也成為了有殘疾的寶寶本身。帶著極高的敏感度，她討論了幾個案例，包括一位無法使用語言、少有肢體與心智能力，卻能感知意義與洞見的女性，在自己「不會成為有孩子的母親、或是當個有母親的孩子」的議題中努力前行。

參考文獻

Bion, W (1962) Leaning from Experience London: Karnac Books

Breen, D. (1993) General Introduction. In *The Gender Conundrum: Contemporary Psychoanalytic Perspectives on Femininity and Masculinity.* London: Routledge and The Institute of Psycho-Analysis.

_____ (1996) 'Phallus, penis and mental space' *Int.J. Psychoanal.*77:649-657

Brierley, M. (1932). Some Problems of Integration in Women. *International Journal of Psycho-Analysis*, **13**: 433-448.

Brunswick, R.M. (1940). The Preoedipal Phase of the Libido Development. *Psychoanal Q.,* 9:293-319

Chasseguet-Smirgel, J (1976) Freud and Female Sexuality: The Consideration of Some Blind Spots in the Exploration of the "Dark Continent", *Int. J. Psycho-Anal*. 57: 275-286.

Chasseguet-Smirgel, J., (Ed.) (1985a) *Female Sexuality*. London: Maresfield Gardens, 1964.

______ (1985b). Creativity and Perversion. London: Free Association.

______ (1986). *Sexuality and Mind.* New York and London: New York University Press.

Cournut-Janin, (1998). Feminine et Femininité. Paris : PUF.

D'Or, J. (1985). *Introduction a la Lecture de Lacan*. Paris: Denoel.

Deutsch, H. (1925). The Psychology of Women in Relation to the Functions of Reproduction. *Int. J. Psycho-Anal.*, 6.

______ (1930). The Significance of Masochism in the Mental Life of Women. *Int. J. Psycho-Anal.,* 11.

Freud, S. (1905) Three Essays on the Theory of Sexuality. *S.E.*, 7:123-245.

______ (1912-13) Totem and Taboo. *S.E.*, 13:1-162

______ (1919) A Child is Being Beaten. *S.E.* 17:179-204.

______ (1920) The Psychogenesis of a Case of Homosexuality in a Woman. *S.E.* 18:145-172

______ (1925) Some Psychical Consequences of the Anatomical Distinction Between the Sexes. *S.E.* 19:241-258

______Freud, S. (1933) *New Introductory Lectures On Psycho-Analysis*. Lecture 33:Femininity. S.E., 22:136-157

______ (1935) Freud, S (1935) 'Freud and female sexuality: a previously unpublished letter' *Psychiatry*, 1971, pp 328-329

______ (1937) Analysis Terminable and Interminable. *S.E.*, 23: 216-253.

Gallop, J. (1982) *Feminism and Psychoanalysis: The Daughter' s Seduction.* London: The Macmillan Press Ltd.r6

Green, A. (2000) What Kind of Research for Psychoanalysis, in Sandler, J et al *Clinical and Observational Psychoanalytic Research: roots of a*

controversy Psychoanalytic Monograph no 5 London: Karnac
______ (2008) The construction of heterochrony in Perelberg, R J (Ed) *Time And Memory* London: Karnac pp 1-22
King, P & Steiner, R (eds.) (1991) *The Freud*-Klein Controversies 1941-1945, London, Routledge in association with the Institute of Psycho-Analysis.
Klein, M (1945) The Oedipus Complex in the Light of Early Anxieties in *Love, Guilt and Reparation and Othe Works* New York: Delta Book pp 370-419
Kohon, G (1999) *No Lost Certainties to be Recovered* London: Karnac Books.
_____ (2005) Love in Times of Madness, in Green, A and Kohon, G., (2005). *Love and Its Vicissitudes* London: Routledge
Kristeva, J(1995) *New Maladies of the Soul* NewYork:Columbia University Press
_____ (2004)Some Observations on Female Sexuality *Ann. Psychoanal.*32:59-68
Lacan, J. (1977) *Écrits: A Selection*. Translated by Alan Sheridan, New York: W.W. Norton & Co., and revised, 2002, translated by Bruce Fink.
Langer, M. (1989) *From Vienna to Managua: Journey of a Psychoanalyst.* London: Free Association Books.
Laplanche, J. (1980) *Problematiques II*. Paris: PUF.
_____ (1997) The Theory of Seduction and the Problem of the Other. *Int. J. Psychoanal.*78:653-666.
_____ (1999). *Essays on Otherness*. London and New York: Routledge
McDougall, J. (1964). Homosexuality in Women. In Chasseguet-Smirgel, J. (ed.) *Female Sexuality*. London: Maresfield Library, 1968.
Minsky, R. (1995) *Psychoanalysis and Gender : An Introductory Reader*. London:Routledge.
Mitchell, J. (1974) *Psychoanalysis and Feminism*. Harmondsworth: Penguin.
______ (1984) "Introduction" I in Mitchell, J and Rose, J (eds.) (1982) *Feminine Sexuality* London: The Macmillan Press Ltd.
Perelberg, R. J. (1995) Violence in Children and Young Adults: A Review of the Literature and Some New Formulations. *The Bulletin of the Anna Freud Centre,* Vol. 18: 289-122.Also in Perelberg, R J (1999) (ed) *Psychoanalytic Understanding of Violence and Suicide*. London: Routledge.
______ (1999) The interplay of identifications: violence, hysteria and the repudiation of femininity in Kohon, G (Ed) *The Dead Mother: the work of André Green* London: Routledge/ Institute of Psycho-Analysis
______ (2008) The infant and the infantile in *Time, Space and Phantasy* London: Routledge
_____ (2008b) The dead father and the sacrifice of sexuality: implications for a further understanding of the Oedipus complex. Submitted for publication
Shengold, L (1985) Defensive anality and anal narcissism *Intern. J. Psycho-anal.* 66 pp 47-73

【第十二章】以女性氣質作為偽裝 228

瓊・里維埃（Joan Riviere, 1883-1962）

前英國精神分析學會的創始會員、
將佛洛伊德文章轉譯為英文的翻譯家

精神分析研究所指向的每一個方向，似乎都引起了歐內斯特・瓊斯（Ernest Jones）的興致，近年研究慢慢擴及女性的性生活發展。理所當然地，我們發現他的著作是對此主題的重要貢獻之一。一如既往，他對他的素材做了極佳的解釋，並運用他獨有的天賦闡明我們已掌握的知識，同時加上他自己的新觀察。

在他談論〈女性之性的早期發展〉[1]的文章中，他勾勒出女性發展類型的草圖，首先分為異性戀與同性戀，隨後將同性戀細分為兩種類型。他承認他的分類方案在本質上是粗略的，假設中間會有許多種類型。這些中間類型的其中之一，正是我今日想要細談的。在日常生活中，經常會遇見各種類型的男性和女性，雖然多數是異性戀，卻明顯地強烈表現出另一個性別的特徵，這被認為是我們每個人與生俱來的雙性特質的展現；透過分析，我們得知，看起來是同性或異性的人格特質或是性表現，都是衝突交互作用後的最終結果，不一定是與生俱來，或在根本上有此傾向的證據。同性戀與異性的發展差異，源自於焦慮程度的不同，並對發展產生相對應的影響。費倫奇（Ferenczi）指出了相似的行為反應[2]，也就是同性戀男性誇大了他們的異性戀行為，以「防

1　原註1：《國際精神分析期刊8》（*Int. J. Psychoanal.* 8, 1927）（本註釋原文頁碼為236）

2　原註2：出自〈異性戀的疾病分類學〉，《對精神分析的貢獻》（1916）。（236）

衛」他們的同性戀特質。我將試著說明，渴望男性特質的女性可能會戴上女性氣質的面具，來迴避對男性的焦慮與被報復的害怕。

我曾與一種特殊類型的女性知識分子打交道。不久之前，追求知識的女性幾乎只會讓人聯想到有明顯男性特質的女性，在明顯的情況，她們毫不掩飾自己的願望，甚或宣稱自己是男人。現在情況已經改變，從事專業工作的女性當中，很難說她們的生活型態與性格是更女性化，而不是偏向男性化。不管是在大專院校、科學專業或商場上，人們總會遇到一些女性，她們似乎滿足了每項女性徹底發展的標準：她們是賢妻良母，能幹的主婦；她們維持社交生活、分擔社會責任；她們不乏女性的興趣愛好，例如：個人外表形象，而且在需要的時候，仍可撥出時間親友這個大圈裡，扮演一位奉獻、無私的母親。同時，她們履行專業上的責任，至少不亞於一般男性的水平。在心理向度上，真不知道該把她們分歸到哪一類。

229

前些日子，在與一位這種類型的女性進行分析的歷程中，我有了一些有趣的發現。她幾乎符合每一條我剛剛描述的條件：和丈夫的關係良好，有著非常親密的情感連結、滿足且頻繁的性生活；她為自己嫻熟於主婦的任務感到驕傲，一生的事業發展卓然有成。對於現實，她適應得很好，幾乎與她接觸過的每個人保持著良好且恰當的關係。

然而，她生活中的某些反應顯示，她並不如外表看來的那麼穩定、無暇，接下來我會就其中一點說明。她是一位從事口語和書寫宣傳工作的美國婦女。每在公開演出後，例如：對大眾演講之後，她都會感受或多或少的焦慮，有時非常嚴重。儘管她的能力與成就是無庸置疑的，無論是學識還是執行面，以及掌握聽眾與帶領討論的能力等，活動後她還是會徹夜興奮且擔憂，懷疑自己是否做了任何不恰當的事，並且執著於得到再保證。這種對於再保證的需求使得她在參與或是擔任重要人物的這類場合接近尾聲時，都會不由自主地尋求一位或多位男性的關注與稱讚；很快地，我們可發現，為此目的而選擇的男士，總是明確的父親形象般的人物，儘管他們對她的表現的評價，在現實中並不一定特別重要。在這些父親般的人物身上尋求的再保證，顯然有兩種類型：第一種是直接的再保證，本質上稱讚她的表現；第二種是更重要的，間接的再保證，也就是從這些男性身上獲得帶著性特質的關注。概括地說，對她演出後的行為做分析，或多或少呈現出，她試圖用含蓄的方式，以調情或獻媚的手段，從特定類型的男性那兒獲得性方面的示愛。這種態度與她在表現智識時高度的中立與客觀的態度極度不協調，雖然快速奏效，卻是個困擾。

分析顯示，她與母親的伊底帕斯競爭情結極為劇烈，從未獲得圓滿的解決。關於這點，我稍後再談。除了與母親的衝突外，她與父親的競爭也非常激烈。以口語和書寫的方式開展她的智力工作，顯然是基於對父親的認同，父親最初是文學家，後來投入政治生涯；標誌她的青春期的，是有意識地對父親反抗、競爭和蔑視。這種性質的夢與潛意識幻想－閹割丈夫，在分析中經常揭露出來。她非常有意識地競爭，並且宣稱她比許多「父親般的人物」優秀，並在自己演出後尋求他們的寵愛。對於她不如他們的預設，她酸楚地怨恨著，（私底下）拒絕成為他們評判或挑剔的對象。在這一點上，她非常符合歐內斯特．瓊斯描繪的類型之一：第一類同性戀女性，她們對其他女性不感興趣，渴望男性能

230

「認可」她們的男性特質，並宣稱自己和男性一樣，換句話說，她們就是男人。然而，她不會將憎恨公諸於眾；在公開場合，她認可自己的女性身分。

而後，分析掀開她無法克制地媚惑與獻殷勤的面紗，事實上，她自己很難覺察這點，直到分析指出這一點：那是一種在潛意識裡的努力，以阻擋她在展現智識後，預期受到父親般的人物報復而引起的焦慮。在公開場合展現她的智識有多高這件事本身，成功地說明她擁有父親的陰莖，已然閹割了他。一旦展示結束，父親可能會施行的報復就會可佈地糾纏著她。顯然，用性的方式把自己獻上，是竭力向復仇者示好。後來才知道，她在美國南部度過童年和青春期，那段時期這種潛意識幻想非常常見；如果有黑人來攻擊她的話，她打算用讓他親她、和她做愛的方式來保護自己（這麼一來，最後她就可以將他繩之以法）。但是，促成此強迫般行為的，還有一項重大因素。在一場與童年潛意識幻想頗為相似的夢中，她在家裡瑟瑟發抖，接著，一位黑人進來，發現她在洗衣服，袖子捲起、手臂暴露出來。她反抗他，暗地裡卻用性吸引他，他開始欣賞她的手臂，愛撫它們和她的乳房。這意喻著她已經殺死父母，擁有了一切（單獨在房子裡），害怕他們的報復（覺得窗外會射來子彈），透過卑微的角色（洗衣服）來保護自己，並洗去髒汙、汗水、罪惡和血漬，透過這些作為，她擁有了一切，並「將自己偽裝成」僅僅是一位被閹割過的女人。在那偽裝下，男人沒有在她身上找到被偷走的財產，所以他不會為了收復而攻擊她，她也進而發現，令人傾心的自己深具吸引力。因此，強迫的目的並非僅是要喚起男人對她友善來獲得再保證，主要是透過偽裝成無罪與無辜來確保安全。這是對她的智

231

識表現的一種強迫逆轉，兩者共同構成了強迫行為的「雙重作用」，如同她的整個人生，由男性與女性行為交替組成一樣。

在這個夢之前，她曾夢到人們為了避免災難而戴上面具。其中一個夢是，山上的一座高塔被推倒了，掉落在下面村莊的居民身上，但是人們戴上了面具，避開了傷害！

因此，女性氣質可以被視為是面具、被穿戴，既是為了隱藏所擁有的男性特質，也是為了避免預期中當她被發現擁有男性特質時會得到的報復，就像小偷會翻出他的口袋，並且要求搜身來證明自己沒有偷東西一樣。此刻，讀者可能想問，我如何定義女性氣質，或是我如何界定真正的和「偽裝的」女性氣質。然而，我並不是要說存在這樣的區別，無論是透徹的或是表淺的，它們是一樣的。這位女士身上具有女性氣質，甚至可以說，最極端的同性戀女性身上也存在著女性氣質，但由於她的衝突，這並不代表她的主要發展，而是更多作用於避免焦慮的機制，而不是原初的性享受的模式。

我將簡述詳情來說明。她晚婚，二十九歲；對於初夜，她極度焦慮，請了一位女醫師在婚禮前幫她伸展、切開處女膜。婚前她對性行為的態度是決心決意想要享有性的愉悅與樂趣，她知道有些女人在性交中能夠獲得這些，包括性高潮。就像男人一樣，她害怕陽痿。某個程度上，這是一種要超越某些性冷感的母親人物的決心，但是更深一層來看，是一種不要被男人擊倒的決心。[3] 實際上，性享受是充分且頻繁的，伴隨著完全的性高潮，

3　原註 3：我在好幾位女性分析者身上發現，幾乎每個人（五個案例）都有這種態度和自我破處（ self-ordained defloration）。根據佛洛伊德的「童貞的禁忌」，這種後期的症狀表現是有意義的。（236）

但事實說明，它帶來的滿足是為了消除不安的再保證，以及失去東西後的彌補，而非根本上單純的享受。男人的愛讓她找回自尊。分析期間，當她對丈夫的敵意、閹割衝動一步一步地披露，她對性交的渴望也大大削弱，有段時間她變得相對性冷淡。脫下了女性氣質面具後呈現出來的她，要不是被閹割（死氣沉沉、無法快樂），要不就是想要去閹割（因此害怕接受陰莖，或是透過滿足來迎接它）。有一回，她的丈夫與另一位女性維持了一段時間的婚外情，她強烈地認同她的先生，感受到對這位對手女性的情感。令人驚訝的是，她從未有過同性戀經驗（打從青春期前、 232 與妹妹在一起的時期），但在分析期間出現的是，這種缺乏被頻繁的同性戀夢境所彌補，這些夢境都伴隨著激烈的性高潮。

日常生活中，人們可能會觀察到女性氣質的面具以古怪的方式出現。我認識一位能幹的家庭主婦，能力出眾，可以自己處理典型的男性事務。但是，比如，有建築或裝潢工人來時，她會有種想把自己的技術性知識藏起來、不讓他知道的衝動，對工人很客氣，以一種天真、無辜的樣子提出她的意見，彷彿這些意見只是「剛好猜到」。她曾向我坦承，即使是面對現實中她用鐵腕管理的肉商與烘焙師，她都不能公開地採取堅定、直接的立場，她覺得自己好像在「扮演一個角色」，穿上一個未受教育、愚昧、困惑的女人外表，然而最終總是有自己的定見。生活中的所有關係裡，這位女性親切、有文化內涵，有能力且見多識廣，總是能夠不推托、以明智又理性的方式處理事務。她現年五十歲，但是她告訴我，年輕時的她，在與門房、服務生、計程車司機、店主或是其他任何可能代表敵對父親形象的人物，例如：醫師、建築師、律師打交道時非常焦慮；此外，她經常和這類男性爭吵、與他們發生口角，指責他們欺騙她等等。

另一個日常觀察得來的例子是一位聰穎的女性、妻子和母親，一位大學講師，教授一門鮮少吸引女性的深奧學科。授課時，她會特別選擇女性化的衣服，不是為了學生，而是為了同事。在這些場合，她的行為有個特點，也就是不是那麼妥當的變得輕挑與愛開玩笑，甚至過頭了，因而招致一些批評與指責。她必須把這些向男性展現她的男性特質的場合，當成一場「遊戲」，彷彿**不是真的**，像是個「玩笑」。她無法認真看待自己與她授課的學科，無法嚴肅地認為自己與男人平等；輕率的態度讓她的施虐得以脫韁，因此造成冒犯。

有許多例子可以引用，在分析中，我曾在外顯的男同性戀身上看見相似的機制。在一位嚴重壓抑與焦慮的男性身上，同性戀活動確實是次要的，最大的性滿足來源實際上是在特定的條件下手淫，也就是看著鏡中穿著特定衣服的自己。看著自己中分的頭髮、戴著領結的模樣時產生的興奮感。這些不尋常的「戀物癖」原來是**把自己偽裝成**他的妹妹，頭髮和領結都是從妹妹那兒來的。意識上，他的態度是渴望成為一位女性，但他外顯的同性戀關係從來都不是穩定的。潛意識裡，同性戀關係被證實是基於與男性的競爭，全然地施虐。只有當他透過鏡子，安全地「偽裝成女人」，來對抗焦慮、使自己安心時，他才能沉浸在潛意識的施虐與「**佔有陰莖**」的幻想中。

回到我一開始談的案例。在看似滿足的異性戀之下，這位女性清楚地表現出明眼人都懂的閹割情結。在眾多分析師，荷妮是第一位指出此情結的伊底帕斯根源的人；我相信，女性氣質可以假定為一種面具，此一論述能對此思路下的女性發展的分析做出 233

更進一步的貢獻。考慮到這一點，現在我要描繪的是這個案例的早期欲力發展。

在此之前，我必須說明一下她與女人們的關係。幾乎遇到每位外表美麗或是對智識自負的女人時，她都會意識到競爭。對於和她有關係的女性，意識上，她幾乎都會閃過對她們的仇恨，但是在長久或親密的女性關係裡，她仍然可以建立令人滿意的基礎。潛意識裡，她這樣做幾乎完全是因為覺得自己在某方面比她們優秀（她總是可以與比她差的人有良好的關係）。她能嫻熟於主婦一職，很大程度是基於這一點。藉由這點，她超越母親，贏得了她的認可，也證明了在競爭「女性氣質」的女人們之中她的優越。毫無疑問地，她在智識上的成就有一部分來自相同的目的。這也證明了她比母親優秀。很可能，自她成年以來，相較在美貌上的競爭，她與女性在智識上的競爭更為劇烈，因為當美貌造成威脅時，她通常會遁入優越的大腦中。

分析顯示，所有這些（對男性、也對女性的）反應的起源，都源自於口腔－撕咬施虐階段對父母的反應。梅蘭妮·克萊恩在一九二七的學術會議上發表的論文，描繪了這些反應所採用的潛意識幻想型態。[4] 在吸吮或離乳時造成的失望或挫折，加上原初場景中的經歷在口腔期再度被詮釋，發展出對父母雙方極度強烈的施虐。[5] 想咬掉乳頭的渴望發生了變化，繼之而來的是想要摧毀、穿透，並對母親開腸剖肚、吞噬她和她身體裡的東西，這種願望勝出了。母親身體的內容物包含了父親的陰莖、她的糞便

4　原註 4：〈伊底帕斯衝突的早期階段〉，《國際精神分析期刊 9》（1928）。（236）

5　原註 5：歐內斯特·瓊斯，〈女性性慾的早期發展〉，469 頁。他認為口腔－施虐階段的增強，是女性同性戀發展的核心特徵。（236）

和她的孩子，亦即她的所有物、愛的對象，在想像中都在母親的身體內。[6]正如我們已知，咬掉乳頭的慾望也轉移到想要咬掉父親的陰莖、閹割他的慾望。這個階段，父母雙方都是競爭者，佔有她渴望的客體；施虐導向了父母雙方，並害怕他們的復仇。但是，和多數的女孩一樣，比較恨的還是母親，因此比較害怕母親。母親會以與罪行相等的懲罰報復她：摧毀女孩的身體、她的美麗、她的孩子、她生育孩子的能力，殘害她、吞噬她、折磨她、殺死她。在這個非常糟糕的困境中，唯一讓女孩安全的方式是，安撫母親並且贖罪。她必須退出與母親的競爭之中，如果可以的話，努力地將她偷來的東西歸還給母親。正如我們所知，她認同父親，接著，她運用她**因此得來的男性特質來為母親服務**。她成為父親，接替他的位置，這樣她就可以把他「歸還」給母 234 親。在我的患者的生活中，許多典型的狀況下，這樣的立場是非常清楚的。她樂於用自己強大的實踐能力扶持或協助較弱小、無助的女性，只要競爭不要太強烈的出現，她就能成功地維持這種態度，但是，僅有一個條件才能達成這種補償：它必須以感激和「認可」的方式，讓她得到豐厚的回報。她認為，她渴望獲得的認可，是她自我犧牲的報答；在更深的潛意識裡，她主張的是，認可她將其**擁有的陰莖**歸還的**高尚行徑**。如果她的高尚沒有被看見，那麼競爭會立刻變得強烈；如果沒有毫不保留的感激和認可，她的施虐將會全力爆發，（私底下）她會成為口腔－施虐猛烈發作的人，就像一個憤怒的嬰兒。

至於父親，對他的憎恨有兩種：一是在原初場景中，他從母

6　原註6：由於這對我的論點來說並非不可少，所以我省略不提所有跟兒童有關的進一步發展。（236）

親那兒奪走了奶水等等，造成孩子的失去；另一是，同時他給了母親陰莖或小孩，而不是給她。因此，他所擁有或拿走的一切，她都應該奪回來，而像母親一樣，他被閹割、化為虛無。儘管，她對他的恐懼從未如同對母親那般強烈，但仍存在；有一部分是因為，他會因為母親的死亡與毀滅進行報復，這點在預料之中，因此，他也必須被安撫和勸慰。透過戴上女性氣質的偽裝，為他做到這點，因此向他展示她的「愛」與無辜。值得注意的是，儘管這位女性的面具對其他女性來說是容易被看穿的，在男性身上卻很成功，並且有效地發揮作用。許多男性受到這種方式吸引，對她示好，讓她安心。仔細審視就會發現，這些男性是那種本身就很害怕過度女性化的女人的類型。他們偏好帶有男性特質的女人，因為這樣的女性對他們的要求比較少。

在原初場景中，父母都擁有、而她沒有的護身符，是父親的陰莖，因此她憤怒，也恐懼、無助。[7] 透過剝奪父親，並據為己有，她得到了護身符，那把無敵的劍、「施虐的器官」；他變得無能且無助（她溫柔的丈夫），但是透過在他面前戴上女性化的恭順面具，她仍可保護自己免受攻擊，並在這樣的掩飾之下，她「為了他」（她務實的能力與手腕）履行了許多他的男性功能。與母親也是一樣：奪走她的陰莖、摧毀她、讓她淪為可憐的次級品，她戰勝了她，但是同樣地只能偷偷這麼做；表面上，她接受也欣賞「嬌柔」的女性美德。但是比起男性的報復，保護自己免受女性報復的任務來得更難；透過歸還並用陰莖服務母親，她努力地安撫和修復，但這永遠不夠，這個機制將至死方休，有時幾

7 參照瑪麗・妮娜・希爾勒（M. N. Searl）〈不成熟自我的危險境遇〉，牛津會議（Oxford Congress, 1929）。

乎要把她累死。

因此，看起來，這位女性必須透過在潛意識幻想中，創造一個她成為至高無上和無堅不摧的人的情境，拯救自己免於（她）對父母親施虐的怒火引來的令人難受的焦慮。這個潛意識幻想的本質是，她**壓倒性地勝過**父母客體，藉此，她的施虐獲得滿足，她戰勝了他們。藉著同樣的霸權，她也成功地迴避了他們的復仇。為此，她採用的方法是反向作用（reaction formation）與掩藏她的敵意。因此，她可以一次同時滿足她的本我－衝動（id-impulses）、自戀的自我（narcissitic ego）和她的超我（superego）。這種潛意識幻想是她整個人生與性格的主要動力，就差那麼一點，她就達到全然的完美了。缺點是，在所有的偽裝下，至高無上必不可少的自大狂特性。當分析嚴重地干擾了這種至高無上感，她陷入了焦慮、憤怒和極度憂鬱的深淵，並在分析之前，轉為疾病。

235

我想談一下歐內斯特．瓊斯所說的同性戀女性的類型，她們的目的是從男性那裡獲得對她們的男性特質的「認可」。問題是，這種類型的女同性戀，被認可的需求，和我所描述的案例與是否有相同的需求機制，只是以不同的方式運作（認可所提供的服務）。在我的案例中，並沒有公開要求直接承認關於陰莖的所有權，而是以反向作用的方式呈現，儘管唯有佔有陰莖才讓一切得以實現。因此，她仍間接地要求認可她擁有陰莖。這種間接是因為擔心，生怕她擁有陰莖這件事應該要被「公認」，也就是說被「發現」。看得出來，如果我的患者不那麼焦慮，她會公開地要求男性認可她擁有陰莖這回事，然而事實上，她私底下的作法，就像歐內斯特．瓊斯的案例，酸楚地憎恨著缺少了這種直接的認可。顯然，在他的案例中，原始的施虐獲得了許多滿足：父親被閹割了，甚至承認他的失敗。那麼接下來，這些女性避開的焦慮會怎麼樣呢？對於母親，當然，這必須透過否認她的存在來達成。從我提供的分析的跡象來看，我得出的結論是，首先，如同瓊斯所指出，這種主張只是替代了原初的施虐索求，也就是被渴望的客體、乳頭、奶水、陰莖，都應即刻臣服；再者，被認可的需求主要是需要獲得赦免。現在，母親已經被貶謫至地獄邊緣，不可能與她有任何關係，她的存在似乎被否認了；儘管，事實上只是因為太恐懼了。於是，戰勝父母雙方的罪疚感僅能由父親來赦免；如果他透過承認她擁有陰莖來批准的話，她就安全了。透過授予她的認可，他把陰莖給了她，給她，而不是給母親；那麼，她擁有了陰莖，被允許擁有它，一切就沒事了。「認可」，在某程度上總是再保證、批准、愛；此外，再次給了她至高無上之感。或許他並不太明白，但是對她來說，這位男士承認了他的失敗。因此，就其內容而言，這種女性對父親的幻想－關係，近似於正常的伊底帕斯情結，差別在於它建立在施虐的基礎 236 之上。她確實殺死了母親，因此她無法享受母親所擁有的，而她從父親那兒獲得的，在很大的程度上仍是她需要索求與榨取才有的。

這些結論迫使我們再次面對這個問題：要充分發展女性氣質，必不可少的本質是什麼？**什麼是永恆的女性**（das ewig Weibliche）？將女性特質當作一種面具，男人懷疑面具背後隱藏了一些無法言說的危險，這個概念為此謎題稍來一絲希望之光。正如海倫娜・朵伊契和歐內斯特・瓊斯所言，異性戀女性的發展是否完成，是在口腔－吸吮階段建立起來的。在此階段，唯一能滿足原始秩序的方式，是從父親那兒接收（乳頭、奶水）陰莖、精液、孩子。此外，它也仰賴反向作用，接受被「閹割」、謙遜、欽佩男性，部分是來自於口腔－吸吮時期高估了客體；但主要是來自後期的口腔－撕咬階段，放棄了（較不強烈）施虐的閹割－願望。「我一定不能拿，我甚至不能要求，只能等著他人給予。」自我犧牲、奉獻、自制的能力所傳達的是，無論是對母親、還是父親般的人物，都要努力修復和歸還從他們那兒奪走的東西。這也是雷多（Rado）所稱的保價最高的「自戀保單」。

顯然，達到全然的異性戀與性器興奮能力是同時發生的。正如亞伯拉罕最初所言，我們再次看到，性器興奮意味著走過了矛盾情緒、**到達了後愛恨交織**狀態。「正常的」女性和同性戀者都渴望父親的陰莖，並對挫折（或閹割）抱有逆反心態，但是她們的差異之一在於施虐的程度不同、和處理施虐的能力，以及在這兩類女性心中引起的焦慮不同。

【第十三章】「寶箱與鑰匙」：與創造力、性別、生成創造認同有關的一些想法

237

瓊・拉斐爾-勒夫（Joan Raphael-Leff[1]）
國際精神分析學會女性與精神分析委員會創會主席

只要神靈們高興，
化男做女，雌雄同體皆隨意；軟綿綿
而不妥協的，是他們本質裡的純淨，
不受關節或肢體綑綁或束縛，
也不成立於骨頭易碎的韌性之上，
像是累贅的血肉；但形體由他們選擇
飄渺的目標他們也能辦到，
成就了愛與憎恨的作品。

——米爾頓，《失樂園》
（Milton,〔*Paradise Lost*〕1:425-431）

佛洛伊德最早的立論理念之一講述，在潛意識裡，我們不受身體束縛，心理上是雙性的，就如米爾頓的神靈，在我們的心智裡「化男做女，雌雄同體皆隨意」。透過認同，我們每個人將另一種性別的特質化為人形，更重要的是，從嬰兒期開始，無論最親密的人和我們的性別為何，我們內化最親密的人的屬性與特

1　原註：這些想法最初是在一九九〇年於 52 俱樂部提報。感謝佳德妮雅慷慨地允許我使用她豐富的素材，也感謝三十五年來，在我致力於生殖問題的臨床之路上所見過的許多患者。

質。

本章將聚焦在，當自體的社會性別樣態，被具體化、被（自我）貶低、和／或相互衝突時，形成自己的「身分認同」會遇到的困難。我認為，在這些案例中，一如其他強調體現（embodiment）的情況，分析師的性別在分析歷程中變得非常重要。下述案例的經歷描繪出，在分析中探索了那些尚未整合的內在結構和感官經驗次級象徵的殘留物，這些部分都曾經因為兒童的內在世界遭受父母親投射的入侵與佔用，而被層層屏障。案例也闡釋了分析期間的掙扎與最後終於獲得的具創造性之主體（generative agency）。

性別認同

「我的身體像是液態的。」許多年前，在一段很長的分析倒數第二年，一位身居高位的主管佳德妮雅在躺椅上這麼告訴我，「好像我會漏水。**該怎麼說呢？**很怕會一身汗、一滴滴地滴進水窪。這很丟臉，好像我的身體融化了，大家會笑我沒救了、又失禁……」

238

佳德妮雅所暗示的，是我們爾後才逐漸明瞭的，一種對她的「女性的」流動性的、不明確的表現。我談到她對我的反應感到焦慮。沉默一會兒後，她說：

週末的時候，想到詹姆士看著、並且輕蔑地扣押著我想要的東西，我就覺得氣憤，想惡狠狠地殺了他，但

> 又充滿自我厭惡，想跳到公車底下。不知道誰是誰，怕我會迷失自己……然後才突然明白，那是我，被一個致命且殘酷的自己佔據了內心。**無情的、男性的，那一部分的我，嘲弄著有慾望的我**。我心裡某種堅硬的東西，嘲弄著我身上任何女性化的、敏感的、脆弱和坦率的特質，嘲弄並且踐踏它們。那嚇壞我了，這麼匱乏與絕望，**無法假裝成一位得體的女人**……

她越來越能覺察，最後的陳述露出了她的內心：「表現」和「偽裝」的焦慮帶來陰影，都是為了隱藏她擁有的男性特質，並掩飾女性的力量。為了職涯發展，佳德妮雅打破了與世隔絕的家庭傳統，用一種她稱為死板的「男性姿態」，成功地在商學院經營自己。然而，這種西裝革履、自給自足「大男人主義」的脆弱表象，在施－受虐的性關係，陷縮成「女性的順從」，那段關係結束之後，接踵而至的是深沉的憂鬱，以及一些混亂的解離經驗。康復後，她利用自己傑出的智力獲得了學位（雖然她把論文說成「無聊」、「模仿」、無獨創性）。最終，她爭得傑出的專業職位，儘管一如既往地，她的父母更欣賞那些成就稍稍不及她的弟弟們。

在她十幾歲時，露出「衣服邊飾」（女性化的）、有月經、性慾、攻擊衝動，或者事實上，擁有任何她自己的感覺或願望，似乎都是一種自我耽溺、骯髒，或是「倒錯」。因為不願被看到自己的需要，一家人圍繞著父親的每個願望打轉、盼望著，而他期待立即的滿足。在鎮靜劑與抗鬱劑的「作用」下，「守舊的、全然無性的」母親要求她順從的女兒全心全意奉獻，只要佳德妮雅想要的是其他任何人，而非母親，她就待佳德妮雅如同叛徒。因受父母嘲弄，童年的自慰活動受到了影響，也為了取悅母親而潛抑了她的性與攻擊，她對弟弟們不受限的自由與熱切的自大感到嫉羨，那嫉羨也消磨著佳德妮雅。青春期，在每位新的（祕密的）男友身上，她都投射了這種陽具的理想化，並且變得「暴烈地想要獨占」，跟著他到每個地方，希望找到一把「鑰匙」。受到潛意識裡，出於認同被貶低的母親的迫害性「忽視」，而造成的自我憎恨感驅使，佳德妮雅對女性氣質的意象暗指著一種想法，也就是一個（充滿液體的）封閉容器因為男性插入而轉化：

239

> 「這吞噬了我的人生。」她這樣告訴我：「其他的一切都被它吞沒了。我不知道自己的能力、興趣和成就在哪裡，我開始恨我自己和他，覺得他是殘酷的人，用韁繩牽制著我，不給我鑰匙。他擁有我想要的一切，卻不肯給我我需要的……」

佳德妮雅認為她能在男性主導的專業中有成就，必須歸功於她能毫不懈怠地監控她的「冷酷」智慧。但是她強烈地渴望能進入她多次夢見的繽紛、刺激且情色的親密關係，亦是危險的「叢林」世界的親密關係，這（渴望）導致「暗黑」的糾纏（有時在分析休假期間輕率地開始），其特色是不受控的「上癮感」，界定並充填一種內在的空虛感。渴望透過這把女性自體的「鑰匙」帶來蛻變，（這樣的想望）似乎使她不得不臣服於男人對無條件的奉獻、無限上綱的要求的「奴役」，期待著若是她能滿足他的要求，那麼他將會揮動「魔杖」，界定她的存在。這麼生硬的願望，有時變得非常折磨人，演變為對依賴一位未知的男人來催化、「允許」她「成長」而感到憤怒。直到多年的分析後，除了刻板印象裡男性／女性的分裂，以及她對否認受害的母親難以解釋的模仿之外，她瞥見了她所渴望與害怕的——神聖的陽具母親的全能力量與誘惑。

此刻，她明白了與詹姆士的致命搏鬥，事實上是一齣內在腳本的出演，源自她自體的不同面向，在這個突破性的片刻之後，一個思考琢磨後的新視角緩緩升起。她自省的話語，透露出她對內在表徵的衝突本質，還有性別與自我定義的複雜合成物開始有了覺察。

對於該如何談論她的感受的質疑，與羞恥和移情焦慮有關，她擔心我會像她的父親或母親那樣嘲弄、輕蔑地回應。在此移情的層次上，她擔憂著非難，認為她有感覺／慾望是個禁忌、「不好的」、背叛的，或是可笑的。她努力思考自己的感受，希望成為「一位有身體、感受和心智的女人」。她探索那些寫入她的感官／身體經驗的密碼，似乎與女性分析師存在而體現的音調、氣味、視覺線索和「氣氛」產生了共鳴；既不是被強迫、也不是被禁錮地，她渴望接觸身體／自體的影像。

這段分析中，我的性別似乎扮演著重要的角色。她的內在世界就像她的外在世界一樣，「女性」是「沒有資格」的同義詞。內攝進來的家庭信條決定了一個人「沒了陰莖就什麼都不是」。替代的方案是，成為一位消極的小女孩，在依附一位有權的男士之前，沒有任何果敢自信與主動性；不然，就**必須**成為理想化的陽具，透過占有（然而是偷來的、並且會受到懲罰）全能的「大男人位置」除去她內在的「弱者」女性。

在分析循環且多層次的歷程中，我兼顧家庭與職業生活提供
240 了一種模範，無論這種模範是正向的或負向的、母性的或父性的、手足或是其他移情，它堅定地為我們的治療同盟關係服務。我的角色是一名能夠傾聽、同理和探索的分析師，包括意識到我是一位女性，有著女性的身體，而這也是讓她越來越好奇的地方。雖然原始場景的概念還很模糊（促進創造，而非強制），但是開始出現原初的關切：女性的身體部位、身體內部的洩殖腔意象、寶寶是從哪裡來、如何產生的困惑；然後，生殖和寶寶可能象徵什麼呢？最後，關於如何從「危險的」情緒力量的渴望與恐懼中解脫，能夠在創造力的協助下駕馭她的能力。

隨著我們繼續合作，佳德妮雅的長期分析有了明顯的週期性「分層」模式。每個階段會持續數個月，議題會一再探討，並且與日後階段的不同事件連結。隨著張力減降、軀體生硬程度的緩和，隨後的每個階段都以急性恐慌狀態、旺盛的情緒開始，包括：令人不安的生動夢境、身心症的表現、在診療室外和躺椅上有「愛莉絲夢遊仙境」般的肌肉運動知覺體驗，並且心理充滿強烈的高度理想化、貶低或妄想等移情感受。能夠以更實際的角度看待我，這點慢慢穩定下來了，隨之創造出恆常性，不再是隨著每日療程之間的空檔起伏、動搖不定的急促影像，因而促成了穩定的進展，不再破壞好的合作。一旦問題修通，這些議題漸漸平息，會進入一段鞏固的平原期，然後再次爆發另一階段，必須處理更加原始的經驗或是相同的移情事件，只是以更複雜的形式呈現。

每個階段的憂鬱谷底對她來說，就像困在一個黑暗、狹窄的地下「**下水道入口**」，感覺幾乎不可能爬出來。這個反覆出現的

意象的象徵性意義在以下多重的可能性間徘徊：被禁錮在永恆的祕密「避難孔」，在那兒，她遁入「休眠」之中（我是隱形的：一隻裸體的無色貧民窟蜘蛛，爬行在排水管內）；受困於產道的幽閉恐懼症；胎兒在子宮內的空間被「遺忘」；通往「無法被認真對待的說不上來的糟糕」的深層地區的危險通道；「亂倫操縱、被毒害、嗑了藥、非真正活著」的混沌；一種無法表達的心智上「虛無」的「孔洞」和虛幻；一種羞恥而洞口大開的內在「缺少了重要東西」的空虛的「女性的洞」；一個被陰莖插入的生殖孔；「一個臭臭的地底下水道」，用於情慾排泄的防衛，亦是對於支配母親的肛門反叛與連結。

佳德妮雅二十多歲後期，一場懷孕的假警報讓她痛苦地意識到一種幼稚的無能感，覺得自己沒有足夠的能力生養孩子。夢裡一幕「抵抗在我身上爬來爬去的噁心小貓」，暴露出深深的生理排斥、恐懼和被迫害的焦慮，一旦「打開」，她的女性身體就會「被無法控制的嬰兒感受肆掠」。幾個月來，我們探索了她意識中的焦慮，這些焦慮會損害她生殖的能力和潛在的母性（能力），也就是對內在／生殖器的損傷與內在剝削的恐懼，以及被貪婪／匱乏而佔有慾強的嬰兒接管內心的願望／恐懼，這個嬰兒會感染激起／滿足她自己嬰兒般原始的需求，並且從內部理解她，亦即提供「鑰匙」。夢到被獵殺的海豹，後來更明顯的，她被判處死刑，伴隨著深深的憂鬱和經驗到自己「不應該懷上孩子」這個「難以想像的真相谷底」。懷孕的「困難」、漫長的分娩、「疼痛劇烈」的生產，以及（是女孩而）非男孩的缺陷，都與母親預先設想的理想狀態不符。被視為令人難受且「需求如猛獸」的「尖叫嬰兒」，不意外地，佳德妮雅努力成為順從的「娃

241

娃」，對生氣勃勃的自己處了死刑。

吸收了母親無意識投射的嬰兒，留下了一種「有毒的小鼻涕蟲般的東西，沒有活著的權力」的感受。母性的歸屬感，深深地銘刻在孩子的心中，佳德妮雅花了很多年接受分析，才擺脫「母親的眼睛透過我的眼孔看出去」來看待自己跟世界。

在分析的早些年，佳德妮雅不時會打電話給我，驚慌失措，害怕被「接管」，或不存在，自己會看不到自己，並且在療程間「消失」於我的腦海中。孩提時，她曾恐懼上學，成年後，她害怕旅行或離家過夜。在最初的幾年，每到休假期間，「消失」的感覺都會持續出現，有時，她會帶著無助絕望和懼曠感上床睡覺，用「充填」各種填充物來逃離內在的空虛模糊感。最後，她描述這種內在「差距」轉變為內在潛力的過程，她變得越來越相信有能力讓自己活起來，並維持下去：

「教會我自己錯看，從外面看待自己。覺得我不得不分解成許多的元件，來解開它們……一直把玩這些碎片，用一種有創造力的方式掌控它們。在原本的空洞處創造空間——一個不存在的、沒有空間、感覺逐漸消失的區域……」

如同佳德妮雅清楚地陳述的那樣，母親的情感缺席，缺在她的涵容、鏡映，在女兒識別與消化情緒的道路上，留下了一個「洞」，認知到這個洞，讓她能夠健康地覺察到她們的分離：

「……我媽沒有看到我和我的需求，無法替我想或

> 抱住我。雙重的洞——她也消失了。還以為我是為了替她著想而存在！這才明白，我必須替她想的原因有一部分是，透過生個寶寶來變成她。（我）下定決心不要有（寶寶），不要變成她！後來，（我）拚命想要孩子，填補空缺、空洞。現在，（我）開始感覺這個空間。不一定得填滿，找回了點點滴滴的自己。……有趣的是，（我之前以為）如果我變得獨立，可能會更加孤單。如果我試著成為我男朋友的一部分，就會感覺融合，即使仍然孤獨。在這裡，我們是**一起的**……」

為了發展出自體感，我們必須和他人的心智交流。新生兒的研究顯示，「核心」自體的基礎在於父母將感受、渴望與意圖歸於他們意識尚未成熟的寶寶身上。（Tronick, 2003）。從出生開始，如果沒有更早的話，我們都是透過人際交流的鏡映所構成的。內化照顧者「遐想」的能力，讓嬰兒能擁有思考的裝置和心智（Bion, 1962）。透過共享的再呈現，包括扭曲，逐漸發現了（對自體和世界的）經驗。而在父母的「反思功能」之外，兒童自己的「心智化」能力會隨著不同的模式和發展階段成長變化（Fonagyand Target, 2007）。 242

然而，這就是問題的癥結所在，當照顧者缺乏這些能力，或者像佳德妮雅的父母這個例子，他們對待自己和寶寶的情感有如猛獸，孩子們便無法將純粹是「阿爾發」的經驗轉為有意義的構想。許多自我表徵存留在未消化的狀態，以絕對「原始」的感官與身體意象，化為密碼寫入「囊袋」中。這可能也和缺少肢體接觸與擁抱有關，也就是沒能用這些能紓緩生理上的不適、涵容身體覺醒的舉動來賦予這些經驗意義。當父母親暴露在嬰兒「具感染性的覺醒」下，觸發了他們自身嬰兒般原始的情感而處在危險之中時，確實，對照顧者來說，嬰兒會變得「危險」，因為照顧者害怕情緒破口或情慾上的施虐，因而必須拒絕溫柔的接觸（Raphael-Leff, 2000）。

此外，無助地依賴一位感覺起來漠不關心、有所保留或攻擊的強大父母，孩子會試圖接受他人可恨的部分，將那部分當做是自己的，並承擔「這份壞的負擔」，企圖留住原初關係裡任何好的成分。「『因此，以內在的不安為代價，成全了外在的安全；今後，他的自我任由內在的第五縱隊或是迫害者擺佈，首先，這些對抗的防衛倉促建立，而後費力鞏固』，費爾貝恩這麼說（Fairbairn, 1943: 65）。」當孩子內攝父母親的投射與幻想時，這些潛意識傳輸被吸收、整併，進入自我表徵的次級象徵網絡之中，如同佳德妮雅痛切地說明那樣。

自我反思的分析空間，既不提供指導、也不提供模範，一開始帶給這位女性難題，（因為）她一生多數的時間，都被他人的期待限定，而且被要求配合在虛假自體（false-self）中運轉。和另一位女性一起走這段探索之「旅」，最終成為自我探索的方式，而不再等待一把外在的「鑰匙」來開啟她的情感內核。一開始，歷程比內容重要。和一位有女性潛力在「子宮」和「心智」裡留住她的女人在一起帶給她的感受，似乎有助於她自己回應內在一系列削弱、微弱的聲音、形狀和感覺。在「牙牙學語」時，試著用她的各種「聲音」，包括成人的、青春期的、兒童的、嬰兒的，這些聲音沒有被貼上「瘋狂」或「理智」的標籤，沒有既定終點或強迫必須產出的結果等預先帶入的想法，一種新的被抱

243

著，接著被聆聽的經驗油然而生。她努力「真實的」表達自己，這讓她能夠玩、品嚐／測試感官與身體的組態，一開始以具體的、行為的方式出現，然後試探性地思考，以文字說出來，並且運用積累的抽象符號表達，在混亂中闡明意義。

從佳德妮雅新發現的成人視角來看，現在，極度憂傷的她開始能夠面對痛苦的事實，也就是那被摒棄的、父母的冷漠與剝削。對於家裡歧視性的偏愛和理想化男性的深層憤怒爆發：「難怪我必須活在想像的世界裡，才能擋掉看著我的弟弟活在伊甸園時的憤怒無力。我覺得被排除，但我甚至從未被接納！」

過了三十歲中期，生理時鐘滴答作響，一種新的慾望浮現。不是想要懷孕，而是想要「得到」一個嬰兒。青春期起，她就對成為母親的這個想法深惡痛絕，將膝下無子女視為標識她與母親是不同的、她是獨立的合理想法， 因為母親是用撫養男嬰來定義她的女性核心的。現在，她埋怨自己的「內在空白」，在每次生理期前渴望吃上一塊「奶油－卡士達－派」，並臣服於針對母親、我、有寶寶的女人們的猜疑感，覺得她對自己開了一個「殘酷的玩笑」，一切都來不及了。接下來的幾個月，佳德妮雅探索她對孩子的渴望時，也探究了過去的關係。她問自己「可怕」的問題：「我是誰？我想要什麼？我身邊的人有多少是我捏造的？」

> 「**在兩性之間**，我一直畫著**清楚的界線**，」她沉思。「為了我的父母，我試圖成為男孩代替品，盡我所能地放棄女性的愉悅、舒適、柔軟、理解；爾後，和男孩們一起時，則翻轉到對立面，**像液體般地倒入他的幻**

想容器」。

多年的分析後，她不斷成長的內在整合與自我恆定能力，伴隨著兩股看似不相容、但卻互補的力量：一邊努力實現更多的自我表達，另一邊的引力則是朝向無窮盡期、已被忘卻的在受孕子宮中的退化性幻想、帶著終極的「重生」願望（作為她自己，而非她母親懷孕時預先想要的男寶）。每當佳德妮雅被這個願望掐住，在分析歷程中有很多次，她窩進毯子裡，一言不發，偶爾咕噥、大打呵欠，似乎無法思考或形成言語，感覺起來她不像是在我腿上，而是在裡面，在我的女性身體之內，在我的「子宮」的黑暗中孕育。這些時候，我等待，好像沒什麼詮釋的勁頭，而當我說話時，她聆聽的是我的語調，而不是我說話的內容。其他時候，工作的焦點放在調節要命的情緒張力（「情感調節」），從而產生更多的反思模式和更多的自我理解：

「要守住真實，實在是不容易，」在分析八年後一段強烈貫注於內在的階段之後不久，佳德妮雅打著呵欠說：

244

「為了保持清醒而不顧一切地奮鬥著。一直飄進一個內在的幻想世界，不在乎真正的接觸、友誼。就像成癮。夢想成為特別的、耽溺其中；一點力也不費，只是被偷偷地照顧……相融……（今天似乎想睡著）是的。一切都太明顯了！做一個永恆的寶寶。感同身受似地做到了，照顧這些大寶寶男友，最後想謀殺他們。非常困惑（啜泣）……正是這個想要當寶寶的願望，才讓我這麼渴望有個寶寶、沉迷其中。好難過。浪費這麼多力氣！我相信那些讓人激動的男人能填滿我、給我鑰匙，不過是我的弟弟和父親的挑逗版。假裝他們玩的遊戲，成為我的一部分，而我仍然樂在其中。對人們理想的圖樣，但他們從來都不是……」

在第九年的分析中，佳德妮雅述說了一個夢：

「男的……女的。我兩者都是，也都不是。整個女性的身體受到內部搜查，尋找親密的證據。我竭盡全力隱藏它。一個像一九八四年的世界。排山倒海而來的感覺迫使我必須把任何愛的線索藏好，不然會被逮到、處罰。單調的世界，沒有色彩、溫暖、生命力、慰藉，只有嚴峻的生存。我醒來，全身緊張。熟悉不過的領域。但是，當我想到這點，我告訴自己這是（我的）夢。我可以決定終止它，並且「種下」一些樂天。所以我開始對窗口的花壇動工，拔草、散播種子……」

隨著身分認同感增強（以及內在的「雙性特質」更加整合），她第一次想到她有培養自己的「種子」的能力。接下來的幾週，對園藝的熱忱和對真正的親密的渴望，能夠化為言語表達：

「不論我怎麼試，我和男人的相遇總是荒謬的，要不全有、要不全無，沒有建立起關係，全是性，跳過了認識一位男士的過程。回顧過去，我總是選擇幻想中的男人，一頭栽進去。很奇怪，相融卻不親密。不是兩個獨立的人的相會，但，我還是不好意思啟齒，想被強暴，所有的捅與戳，進入彼此，就像是對興奮偷偷成癮了那樣。失控和生命裡的其他部分不能整併……想從他們那兒得到一些特別的，可以讓我活過來，精液，種子……即便是長期的伴侶，也只是假象，完全不是一段關係，只是一個有感覺的身體，可以緩解空虛和用男人神奇的填滿自己……」

在一段漫長的禁慾後，她說：

「當我卸下束縛我的枷鎖與盔甲時，我意識到我是多麼渴望參與，認識人們，也被他們認識。一直到最近才敢，過去都一直躲起來，融入……脫離母親的魔掌，過我的生活，獨立的存在，以及所有我關心的事都與她無關，我都感到內疚。」

245 最後，長出「殼」的夢想促成了真正的實踐：尋找／購買／創造一個家。並非不掙扎，「母親在我耳邊指責的聲音」平息，致使（我）不情願地承認那個共謀－對立、卻仍然聯合的父母。

佳德妮雅繼續向前，不僅是她窗前的小花壇，她來到一畦菜園，在接下來的幾年，將這塊未經耕作的土地改造成花朵與蔬菜繁茂的花園，這成了對她蓬勃發展的內在世界的隱喻。分析，就像她的堆肥，助長一個肥沃與鼓勵成長的，處理事務的「宏大、自我生成的系統」。同時，佳德妮雅得到了更多的象徵、抽象能力，也就是一種對「女性特質」與「男性特質」的心理表徵感，而不是現實裡生硬的「男性」和「女性」自我，以及其行為的重演。

在分析接近終點時，佳德妮雅帶來一個夢：

「我在父母家的花園裡，不再是黑暗可怕的地方。他們不在了，但我接管了它，並讓它繁茂。多姿多彩！雖已入秋，接近年末，花朵仍然繽紛繁盛。沒有修剪工整，有些雜亂、滿是快樂的意外和驚喜，是我在不同的時間種下的種子，其他則是我小心放在一起的。我愉快地醒來。（關於妳的夢，妳怎麼想呢？）噢，我內在的花園。接受我是誰、我從哪裡來。不再憤怒地抱怨我的父母。**我再也不是他們的怪物！**我是他們的產物，但是我是**我**。打造出如此美麗的花園，並且是給我享用的……」

稍後，我們再回來談佳德妮雅。

生成創造認同

打造出來的世界，並非與生俱來的世界，是可憐的貧瘠血肉／和樹木，稀少的星星與石頭，但絕非這個／精良的超神奇極度自大樣本。

——〈憐憫這個忙碌的怪獸，人類」〉，康明斯（Edward Estlin Cummings, 1894-1962）

打從一開始，我強調我的立場是，雖然我認為有先天的傾向，但我並不認同先天的性別表徵或是預先給定的女性氣質，這類由因而果的假設。與基本分類非常不同，我認為性別之身分認同只是互為主體性、共同創造、自體－他者表徵的面向之一，會在不同時間點更加突顯。「身分認同」意味的不是一個固定的實體，而是在連貫的自體感中不斷變化、多層次的構件。我的臨床經驗揭露了豐富的多樣性，不僅在不同的個案身上，也在每個人之內，猶如萬花筒，隨著時間變化。自體感，或多或少是可觸及的多層次表徵的流動性配置，包括：認同、幻想、認知、意念、感覺動作的共存混合體……而所有這些都被詮釋、銘刻在解剖學上相異的男性和女性的身體中，**因為無論我們的靈魂多自由，我們都不是無形的**。

246

我認為這種內在混合了性別化、非性別化的自體，也就是他者的表徵，在整個生命週期的重要過渡階段會經歷重大的變化，特別是當身體無法忽視自己必然需要重新評估的時候：在青春期，在生育階段，在處理不孕和更年期時。在這些時間點，某些配置的強化（以及其他配置的削弱或復興）帶來了內部的重組，對生理性別、社會性別、性、情慾、生育力、母性／父性、生成創造力的主觀意義的反覆再解釋……

再次請佳德妮雅介紹她自己前，我想先鋪陳一些我對於這些議題的想法，有別於精神分析式的社會性別理論背景，亦即那些不太令人滿意的各種社會性別認同元素的劃分，例如：「核心社會性別」認同（Stoller, 1985）、「社會性別角色」習得（Tysonand Tyson, 1990），以及「性伴侶」傾向（見O’Connorand Ryan，1993）。為了融入複雜的當代思維，我將它們重新分類為：「**形體化**」〔女性／男性〕、「**再／呈現**」〔女性氣質／男性氣質〕和「慾望」〔心－性〕（見 Raphael-Leff，2007）。在這裡，我不多解釋，而是聚焦在我所提出的「**生成創造認同**」（generative identity）這第四個元素，此元素定義為自體的心理結構，其創造力是根源於對生殖差異的認識。其特點為認知生命中的一些基本事實：

- **性別（Gender）**
- **起源（Genesis）**
- **生成創造（Generativity）**
- **世代（Generation）**

我認為獲得生成創造能力是自我定義上的重大躍進。在十八到三十六個月之間，孩子與身體的關係有著後發性（apres-coup）的變化，因為性別差異突然來襲，迫使幼兒必須調整他／她的身體意象，從早期的「過度涵括」對兩種性別沒有區野的前伊底帕斯認同的，理所當然的雙性位置（Fast, 1984），走向對他或她的「核心」認同的心智表徵，無論那是男性或女性（Personand Ovesey, 1983）。除了女性化／男性化的心理社會角色的「表現」（Butler, 1993）〔里維埃的「偽裝」〕，伊底帕斯期兒童對異性／同性的慾望與選擇的再思索，**將自己視為生殖的本體**（generating entity），進一步重新評估。

精神分析觀察者早已注意到，神奇的控制力的幻滅與發現分離與性別的差異，使得幼兒「對世界的愛戀」帶來憂鬱的影響（Mahleret al.,1975; Roiphe &Galenson, 1981）。研究傾向於將此敏感期註記在生命的第二和第三年，此時生殖器啟蒙、性別差異的解剖學與社會記號、身體的組態都有意識地重新分類為男與女的差異，重新組織性別認同（Fast, 1984）。

247 在我看來，導致這種悲傷的因素有幾種，與對**自生的幻滅**（disillusionment of autogenesis）有關：「我不是自己創造出來的，而是前人的產物」。發現性別的固定與有限，也就是「我只能是女生或男生，不能兩者皆非，或皆可」，必須放棄雙性相容並蓄存在／擁有一切的幼稚信念。因此，儘管顫巍，在這個分歧點上不可復返的選擇是，性別的區分和功能上的限制：雌雄異型，生殖是不同的兩方結合（受精的卵子與精子），和生殖特異性（女性懷孕／泌乳；男性授精）；世代差異（成人才能有寶寶，未成熟的孩子不能）。雖然第一個參數註定受到不可逆轉的生理事實限制，但後者暗指著往後推遲。

因此，**生成創造認同被假定為社會性別認同的一個特定面向，圍繞著對生殖現實的認識與延遲而構成**。通過哀悼，性別嫉羨、世代嫉妒、全能感的失落，以及生成創造認同的現實限制都能被吸收。然而，接受這些並不必然指向在生理解剖與表徵之間有著同形同構的對應。無論何種性別，在夢中，都會不斷地否認限制，終其一生在平行線上反轉、守著殘存的部分——今天，生物科技已經準備好，透過停經後懷孕、變性手術、凍卵、複製等技術，將幻想轉化為現實（Raphael-Leff, 2007）。

回顧

總結目前的論點：我提出生成創造認同的概念是性別宣告的

一個關鍵點，這基於對功能差異的覺察增加，以及個體自身創造潛力的界定，逆行叩問對父母／創造者的生殖力之雙重認同。因此，與它有關（但絕非同義）的是，伊底帕斯情結、接受分離、並且接受父母的性／生殖關係，是會排除孩子的。這意味著認知到侷限：只能是一種性別；非多產、並且是未來能生育的配偶的其中一半而已。矛盾的是，一旦生成創造認同形成，想像力的昇華透過喚醒跨性別的認同，而在心中超越了這些限制。

我認為，隨著生成創造認同形成，會發生一個概念上重大的移轉，從某人的產物轉變為一位創造者。

心理上的躍進，是成就創造力的方式，好比回收、整合心中的雙性特質，創造出心智上的心理「嬰兒」。父母配偶的心智表徵，決定了孩子是否可以允許他們和彼此性交，並允許他／她假定自己擁有父母的結合能力（其中，潛意識的自慰可能就是徵兆）。一旦生成創造認同形成，創作力就會結出果實，兩種性別的孩子都會在心中將創造力從生殖中釋放出來，亦即富有想像力地將「靈魂」從肉體、性別、年齡的限制中釋放出來。

248

然而，這也是我提出的臨床案例的關鍵所在，在不利於自我認識的環境裡，生成創造認同可能會因內化了父母親的錯誤歸因、執著於早期的模仿而非認同，因而變得扭曲。在這個發展節點上，文字開始取代手勢，使用人稱代名詞意味著主體性浮現，障礙可能與象徵形成不完全的「囊袋」有關，與智能的發展一同發揮作用。若是照顧者無法替他們的孩子代謝痛苦的經驗，那麼便會阻礙孩子的心智化發展。身體上的忽略、羞辱、暴力、自慰禁止和亂倫虐待，造成了防衛性的解離，以及留存了未經消化的「阿爾發」元素，也就是感官印象的碎片和未表徵的情感自體。

出於無法持續、有效地汰舊換新，這些不協調／壓迫性的組織，以及未經處理的經驗片段的殘留物，會在夢裡、身心症狀、具體的重演裡找到表達的出口，如同佳德妮雅所演示的，它們會持續與高度象徵化的抽象知識一同運作。

臨床經驗顯示出一些與生成創造的扭曲重疊之處：

1. **否認**或**否定**在生理性別、起源、世代、生成創造上的任何或多種限制，會導致具有否認差異和延宕哀悼等特徵，而形成神奇、自大、精神病性的解決方法。其他狀況下，阻抗展現在自給自足的強大陽具、孤雌生殖的豐饒子宮，或是理想化的原初具生殖力之性交的想法之中。另一種防衛可能兩極化，要不是對其中一種性別有誇大的假設而否定／打壓另一種性別的面向，要不就是交替重演出未整合、分裂或相互排除處境艱難的自我表徵（佳德妮雅演示了後者），而無法容忍內在模糊、流動的共存狀態。
2. **生殖與創造能力的合併**。當生產力在無意識裡仍受生理上的再創造束縛時，童年的創造力和想像遊戲可能會被內化的禁令與無能遏抑（Raphael-Leff，審稿）。把「鎖住」她內在寶箱的「鑰匙」歸因於是男性／成人的力量，年輕女孩可能會覺得無法發展自身的才能，覺得被自己的創意「源泉」拒之門外，除非得到男性允許／穿透之後，才能授權啟用。或者，可能會將自己的創作視為是偷來的，或是（亂倫）和不被允許的成果。在成年期，互補的兩極，使任何一種性別都不完整、受控於另一方：否認自主性，女性認為自己若是沒有強大男性的「精子」投入就無法有效運作。同樣地，將男子氣概／性表現和「自主」的社會成就混為一談，導致防衛性地否認依賴，蔑視了女性無條件提供的乳房／胎盤豐饒的養育——此未受認可、卻難以抗拒的需求。 249

3. **「內部空間」之於生殖本質的所在地**：當創造力的所在地於潛意識裡被分配給生殖的子宮，而非心智時，不僅生成創造認同會留在生理解剖的限制內，推論能力也會。象徵形成之前，以感官編碼為主要參考資料，透過思考「設備」和生理上原始的孔洞（例如每個人來自的地方，亦即借，而不是內化）之間的同構性，化為形體、削減限縮。當思考的能力在潛意識中被減降為神聖的子宮內心智空間時，它必須維持在不加以批判、無差別地接受，更倚賴身體感受，而非受象徵驅動，或者在被「開啟」、被另一人注入和／或入住之前無法運作。
4. 如果沒有達成生成創造認同的話，主體能動性會廢止、交給父母。**這個人仍然是「孩子」，而非主體，或是父母（雙方）（延伸）的產物或作品**。當一位女孩仍與母親糾纏時，她會受到母性的環境束縛，她的創造力不僅受到上述的自我剝奪、延宕和對男性的輸入屈從等因素阻礙，也會因潛意識中對令人敬畏的母親之敵對怒氣感到恐懼。這種恐懼往往伴隨著痛楚又渴望回到伊甸園的融合狀態。在躺椅上，她可能會表現出渴望融合、害怕被消滅和強烈的退化，特別是在女性對女性的分析治療中。

演示素材

針對佳德妮雅的分析，我於開篇摘錄的文字觸及整個分析歷程中性差異、性別、性、情慾、生育能力，以及生成創造能力在潛意識的組態變遷。為了說明上述特定的生成創造認同失敗的論點，我以同一個案的早期分析的系列摘錄，說明溝通的品質和生成創造認同的逐漸演變，而非分析的技巧或歷程，並且絕對不是在任何一個時間點、她唯一追究的主題：

> 「海倫就像我以前一樣，」佳德妮雅在分析的第三年說：「一位等待世界到來、喚醒她迎接現實的公主。沒有主動性、也沒有深度，像是盒子裡的娃娃。我想把她撕成碎片！她的紅眼睛，並非淚水染紅，而是腐爛、死寂。她的眼中滲出腐敗之氣，讓我想要打掉她，彷彿她在我體內，像寄生蟲一般，腐爛而有毒！我的母親說，我生來就是藍色的。我曾以為那不是冷和循環不好，而是中毒。批評一句：生來就應該健壯和獨立。恨她！！可以殺了她，我。我身上誘人的孩子的那部分哄騙、哀鳴著，緩緩地朝向兩個人的路途，等著被想要、憐憫和稱讚」。

250 在與海倫（一位偶然相識的人），以及她的男友在週六夜晚共度三人行之後，佳德妮雅的情感來得猛烈，那是衝動行事、讓她費解的經驗。無法超越兒童／成人的界線，她仍在「哄騙與哀鳴」投身於伊底帕斯競爭之中，「緩緩地」邁向父母配偶，想要受到關注（「被想要、憐憫和稱讚」），想要闖入、阻止、參與那段排除她的他們的性關係，在這段關係裡，她渴望以被無條件歡迎的方式重新出生。

佳德妮雅迫切地想打破這個了無新意的內在僵局，卻又無法將之抽象化，不得不**真實地重演**這段多態的三角關係。透過對自己「睡美人」般的那部分感到憤怒，她傳達出覺察到自身被削弱的主體行動性，但又覺得無法釋放，僅能想像她的「朋友」從她的「盒子」裡流產了（如同她覺得母親想要在生理上流掉她，也的確在心理上這麼做了）。隨著痛苦的覺醒，古早的子宮內／新生兒的「怨恨」成為反覆出現的主題，十年後全面爆發，伴隨著她日漸增長的象徵能力，而不再僅是行動。

長期以來，在強烈的移情和清晰的陳述之中，父母親交替扮演著可憐的受害者與可恨的霸凌者，直到最終她認可了他們的婚姻關係。與此同時，原本美好的童年故事現在被描述為「生不如死」，漸漸地，她將那些阻礙她創作表達的干擾（包括阻止自己唱歌），梳理出自己造成的部分以及被迫害的部分。她沒有將學業成就歸功給自己的主體行動，反而看成是她為了取悅父母、獲得他們的認可的無效且絕望的努力。回顧過去，現在，她重新將童年定義為一場等待：「適應」、低調和渴望成年，在白馬王子丈夫的幫助下，神奇的「那天」來臨時，她會「甦醒過來」。

「……每當我出賣自己。如此迫切地希望有人要我，我沒有讓任何交流順其自然地發生。只想控制男人，影響他，找到鑽進去的方式，讓他給我我想要的，也就是他的孩子，此外，似乎只有男人的欣賞才能給我

> 鑰匙。彷彿……有一些事情自會明朗。不，它會弄清我是誰。我的女性認同會成為焦點，我會知道我是誰！」

隨著時間推移，佳德妮雅開始認識到自己被動地共謀，說出了一些根深柢固的內化格言：「這些信念在我心中如此強勢：我的慾望是如此駭人聽聞；兒童沒有權利；除非成為父母，不然就不是大人；沒有孩子就不是女人；沒有男人你會死，只靠自己就不是一個真正的人……」

在三人行事件接下來幾個月，佳德妮雅開始構想一種模糊的心理「空間」匱乏感，這與早年母親拒絕她的需要、排斥她的脆弱有著連結。母親不斷地入侵、批評和（懷孕時）情感抽離，在她投入撫育新的男嬰時達到高峰，那時蹣跚學步的佳德妮雅正經歷自主、肛門特質、性別區辨、象徵遊戲，以及生成創造等發展上的焦慮階段。現在，她在躺椅上發火：

251

> 「……沒有內在空間可以消化任何東西，因為它裝滿了祕密和其他人的遺跡。我的母親將她的情緒傾倒在我身上。我的情感從不是正確的。真是不可思議……我被塞滿了她的東西。懷上吉姆，我媽連我少得可憐的空間都奪走了。必須非常費勁才能找到屬於我的東西，思想、感受、美麗的東西，甚至是我的小床。她完全把我的空間給了我弟。現在……戰場。如果沒有得到其他的東西，那麼我將為了有一點不被入侵的空間而開戰。（沉默）……好奇怪。我幻想一個很棒的男人來敲門，只是出現、搬進來，一切就歸他所有。和我希望在現實

生活中發生的正好相反！邏輯上，我希望他能尊重我的空間，而不是在毫無溝通的狀況下住下來。真是不明白這個奇怪的想法⋯⋯」

在身體內部打造出**心理空間**，佳德妮雅將之連結到情感強占（emotional appropriation）（「我是她的廢紙簍」）。具體說來，它的位置在**女性生殖身體**之內，最終它的活化註定了必須靠男性催化劑，也就是陰莖或嬰兒，而非她自己的主體行動力。現在，受到對於自己是否有權擁有自我和隱私權的質疑而驅動，在渴望對自己的思考和感受有自主權，以及退行到被佔有和被定義的需求之間，展開了一場鬥爭。

佳德妮雅在二十多歲前來分析時，意識到她未實現的潛力、覺得自己「有點不正常」，「沒有發言權、沒有投票權」。在一個非常早期的夢境，一個奇怪的小男性生物（她的小弟？）從花園的門衝進來，匆匆忙忙，把自己塞進她的喉嚨讓她不能說話。失聲症說明兩個面向的她：殘酷的「大男子」與被鄙夷的「花俏飾邊」正於內在交戰。漸漸地，我們才認識到這些相互排斥的女性／男性窠臼間的擺盪，是她心智生活主要的特徵。在躺椅上，她的音調、音色、音質經常變化，從低沉有力到高聲尖叫或壓低的耳語，伴隨著劇烈的清喉嚨。社交性地重演，成為刻板印象中的父親／兄弟（傲慢、令人興奮、施虐、放縱），或諷刺版的母親（被詆毀、卑鄙、受虐狂），和／或扮演那個他們認定屬於她的、被貶低的相對角色（無聲的中性；看不見的家庭維護「女傭」）。最後，身為父親的女兒、母親的女兒或是弟弟的姊姊，她關於早期情感經驗（剝削的親職化、挫折、對愛的渴望、兇狠的嫉羨與憤怒），她的縝密探索取代了這些（角色的重演）。

不用說，我的詮釋時常被視為擾人的「入侵」、戳破她的「氣球」，並造成情感「洩漏」。同樣令人不安的是，有時我的詮釋被看做明智的宣言，不假思索地吞下。不過，如果有時間和空間探索她自己的想法的話，最終她會聽到自己是個憑己之力、有多重聲音的人，而不是被內在批評一切的「聲音」主導的、不協調的「腹語假體」聚合物。即使如此，終究還是耗費了許多時光。

252

在分析第十年後期的暑假過後幾天，佳德妮雅曬得黝黑，告訴我她很高興回來，並且有了新男友羅伯特：

> 昨晚的夢裡，我在我的身體裡，在我的胃裡，蜷縮在粉紅、柔軟、溫暖的東西裡……連結到我想要懷孕的感覺。曾經以為我永遠不會生孩子了。有些事不讓我這麼做，就像童年時夢裡的鐵絲網（當）覺得窒息且蒙塵，裡面全被鐵絲網撕成碎片，一團糟，好像自從我出生以來，某個人（我的母親？）說：「妳不夠好。甚至不能信任妳去照顧任何人或是餵任何東西，或是好好照顧妳的小弟。」好像在爸爸強迫媽媽墮胎的時候，我作為女孩就被絕育了一樣。對她來說太可怕了，她出院後哭了，然後，我不明白為什麼。然後，在她不在的時候，他破壞了她的花園。難過。沒有人幫助她。
>
> 那時，我還和我弟用同一間房間。恨死了！又髒又亂、破舊、可怕的房間裡都是垃圾。每天早上我都很怕上學，哭著被逼出家門，每天早上都很冷……只有在奶

奶家的花園才覺得安全，那裡的一切都很恰當，有自己的位置。我是那裡唯一的小孩。她搬走後，我好想她……

我注意到她對母親被迫墮胎、被毀壞的花園和缺乏支持而感到憐憫，說出她對於在假期間被「逼出家門」，進入「寒冷」的感受。我指出長期以來對於創造力被中止和破壞她感到的悲傷。在找到／創造一個安全、肥沃的「花園」／子宮空間的那個夢裡，她心裡新發現的希望獲得確認。現在，舊的「垃圾」理清，儘管焦慮，她相信自己會越來越好。

但是，在接下來幾天，憤怒的長篇大論，困惑、內部枷鎖和衝突極端的分裂（和移情）再次浮現：

了解了經痛的意義！被騙了！氣炸了！我的寶寶被偷了！感覺像是撕裂了我的橫隔膜來懷孕。害怕我無法擁有好東西、不搞砸它。它是如此美好，有時候覺得我配不上它，會讓它爛掉、丟掉……我等了好久。感覺很野蠻！但是很硬，像是一堵牆。不讓他進來。他是如此誘人。誘惑著我討論同居和生孩子，然後他說他不確定。

貶低我！只是一副肉體！是個東西！他不想要我時，可以把我趕走，就像我的爸爸會讓我們都煙消雲散一樣。

希望我沒有拿太多……拿刀子刺進他！……有時，他很邪惡，他進入我的方式像個怪物，就像之前夢裡的

253 男性生物那樣。昨天，透過電話支配我，幾乎可以用肉眼看出他是怎麼入侵我的。現在，很難將他趕出去，在裡面，噁心地折磨著我！更糟糕、可怕的東西在憤怒底下扭曲，真的很扭曲，變形。帶走我的人性！

所有的傷痕與責備，可怕的東西；試圖從我身上耙出越來越多的東西。讓我覺得還不夠，或者好像還有什麼可疑、不好。我不斷忍受對我的忠誠與感受的質疑，彷彿我在利用和剝削他，將我吸除，好像我很野蠻，沒有任何提問和說話的權力。他說，到了晚上，我讓他覺得他像小偷，但是他想用最小的代價得到最多！逍遙法外……狡猾。你這混蛋鐵了心！！讓我明白我想要孩子，然後收回他們。我也需要空間！他把我的都拿走了，然後離開。如果他沒有留下氣味，也就沒什麼好聞的……

佳德妮雅對治療的負向反應、對於被「撩撥」（診療室內和診療室外）新發現的外顯怒火，隨著她越來越意識到自己內攝一個超越她的眼界、跨世代的世界，而逐漸減輕。現在她能夠比較好地將母親的主體性和自己的分開，她想到祖母的兩個原生家族裡都有厭女痕跡，自我貶低、任由男性定義的被剝奪權益的女性，在潛意識重複著，維護父性的罷凌、母性的順從，以及女兒絕對的犧牲奉獻。被剝奪了的父母親「遐想」（心智化）和正向的鏡映，佳德妮雅內化進來的既不是一個安全的「容器」，也不是它的完整功能（Bion, 1962），使得她無法培養對自己的心理「空間」的主權，來消化自己的想法；更糟的是，塞滿了他們投來的「垃圾」。留下高度壓抑的情感歷程，無法讓這一切被省思，創造出一種感覺，彷彿話語會危險地喚醒一些它們所象徵的感受、行動，或是最赤裸、原始的東西。或許，我們可以說子宮等於內在空間，陰莖等於鑰匙，這種象徵等同（Segal, 1957）早在內攝物的「鬥爭」外顯演出之前，就排除了內在衝突的解方。

「多重密碼論」認為，一旦意象和行動的非語言表徵和象徵模式連結起來，次級象徵可能就會從比喻被轉化為語言，一個連貫的生命故事就會漸漸成形（理論上，講述一連串的事件，提供了被活化的「典型的情緒〔記憶〕基模」的實例）。透過同理心向情感共鳴取材，分析師可以透過運用「與患者的經驗一致且恰當地同步」的比喻觸及患者（Bucci, 2005: 861）。

隨著故事開展，佳德妮雅允許自己憤怒，能夠意識到自己合理、普通的想要被照顧的需求，以及擁有孩子的渴望。然而，這仍然必須與渴望一位關鍵的男性住客競爭：

> 他什麼都有，像個肥囝被動地被餵養和照顧。我恨透了我最小的弟弟，也很氣我的父母。有病的可笑，他們覺得我不可理喻，又希望我同情他們。對他們來說，他是寶貝，而我不是……我被討厭也不受歡迎，就像羅伯特（男友）看待我那樣，一條肥胖、沒人要的懶蟲。滾開！我不要你！好像我要從他那兒偷走什麼，然後他會堅決地阻止我。好像是我在發脾氣，強迫他，像個會吃人的賤人一樣。我說亂七八糟的話，怪他讓我想要東西、嬰兒和一切。我才不是什麼都想要的怪物！

254

在爆炸般發怒一週後，她繼續向前：

> 被憤怒釋放！不再被我的恐懼給癱瘓。生媽媽的氣。總是覺得我理所當然要這樣那樣，忽略我。試著當個好女兒，一點樂趣也沒有，最低限度的生活所需，存活就夠了。明白了我的父母害怕吉姆會發脾氣。相信如果他沒拿夠就會崩潰。竟然這麼生氣，嚇死我了！毒藥出來了……不只我皮膚上的、也是我體內的。感覺小小一個，包裹在裡面。像鍋爐一樣與世隔絕，但是接著有一些些的我作了消失的動作。裡頭糟透了、會吃人、空洞。小怪物進到我體內，搞破壞。好像沒有養分。讓人以為語言就是行動。揭開野獸的面紗，被看成是攻擊與閹割……我不敢張嘴。必須平靜且友善。羅伯特就像一個沒人想抱的、不知感恩的、蠕動且難纏的嬰兒，讓我覺得我是個壞母親、無法滿足他。從一個試著用一把不能發射的槍射擊的夢中醒來。告訴他：「希望我是你。」他安慰我，感到安全，但是繼續做他那「女人是危險的」慣常，「必須讓妳留在妳的位置上。」我很煩，因為想要寶寶而感到可怕。

接下來幾個月，在我們女性對女性的分析關係中，佳德妮雅能夠更直接地向我表達她的憤怒，感受到允許自己想要（一個孩子）、這份渴望遭遇殘忍的挫折（隨著時間流逝，還沒準備好，且沒有恰當的伴侶）帶來的酸楚。她探索內在世界的兩種敵意（有特權的男性手足、父親；男性－造成的懷孕／男性－引發的墮胎）。忿忿不平的手足競爭轉變為漸漸地認知到她的嫉羨、惡毒的恨，以及混雜著攻擊與情慾激情的混亂狀態，這些都抑制了她的主體行動性。合作而非對立的模糊概念和創造性（內在和外在的）的共存現在開始出現：

> 我想要真正的合作。伴侶關係。即便最終不是一個寶寶，畢竟我太老了，也可以一起創造一些東西。一起擁有一些東西，而不是總是從彼此身上強奪。〔現在〕關係好膚淺。害怕他會就在我眼前瓦解。不是我倆之間的劇碼，而是每個人和〔他們〕自己。我在努力，不是為了一個東西，而是為了內在的什麼：友善、愛、接受我自己。**到頭來，我還是必須靠男人才能生孩子，但生活和寫詩就不一樣了**。

佳德妮雅開始「發出自己的聲音」——用文字。寫詩、唱歌、在歌曲創作中結合兩者，運用她豐富的感官象徵：

255

> 「**我看到我的發電站是男人，**」她在躺椅上沉思。「**沒有留任何女性化的東西給我自己，全放棄了**。一點一點失去。野心、職涯規劃，這些男性面向會佔據我的整個生活和工作日的每分每秒。必須守住我的創造力，為之奮鬥……還不安全，還在出生；如果讓它出來，它會有危險。來來回回……趕走了。不連續的成長阻礙了它，但對於感到自由有份模糊的印象。一直以來，周圍有更多東西，但相當掙扎。怕它會滑回去」……

討論：創造力、社會性別和生成創造力

> 「沒有滔滔不絕的獨白……僅由單一意見、語調宰治，這種光線昏黃的空間，」即使「提供的論述」如此，仍必須由父系的性別標誌來簽署……具性別標註的意見的多樣性看法……無法確定混合的意見的數量，無法辨認性別的飄忽，標誌著誰的舞曲要演出、分隔、加乘每個「個體」的身子，是否會依照使用準則將他分類為「男人」或「女人」（雅克·德希達〔Jacques Derrida〕, 1982, pp183-4）。

我提出來的假定是，對一個人有權力生產的信念，決定了創造的能力。作為性別認同的進一步構成要素，是以認識到生殖現實的有限性為中心，「生成創造認同」不會帶來性別劃分，而是從中浮現。並且，為了實現創造力的昇華，透過在想像裡超越了男／女、成人／兒童的分界，來戰勝它。擁有生成創造能力，牽涉的範圍可不僅僅是解剖學上的差異，也包括了功能、主體行動性和慾望。無論家庭的形成確切是什麼模樣，獲得了生成創造認同意味意識到起源於兩種不同的元素（卵子與精子）的結合，在豐饒的女性身體裡懷胎、出生，並且在未來只擁有一部分的生殖能力。一旦獲得了，那麼，**生成創造主體性藉由影像、符號和語言之運用，端看父母親的聯合能力和多種「女性特質／男性特質」身分之合作性的整合，這些比喻性的假設而定**。

本章節始於佛洛伊德具爭議性的論點：心理上的雙性戀傾向。他揭露性別並非由生物學上預先設定，而是在慾望不滿的景

況下構成，這引發了一場激辯。儘管在歷史上，一些客體關係取向的精神分析師繼續強調「人格中的男性和女性元素」的混合物（see Payne, 1935; Brierley, 1936; Winnicott, 1966），心理上的雌雄同體被兩極化所取代，亦即重新構建具有對立傾向的「互補」性別理論。於是，強化了理想的後伊底帕斯，被認為應該由大一統的男性或女性認同組成，勢必放棄跨性別的自我表徵。沒有明說的是此種二元分裂帶來的影響是，兩性皆無可避免地變得貧乏（Derrida, 1982; Maguire, 1995）。

現在，男女平權主義者和關係取向精神分析師們挑戰了這個論點，視社會性別為一種不穩定、相互影響的幻想，關係的組態與認同——一個非單一化的存在，可能在生理性別、社會性別和慾望之間缺少連貫性（Dimen, 1991; Sweetnam, 1996）。可以透過「連結，而不是禁止跨性別的表徵」來引入，後伊底帕斯期、象徵性地恢復「過度涵括」身體自我（body-ego）表徵。這反映的，不是對差異的否認，而是「一個使用象徵來思量差異的心理結構」（Bassin, 1996, p.157; also see Benjamin, 2004）。 256

那麼，支撐這一章的觀點是：社會性別認同是後天養成，是透過人際互動交流和早期「滲透」進來的特質，一個動態的、多樣（五花八門的）構成物，其內隱的象徵性表現，可以和諧共存，或彼此牴觸。在我的案例裡，佳德妮雅在漫長且勇敢的自我探索之旅當中，透過逐漸調和對立的認同，她學會了有創意地玩。除了重大的專業成就外，她將自己從交替的單聲道中釋放出來，轉為豐富的、真摯的混合曲，包括新的「沙啞、直率」的聲音，在日常的演說、詩歌和歌曲中表達出來。

結論，也要強調的是，社會性別和生成創造的表徵也預先留存於在臨床工作者心中。一如所有先入為主的概念一樣，無可避免地影響了我們與患者的對話，並且可能驗證，而非探討傳統上女性特質的概念。在生成創造認同不完整的狀況下，女性分析師能夠促進女性相信自己擁有資源，以及本來就有開啟自己的「寶箱」的權利。暫緩標準的禁令，並且覺察到複雜的本質，以及我們自身性別組態的影響（和它們在反移情上的變化），或許未來可以在這個女性之間的「說話空間」中及時協助，說出這個迄今為止未被聽見的聲音。

參考文獻

Bassin, D (1996). Beyond the He and the She: toward the reconciliation of Masculinity and Femininity in the postoedipal female mind. *J.Am. Psychoanal. Assoc.,* 44:157-190

Benjamin, J. (2004). Deconstructing Femininity: Understanding 'Passivity' and the Daughter Position. *Ann. Psychoanal.*, 32:45-57

Bion, W.R (1962) *Learning from Experience,* London:Maresfield Reprints.

Brierley, M (1936) Specific determinants in feminine development, *Int. J. Psychoanal*. 17:163-180.

Bucci, W. (2005) The Interplay of Subsymbolic and Symbolic Processess in Psycho-analytic Treatment. *Psychoanal. Dial.*, 15:855-873

Butler, J(1993) *Bodies that Matter:On the Discursive Limits of 'Sex'*, Routledge

Derrida, J (1982) 'Choreographies', in *The Ear of the Other,* London: University of Nebraska Press, 1984.

Dimen, M (1991) Deconstructing difference: gender, splitting and transitional space, *Psychoanal. Dial.* 1:335-352

Fairbairn,W.R (1943) The Repression and the Return of Bad Objects, pp59-81 *Psychoanalytic Studies of the Personality* London: Routledge& Kegan Paul

Fast, I (1984) *Gender Identity: A Differentiation Model* Hillsdale: Analytic P.

Fonagy, P and Target, M (2007) Playing with reality IV: A theory of external reality rooted in intersubjectivity, *Int. J. Psychoanal*, 88:917-37

Maguire, M (1995) *Men, Women, Passion and Power: Gender Issue's in Psychotherapy*, Londond:Routledge

Mahler, M., Pine, F. and Bergman, A (1975) *The Psychological Birth of the Human Infant,* London: Hutchinson.

O'Connor, N and Ryan, J (1993) *Wild Desires and Mistaken Identities: Lesbianism and Psychoanalysis,* London: Virago.

Payne, S.A (1935) A conception of femininity, *Brit. J.Med.Psychol.*15:18-33.

Person, E and Ovesey, L (1983) Psychoanalytic theories of gender identity. *J. Am. Acad. Psychoanal.* 11: 203-26.

Raphael-Leff, J (2000) 'Climbing the walls': puerperal disturbance and perinatal therapy, *Spilt Milk: perinatal loss and breakdown*,Raphael-Leff (ed) pp.60- 81, London: Routledge

_____ (2007)Femininity and its Unconscious 'Shadows': Gender and Generative Identity in the age of Biotechnology, *Brit. J. Psychother.* 23:497-515,

_____'The Dreamer by Daylight' – Imaginative Play, Creativity and Generative Identity (submitted).

Roiphe, H. & Galenson, E. (1981) *Infantile Origins of Sexual Identity.* New York: International University Press.

Segal, H (1957) Notes on symbol formation, *Int. J. Psychoanal.* 38:391-7.

Stoller, R.J. (1985) Presentations of Gender, New Haven: Yale UP.

Sweetnam, A. (1996) 'The changing contexts of gender between fixed and fluid experience', *Psychoanal. Dialog.* 6:437-459.

Tronick, E Z (2003) 'Of Course All Relationships Are Unique': Mother—Infant and Patient—Therapist relationships *Psychoanal. Inq*, 23:473-491

Tyson, P. and Tyson, R.L. (1990) *Psychoanalytic Theories of Development: An Integration,* New Haven: Yale University Press.

Winnicott, D.W. (1966) 'The split-off male and female elements to be found clinically in men and women: theoretical inferences', in *Playing and Reality,* London:Tavistock, 1971.

【第十四章】伊底帕斯情結對女性來說是個壞消息嗎？

258

珍・藤普里（Jane Temperley）
英國精神分析學會會員

精神分析和男女平權主義之間有過漫長的對話。在最近的二、三十年，佛洛伊德經常被看成是歧視女性的擁護者和典範。後來，主要透過拉岡，特別是他的閹割情結和陰莖一元論的理論，在男女平權主義者之間引起了反對浪潮，後來反而被視為可以彰顯女性在這個社會所處的地位，也就是一個在語言、思考和個人認同感等方面，都由父權主義所構成的社會。關於閹割情結，古典的精神分析觀點提供了一種解釋，說明為何遠在理性的意識層次之外，女性不是被看成下等，而是弱勢群體且被邊緣化。精神分析於是致力於尋求解釋，這個深層且棘手的女性見解不僅不利於女性，並且經常貶低女性。

當我第一次看到這段對話時，讓我特別好奇的是，閹割在佛洛伊德的古典觀點中特別突出，拉岡的理論將他的觀點發揚光大，也就是，為了達成性別認同感和分化、使用語言與邏輯、使神志清明，陽具必須成為意符（signifier），而這代表女性在一個男性意謂（signification）的世界中，實踐自身的主體行動性（a sense of her own agency）時會特別遭遇阻礙。

這讓我重新意識到，儘管我曾研習佛洛伊德論女性心理學的經典理論，然而這些理論並非多數英國分析師執行精神分析實務時的立論基礎。歐內斯特・瓊斯（Ernest Jones）不同意佛洛伊德於一九二三年發表的論發展的陽具階段（這也是他對女性心理學完熟、最終觀點的基礎）。他挑戰了佛洛伊德的主張——孩子們只知道一種生殖器，在瓊斯看來，陽具階段是一種防衛，也就是兒童因為意識到性別差異與父母性交而感到不安的防衛。梅蘭妮・克萊恩和他有一樣的看法，並且闡述這個論點，而這也成為了（並且仍然是）英國精神分析一個獨特的傳統，有別於佛洛伊德對女人性發展的觀點。令我驚訝的是，佛洛伊德的觀點確實視女性為劣勢族群，這在男女平權主義者和精神分析的對話中充分 259 體現出來，然而英國的女性心理學主流傳統卻經常忽視這點。

一直到一九二〇年代，佛洛伊德對女性心理發展的觀點才有了成果。在他唯一一次參與的兒童分析工作，和五歲的小漢斯，他詮釋了孩子有破門而入、進入禁區的潛意識幻想，這點出了在潛意識裡對陰道有所覺察。遲至一九一九年，在〈一個正在挨打的小孩〉論文中，他將伊底帕斯情結作為精神官能症的核心，賦予至高無上的地位，完全沒有提到閹割情結或是陽具嫉羨，而是將女孩對父親的性願望視為源於內在的女性化慾望。整個一九二〇、三〇年代，關於女性的性的疑問、閹割情結是否為女性性慾的根本核心或者只是周邊議題等，這樣的爭論成為精神分析領域中最重要的議題之一。

我希望讀者注意到，佛洛伊德關於這個主題的最後一篇文章，也就是發表於一九三一年論〈女人的性〉（Female sexuality）的一個細節。這篇文章中，他提到克萊恩早期追溯了伊底帕斯情結，所以，顯然他知曉她的理論。也唯有在這篇文章中，他提到，女兒傾向於對抗母親，可能不僅是因為沒有陰莖的怨恨而已，反之，他提出頗有克萊恩學派味道的觀點，也就是兒子和女兒都會對母親感到一種奇特且古老的矛盾，因為她是第一個客體。透過將一些敵意轉到他們的競爭對象，譬如父親身上，兒子們處理了他們對母親的對抗。

在另一篇寫給《自由聯想》（*Free Associations*）期刊的早期文章〈我們最糟的敵人〉（Our own worst enemies, 1984）中，我提出，這種在潛意識裡對母親的矛盾情感，可能導致女性擁護男女相等，實際上，這特別是對女性和母職的背叛與詆毀。我受到查瑟蓋-斯米格爾（Chasseguet-Smirgel, 1976）的影響，她指出，在嬰兒期，我們極度依賴母親，而那段關係的權力不平等和脆弱，導致兒子和女兒都會過於重視陰莖，一個女人沒有的東西，以補償這個最初的不平衡。

打從我寫了那篇文章之後，這種男女平權主義式抱負的偏見已有所改變。在男性的世界裡，爭取同等機會的目標，在某個程度上已經被取代，變成了在面對男性的世界時，也要捍衛母職和女性的價值。

傑里・艾林・弗利格（Jerry Aline Flieger, 1990），在一篇名為〈女性主體：女人想要（什麼）？〉（The female subject: (what) does woman want?）的論文中，運用精神分析的觀點將男女平權主義者分為三組：「父親的女兒」、「母親的女兒」和「浪蕩的女兒」。我建議使用他的前兩項分類，並為第三類別提供一個替代方案。

父親的女兒，就我對弗利格的理解，是指那些接受佛洛伊德和拉岡對女性心理位置的觀點的男女平權主義者。她們認為佛洛伊德和拉岡的立論，澄清了男女平權主義者那時必須周旋的處

260

境。她們並不質疑以男性陽具為中心的理論是否合乎基本的正當性。

根據佛洛伊德的說法，兒童只知道一種性器官，也就是陰莖。一開始，他們假設每個人都有一根陰莖，或者，對女孩來說，她們會長一根。當到達伊底帕斯情結之際，他們會明白事實並非如此，不管是男孩還是女孩都會認為女性被閹割了。女孩，實際上，在心理上是小男孩，她們必須透過尋求間接的陰莖替代品來修補自己的缺陷，於是轉向男人，希望能從他們那兒得到一個孩子，最好是男孩。我不認為這一點獲得充分探討，更別說這種關於女人的性論點有多狹隘了，它甚至簡化了女人眼中對男人的性渴望，把他們化約成有能力給她們孩子而已。對佛洛伊德來說，「一直到青春期發展完成，性別的兩極化才會落為男性與女性，」於是「男性本質結合了主體、主動和擁有陰莖；女性本質則接手了客體和被動。」（1923, p. 145）

在佛洛伊德的基礎之上，拉岡描述了秩序、語言、理智和性別等，是如何仰賴父親法則（Law of the Father）而建立。就他對佛洛伊德的解讀，伊底帕斯階段的本質是父親權威的介入，終結了母親與孩子之間合為一體的幻想。這對於建立象徵的秩序是必要的，是我們使用語言、思考，以及活在有序的社會中諸多能力的基礎。然而，這意味著陽具這個男性器官的象徵成為符指（the signifier）。正如上文所引述的佛洛伊德所言，女性成為難以捉摸的客體，被男性追尋和追問，但是她們作為主動的主體，自己說話和思考的能力值得懷疑。她們被嚴重地邊緣化。蓋洛普（1990）描述在伊底帕斯情結背後的社會現實中，出於異性戀的緣由，男性交換女性，但真正的性交則是發生在男性間的交流。

母親的女兒們之中，有一些人也接受拉岡的說法。如若象徵秩序無可避免的是陽具，她們認為女人們應該拒絕它，拉抬前伊底帕斯，不要被邏輯束縛取而代之。弗利格指出，透過將邏輯思考視為一個僅適合男性的領域、退出該領域，這一類型的人最可能加深歧視女性的反動風險。她們也將前伊底帕斯，亦即拉岡所謂的想像界（Imagineaire）和母性混為一談，她們認同的主張是：由於孩子和母親的關係始於前伊底帕斯，因而這也是母親自己的歸屬之處。

也有非拉岡學派的母親的女兒。我以南希・喬多羅（Nancy Chodorow, 1989）為例。她轉向英國客體關係理論，證明母親在嬰兒期心性發展的重要性。她強調對於原初客體的認同，從而假設男孩和女孩都是從女性的身分認同開啟一生。此理論有別於佛洛伊德，他假設在伊底帕斯情結之前，兩種性別的孩子都將母親視為客體，並且相信自己是小男人。在佛洛伊德的理論裡，小女孩必須痛苦地重新調整她們看待自己的方式，也因此後續的性別認同會出現問題。在喬多羅的理論中，女孩在她們對母親的性別認同中感到安全，反而是男孩必須進行分化，他們的男性自信也總是脆弱。 261

我認為，父親的女兒和母親的女兒的理論有兩個共同點：其一是，對權力和所有權的過度關注。佛洛伊德假設，在口腔期之後，我們會經歷肛門期和陽具期，然後才到達最重要的生殖器期和伊底帕斯情結。這些性心理階段的重要性，在往後的精神分析理論中，被越來越強調兒童所經驗到的客體關係的本質覆蓋。

然而，肛門階段與強調控制客體與擁有客體——「母親（如果她是客體的話）是屬於我的，並應照我所願行事」——有效地結合。佛洛伊德的陽具階段特別強調展示和表演，也就是客體的功用是欽佩或是自慚形穢。根據古典理論，隨著伊底帕斯情結到來，生殖器階段意味著超越這些控制、有支配欲的態度，建立出愛客體、關心客體，以及承認客體的獨立自主的能力。

拉岡對伊底帕斯情結和象徵秩序的描述，在我看來，引入了過多的控制、支配和所有權等元素，根據上一段所描述的古典理論，這些元素在經歷肛門和陽具階段時，理應在很大程度上被取代。當然，這呼應著一些習俗，例如：預設妻子要冠上夫姓，以及在基督教的婚禮儀式中所體現的態度：「是誰將女兒出嫁？」這是給她原生家庭中一名男性成員的提問。在我們當前的文化中存在著這些基礎的肛門元素，並不代表，對象徵秩序來說，它們是不可或缺、而且是必要的。露絲・薩爾瓦吉歐（Ruth Salvaggio, 1990）提出，事實上，拉岡努力找尋一種方式，讓讀者與所研讀的文本產生連結，讓男性與女性產生連結，這顛覆了她們應該被「掌握」的想法。在拉岡的象徵秩序中的陽具，是屬於陽具階段的，與征服有關。它應有別於有生殖力的男性生殖器，也就是在克萊恩的描述裡，那個被兒童視為滿足和修復母親、並給予她孩子的器官。

在父親的女兒和母親的女兒之間有太多的爭辯，似乎導向了生殖器競爭的方向。「我的生殖器才是真正重要的那個，你的不存在，或是，儘管在後期很重要，但只是一份為時已晚且不穩定的認可。」這是陽具階段的態度。性別差異，似乎與建立一種相對於另一方的性別有關，也就是它有著真正重要性的生殖器。拉岡和佛洛伊德都邊緣化了女性。喬多羅反轉了佛洛伊德過度著重在陰莖上的不平衡，然而，在過程中也邊緣化了男性。

262

父親的女兒和母親的女兒的第二個共同點是，傾向於忽略母親的性。母親的女兒讚頌著女孩從母親那兒獲得的身分認同，強大且有自信，但是她們沒有探討這種幸福的身分認同在性方面確切的意涵。為了認同母親，無可避免地必須面對現實，也就是成為一位母親，意味著做一個男人（起初是父親）的性伴侶，而這帶來了雙重的競爭感。承認，成為母親必然與父親有性關係，立即將一份覺悟擺在女孩面前，也就是母親有著一段有次序的關係，而孩子是被排除在外的。女兒感到被排除，並且與父親競爭，但依循對母親認同的程度，她也成為母親的對手。為了和母親一樣，無論當前母親和父親的關係如何，都會使女孩和母親在性方面競爭。認識到母親的性，帶來更進一步的矛盾情感，如果她與父親有性關係，產生一個嬰兒，他們可以生產更多嬰兒，而這會翻攪出多重競爭，要對抗父母親做到這點的能力，還要擔憂嬰兒對手降臨。許多對女性的蔑視並不來自於男性，而是來自那些永遠無法原諒母親的性的女兒，她們有意識或無意識地贊同將這種卑鄙的傢伙邊緣化。

弗利格的第三組分類是浪蕩的女兒，即那些擺脫了舊話語的束縛、並帶入新替代觀點的男女平權主義者。弗利格沒有想到的是，一位同時是母親和父親的女兒、一對父母配偶的女兒的男女平權主義者的這個可能性，這是奇怪而明顯的遺漏。在如此多的男女平權主義論述中，性別之間相互爭奪優勢和權力，他們鮮少在性交時相聚，取悅自己和彼此，並且生產嬰兒。在性發展的理論家之間，我們是否重演了對於父母性行為之重要性的共有阻抗？

佛洛伊德對伊底帕斯情結的描述，強調了兒童對父母親的性競爭，特別是對同性的父母。男孩將父親禁止其亂倫的願望，看成了閹割的威脅，使得他放棄這些願望，接受伊底帕斯現實，並且內化父親的禁令。此觀點連同拉岡的觀點，著重於孩子的性願望和父親的禁制。

克萊恩取向的分析師，在論伊底帕斯情結的本質時，將重點放在它處。孩子必須接受的，主要不是禁制他的亂倫願望，而是在父母的性關係中他所處的位置，是這份現實。查瑟蓋-斯米格爾將其概念化為：接受性別之間的差異和世代之間的差異。

263 羅納德・布里頓（Ronald Britton）在他的論文〈失落的連結：伊底帕斯情結中父母的性〉（The missing link: parental sexuality in the Oedipus complex, 1989）中，描述了為何兒童必須放棄對客體的自大全能控制（透過投射認同），才能哀悼失去這種控制關係，並且接受他的父母與彼此擁有關係，一段他不能參與的關係。如果他能如此轉變，就能內化思考的能力，這種思考能力奠基在他與有創造力的父母配偶是獨立分離、但又是有連結的。克萊恩學派強調憂鬱心理位置和伊底帕斯情結之間的連結。偏執分裂心理位置的機制，特別是為了控制客體和否認分離而使用的投射性認同（projective identification），必須被放棄，並且接受與客體分離，包括：母親和父親的關係。

漢娜・西格爾（Hanna Segal）在她的討論象徵形成的論文（1957）中，強調投射性認同如何干擾象徵性思考。她認為，象徵性思考需要涉入三方的自主權：象徵者、被象徵的對象、象徵符號。在有投射性認同的地方，這些類別的自主與獨立都會被投射性認同滲透，造成的結果是僵化的思考，混淆了象徵符號和所象徵物，這是精神病症的特徵。孩子必須接受他的雙親有著分離且獨立的性關係，這是為了幫助他有自己思考的能力、三方關係的活動，並擁有自己的性潛能。象徵符號的使用者為了能夠思考，必須允許象徵符號和所象徵物之間的創造性結合是自主的。同樣的，孩子必須允許父母親之間有著自主且有創造力的性交，這是為了內化與幫助他在自己的性生活中擁有這種能力。

克萊恩和拉岡都同意象徵秩序（the Symbolic Order）的重要性，也都同意父親和他的陰莖被視為在母親和兒子之間插入了限制。這一幕，往往會在父母親的床上上演。孩子想要留在父母親的床上，防止、否認父母親的性交，以及新生兒出現的可能。父親經常被看成是介入者，必須把孩子放到獨立的房間，以主張父母性交的獨立性與現實性。孩子會體驗到難以忍受的被排除感和失落，但這給了他一個擁有自己的空間、心智和性的機會。父親，作為三角形中的第三方，挑戰著這個能纏住母親與孩子的投射系統。在克萊恩的理論中，父親這麼做並不是為了樹立自己的威嚴，而是為了捍衛女人和男人的關係，保有創造的可能，這理應如同漢娜・西格爾看待象徵形成的三元素那般，不受相互控制與支配所擾。伊底帕斯情結對女人來說並非壞消息，反而是一種機會，不僅是自主權，也是和男人的性關係，帶著尊重、有創造性地運用這段關係裡的差異。

克萊恩學派和拉岡學派共享的觀點是，伊底帕斯情結是一個心理上和解的節點，我們每個人如何度過這個節點，或是沒處理好這個議題，都對我們的性有著最深遠的影響；也會對我們是否能夠使用我們的心智、思考的能力和使用象徵符號（包括文字）造成最深遠的影響。克萊恩學派和拉岡學派也主張，這種轉變在某個程度上帶有巨大的失落感、停頓，為了加入使用語言和符號 264

來表達的世界，這種轉變是必要的，卻也讓人主觀覺得受到剝奪，並且在這個新的（且有時很糟糕的）世界裡覺得有所欠缺、不足。就克萊恩學派而言，這種轉變包括了放棄透過投射性認同而全能自大的控制客體的幻想，並且接受分離獨立。回過頭來，分離又牽涉了被客體的其他關係，特別是原初場景排除的痛苦。以投射性認同來全能控制的幻想破滅了，幻想破滅才是真正的「閹割的實現」。

我將藉由一位力求維持對分析師的理想化認同的患者，來說明這種幻想，將她必須活在對父親的陰莖或母親的身體投射性認同的方式，轉移到分析師身上。然而，這種理想化的認同帶有對分析師極強的嚴苛控制，並且在分析師實際執行療程時，無法忍受任何意料之外的事，哪怕只是芝麻般的小出入。患者侵入分析師、施行暴政，反過來，患者的心智也被和分析師有關的反芻思想接管、施行暴政。除了分析師和她控制分析師的需求有多確切之外，她的心裡沒什麼餘地容納任何東西，這使得象徵性的理解很容易就變成毫無意義。在外在現實世界裡，她請建築公司來修復房子，但是她需要掌控房子，而建築工也確實瘋狂地威脅她。房子象徵著母親的身體，透過投射性認同，患者在裡頭生活，而建築工的到來促使她意識到，要讓房子為她所用，她必須允許父母之間性交，而這卻是她控制不了的。在心理上，她必須將房子作為一座需要修復的建築，與由她支配的母親身體，這兩者之間生硬的等同給區分開來。當她放棄侵佔分析師體內的全能自大幻想，以及控制她理想化的分析師時，迎面而來的是深深的孤寂感，這讓她嘆息，現在她的分析師只不過是她的分析師而已。要讓房子變成一個家，是需要建築工或是分析師的，而且這個人的想法儘管不受她的控制，卻能夠幫助她（比如當她的分析師），這些可能性，在這個階段，似乎是非常可疑的補償。

這是克萊恩學派下的一種記述方式，記述了患者如何在伊底帕斯現實與象徵秩序的過渡階段與內在的缺乏感搏鬥。承認父親和母親的關係，也就是建築工必須能夠進入房屋，是此一停頓的核心（稱其為停頓〔caesura〕，譯註：為剖腹產手術的字根），意指產科醫師父親的暴力介入，從母親體內取出小孩，從而拯救了她們倆。克萊恩學派與拉岡學派分歧之處在於，這種轉 265 變是否由父親的角色對嬰兒般原始的自大全能設限所引起，是否會使女性長遠地處於劣勢，使她們成為男性意謂（signification）世界裡的「客體」。克萊恩學派的觀點認為，必須根本上接受的並非父親的限制權，而是現實中我們獨立於客體之外，卻又仰賴這個我們無法掌控的客體，不得不承認我們的父母有著獨立的性交關係。佛洛伊德寫道，在伊底帕斯情結之後：內化父母是超我（superego）的核心。克萊恩學派則強調這些內在父母之間的關係的本質，作為男人和女人，他們被允許享受彼此。是接受或回復父母配對，而不僅只是父親的權威這一點，標誌著痛苦地誕生的心智現實與象徵秩序。沒有任何內在的理由，必須將父母的性交貼上男人是主體、女人是客體的標籤，除非孩子仍然在他／她未分離的、對陽具的投射性認同裡，從而仍在尋求對母親的控制。

參考文獻

Britton, R. (1989) 'The missing link: parental sexuality in the Oedipus complex', in *The Oedipus Complex Today*, London: Karnac Books.
Chasseguet-Smirgel, J. (1976) 'Freud and female sexuality', *Int. J. Psychoanal.* 57: 275–286.
Chodorow, N.J. (1989) *Feminism and Psycho-Analytic Theory*, London: Polity Press.
Flieger, J.A. (1990) 'The female subject: (what) does women want?', in *Psycho-Analysis and . . .*, eds R. Feldstein and H. Sussman, London: Routledge.
Freud, S. (1919) 'A child is being beaten', *S.E.* 17: 179–204.
—— (1923) 'The infantile genital organisation: an interpolation into the theory of sexuality', *S.E.* 19: 141–148.
—— (1931) 'Female sexuality', *S.E.* 21: 225–243.
Gallop, J. (1990) 'Why does Freud giggle when the women leave the room?' in *Psycho-Analysis and . . .*, eds R. Feldstein and H. Sussman, London: Routledge.
Klein, M. (1928) 'Early stage of the Oedipal complex', in *The Writings of Melanie Klein*, vol. 1, London: Hogarth, 1976.
—— (1945) 'The Oedipus complex in the light of early anxieties', in *The Writings of Melanie Klein*, vol. 1, London: Hogarth, 1975.
Salvaggio, R. (1990) 'Psychoanalysis and deconstruction and women', in *Psycho-Analysis and . . .*, eds R. Feldstein and H. Sussman, London: Routledge.
Segal, H. (1957) 'Notes on symbol formations', *Int. J. Psychoanal.* 38: 390–395.
Temperley, J. (1984) 'Our own worst enemies: unconscious factors in female disadvantage', pilot edition of *Free Associations*, pp. 23–38.

【第十五章】受虐與學習障礙女性患者在心理治療中的性別相關議題

266

薇樂莉・西納森（Valerie Sinason）
詩人、作家、精神分析師與心理治療師

「於是她說：我賭你會隨他人而去，只因她有雙腿！」——摘自黛比・羅素（Debbie Russell）〈藍色美人魚〉，收錄於《不知名女性故事集》（*Unknown Women*, eds Jenny Sprince and Barbara Stepha, 1987），「伊斯林頓・艾佛莉妲・瑞斯伯恩女性學習障礙計劃」（Islington Elfrida Rathbon Project Women with Learning Difficulties）[1]。

本章旨在探討女性分析師和女性學習障礙個案的精神分析式心理治療之中，關鍵的性別議題。首先是陰道和子宮的創世神話和象徵符號表徵，這些有助或有礙性心理發展的因素，都會在與一位正常女孩的工作中探索，這是為了點出患有學習障礙[2]的女性必須額外承受的發展任務。透過女孩和女人的個別或團體心理

1　編註：伊斯林頓・艾佛莉妲・瑞斯伯恩（Islington Elfrida Rathbon）是一所位於倫敦伊斯林頓的慈善機構，現改名為「艾佛莉妲協會」（The Elfrida Society），旨在幫助有學習困難的成年人和青年人。

2　原註：語言註解：「學習障礙」一詞目前用於幾年前稱為「心智障礙」或稍早一些的「智能障礙」。這些名詞每幾年就會再用委婉的心理語言學歷程修改一次，以避免差異造成的痛苦。在本文中，較早期的名詞「殘障」有時用來象徵各種不同的障礙中包羅萬象的本質。（本註釋原文頁碼為 279）

治療，探索生殖器表徵、自慰、性交的概念、懷孕和分娩等主題。

導言

在英國，學習障礙兒童與成人的個別或團體精神分析式心理治療，直至近十年才確立為一種治療方式（1993b）。一開始，這種治療被認為需要很高的智力和語言能力。然而，倫敦的塔維斯托克診所和聖喬治醫學院發現，情商和想要理解的願望才是這種治療不可或缺的條件。或許不令人意外地，這些先鋒主要都是在兒童領域受過訓練的精神分析取向心理治療師和精神科醫師，他們習於理解非語言的溝通。這類治療的關鍵議題，是將不可逆的器質性障礙所帶來的影響，與我所謂的（1993b）次級障礙區分開來，次級障礙令人疲憊的防衛式缺損被放大，為的是抵禦差異帶來的羞辱感。儘管療程的長度和分析式的態度，和其他患者的工作相較並無不同，但在這類治療中會出現某些共同的主題，包括：與失能相關的痛苦、羞恥和失落，以及對於正常者（包括創造他們的父母）的嫉羨和仇恨、額外的依賴需求。

267

本章中，我將描述受虐和學習失能（障礙）的女孩與女人的精神分析取向心理治療，以及被證實與性別有關的特定議題，例如：身體表徵、性和生殖。首先，我將勾勒出所有器質性障礙的患者皆會遭遇到的痛苦的性困境。無論是在幻想或是現實中，她們認為自己是具破壞性的性交的產物，而這影響了她們的伊底帕斯追求。接著，我將聚焦在出現在女性患者身上的特定的身體議題。

殘廢的作品

在迪倫・托馬斯（Dylan Thomas）的詩〈公園裡的痀僂者〉中，他動人地想像了一位被訕笑的痀僂者，試著藉由白日夢，想像自己擁有一位身體正常的女性的伴侶，以補償自己的不足。文學作品充斥了這類遭到遺棄、卻又懷抱希望的人物，透過不受同樣困難所苦的性伴侶，追尋完整性和治癒，其中，與生俱來的生理和依賴需求不言自明。若是找到的伴侶有著相似的情緒、生理缺陷或障礙，將對後代造成影響。然而，當男性塑造這位自他的肋骨（或他的審美觀）打造、思慕已久的女性，並成為她的創造者時，女性的畢馬龍（Pygmalion）卻是罕見。當神仙教母，一位相對較好、不嫉妒的母親，允許灰姑娘能有性生活（但只到午夜），和國王與王后告訴前生殖器階段的王子他必須有性生活，一場舞會就是王子執行陽具行動，有「膽量」尋找自己的選擇。

公主、鄉下女孩、平凡女性在面臨這類選擇時所採取的行動，往往被描繪成活躍的陽具女性，試圖閹割或斬首（經常如亞特蘭大神話般，透過父親的行動，以否認、投射的方式）無能或愚蠢的追求者。靜止時，可以把她們看做強大的卵子，只為了等待最適合自己的精子，早料到會看著其餘的死去。

一如神話描繪的那樣，伊底帕斯問題的普遍性，表明了要允許平等的生殖合作關係是困難的。手和生殖器形成了一種早期的全能自慰合作關係，十分重要地提供了對性交的前置概念，但若沒有更進一步的性心理發展，在認知他人的需求時就會遭遇困難。心理歷史上，生命源自於孤雌生殖。這種狀況下，單親男性全能造物者的最高地位，成為了最終的西方形象。

如果生理和心理皆正常的族群都很難去想像，或很難在神話裡銘記一對平等相愛的父母配偶，那麼學習障礙者的伊底帕斯幻想和追求又會如何發生，尤其是有障礙的女性？當所有的女孩和男孩努力理解他們由何而來，這些帶著生理或心理障礙而生的孩子所面臨的任務比一般的孩子更加艱鉅。然而，障礙男性經常透過投射到女性身上，拒絕她們，以否認自身的缺陷。「為什麼我要跟別的男人挑剩的人出去？」一位孤獨、自我厭惡的男性這麼問。於是，未經治療的女性只能將不受歡迎的障礙部位投射到兩個地方，一是透過自殘投射到自己的身體上，另一是投射到她的孩子身上。在移情中，女性治療師將無可避免地成為前伊底帕斯階段的殲滅母親，一個渴望摧毀她受損的嬰兒，同時是有障礙的治療師，無法修復她自己，更別提幫助患者了。

268

悲憐上帝的兒女

電影《悲憐上帝的兒女》（一部關於聾啞人士的影片），淒美地使人想起身患殘疾的生殖父母人物的一個面向：一位劣等、次級的單親造物者，以自身的殘疾意象為本造人。迦梨（Kali，譯註：印度教濕婆神之妻的化身），毀滅女神，性和死亡，或是歐里畢得斯（Euripides）的女祭司母親（阿高厄〔Agave〕把兒子彭透斯〔Pentheus〕看成只是一頭野生動物，並且肢解了她的兒子），引出了女性不受歡迎的一面，弒嬰的母親，透過自身對寶寶的謀殺式攻擊創造了損毀的寶寶或是殺掉／毀壞她的正常寶寶。如果能夠承受看見父母配偶的話，這對配偶會成為殺戮之神，或是過渡性的低種性之神。

無論失能或障礙的本質為何，患者皆遇相似的困境。他們必須應付一個基本的狀況，一個現實，也就是他們無法治癒或是改變，確實，人體是命運的重要元素。他們也曾想像為何自己會遭遇此境況。幾乎所有曾和我工作的此類患者都有過這種幻想，要不就是父母性交的破壞性行動，要不就是他們在子宮內的暴力造成了殘疾（Sinason, 1993b）。某些案例存在著「紀實小說」，也就是對產程創傷的真實知識和母親自身的幻想扭曲，以及與孩子自身獨特的創作混合交織，例如：八歲的安琪拉說，她患有腦性麻痺是因為「我在媽媽肚子裡的時候踢媽媽，踢得太大力了，弄斷了我的腳跟手。」懷胎故事中，母親懷著會踢人的暴力胎兒，結合了真正的產程創傷，治療中花了很長的時間才解開安琪拉的幻想。患有唐氏症的八歲安德烈說：「我有這張臉，因為爹地在我出生前，把我好好的那張臉打破了。」在這個幻想中，兩個人在一起製造出一場災難，這使得思考連結更加痛苦，也阻礙了伊底帕斯搏鬥。

儘管我們能輕易地在患者、同事和我們自己身上看見對連結的攻擊，思量生理的起源和心理起源是很關鍵的。對某些患者來說，這些於內、於外展開的攻擊，和他們的身心參與、願望或許可並沒有關係。這些「內在的故事」（Raphael-Leff, 1995）269 涉及子宮內創傷、染色體異常、產程創傷、缺氧、子宮內腦傷、產前暴力誘發之精神障礙（VIMH, violence-induced mental handicap）、營養不良、胚胎中毒。如同費倫奇（1928）評述的那樣：

> 在胚胎發育的早期階段，一個細小的傷口，或許只

是一個針孔大小，不僅會造成嚴重的變動，甚至可能完全阻礙身體完整四肢的發展，這就像假使房間裡只有一跟蠟燭，你把手靠近蠟燭，那麼半個房間都會為陰影所籠罩。所以，如果生命之初，你對孩子造成一點點傷害，卻可能使他的一生蒙上陰影。

布里頓（Britton, 1993）說明了正常兒童的正常伊底帕斯情結發展。他解釋，伊底帕斯神話有一個悲劇般的幻想，也就是父母親睡在一起時，嬰兒伊底帕斯被丟下自生自滅，因而銘刻在伊底帕斯的母親將他留在山腰睡覺的那一幕之中。至於身心障礙兒童，我們必須考量潛意識幻想與現實之間令人混淆的交疊。

例如：一些有嚴重癲癇和學習障礙的孩子會睡在父母的臥房中，因為害怕他們在夜裡死亡的恐懼太過強烈。這種恐懼可能同時是現實，和／或一種對抗希望孩子死掉的反向作用。遺棄患有身心障礙的伊底帕斯（兒子或女兒）的願望是如此強烈，為了避免謀殺，必須確保他／她留在三角關係中。在一些狀況，孩子的功能幾乎像是保險套，確保有性繁殖力的父母保持距離。若是父母親沒有修通面對孩子的障礙時的原始的性罪疚，他們自身的幻想會投射到現實中的孩子身上，於是孩子會視自己為受到污染的避孕藥。

對某些患者來說，破壞性的性交這個主題各有不同的強調重點。他們身處錯誤之地、父母床上、子宮裡，由於性方面的倒錯，因此理應被殺死、遺棄，或移置充滿敵意的環境。他們的障礙本身被視為一種性倒錯狀態，會污染宿主的身體（母親），並帶來憤怒的復仇陰莖。這種狀況下的男女會將精液稱為「膿」，將陰道分泌物稱為「黏液」。

害怕待在錯的地方的肇因，可能出於無人渴望。當母親眼裡的鏡映訴說著你不是個受歡迎的美麗寶寶，而是令人厭惡的東西，在這世上你便失去你的位置、你的情緒正當性。帶著厭惡的眼神，看著失能的嬰兒與孩子，而後潛意識幻想中，在子宮內的迫害之眼被看見。許多身心障礙的兒童和成人認為，他們是來自內化進來的敵意凝視的異客。在圍繞此潛意識幻想開展進入工作之前，需要先承認被凝視的事實。從艾格・勞佛（Egle Laufer, 1993）論青春期晚期的身體意象的著作可看到，將理想化的前青春期意象和後青春期意象整合起來的這項任務有多麼困難。而當障礙存在時，這項任務就更加困難了。 270

我也留意到過去幾年世界各處的痛苦事件，患有障礙的孩子確實因嚴重的癲癇發作死在孤絕的「山腰」。不是只發生在古希臘，而是此刻，世界各處的醫院和家庭之中，患有障礙的孩子們被遺棄了。更令人心酸的是，患有障礙的孩子們，在準確地搜羅真正的死亡願望的能力上無與倫比。貝特爾海姆（Bettelheim, p. 110）在分析詩人保羅・策蘭（Paul Celan）影響深遠的詩作〈死亡賦格〉時，特別對這兩句「破曉的黑乳，我們在夜裡飲之／我們在晌午飲之，死亡是來自德國的大師」評述：

> 當一個人被迫喝下黑奶，從破曉到薄暮，無論是在德國納粹的死亡集中營，還是躺在一個或許豪華的搖籃中，不過是臣服於一位看似盡責的母親的死亡願望底下，無論是哪種情境，有生命的靈魂都將為主人而死。

無論是理論或是臨床工作，意識到對具有謀殺慾的母親感到恐懼，既有現實基礎、亦有潛意識幻想基礎，這一點是很重要的。對身心障礙女孩來說，這尤為困難，因為和所有的女性一樣，她們和母親的連結持續最久，帶著她最恐懼的被遺棄的擔憂，面對不可能的選項。她還必須在身體層次上認同母親，也就是作為女性，同時努力實現個體化（Pines, 1982）。正如一位遭父親遺棄與母親虐待的六歲多重障礙兒說的：「這就像娃娃裡的娃娃，她們想出來，但是如果這麼做的話，她們就不會在媽咪的肚子裡，就會沒有媽咪了。」（Sinason, 1989, p. 43）。這位孩子知曉，與其面對母親的仇恨，不如不要出世，留在共生般連結的幻象中，相對安全一些。

現在，我想看一份臨床摘錄，關於一位沒有障礙的四歲女孩，她是一位受歡迎、被疼愛的女兒。這提供了背景脈絡，讓我們細思學障女孩的困境。

正常的陰道

珍妮特，四歲，她一手抱著媽媽，另一手驕傲地提著一個大提袋，來到診療室。進到房間坐下後，她小心地從袋子裡拿出一個大盒子。那氣氛，就像一場盛大的揭幕儀式。她展示的是一個珠寶盒。用粉色絲絨包覆著。她謹慎地撫摸絲絨。當她打開蓋子那一刻，音樂響起，小芭蕾舞伶身著粉色絲絨舞衣，踏著腳尖旋轉。盒子前方有兩個小抽屜，裡頭是珠子、項鍊和手鍊。珍妮特小心翼翼地把它們拿出來。「它們真美，不是嗎！」她低語，「它們是我的寶藏。」她非常小心地將它們收起，小心地關上抽屜，撫摸舞伶身上粉色的蓬裙，然後蓋上蓋子。「這是我的，」271 她說，突然又焦慮又憤怒，「妳不能玩。妳自己有！」「珍妮特！」母親困窘地叫她。

珍妮特，一位被疼愛的四歲女孩，能夠用如此具象的方式表達出她的內在女性空間，她的陰道。儘管她最恐懼的是母親或女性治療師會入侵她的身體內部（Klein, 1921），以報復她的潛意識幻想，但她仍能夠享受她的女性身分。她的母親的性格並不嫉羨，且珍妮特也是受父母期盼的女寶。在相對較短的時間裡，母親和女兒之間的張力能夠被充分理解，使得改變得以發生。

珍妮特對漂亮的粉色地方有著概念，那兒是柔軟、絲絨般的，視覺和觸覺上都很吸引人，並且有內在空間容納美麗的事物，亦即寶藏。她也對我，她的治療師，有概念，作為女性，有著相似的珠寶盒和內在寶藏。佛洛伊德（1900, 1913）認為寶箱、盒子、箱子，或是籃子都是象徵「女性本質的符號」。

儘管關於這類明顯的正向陰道表徵，還有許多複雜的議題值得深思，我將這個例子放在心中，與非常不同的負面表徵對照，這類表徵是我和遭受性虐和學習障礙的女孩和女性工作時會遇到的。

在審視過去十四年來，所有與身心障礙女性患者工作的紀錄時，最令人擔憂的發現是，僅有兩位女性能夠使用比喻或符號來代表她們的身體。缺乏比喻或表徵的現象幾乎無所不在，以行動演出的需求也是無所不在。

有障礙的陰道：吉兒

吉兒（化名），十歲，患有唐氏症和嚴重的學習障礙。因在學校和家裡皆強迫般地公開自慰和拔毛，而受轉介前來接受心理治療評估。行為治療、社交技巧課程和性教育課程都沒能帶來任何改變，於是有了性受虐的擔憂。

初次會談，我還沒來得及自我介紹，她就把自己丟到我對面的沙發上，雙腿張開，一手拉開校服短褲，另一手野蠻地開始陰道自慰。她的陰毛開始長出，乳房也顯然發育了。困難重重地，我介紹我自己。我的言語並未影響她的行為，然而她的眼神停留在我身上。我問：「我在想，為什麼妳想要我看看妳雙腿之間，這個地方？」聽見我聲音裡的好奇，吉兒覺得她也能夠有好奇心，饒富興致地看著我，自慰也顯得較不強迫。「這個部分的妳，在醫學上的名詞是陰道，但是人們有很多種不同的說法」，我繼續說。隨著越來越多好奇寫在她的臉上，我繼續說：「我在想，會不會妳想讓我看妳的陰道，是因為它讓妳有奇怪的感覺，妳不確定那是什麼，或者讓妳想到奇怪的畫面，或者妳在想它和我的是不是一樣。」

272

突然之間，她停止自慰，在她的位置上筆直坐起，帶著極度擔憂和聰慧的神情問到：「我的『道』有得唐氏症嗎？」

在我整理思路的同時，房間短暫地停電。接著，我說：「真是個好問題。如果妳的臉因為唐氏症而長得不一樣，那要怎麼知道妳的陰道有沒有這樣呢？」

和多數人一樣，身心障礙男孩，如果未失明，就能夠看到他們的陰莖，女孩則無法直接看到自己的陰道（Bernstein, 1993）。

「除了看不到之外，她也無法完全觸摸到她自己的生殖器。」

我告訴吉兒，儘管她的臉看來有些不同，她的陰道卻是與其他人相同的。有時，需要一個直接了當的教育性見解。在潛意識幻想有自己的生命時，這種現實的意見並不會侵擾，反而能在因為缺乏教育而造成潛意識幻想的狀況下，迅速處理。

吉兒有些不自在地在衣服上擦了擦手，又在因拔髮而稀落的頭髮上擦一擦。我為她感到難過。我說，她不知該如何安置這股濕黏，現在她知道所有的女孩和女人都有這個東西，不是只有唐氏症女孩才有。

我輕聲地補充，她的陰道上面有毛髮，這是所有的女孩和女人都會有的，只是要等到比較大了才會有。她扶著椅把，說：「我的姐姐沒有，她十一歲了。」我說，所以她可以在一些事情上快過姐姐。她突然咧嘴一笑。接著，她看起來很害怕，往下看了她的胸部、又看了看我的，然後，開始扯頭髮。

我說，她很高興成為女人，或許也很高興有乳房。但是接著，她害怕我是善妒的女人，不想讓她有和我一樣、或是比我大的乳房，擔心我會把它們偷走。於是，當她看向胸部，看到乳房還在，也許更怕我會氣她把我想成小偷，所以她才打自己。

吉兒全神貫注、仔細地聽著，鬆了口氣。我說完後，她愉快地笑了。接著，她在衣服上擦了擦手，試著擦去頭髮上幾塊潮濕之處。振作起來之後，她轉向玩具。

她小心地拾起兩個娃娃，一男一女，讓他們親吻。她緊握著他們，小心地用各種角度打量這個吻。我說，她真的想要知道親吻是怎麼一回事。她同意。我說，或許她想見證爸爸媽媽創造她的那一刻，是怎麼想她的，也許她在想的是她的障礙是如何而 273

來。她點點頭。她撫摸著娃娃女孩的髮絲，甚至包括髮根。「錯了，」她說，「從根。」

我點頭，說追根究柢，從最開始，有個東西讓她得了唐氏症，但是也有東西從一開始，就讓她思索這些困難的事情，並且試著理解它們。

她放下娃娃，重新坐回椅子上。她緊扣雙手，像我一樣。她非常仔細地看我，眼神留在我的左手上，找尋婚戒的蹤影。接著，她一臉慌張，右手試探性地摸了摸頭髮。我說，她在看我的手，也許是想看看我有沒有婚戒，但是沒有看到，這讓她擔心我是不是有什麼問題，讓她覺得她必須攻擊自己的頭髮。

緊握著左手無名指，她緊張地說：「爹地不想娶我，因為我有唐氏症。」在和我工作的患者中，下出這種註解的，她是第一位，這讓我動容。

在〈摩西與一神教〉（1939）中，佛洛伊德描述了一種常見的兒童期幻想，孩子幻想自己是平民父母從皇家父母手上綁架過來的，然後由平民父母扶養長大！他認為，這類迷思建構，能幫助兒童適應他們對父母親不斷變化與幻滅的印象。對許多身心障礙的患者來說，重大的幻滅是不可行的，伊底帕斯願望同樣會受到阻礙。父親和治療師，在移情裡，仍是遙遠的神祇，小心翼翼地保持距離，以免投射出去的謀殺慾反彈回來。

在評估療程接近尾聲時，我注意到自己為了如何詮釋比較恰當感到掙扎。我意識到，她認為我和她一樣，沒有婚戒、身心障礙，這種投射帶著輕蔑。我也意識到，她能感覺到因與眾不同帶來的嚴重苦痛。

我說，時間差不多了，我們下週會再見，也許她覺得我因為她有唐氏症而不關心她，因為如果我真的關心的話，我會繼續見她更久的時間，比我和她的爸爸媽媽安排的時間還長。對此，她咧嘴一笑。我補充，或者反過來。她不確定我是不是夠好，如果我連婚戒都沒有的話。也許，我和她一樣都是身心障礙人士。她看起來很驚訝，但是接著點頭同意。於是，我說，時間到了，就在我打開門要帶她回等候室時，她饒富興致地看著我，接著哀傷地說：「妳有孩子，不是嗎？」

我發現，當一位身心障礙女性膽敢將我看成能生育的人物時，這一如既往的異常痛苦。層層的問題得拆解：生孩子的渴望，和生下障礙兒童的恐懼——這是患者不能承認的失能之處；希望女性治療師正常、並且有正常的孩子，但也有相反的願望。這種狀況下，我覺得詮釋她對我的負面情感，也就是作為另一個身心障礙者，能讓她自由地展現感激之情，感謝我曾照顧她，於是她能夠允許我有生殖的能力。

274

受虐的、有障礙的陰道

患有學習障礙的兒童和成人，極易遭受性和身體虐待（Sobsey et al.,1991）。正如我曾在他處（Sinason, 1993a）詳列出的，障礙原本就會帶來的影響，對依附過程的阻礙、依賴需求增加、害怕被殺、溝通困難，這些全兜在一起會使他們更加脆弱。

簡，十二歲時終於能說出：「爹地手棒。讓我的唐氏症好。」同時示範爸爸的手怎麼進入她的陰道，我們因而更了解。「如果爸爸的手不去妳的陰道，會怎麼樣呢？」漫長的沉默後，她開始搖晃、咬她的手。我說，想到這點似乎很痛苦。她開始尖叫，「殺了我！」接著，在椅子上蜷縮起來，看起來很怕我的樣子。「妳覺得我會殺了妳，因為妳和爸爸做的事情讓我很生氣。」

她開始掌摑自己。「爹地愛我，」她不停重複著。我說，她想要爸爸愛她，特別是當她害怕他的手不在她體內，會使得唐氏症惡化時。我補充，或許她害怕我會殺了她，因為她一直在跟爸爸做只有媽媽才能做的事情。

一直到治療很久以後，她搬到安全的寄養家庭之後，才能處理她對於我會殺了她的擔憂。當所有的受虐兒遭受威脅，如果他們敢說出來，就會面臨可怕的生理虐待時，身心障礙的孩子知道，人們想要殺了他們，於是威脅使得他們更加靜默了。她對我的害怕，不僅出於與虐待相關的伊底帕斯緣由。更痛苦的是，就像每位曾與我一同工作的身心障礙患者，她感受到社會上針對她的死亡願望，這讓女性治療師，成為摧毀一切的，無與倫比的前伊底帕斯殲滅母親。

有障礙的生殖：女性患者、女性治療師

作為一位與身心障礙成人女性工作的女性治療師，我個人在面臨墮胎和生殖議題時最感痛苦。無論智能水準如何，所有我治療過的女性都能從情感面來理解生理期、懷孕、墮胎和絕育。這個議題是心智雷區。身心障礙女性在電視上或電台聽著人們喋喋不休地討論妊娠終止。「因為我四十歲了，」一位著名的女演員這類節目上說，「我必須接受檢查，這樣的話，如果寶寶有狀況，我就可以終止妊娠。」我絕不是想爭論，生下一個不想要的

275

寶寶的後果有多可怕。然而，這樣的討論聽在成千的身心障礙人士耳裡，他們日復一日面臨社會對墮胎的渴求，卻沒有獲得足夠的關注，這點令人擔憂。

患者們知道他們「逃過一劫」，是因為沒有預約羊膜穿刺（amniocentesis，這可能是他們之中幾個人說得出來的最長一個單字），儘管希望他們死掉，但基於宗教信仰或是責任，才受虐式地忍耐著他們。甚至考慮懷孕和生產都意味著面臨內在死亡威脅的潛意識幻想與外在實現。胚胎，不論是真實或幻想出來，經常是患者自己，只是以孩子的樣貌呈現。

六年來，我召集了一個提供學習障礙成人的精神分析式團體治療，一週一次。每次會面持續一個半小時，遵循一般精神分析式團體治療的非指導性作法。頭三年，成員中有五位女性和兩位女性治療師。五位女性中有三位曾遭受強暴。接著，團體在一位男性協同治療師的參與下繼續，並納入三位男性個案，其中一位曾在童年受虐，繼而成為施虐者。

成人學習障礙團體

以下是第一年的主題，當年團體成員僅有女性，可以看出她們強力說明本章論述的主要性別議題。

第一次療程開始，洛克比空難、災難、墜毀、恐怖分子、害怕父母死亡。害怕生孩子、多麼痛苦、被取笑、在聲音的影響下暴力地與友人分道揚鑣、男人虐待兒童、男人毆打兒童、出庭、囚犯、自殺的實習生、既友善又聰明的手足和他們的孩子、害怕會自殺、骯髒的男人、噁心的廁所、美好的學障基金會

（mencap）假期、罹癌的父母、精神疾病的父母、虐人的照護人員、車禍、身體傷害、希特勒、墮胎、垂死的親戚、未實現的關係。

一開始，所有的對話都是在兩人之間，亦即團體成員對成員、和我，或我的協同治療師。經過了十二次療程，才出現了一系列並列的獨白，以下這個摘要呈現出為什麼任何親密接觸都是如此痛苦：

A：我有一隻很餓的狗，被殺死了。

B：我有一隻寵物，快失明了。

C：我的媽媽得了癌症。

D：當我還小的時候，我得去高等模範街醫院。（她的版本裡的高等奧蒙德街醫院。和許多身心障礙患者一樣，她喜歡住進普通醫院，就像其他因身體不適住院的人一樣。）

276

E：我有一隻小狗，被殺死了。

四十次療程之後，終於能夠談到子宮頸抹片檢查、羊膜穿刺、懷孕和婚姻等議題，恰好就在介紹男性協同治療師之前。看起來似乎是當我允許女人接觸到一位正常的男性，以這麼具體的方式，才讓她們能夠思考她們的性議題。

結果是，團體裡僅有一位女性曾接受過子宮頸抹片檢查。A運用了她的智慧，將約診排在她的生理期，使檢查無法進行。所有的女性都很害怕，又冷又硬的檢查儀器會是什麼感覺、有多麼不舒服。我們漸漸明瞭，既然生小孩是終極的禁忌，那麼把所有和性交有關的性想法都轉化成痛苦的東西，對她們來說會容易一些，這麼一來就能夠掩飾她們生殖的願望。

第四十次療程

B：我等一下要去家庭計劃中心，因為我必須停藥，改用別的方法，而且我不想犯錯。

A：我很高興妳要去家庭計劃中心，B，因為墮胎糟透了。我恨那個字。

B：我同意。

C：那很糟。

D：最糟的字是……是……

E：羊膜……

D：穿刺。

這該死的字，需要兩個人分擔。

我說，她們都強烈地覺得墮胎是不好的、羊膜穿刺是不好的，希望家庭都經過小心地計劃，或許她們擔心我邀請一位不受歡迎的團體成員來之後，新成員無法繼續待下來、夭折、讓團體覺得受挫。團體成員們皆點頭。我說，我們必須小心思量，什麼時候適合讓新成員加入。

本來，我想要接住這個議題，拉到對我的移情層次，也就是視我為糟糕的計劃者。我想了想，覺得那時還不適合提出她們對於我想殺了她們的擔憂。

於是，我提起了另一個議題。我說，我們團體還有另一個重要的主題，不僅是迴避有一個未經規劃的寶寶，而是思索誰可能想要有性關係、可能會想要或不想要生寶寶。

C、D和E明確表示她們很怕有寶寶，那會傷害她們的身體，她們也很怕抹片和性。想要寶寶的B說她不喜歡那個冰冷的金屬、進入她的身體採檢。A、C、D和E都說，她們絕對不會做抹片檢查，因為很痛。我說，相較於談論什麼讓人感覺美好，談論那些讓人疼痛的顯然容易多了。也許，我也變成了鐵石心腸的治療師，傷害了每個人的內心，不想讓她們之中的任何一人享受自己。

277

C：（緊張地）我喜歡接吻和愛撫，但是我覺得其他的事情嘛，妳知道的，會把我的裡面弄壞，而且我知道我永遠沒辦法養大一個孩子。我，永遠做不到。

D：如果我知道，如果我真的知道會有一個身心障礙嬰兒，像我這樣，我會選擇墮胎。

接著是一陣沉痛的靜默。我問為什麼，她簡單地回覆，她就是知道她不能把孩子照顧好，如果是有障礙的話就更難。E評論，接吻很噁心，這樣的話何必開始。我說，想到她們的感覺可能近似於，她們的媽媽在她們出生時感覺到的那樣，也就是想到必須看著一個有障礙的小嬰兒，就太痛苦了，她們寧願不要接吻這類的事情，這樣就不會製造寶寶。

接著，因為C想嘗試棉條，而有了關於棉條的討論。其他人很怕棉條，因為它會「進去」妳的身體，但是她們同時也很感興趣，事實證明，這種思考陰道裡的東西的方式，是她們願意嘗試的。

隨後，A 提起在福克蘭戰役中燒傷的士兵西蒙·韋斯頓這個話題，儘管他滿身傷疤，他的未婚妻還是嫁給他了。我說，團體覺得很有希望，儘管她們有障礙，還是值得被愛。也許，有一位男性治療師即將加入團體，感覺起來像一場戰爭，但是也讓她們覺得，我確實想讓她們自由地擁有成人的性，而不是把男人遠遠地隔開來。她們笑了，點頭稱是。

寶寶和女人：莫琳

在中度至重度學習障礙女性的團體中，我們可以見到性別議題的影響有多大。那麼，嚴重多重障礙的群體，也就是那些沒有語言、恰當的肢體動作、讀寫能力的團體，性別議題會如何出現，或者會出現嗎？

這是一份與二十四歲的嚴重多重障礙年輕女性（Sinason, 1993b）工作的療程片段。在她過世前，我每週和她工作一次，持續了六年。她沒有言語，僅有一些手勢，她戳瞎了自己一隻眼睛、大小便失禁，有受虐、遺棄和創傷的病史。這是治療兩年後的一次療程。

第八十五次療程

莫琳推著輪椅到桌邊，拿起一個男娃娃、一個女娃娃、一頭小牛和一個嬰兒。在我說出她對伴侶和嬰兒的感覺之前，她把它們丟開，拉起裙子，戳入自己的陰道，並在尿液和經血淌到地面上時，嚎啕大哭起來。 278

我感到非常難過，並說：「莫琳，這是妳的生理期，妳知道嗎？在妳見我的這幾個月，妳從來不想讓我知道妳的生理期是什麼時候。」她停止哭泣，擦乾眼淚，並看著我。我說，「也許瑪麗（主要工作者）休產假，讓妳想到妳的胃、生理期和寶寶是怎麼來的，還有妳能不能生一個？」她點點頭，接著哭了。她將輪椅推回桌邊，拿起一個小嬰兒娃娃、撫摸它的頭髮。她哭了，放下它。我說，「她覺得糟透了，像個被媽媽拋棄的寶寶，因為她的媽媽的確離開她了，現在她最喜歡的工作者也離開了；也像一個沒有寶寶的女人，因為寶寶知道她有障礙。」她眼神非常銳利地看著我，接著指了指嬰兒娃娃。我把娃娃遞給她。她把它放下，然後，她比畫一個音樂鐘，聆聽並且擁抱它。後來，她移動輪椅，看向窗戶外、又環顧房間，看著我，微笑。我說，「她很享受她的音樂、和我一起在這裡、能夠看得見、能夠畫畫，有時候這彌補了當不了有寶寶的媽媽，或是當一個有媽媽的寶寶的遺憾。」她點頭。

幾個月後，莫琳過世了。她的症狀複雜的程度，意味她的壽命會很短。她讓我看到，沒有語言、肢體和心智能力上皆很困難的狀況下，她能夠接受意義與洞見。我參加了她的喪禮。

結論

在治療的強大脈絡之下，治療師可能被看成各種性格、年齡、時代和性別。尋求治療的人經常被安慰，無論和他們一同開始療程的治療師是什麼性別、年齡，對他們來說，無論治療師是他或她，在他們的經驗裡都不會排除另一種性別。毫無疑問地，我們的心智能夠將無數種性格投射到出借給我們的過渡性空間上。然而，宣稱患者或治療師的性別在本質上沒有差異，那就進到自閉式的等同、否認差異的世界了。這並不是說性別相同或不同有優勢或劣勢，而是要點出這種差異。

患有學習障礙的患者中，許多人曾遭受虐待，其中存在著非常特定的性別議題。如果發展障礙阻礙了自主性和個體化時，女童對母親的額外依賴會加劇，會使她們更害怕被具毀滅性的母親遺棄。更痛苦的是，當她們真正意識到父母親的憂鬱、罪惡與憎恨，這些因孩子失能而有的情緒時，這份覺知會激化原始的、對潛伊底帕斯母親的恐懼，同時對性交會帶來傷害的感受，往往會阻礙孩子找到父親作為安全的客體。障礙使得同性認同更加困難，生存的孤獨感也更加強烈。

279

懷孕是痛苦的時刻，此時，不受歡迎的學習障礙成人會再次感知到其嬰兒時期的感受，並且透過成為無性者，努力對抗墮胎的心理意義。女性治療師必須協助患者面對這些痛苦的議題，無論是內在或外在，那麼成長才能發生。差異以障礙的形式現身，儘管是困難的主題，仍需要面對。

長期治療能夠有效地減輕症狀，包括：自傷、提高語言和情感能力、更有勇氣面對障礙的真正本質。

補述：撰寫這一章出乎意料地困難。最後，我才明白，作為這本書章節作者中唯一一位受訓分析師，我對我提供的內容產生了額外的認同。我是有障礙的那位，思路從這障礙的筆或心智中淌出！當我理解了這個歷程，我便能奮筆疾書。

參考文獻

Bettelheim, B. (1960) 'Owners of their faces', in *Surviving and Other Essays*, Part I, New York: Vintage Books, 1980.

Bernstein, D. (1993) 'Female genital anxieties', in *The Gender Condundrum*, ed. D. Birksted-Breen, London: Routledge.

Britton, R. (1993) 'The missing link: parental sexuality in the Oedipus complex', in *The Gender Conundrum*, ed. D. Breen, London: Routledge.

Celan, P. (1971) *Speech Grille and selected poems*, trans. J. Neugroschel, New York: E.P. Dutton.

Ferenczi, S. (1928) 'The adaptation of the family to the child', in *Sandor Ferenczi: Final Contributions to the Problems and Method of Psychoanalysis*, ed. E. Balint, London: Hogarth, 1955.

Freud, S. (1900) 'The interpretation of dreams' *SE* 5: 354.

—— (1913) 'The theme of three caskets' *SE* 12: 292

—— (1939) 'Moses and monotheism'

Klein, M. (1921) 'The development of a child', in *The Writings of Melanie Klein*, London: Hogarth.

Laufer, E. (1993) 'The female Oedipus complex and relationship to the body', in *Gender Conundrum*, ed. D. Birksted-Breen, London: Routledge.

Pines, D. (1982) 'The relevence of early psychic development to pregnancy and abortion', *Int. J. Psychoanal*. 63: 311.

Raphael-Leff, J. (1993) *Pregnancy: The Inside Story*, London: Sheldon.

Sinason, V. (1989) 'Sexual abuse in psychotherapeutic settings', in *Thinking the Unthinkable: Sexual Abuse and Learning Disabilities*, eds H. Brown and A. Craft, London: Family Planning Association.

—— (1993a) 'The special vulnerability of the handicapped child and adult with special reference to mental handicap', in *Bailliere's Clinical Paediatrics: Child Abuse*, eds C. Hobbs, and J. Wynne, London: Bailliere Tyndall, pp. 69–87.

—— (1993b) *Mental Handicap and the Human Condition: New Approaches from the Tavistock*, London: Free Association Books.

Sobsey, D., Grey, S., Wells, D., Pyper, D. and Reimer-Heck, B. (1991) *Disability, Sexuality and Abuse: An Annotated Bibliography*, Baltimore: Paul H. Brooks.

第四部

新的貢獻

【第四部】導言 283

羅辛・約瑟夫・佩雷伯格（Rosine Jozef Perelberg）
英國精神分析學會傑出會員、訓練分析師和前任主席

這是本書的最後一部，含括三份新的貢獻。

這三篇文章都是為了一場大型的研討會而撰，這場研討會是為了慶祝國際精神分析協會女性與精神分析委員會（the International Psychoanalytic Association's Committee on Women and Psychoanalysis, COWAP）創建十周年而辦，我們有一位是創建時的國際主席，另一位是英國聯絡人。

主題為「女性經驗——女性與女性工作」的研討會，洽逢本書新版上市日，二〇〇八年七月四日。包括一場在安娜・佛洛伊德中心舉辦的歡迎會，隨後芭比・安東尼斯（Barbie Antonis）和伊麗莎白・沃爾夫（Elizabeth Wolf）發表了她們的作品〈論獨立學派女性的貢獻〉（見本書十八章）。

在這場於倫敦大學舉辦的全日研討會後，瓊・拉斐爾-勒夫（Joan Raphael-Leff）介紹吉吉蘿拉・福納里・斯伯特（Gigliola Fornari Spoto），她發表第一篇文章〈再思梅蘭妮・克萊恩和女性的性〉（見十七章），接著是艾曼達・瓊斯（Amanda Jones，來自安娜佛洛伊德中心）在演講中，運用父母－嬰兒心理治療過程中攝下的互動場景，闡述她的演講主題〈無法愛孩子的母親〉。

下午由羅辛・約瑟夫・佩雷伯格開場介紹，接著是茱麗葉・

米切爾（Juliet Michell）的演講〈社會性別與性差異〉，並以瓊．沙赫特（Joan Schachter）的論文〈詞語之上——詞語之間：女性和女性的分析交會之難題〉（十六章）為研討會收尾。

這場研討會在佛洛伊德博物館、國際精神分析協會女性與精神分析委員會和安娜佛洛伊德中心的支持下才得以舉行。

以下是針對第四部新增的三篇章節與總結本書的後記的簡要介紹。

284

瓊．沙赫特呈現了兩位年輕女性的分析詳情，她們因未能順利克服青春期發展任務而前來求助的。這兩位個案皆有暴食症狀，作者針對這個症狀的理解是：「一股在飽脹與空虛之間重複的內在動力，她們藉此試圖控制底層的嬰兒期創傷來克服深深的孤獨與被遺棄感。」儘管沙赫特也強調兩位患者未竟的內攝歷程，以當代佛洛伊德視角，她指出她們在與母親的早期關係中經驗到的創傷，包括：身體化症狀和發展困難，皆干擾了她們的思考能力。兩位患者都認為，身體接觸造成極大的威脅、刺激和侵入。沙赫特認為，厭食和暴食皆反應出對身體內部，亦即身體開啟與閉合的焦慮，表達出對涵容與調節的母性客體不良的內攝性認同。沙赫特運用一些例子點出，在闡述意義的過程中，分析師對於自己反移情的理解有多麼重要。

吉吉蘿拉．福納里．斯伯特透徹地描繪了克萊恩的伊底帕斯和性發展模型，指出這兩者是以非線性的方式同時發生，並在偏執分裂位置與憂鬱心理位置之間不斷交替。這些複雜、不斷改變、多重的認同部分客體，本質上既是投射也是內攝，並且迫害較為整合且穩定的性認同。在她的章節中，福納里．斯伯特帶來了最生動的臨床案例，對這位罹患厭食與暴食的患者來說，性是羞恥與嫌惡的來源。作者令人信服地展示了，在分析中，患者如何從自給自足的、不育的雙性狀態，強勢佔有兩種性別的特質的狀態，移轉至較為整合的、內攝的能力，進而認同雙親的兩種性別。考慮到克萊恩學派的文獻鮮少探討性議題，福納里．斯伯特認為，或許和技術的變化有關，著重於部分客體與身體的潛意識幻想詮釋減少了，更強調詮釋移情裡「此時此刻」的焦慮與防衛。在這樣的脈絡下，傾向於把性視為具有防衛的性質。

本書的最後一章，芭比．安東尼斯和伊麗莎白．沃爾夫探究了獨立學派第一和第二代的女性分析師，為精神分析技術的理論帶來的貢獻。強調對個案和分析師雙方而言皆需認識情感佔有的核心地位，這份認識是發展互為主體性思考的關鍵的共通基礎。從艾拉．夏普的作品為起點，描繪出這些女性分析師的創新貢獻，安東尼斯和沃爾夫認為她描述出一種特殊的感受性，而這是獲得分析技術的基本特質。對患者的焦慮與恐懼，夏普有一種「直覺感」，並且有條不紊地探索她自身的感受與反移情（就像瑪莉詠．米爾納〔Marion Milner〕那樣），比起保拉．海曼（Paula Heimann）倡導用之為探問工具，早了幾十年。接著，該章節繼續細數瑪喬麗．布里斯利、艾莉絲．巴林、保拉．海曼、珀爾．金、妮娜．科爾塔特、瑪莉詠．米爾納和伊妮德．巴林等人，在診療室中複雜、互動交流之思考，在此一主題上各自的貢獻。[1]

285

我們認為在這本談論女性經驗的書中，保留位子給這些早期的女性先鋒非常重要，並且串起這八位女性分析師之工作的共同

1　編註：英文名依次為：Marjorie Brierley、Alice Balint、Paula Heimann、Pearl King、Nina Coltart、Marion Milner、Enid Blint。

主題，也是在這本書裡才首次勾勒出來。

最後，本書以瓊．拉斐爾-勒夫的後記闔上書扉，她細述了一些臨床與理論的複雜性，建構出她對於精神分析交流中參與者雙方相互影響的思考。儘管許多文獻圍繞著移情在多大程度上建立在分析師的「真實」特質上，但拉斐爾-勒夫假設，很多時候，分析師與患者的性別並非主動的特質，而是潛意識中具有影響力的提示，包括在感官和身體經驗之次級象徵上「具感染力的喚醒」。當主要照顧者為女性時，女性治療師的身體存在更有可能再度喚醒這些古早經驗的不同面向，儘管移情顯然也受到無性別刺激物而「啟動」。同樣地，許多分析師主張，無論分析師性別為何，或許都能體會到所有的移情元素。本書中，我們認為在某些情境下，同性別的治療配對或許有一些特定的優勢，這些優勢在本書結尾中詳細說明。

【第十六章】詞語之上——詞語之間 286

瓊・沙赫特（Joan Schachter）
英國精神分析學會的訓練和督導分析師

介紹

艾莉絲，一位因憂鬱和暴食症狀尋求精神分析式治療的年輕女性，她描述她在閱讀和學習方面的問題如下：

> 我的大腦就像一個圓圈，它是圓的，所以適合它的東西也必須是圓的，感覺起來，我的大腦就像個氣球，可是閱讀太尖銳了會戳破氣球，我的大腦，探出來，它繃緊氣球邊緣、凸出來，就是一個堅硬且尖銳的東西在裡頭戳來戳去，使它從四面八方凸出來。

艾莉絲用直接且生動的方式描述了分析中，她如何努力理解衝突與困境的核心面向。在這個章節中，我將呈現由兩位年輕女性患者的分析中擷取的片段，艾莉絲和羅莎因未能克服青春期發展任務而前來求助。她們發現自己在朝往獨立的成年期的進程中停滯了，掙扎著退化回令人羞愧的、對母親的依賴，在兩個案例中，父親皆缺席，無法減輕這種依賴。羅莎和艾莉絲一樣，暴食、連帶有處理人際關係的困難。兩人主要呈現出身體化焦慮，這在青春期變得特別明顯，儘管起源是與母親的早期關係。艾莉絲對她試著接受一些想法的描述：她的大腦／心智像顆氣球，而想法是痛苦入侵的棍子，說明缺少了精巧的心智結構，用來區別抽象思考與身體經驗的潛意識基礎已「崩潰」，因此，接受的歷程成為具體的、入侵身體的經驗。

我想探討的主題與發展的某些面向有關，對女性達成必要的內化和認同的能力非常重要，這是為了將女性身分認同打造成一個穩定的內在表徵，女性的身分認同是要有建立關係的能力、昇華的能力與享受性的愉悅的能力的。這些發展體現、也建立在早期與母親的前語言和感官關係中，在此關係中，將母親的涵容與調節功能內化，這是孩子能否與自己的情感和慾望、與自己的獨立心智和身體，形成安全的關係的重要因素。內攝最初發生於在口腔階段的納入，並延續到後來的肛門階段，成為兒童接收能力發展的前驅物（Freud, 1917）。在這些發展中，與生俱來的心智結構與建造一個正向欲力灌注的身體內部有關聯。正是在此基礎上，年輕女孩能夠著手並克服伊底帕斯處境。

287

我描述的患者在這段早期的關係中曾遭遇創傷，外來的創傷重重地影響了這段發展，例如：她們在心理層次上闡述和呈現她們經驗的能力被削弱了。顯明的後果是，在潛意識幻想中擔憂她們的身體，她們的身體總是被認為尚未與母親的身體充分地分化開來，充滿著危險的內容物，導致身體化症狀和發展問題，嚴重影響了她們發展出令人滿意的成人關係的能力。

艾莉絲

艾莉絲，是我多年前的個案，母親是法國人，父親是摩洛哥人，身為獨生女的她出生在狂暴的婚姻當中。關於童年早期，她所知的故事是，母親在她十二個月大時逃離丈夫，來到英國。她透過母親（沒有其他管道）認識了她的父親，一個令人噁心、害怕和被詆毀的對象。母親向艾莉絲表達，她是難民同時也是避難所，逃開整個世界，特別是男人和性關係的世界。艾莉絲發現外面的世界在許多方面都有問題，特別是和他人的關係，他們令她困惑、恐懼，將她推回子宮般的世界，亦即她那由電視和食物主宰的臥房。在分析的前幾個月，她透過談論她強迫般觀看的影片來呈現內在世界的元素，主要都是極度暴力的影片。她說話的模式，傳達出她使用電視為替代容器的需求，電視具有擺盪的功能，有時讓她放鬆，才能入眠，其他時候則透過她的眼睛接收暴力場景，讓她感到興奮、進入活力充沛的狀態。當她需要用影片來迴避可能經驗的孤獨和情感空虛所帶來的痛苦狀態時，則會吃進大量的食物填飽身體。

艾莉絲帶來的影片內容暴力，具體地傳達出施虐與受虐主宰著她的內在世界，不僅呈現在內容中，也出現在她和分析師這個人、與分析設置所產生關係的方式中。暴力影像強勢入侵她的心智，也入侵分析師的心智，這兩者反映出她的思考遭到身體感受入侵的原始本質，彼此之間無法充分地分化，無法以象徵達到思考的層次。她經常將這種心智狀態描述為「感覺就像裝滿屎」。這種動力也表達了與母親早期經驗中的元素，除非以暴力的身體方式，否則她無法與母親連結。 288

在療程中，艾莉絲用具象的（缺乏象徵的）方式表達與他人交流時的感受，接觸只會讓她變胖，這些歷程她完全無法控制。無可避免地在她的感覺裡，分析師強勢地想將想法強加給她，這讓她無法忍受，因此必須快點消除。艾莉絲表示，她的感受在飽脹感與空虛感之間劇烈交替，兩種感受都伴隨著強烈的破碎與毀滅的焦慮。若有片刻她能允許情感連結，很快地她會覺得噁心，這種接觸變得太具威脅性、興奮，而且是以身體化的方式入侵。在她試圖逃離母親時，這成了她唯一想得到的實現分離的途徑，她也被分析師（之內的）父親的面質，這位分析師父親在她的感覺裡以暴力、興奮的方式戳穿她，留下受損的她（Ogden, 1987）。

艾莉絲總是害怕我會突然遺棄她，並在她準備好離開之前結束治療，這種焦慮和她害怕被接管、入侵的心情交替出現，這也是葛拉瑟（1979）描述的複雜焦慮的核心。因此，最令人渴望的情境，也是最令人焦慮的。分析師必須感受、並於內在處理艾莉絲持續進行的、缺乏象徵的心智感受。這種心智轉化的工作，也就是在反移情中從生理感受、轉為情感經驗、再到思考，非常需要分析師有能力在自己心中維持一對正常運作的伴侶，這麼一來，艾莉絲才能開始習得一個屬於自己的、有界線的內在心智空間。

從某個角度來看，艾莉絲帶到診療室的難題是，尋找一個方式，可以與母親在心智上獨立分離，但又不會使她或母親受損或被摧毀的方式，然而顯然缺少了一位可以積極投注情感的父親支持她這麼做。因此，她努力學習、擴張她的心智宇宙、揣想一個能創造寶寶／新思惟的伴侶關係，卻又因此覺得非常危險。她用來描述閱讀和獲取知識的心理歷程的空間意象說明，在潛意識層次上，她的身體化焦慮主宰的程度，創造出一種令她恐懼的內在經驗，削弱了將身體經驗轉化為思考時必要的闡述與運用象徵的潛力（Shengold, 1985）。

在具有空間和時間維度的分析環境中，艾莉絲能夠表達她潛意識幻想裡的的願望和恐懼，亦即對於回到生活在母親身體中的幻覺，不必面對外在現實中的痛苦與挫折（包括伊底帕斯情境），但是代價則是走不出這懷舊的童年幻象，而這種幻覺實際上代表對發展中的自體的破壞性攻擊。

289

羅莎

羅莎是父母的第二個小孩、第一個女兒，她帶著生理障礙來到世上，那障礙會影響外表、進食和吞嚥能力。強褓和童年階段充滿了創傷事件：多次手術與分離，連結著極度無助與脆弱的經驗。羅莎這位削瘦的褐髮女郎，臉上有條淺淺的傷疤，在初次諮詢前幾分鐘到達，她匆匆地進到房間，焦躁地在分析師說任何話之前開始說話。儘管她能清楚地談論自己，卻必須讓自己遠離情感，因為顯然情感即將以排山倒海之勢而來。她描述，一旦發現別人靠近她，會讓她惱怒並受侵擾，甚且湧現非常暴躁的感覺。她似乎同時在場又不在場，滿盈又空洞。

在和另一位女性分析師工作十八個月後，羅莎從另一個城市搬了過來，表面原因是工作，但是我懷疑，在潛意識層次，她要逃避的是經驗到令人恐懼的、羞辱般的依賴。她談到，九歲和十七歲時的兩段治療沒幫到她，毫無疑問地，部分原因是她覺得被送去治療，是因為她是不正常、暴躁，讓母親難以承受。她無法談論最近一次的分析經驗，任何談到這件事的企圖，在她看來都是侵犯，更多是為了分析師的利益，而不是為了她。看起來，她既需要感覺到治療歷程在她的掌握之中，包括她的動作，又同時需要抹去它的意義。這兩種防衛的模式，都反映在她交替出現的挨餓、暴食和催吐等症狀上。她的強烈焦慮集中在她對情感接觸的渴望和恐懼上，對她來說，情感接觸和肢體接觸並未完全區分開來，因此很容易被她體驗為某種形式的痛苦入侵。

嬰兒期創傷裡的主要元素，不斷地重複出現在各種戰勝她的身體的企圖中——她那有缺陷的，同時使她承受太多難以負荷的經驗的身體。她的語言和非語言行為看來完全充滿一種想認識又不想認識內在的自己的矛盾渴望。在分析中，有些與她的生理狀況有關的詞彙，最初是被她禁止使用的。她堅持，她的臉是她唯一喜歡也不想改變的身體部位；她必須置換缺陷感，因為她努力化被動為主動。她談到催吐的快樂，清空胃部帶給她的滿足感，覺得空、而非飽。對於毀損的感受，也存在她有性的身體之中。在青春期時，她就決定不要有親生的孩子。她讓我知道，她確實和男友有性關係，但只是因為他們想要，她自己感覺不到快樂。她憶起青春期時無法自慰，認為其他談論這個的女孩很奇怪。在分析的頭幾週，她說她早就料到會談她那個「從來沒在過」的父親，他在羅莎出生前就離開了母親。出乎意料的是，她發現自己談起對母親的不滿，她將自己先天的缺陷和學業成就的壓力歸咎母親，傳達出一種信念，是母親剝奪了她在自己的生活中享樂的機會。她描述，她每天必須和母親電話連絡，這和她擔心她的攻擊會使母親憂鬱有關。

290

分析的第一週，她帶來一個重複的夢，夢裡，她所有的牙齒都掉光了；她打給牙醫，牙醫帶著很多護士前來。她描述，那是一個慘痛的夢，她認為這和她多次手術經歷有關，她感到極度無助，麻醉氣體面罩戴上她的臉，接著留下她獨自一人，被遺留在可怕的經歷中。夢裡的影像以濃縮的方式，描繪出在她嬰兒期的創傷和其後果。缺少了正常餵食構成的經驗，加上口腔被塞滿的感覺，連結到手術時的身體記憶。在夢裡，她的嘴巴也可以代表她整個身體，以及她對於控制不了的孔洞與括約肌的感受。她的身體充滿孔洞，毫無完整性可言，喚起了她的恐懼，害怕自己掉入卑屈、如嬰兒般無助依賴的狀態。

我講了幾回，她可能會感到焦慮要開始和一位新的分析師工作，她承認可能會這樣。第二週開始時，她不大確定要說些什麼。週末時，她做了另一個關於牙齒的夢，她說，這個沒其他的糟糕，「那裡有個缺口。」我反思了週末造成的缺口，以及她在前一個城市的生活與分析，以及她在這裡的生活與分析之間的差距。她回應，她沒有想到上一個地方，但是如果別人忽視搬家的重要性，她會生氣。整個週末，她的心情都不好。她胃痛、偏頭痛，對於家人干涉她的生活、要她去看醫生而生氣。她可以只吃玉米片和湯，但是他們想要她吃肉。

接著，她談到對於死亡的想法。她已經規劃好喪禮的音樂了，有人問起她的婚禮，她回答沒想過，喪禮比較有趣。她知道她一定會死，但是不知道有生之年會不會辦婚禮。然後，她談到一位在她十二歲時死掉的妹妹，那是個出生幾天大的小女嬰，她一直想要一位妹妹。似乎就在這一刻，接近療程結束的時刻，她對死亡的恐懼以濃縮的形式浮現了。我能想像羅莎和她的母親在嬰兒期和後來的青春期早期所經歷到的對死亡的強烈恐懼，是難以言喻的。留給自己和妹妹的哀傷是短暫的，並且太痛苦了，無法在分析關係中細說，但在此刻，她以切斷來重演死亡。

隔天，她談到她的強迫性儀式，檢查每個東西是否關好、重複地洗手。那些沒洗手、帶細菌進到她的空間的人，讓她焦慮。她覺得，她必須在正確的時間做事，免得別人對她產生負面評 291 價。她認為別人一點也不可靠，然而她也無法信任自己。顯然，縈繞不去的焦慮與她上次療程中提及的原始的攻擊、施虐有關，那是來自她早年被入侵和遺棄的經驗，加之對伊底帕斯母親和母親的嬰兒的謀殺願望。她表達，她被困在一個小得令人幽閉恐懼的空間裡，唯一接收得到的訊息滿是拒絕與威脅。願望、需求、脆弱感都是無助的先兆，僅會換來憐憫與敵意。我認為，她經常對痛苦的來源感到困惑，不確定這是源自於內在還是外在。我認為，這反映了母親對於自己受損的孩子帶著滿腔的愁苦與焦慮，而在潛意識裡傳達出令人難以忍受的訊息，並且時常阻斷了她們之間的情感與身體接觸。由於，她有能力意識到她恐懼自己內在，如貪婪、攻擊、性等的危險的想法與感覺，因此，她試著藉由讓身體挨餓、受盡折磨、視其為具噁心慾望的鄙物，來降減這些想法與感受。無可避免地，那些讓她渴望的人，也必須遭受同樣的命運，被降減、拒絕、斷聯。

在某次她終於能夠談她對父母（各自再嫁娶了）的矛盾依附，還有她想讓前一位治療師知道她的進展後，她帶來一個夢。那不是個愉快的夢，也不是惡夢。夢裡，她和一位朋友搭乘火車。一位長得好看的女士出現，用溫和的語氣對羅莎說出令人難受的話，她問：「妳的臉，怎麼會有這麼難看的傷疤呢？」羅莎反擊回話。她想到：「妳不能相信任何人。」她憶起先前公寓裡有大老鼠時的可怕夢境，其中一個夢裡，她抓到一隻大老鼠，然後牠變成一隻小老鼠，她一擠牠就消失了。那次療程中，她開始頭痛，伴隨視力模糊。

下一週，她說她感覺好多了，但是為自己既極端又毫無緣由的情緒變化感到擔憂。她不懂自己的感受，這些感覺自相矛盾。整個週末，她都過得很悲慘，一種身體上深層苦痛的感覺。她憶起曾因傲慢而對母親大發脾氣，跑出家門久久未歸。她帶來兩個夢：第一個夢，我與她的前任治療師說，她的問題是那種需要特殊療程的。羅莎說，這很不舒服，但並不可怕，讓她想起去看醫生時，醫生會告訴她，他們必須怎麼做。夢裡，她不得不見很多人，不是治療師。她再次說，「妳不能相信任何人。」**第二個夢**，她被嵌入皮膚的昆蟲咬了，她試著把牠挖出來，但卻徒勞無功。昆蟲讓她聯想到疾病帶原與疫苗接種的需求。

此刻，我將詮釋鎖定在她對於因為我們的分析接觸而被感染的恐懼，和她痛苦地描述自己為「分析師也幫不了的人」。她同意，並且說幸福是膚淺的，她想要的僅是心靈平靜。那位說了令人不快的話的漂亮女士，顯然是她的分析師，在母性移情中被視為無法忍受看見有傷疤的女兒的母親，因此，無法協助女兒處理情感，所以，斷聯是唯一可用的防衛。嵌在皮膚裡的昆蟲，似乎代表內化進來的毀損，連結她對毀壞的母親的認同，這讓她對自己的女性認同，產生了無法修補的羞恥感。這些夢也能理解為修補肌膚自我（Anzieu, 1989）的企圖，反映出她對受損的身體的基本感受，以及她在與他人接觸時持續感受到的自戀受傷。 292

無可避免地，她在前語言期的經歷會滲入移情之中。她想起手臂被緊緊地包紮，好讓她不會抓臉。憶起這段回憶，她說，她無法容忍有人摸她的臉或抱住她的身體，因為那會讓她覺得不能動彈，她想做些身體活動來發洩。羅莎痛楚且受傷的接觸經驗，經常在情感接觸時造成技術上的問題。觸及痛苦情感的詮釋，很容易被視為一種攻擊與入侵，只能拒之門外。與此同時，沉默被視為一種遺棄，然而越是不深入核心越是挫敗的來源。

到了分析的第三年，她談到，擔心自己永遠無法愛上一位男士，和她希望能夠對別人溫暖一些的願望。那次療程的最後，她談到，在前來治療的路途上，在地鐵站的迴旋梯上摔下來、掉進一個洞裡的想法。這次療程，是在漫長暑假之後的數週，她帶著強烈的恐懼前來，擔心我會消失或是心理沒有她。這似乎沉痛又清晰地說明，感覺到愛與渴望的願望，喚醒了她受創的嬰兒期記憶：嘴巴的洞裡有個永遠填不滿的洞，一個帶著極度的恐懼和毀滅的洞，一個她會掉進去的洞。早期與母親關係裡的「洞中洞」元素，喚起極強的焦慮和原始的攻擊，掏空了羅莎體會充分滿足的機會，無可避免地成為她的自體與客體表徵的核心面向。

我也在想，她是否必須隱藏正向的經驗，才能使之安全，免於她的自體裡的嫉羨破壞，那源自童年必須忍受健康無損的弟妹到來的嫉羨破壞。在分析中，她面臨困難且複雜的任務：哀悼失去的理想化自體與理想化的母親，並且放棄自我認同的一些面向，包括：固執且防衛性地圍繞著受損、不可碰觸、優於那些需要關係的人們而打造出的，總是疏離且沉浸於非常隔絕世界中的誇大自體。和許多圍繞著童年創傷而建構出自我認同的個案一樣，心智變化顯得極具威脅性、引起擾動，給原先是要保護他們自身的僵化身分認同，帶來極度無助的混亂。

293 在分析進行三年後，某次暴食症狀再次加劇的期間，羅莎突然結束了分析。她埋怨分析給她的幫忙太少。在最後幾週裡，她承認自己確實有更好的覺察力，也更有能力體會到感受，而這喚醒了對離別的遺憾，然而，她仍決心固守她的決定。關於厭食症的惡化，我的理解是，至少有一部分是伴隨對男友的依戀增加，而引起漸增的對自身的性之感受的覺察。她曾表達焦慮，擔心在自己身上可能會發現更多的需求與渴望，包括想要有孩子的願望，而這會讓她不得不從男友、分析師那兒撤回。

發展觀點

薛佛（Schaeffer, 2002）強調了原初情慾的受虐特質的重要性，這關乎等待慾望被實現、等待內在的積極投入被填充的能力。厭食和暴食顯示出對身體內部的焦慮，身體內部的開啟與關閉，表達出以不當的方式內攝性認同了具有涵容與調節功能的母性客體。無可避免地，這會影響個人運用分析關係來探索早期創傷經歷並尋找更佳解方的能力。佩雷伯格（1998和本書）也曾提出，身體症狀呈現出失敗的內化，也就是母親對孩子破壞性的潛意識幻想的保護功能。拉斐爾-勒夫（2007）曾說明，理解這些幻想的重要性，以免手足離世之實帶來現實生活中的重演。

申戈爾德（1985）指出要建立心智表徵，這個構成客體關係的基礎（擁有客體恆常性）的心智表徵，唯有透過轉化，這項轉化發生在肛門期，將身體感受轉為思考。肛門階段是一個重大改變的階段，括約肌控制、自主動作、語言的發展，皆反映出內在與外在、自我與他人的分化，這種分化歷程是象徵能力與心智結構的基礎。這是為什麼在許多探討女性的性發展的文章中，慣於強調肛門期的深層原因（Chasseguet-Smirgelet al., 1984,Schaeffer, 2002）。朵莉絲・伯恩斯坦（Doris Bernstein, 1990）描述了女性生殖器感覺的特質，這些感覺會擴散，涉及肛門區域（最早是莎樂美〔Lou Andreas Salome〕在一九一六年提出）。她強調，女孩身體的本質會對她發展中的自體感與性帶來根本性的影響。陰道，作為通往看不見的身體內部的開口，挑起被強勢穿透的焦慮。起初，在口腔與肛門期，令人恐懼的是一位最強大的、入侵且控制的母親。若是此種焦慮無法充分修通，會給日後的被父親穿透的伊底帕斯恐懼蒙上陰影。朵莉絲・伯恩斯坦提醒，女孩總是必須與定義和界線議題搏鬥。她對於特定出現於青春期的焦慮，潮濕與月經（兩者都喚起與膀胱和腸道控制有關的早期焦慮）而來的焦慮所做的探討，在阿里扎德（Alizade, 1999）的作品中進一步闡述。她也提醒我們，事實上，性別與身體整合的階段非常複雜；女孩必須在需要轉身離開母親發展獨立與自主的同時，轉向母親尋求認同。女孩需要認同母親與父親，才能掌握早期的生殖器焦慮，從而能夠進入令人不安且競爭的伊底帕斯情境之中。

294

在思量與生理性別認同（sexual identity）有關的社會性別認同（gender identity）時，無可避免地，早期來自父母的意識與潛意識訊息，形成了女孩對自己，也就是作為女性人物（子宮中的嬰兒的認同，如同在父母心中所揣想的）之感受的基礎。拉普朗虛（1999）寫道，思量源於母親謎樣的潛意識訊息的重要性，它像個誘惑，再次將性帶入母嬰關係最早期的元素。麥克杜格爾（McDougall, 1986）也在很多著作寫到，她將人格裡的自戀元素與其衍生的症狀，連結到原初場景的潛意識幻想，以它最原始和濃縮的形式。她敘述了最基礎的自戀系統，組成元素為雙生的恐懼：一則是被他人入侵和失去自體感與身分認同感，伴隨著另一則是害怕被古老的伊底帕斯組織（仍封存於母親身體內的原初場景）的原始的性潛意識幻想入侵。原初場景喚起了在參與、觀察和阻止等願望之間的焦慮和困惑，形成了混雜著嫉羨、自戀式羞愧，以及害怕失去自身的身分認同的合成物。

麥克杜格爾也從佛洛伊德的觀點出發，強調身體處於中心地位，包括：自體性慾，亦即作為人類的性原型的角色，也就是母親對於嬰兒吸吮手指、自慰的反應，強力地決定了這些經驗是否能被內化與整合（Spitz, 1949, 1972）。假若母親回以明顯的厭惡或敵意，那麼嬰兒就會被迫找尋其他方式，來維持身體意象的完整性與性慾，嬰兒需要自體性慾的創作，以避免原始的施虐轉向自體（Freud, 1924）。

討論

我描述了兩位年輕女性的分析歷程中的一些面向，在青春期發展一個安全的、成人性身分這項認同任務上，她們未能順利克服，進而促使她們在成年早期前來尋求分析協助。她們兩位皆有暴食症狀，表現出在飽脹與清空之間反覆的內在動力，藉此，她們試圖控制潛在的嬰兒期創傷、克服深層的孤寂與被遺棄感，而這反映出她們心智結構裡潛藏的脆弱。她們與自己的身體，以及在性體會到愉悅和滿足的能力，有著困難的關係，顯然是受早期衝突的濃重陰影所籠罩，也是因為未能克服伊底帕斯情境而造成。 295

艾莉絲，藉由躲避到臥房的食物和電視來處理衝突，就其未分化的內容而言是更為原始的，而羅莎使用了某種程度上的昇華，這使她能夠更佳地運用她的智能。我認為，在某個程度上，這些差異反應出她們與母親的關係的重要面向。艾莉絲帶來分析的，是一位自戀且密不透風的母親，似乎將女兒作為客體來填充自己，致使艾莉絲擔憂她的身體完整性，顯著地成為核心且複雜的焦慮。

羅莎的母親似乎非常焦慮、憂鬱，也被自己的感受壓得喘不過氣，無法提供足夠的空間來涵容女兒的經驗。這使羅莎處於困惑的狀態中，無法處理自己的情感經驗，削弱了她呈現與闡述心理創傷事件的能力。對她來說，等待總是充滿恐懼，預期會是苦澀地失望。透過發展僵化的防衛來對抗她的欲力與破壞性的願望，她得以保護自己，免受混亂導致的狀態之苦，從而維持她的發展，但必須蠻橫地控制那些她無法信任的人。

在飽脹與清空之間反覆的流動，充滿了移情與反移情的世界，反映出艾莉絲和羅莎在相當大的程度上認為她們的身體未充分與母親的身體分化，而這喚起了嬰兒期的焦慮，亦即無法控制身體內容物的，以及肛門階段對於強勢控制與入侵的母親造成的內在威脅（E. Laufer, 1983）。強迫性地，需要用大量食物填充她們的身體，是一種對需求與情緒的攻擊，而這些需求與情緒是任何關係都無法滿足的，暴食也是試圖創造一種瀰漫著興奮與痛苦的內在穩固感，但是很快地會成為被迫害感的來源，並且必須迅速消除。運用食物來填充身體，意味著一種口腔與肛門的混淆，缺少了內部結構、有著危險的身體／心智內涵。當然，這些症狀是由防衛式情慾化性慾等重要元素、多重因子造成。在重複地使用填飽、清空等身體經驗中，有著自慰的成分，企圖再造自體性慾的滿足。透過暴食症狀，生動地傳達出要被填滿的渴望，以及被需求與嬰兒般原始的性願望塞滿的恐懼，而這些被強烈的矛盾情感，以及對古老的、封存了暴力的原初場景的母親的恐懼，劃為不可踰越的禁制之地（McDougall, 1986）。

羅莎認為自己有著堅硬的外殼，這協助她適應，賦予她獨立感，代價是隔絕、孤獨和空虛感，內在的她那強烈焦慮、恐懼的 296 部分滿是痛楚。在這種狀況下，一段關係初始時，似乎不大可能讓她經驗到滿足與滋養帶來的充實感。她似乎被困住了，在嬰兒般原始的自大全能層次上，試圖整合她受損的身體，而無法發展安全的、對母親的認同，換句話說，母親的女性特質因為生出毀損的女兒與失去丈夫，而遭到貶低。當接收和情感被視為是危險的、被貶抑，獨立與智力功能的陽具特質就被高估了（Bernstein, 1990）。

艾莉絲用棍子與氣球的描述，意味原初場景，一個讓艾莉絲覺得被侵害的破壞性性交的原始表徵。棍子，可被看成是暴力地穿透、損毀掉不成形的氣球母親的父親的表徵。這種狀況下，在心智層次上，父親不能協助艾莉絲邁向安全的、與母親分離的心理狀態（Ogden, 1987）。

兩位個案都帶給分析師一些技術上的難題。分析必須有的超出表淺接觸的動作，一開始被看成太具威脅性且擾亂，使得脆弱的肌膚自我（Anzieu, 1989）破裂、撕傷，重複了嬰兒期與童年期的創傷。對艾莉絲和羅莎兩人來說，痛苦和可怕的被動經驗，使得發展裡必要的等待成為不可能的任務，也就是為了從母親／分析師那兒接受養分而需要等待是不可能的。等待本身帶有的初始受虐，被轉化成她們人格防衛的一部分。運用一些例子，我說明了這些如何在移情和反移情中展現出來，並且提供漸漸修通的機會。在理解這些歷程時，就欲力經驗，以及後續的內化與認同而言，以身體為中心都是至關重要的。

參考文獻

Alizade A.M. (1999) *Feminine Sensuality* London Karnac Books.

_____ (2002) (ed) *The Embodied Female* London Karnac Books.

Anzieu D. (1989) *The Skin Ego* New Haven & London Yale University Press.

Bernstein D. (1993) *Female Identity Conflict in Clinical Practice* New Jersey & London :Jason Aronson.

Chasseguet-Smirgel J (1985) (ed.) *Female Sexuality,* London:Karnac

_____ (1984) The Femininity of the Analyst in Professional Practice. *Int. J.Psychoanal.*65: 169-178

_____ (1993) Freud and Female Sexuality: the consideration of some blind spots in the exploration of the ' dark continent' chapter 4 in *The Gender Conundrum,* (ed) Birksted Breen London Routledge, pp105-124

Freud S. (1917) Mourning and Melancholia S.E.14:237-258

_____ (1924) The Economic Problem of Masochism S.E.19 :157-170

_____ (1925) Some Psychical of the anatomical distinction between the sexes, S.E.19: 248-258.

_____ (1931) Female Sexuality S.E. 22:112-135.

Glasser M. (1979) Some aspects of the role of aggression in the perversions in Sexual Deviation ed. I Rosen. Oxford. Oxford University Press.

Laplanche J. (1999) Masochism and the General Theory of Seduction Chapter 7 in *Essays on Otherness.* London: Routledge

Laufer M.E. (1983) The female Oedipus complex and the relationship to the body. Chapter 2. *The Gender Conundrum,* (ed) Birksted Breen London: Routledge, pp 67-81

McDougall, J.(1986) *Theatres of the Mind.* London: Free Association Books

Ogden T. (1987) The Transitional Oedipal Relationship in Female Development, *Int J.Psychoanal* 68:485-488

Perelberg R. (2008) Introduction to Part 1, pp.21-35 in J. Raphael-Leff & R.Perelberg (eds) *Female Experience – Four generations of British Women Psychoanalysys on Work with Women,* London: Routledge

_____ (2003) Full and Empty Spaces in the Analytic Process, *Int. J. Psychoanal* 84: 579-592

Quinodoz, D. (2003) *Words that Touch* London Karnac Books.

Raphael-Leff, J. (2007) Freud's prehistoric matrix - Owing nature a death

Int J. Psychoanal 88:1-28
Schaeffer, J. (2002) Negotiating the Antagonism between the Maternal and the Maternal Spheres in (ed) AM Alizade, *The Embodied Female,* COWAP Psychoanalysis and Women series, London:Karnac
Shengold, L.(1985) Defensive anality and anal narcissism, *Int. J. Psychoanal* 66: 47-74
_____ (1991) *Father Don't You See I'm Burning?,* New Haven & London Yale University Press
Spitz, R. (1962) Auto-erotism re-examined: the Role of early Sexual Behaviour in Personality Formation. *Psychoanal. St.Child* 17:283- 315.
_____ (1972) Bridges: On Anticipation, Duration and Meaning. *J.Am.. Psychoanal. Assn* 20:721-735.

【第十七章】再思梅蘭妮・克萊恩和女性的性 298

吉吉蘿拉・福納里・斯伯特（Gigliola Fornari Spoto）
英國精神分析學會分析師

這一章，我將敘述一些梅蘭妮・克萊恩在女性的性理論方面的貢獻，我認為這些貢獻與當代臨床實務密切相關。首先，我會簡短摘要梅蘭妮・克萊恩的觀點，介紹這個領域一些相關的後現代克萊恩學派人物，接著呈現一個臨床實例。

梅蘭妮・克萊恩對性發展的描述，源自於她和幼童的分析工作，運用了（和她許多其他作品一般）本能理論（Instinct Theory）和客體關係理論（Objecct Relations Theory）雙重維度來表達與構建。客體關係的轉折，銘刻在生的本能與死的本能的衝突中。從一開始，性就在愛的力量與其修復的特性，以及恨與嫉羨的破壞性力量之間充滿張力。在克萊恩看來，性，並非去掉欲力、剝除其「原始的」破壞性力量（如同某些評論會說的），而是，原欲的驅力儘管牢牢地根植於身體裡、在強勢且暴烈的慾望本質裡，仍不可避免地滲入了情感與關係的意義。

她描述了偏執分裂位置和憂鬱心理位置之間的移動（以及隨之而來的從部分客體進入完整客體），這提供了一項發展的架構，使得此種意義得以被理解。潛意識幻想被視為是身體經驗的原初心智對照物，是欲力和關係之間的連結。克萊恩所看見的是，一種早期、前生殖器、伊底帕斯結構的配置，還有伴隨的異性戀、同性戀潛意識幻想、焦慮與防衛，完滿地勾勒了理論的版圖。換句話說，無論性別為何，性發展與性認同都是在愛與恨中、在與原初客體的關係中建構而出，被原始的、關於身體和伊底帕斯情境的潛意識幻想推動。

克萊恩非常詳細地描述了女孩的性發展，起初是在一九三二年，在她發現憂鬱心理位置之前，當時，她深信在形塑前生殖器階段的伊底帕斯情結時，施虐扮演了重要的角色。她認為，在此階段，出於離乳帶來的口腔挫折，伊底帕斯情結會在仇恨的支持下開展。到了一九四五年，她修改了這些論點，並且認為嬰兒轉向父親的陰莖（在潛意識中，嬰兒與生俱來便知曉陰莖的存在，並且在吸吮的口腔位置中，陰莖等同於乳房），是因為在乳房那兒感到滿足與挫折。於是，伊底帕斯情結扣著憂鬱心理位置的努力修復，以及對雙親的愛意，三者之間的連結難解難分。這個階段，修復式的潛意識幻想被認為對未來的性發展具有重大的意義。

299

一九三二、一九四五年，她繼續主張早期潛意識幻想的核心地位，這些幻想是：在母親身體之內，有著寶寶和父親的陰莖，也包括孩童對自己身體內部的幻想。在理解克萊恩對女性氣質的思路時，關於女孩的身體之內、母親的身體裡面是怎麼回事，潛意識幻想扮演著至關重要的角色。克萊恩（和其他三〇年代的分析師，例如：荷妮和瓊斯一樣）認為女性氣質是原初的，並將之描述為小女孩對身上的陰道的早期潛意識覺察。切記，這並非是生理解剖上、自然主義式的覺察，這點很重要！

在她的描述中，女性氣質並非一種既定事實，而是建構與發展為一種豐富且未知的內在特質，充滿著眾多的潛意識幻想與客體。克萊恩觀察到，小女孩有一種潛意識幻想，也就是她的身體

（就像母親的身體那樣）「裝著」好與壞的客體：潛在的孩子們、好父親、毀損的嬰兒和施虐的陰莖。克萊恩經常強調女孩會過度關注自己的內在，並將這一點與女孩對於她內在的好客體遭到破壞的焦慮連結起來。在描述兒童的餵食困難時，她提及一種納入好客體的焦慮，這種焦慮在我看來，同樣適用於理解另一種女性的焦慮，也就是讓某種東西進入自己之內的焦慮。她說（1935）：「將危險的物質吸納到自己體內的焦慮是偏執的，然而透過撕咬、咀嚼摧毀外在好客體的焦慮，或是透過將外在的壞物質帶入，進而危害內在的好客體的焦慮，則將是憂鬱性的。」

克萊恩仍堅守，對女孩的發展而言內在心智空間佔有核心地位。「女孩的……潛意識幻想和情緒主要圍繞著她的內在世界與內在客體而建立；基本上，伊底帕斯競爭展現在從母親那兒奪取父親的陰莖和嬰兒的衝動上；害怕會被來報復的壞母親攻擊她的身體、傷害她內在的好客體，或是奪走好客體，在她的焦慮中有著重要且長久的影響。在我看來，這是最讓女孩焦慮的情況。」（1945）

在克萊恩眼中，女孩想要擁有陰莖的渴望，是一種雙性的表現，但她認為，女孩想要自己擁有陰莖的願望，次於想要接收陰莖，並以帶給口腔滿足的客體形式將之「納入」。她認為，某個程度上，女孩的陰莖嫉羨來自「……取代母親在父親那兒的地位，並接收他的孩子的願望遭遇阻撓。」（1945）母親成為佔有小女孩所渴望的一切之人。雙性、各種形式的同性與異性戀伊底帕斯組態，都是建立在一系列的多重認同之上，既非靜止、也非齊備，而是極度地易變且流動的。 300

與母親的乳房的關係仍是核心，女孩能夠從對母親的認同，也就是當她想接收父親的陰莖（作為乳房的替代品）時，移轉到認同父親和父性的陰莖，這使她能擁有和父親同等的、接觸乳房的權限。隨著憂鬱心理位置漸就定位，漸漸地，這些認同失去了施虐的意涵，並且獲得修復的那個維度。與乳房有著愛與感激的關係，能夠增加將陰莖視為一個好的、修復性的客體的機會。沿著偏執分裂心理位置與憂鬱心理位置所勾勒出的非線性軸線，伊底帕斯發展與性發展是同時發生的。受迫害焦慮或是憂鬱性焦慮之間，無論是兩者交織存在且／或由一方主導，加上伴隨而來的潛意識幻想與防衛，都將形塑伊底帕斯最終的模式，賦予特定的情感色彩。

斯皮利爾斯（Spillius, 2007）指出，儘管克萊恩對女性的性有著有趣的觀點，也與一些分析師和（男）女（平）權主義作者相通，但英國克萊恩學派的同事卻未延續下去。對此，斯皮利爾斯並未提出見解。比克斯泰德－布林（Birksted Breen, 1993:8-9）在性別之謎的介紹文中觀察到同樣的現象，並連結到她自己的想法，也就是英國學會的克萊恩取向分析師們感興趣的主題，「從性移轉到分離焦慮，和這份焦慮導致的狀態與防衛」。不清楚為何會出現這個情況。或許比克斯泰德－布林是對的，她指出，相對地，後（現代）克萊恩取向分析師忽視了性，而將注意力轉向其他領域，像是投射性認同、自戀、病態組成和移情中的重演等等。我也在想，是否技術上的演變，亦即較少強調部分客體、較少以身體為基礎來詮釋潛意識幻想，更強調密切地觀察「此時此刻」的移情來詮釋焦慮與防衛等等促成了這個改變。在這種脈絡下，性往往被視為帶有防衛性質。

一項針對克萊恩學派論述女性的性的文章所進行的調查，結果令人失望。在瓊・里維埃（Joan Riviere）一九二九年發表〈以女性氣質作為偽裝〉之後，談論特定的女性氣質防衛類型的文章少之又少。唐納德・梅爾策（Donald Meltzer, 1973）比較有系統地專文論性（儘管並非特別談論女性的性），並創造了令人玩味的詞彙「性心理狀態」（sexual states of mind）。他運用克萊恩學派的架構，再探佛洛伊德思潮下的性發展理論，旨在擴展生殖器的類別、融入成人的性之中，在他看來，這是建基於「對內在聯合客體（理想的超我〔super ego ideal〕）的性融合之內攝性認同」之上。他的語言充滿以身體為基礎的部分客體等用語，整體來說，這些語詞已經從當代的精神分析辭彙中消失了，此外，他對性的興趣，是自戀與倒錯現象的重要入門磚。

301

露絲・瑞森伯格・麥爾坎（Ruth Riesenberg Malcolm, 1999）描述一位女性倒錯的性潛意識幻想，認為這種倒錯是為了防衛崩解的精神病性焦慮。一如其他克萊恩取向分析師的貢獻（i. e. Joseph, 1989），將重點放在倒錯的性所具有的防衛性功能。當代較多著墨於女性的性的克萊恩取向分析師，羅納德・布里頓（Ron Britton），以獨特的視角看待伊底帕斯情結，特別是女性的性與歇斯底里症的關聯。布里頓強調，歇斯底里症患者對於被排除於父母親性交之外的難耐，並以迫切的投射性認同作為手段，這也是這類患者「參與該行動（父母性交）」的歇斯底里傾向之基礎。

吉安娜・威廉斯（Gianna Williams, 2000）在論述飲食疾患時，對於內攝及女性內在空間等問題很感興趣。她反轉了比昂涵容者／被涵容者的概念，並且描述嬰兒成為了父母投射的容器的情況，因而發展出她稱為「禁止進入的防衛」系統。儘管就這點而言，威廉斯並沒有特別提到女性的性，我認為她的貢獻卻相當貼近，因為她強調了內攝的歷程如何形成接收能力、促成對客體的開放度與持續的認同，在涵容者／被涵容者功能受損時，這些功能會受到嚴重的影響。在我看來，克萊恩學派對女性氣質與女性的性之觀點當中，母性涵容者的本質是必不可少的。

如前所述，隨著孩子的伊底帕斯劇碼開展，伊底帕斯情結不斷的移轉，並形成多重、部分客體的認同，這對克萊恩來說，都具有投射與內攝的本質。這些認同的變遷，作為一個較整合、穩定的性認同之先兆，終將決定一個人的性品質，以及她成年後獲得生殖器滿足的機會。

臨床案例

本章節試圖透過一位患有厭食與暴食病史的高功能年輕女性的分析歷程，來描述這些變遷，我稱她為碧安卡，她性壓抑且害怕性的慾望。早期發展上的困難，干擾了她對父母及父母的性之內攝性伊底帕斯認同。與她的原初客體有著難解的關係，使得她貶低眼中的伊底帕斯配偶，並傾向於顛覆、截斷伊底帕斯秩序，宣稱兒童應優於父母。

302

我的患者認為，她必須同時佔有父性和母性的特質，這樣她才能擁有優越的雙性特質。她傾向於以彷彿她就是乳房和陰莖的方式運作，因為她總是懷疑自己能夠真正地「擁有」乳房與陰莖。這種自大全能的（投射性）認同賦予她巨大的力量，但嚴重地限制了她在人際關係中找到性與情感滿足的能力。性，充滿了羞恥與厭惡。在分析歷程中，她從雌雄同體、自給自足、不育的雙性戀——心智上為了生存，而強制佔有雙性的特質，邁入較為整合、內攝、流動的同時認同女性與男性特質的能力。

背景與病史

碧安卡，民權律師，在三十出頭時前來尋求分析，無法控制的急性焦慮狀態越來越干擾她的工作，她覺得被困在自我犧牲與苦楚的惡性循環中。工作是她生活的重心，儘管是事務所最年輕的合夥人之一，她已被提拔到一個責任與影響力極大的位置上。憑藉她巨大的社會與政治良知，她成功地促使事務所為越來越多的社會劣勢族群服務。她傾向於讓人們覺得離不開她，這讓她能「囤積人們的恩惠」，於是他們「欠」她人情、「感謝」她。她為自己塑造出無私慷慨、利他的形象，傳達出自己總是很有辦法與樂於接納的感覺。最終，她感到憎恨，因為她同時認為沒有人真的關心她的需要，或是真的了解她的努力與自我否定有多強。人們圍繞在她身邊，但是那些人總是向她強求不可能的事，一心想「吸乾她」。

嬰兒時，她無法吸吮乳房。故事是，她的母親在多次嘗試哺餵母乳後停止了泌乳，並且非常傷心，因為她很想成為一位好母親，為了她第一位、非常渴望的寶寶。碧安卡認為，她的母親不可能全心地愛她，因為嬰兒時期的她，一定讓母親覺得她是失敗的母親。想修復這段損壞了的早期關係的願望，伴隨堅定的決心與不斷惡化的憎恨，似乎在職業上支撐了她不懈怠的生產力。她的妹妹晚她兩年半出生，則是「生下來就吸住了」，從那時起對妹妹來說一切都輕而易舉。成年後，她的妹妹能夠享受生活，對

303 自己的身體與性感覺良好，毫不費吹灰之力。

在青春期後期，碧安卡既厭食又暴食，直到現在仍很在乎體重。童年時，她擔下了對妹妹的嫉妒，這份嫉妒在她開始分析時仍非常活躍。在妹妹出生後，碧安卡尿床了好幾年，這對一位早熟且聰慧的小女孩來說，當然會引起極大的羞愧與受辱感。父母宣揚自制與公共服務的重要性，讓孩子們非常清楚自己在社會中享有的優勢地位。母親已轉向神祕主義與靈性的追尋，碧安卡覺得她需要呵護母親的脆弱。在分析歷程中，對母親怪癖的描述消退，取而代之的是極度混亂的痛苦感，有時還帶有精神病特質。在很小的時候，碧安卡就轉向父親求援，父親視碧安卡為知己與另一個自我（alter ego），向她灌輸社會正義原則（他是知名的政客），這對她來說變得非常重要。認同強大的、理想化的父親，與隨之而來的伊底帕斯勝出，都在父母離婚時被打碎了，那時她十一歲，而父親離開了。碧安卡認為雙親，特別是父親，都將自己的慾望與期待塞在她身上，因此她必須當個「好女孩」、討好雙親（而不是難搞、難餵的寶寶，或是尿得「臭臭」的小女孩），如此一來，她才能夠被愛。儘管，她努力對別人、對她的分析師「好」，碧安卡經常覺得孤單和空虛，可說是被她的好客體遺棄，極度渴望好的經驗，卻無法擁有。當她來見我時，她感到優越，並且看不起她的父母，將他們視為需索無度的兒童——要求很多，卻幾乎沒給她什麼。

當她將嬰兒般原始的依賴需求投射給其他人時，她的自體感因為受到自大全能和渴望成為「雙性」的認同延續，她需要成為男性，也要成為女性，插入與接受。在她的職業生涯中，這份認同強迫般地出演，給了她神祕的力量感。她必須成為一位非常有能力、野心、成功的父親，同時，幾乎抵償了這些的是，一位慷慨、溫柔、無私的母親，總有一堆需要餵養的嬰兒。

不用說，碧安卡非常努力地進行分析，渴望成為「完美的患者」。她重視分析，並且以感人、堅毅的奉獻精神仰賴分析。她選擇將我看成強大的人物，同時具有男性與女性特質：她服從於我的權威，但顯然在這樣做的同時，她必須以謙遜的模樣、壓抑她的神祕力量來「贖罪」。她決定不要讀任何精神分析的文章，我認為原因是她害怕失去對我的理想化想像，也害怕，如果她真的「學著做分析」，她會變得比我強太多。

我在第一次諮詢時「診斷」出她的厭食和龐大的需求，她因此很欽佩我。儘管當時她認為自己已經痊癒，但她輕飄飄地、無性般的削瘦（她看起來像前拉斐爾派的天使），說話時帶著狂熱、狂躁的強度，在在顯示出多年來在情感上的飢渴，因此看出這點並不難。她非常羞愧地透露（因為這與她抱負遠大的職位不相襯），她只吃巧克力，其他的都不吃，事實上，那時，巧克力被視為是她唯一能依賴的「好客體」。 304

臨床素材

現在我想描述的是，顯現在移情中的與早期客體的關係的特殊本質，如何在形塑碧安卡對自己的性潛意識幻想與焦慮時發揮重要作用。我選擇了一次分析休假前後的素材，休假讓碧安卡不得不經歷失去分析並找回她的分析，也包括失去其自戀幻象，也就是她什麼都是、也什麼都有的幻象，她藉以支撐她的職業生命的幻象，取而代之的是失落感和需求感。我之所以選擇這些素材，是因為這些素材為探索她的性議題帶來更具開放性的探討，在那之前，性仍舊是她的分析中尚未探索的領域。

她的父親邀請她，陪他、她的妹妹和幾位他的朋友去北非度假。他們預計待在偏遠的沙漠地區，體驗當地人的生活方式。對此，她猶豫不決，因為對她來說，可想而知，她的父親會一如既往地要她當團體的組織者：她必須非常努力地工作才能讓每個人開心。她迫切地需要一個寧靜的假期，卻無法拒絕這份邀請。

在休假前一週，她帶來了一個夢。

在夢裡，她在南非一個避暑小鎮和朋友在一起，但是其中一位朋友 G 不要和他們一起出發。她很失望，因為 G 非常風趣，少了他就不會那麼好玩了。接著，沒有水，她決定給駱駝擠奶以取得水份，但是擠出來的東西是黃色的，讓她覺得噁心……這太令人做嘔了……她不能喝這個。這個與水有關的處境越來越糟，她去商店，店主是一位中年婦女，她問是否能夠借店主的駱駝，但是這位婦女因為不夠多到足以出借而拒絕了……接著，某個人向她解釋，如果她受到攻擊時該如何自保……她必須把拳頭塞到攻擊者的嘴裡，挖出他們的內臟，挖個精光……她走出去，看到所有男性友人都這麼做，令她驚訝又恐懼的是，他們並非對攻擊者這麼做，而是對村民這麼做。

她重複說，這真的很恐怖，就像是這些人被開腸剖肚了。她聯想到即將到來的假期（非洲、駱駝），認為避暑小鎮一定是分析。她指出，駱駝一定很擅長把水份儲存於兩個駝峰內，她記起厭食的時候習慣喝很多的水來填飽自己，還提到一個事實：分析一天僅有一小時，她必須將這五十分鐘儲存起來，以便在其他時間使用，現在因為假期更必須如此。

305

這是一個複雜且多層次的夢，有著豐富的象徵符指，既有熟悉的主題，也有新的主題。當時，令我印象深刻的是，逐漸升級到最終可怕的結局與情感的強度。開頭，是友善、風趣的G不與她一同前往的失望（當她在休假期間選擇父親，而她的分析師／母親／友人缺席，算是控制範圍內的失望）。夢的第一層，是意識到客體的缺席。碧安卡意識到，當分析暫停，她必須面對沙漠，所以需要「儲」水以度過假期。第一個港灣，是她「自己的」駱駝，駱駝有兩個駝峰，（透過她的聯想）令人想起她對厭食、自給自足的乳房的認同，但是這個乳房的奶水不好，可以說是被噁心的尿液污染了。我認為，有鑑於她認為駱駝是厭食的自己，她暗指的是她的自給自足會讓她無法存活。

當她轉向女人，「借」她的駱駝卻被告知「不夠」時，情況更加惡化。當她挫折時，她用逼迫自己（認同一位男性人物）的方式面對受迫害與絕望的感覺，也就是強迫逼自己進入客體中，挖出裡面所有的一切。夢裡讓她這麼害怕的是，事實上，受害的並非壞的攻擊者，而是好的村民。這讓她滿懷懼怕與愧疚，因為她覺得她的恨已經掏空了（eviscerated）那些她認為是好客體的東西（有趣的是，在義大利文中，掏空愛〔amore sviscerato〕的意思是熱烈的愛）。她聯想到可憐的非洲人，認為他們會剝削、入侵他們的領土，並且踩在他們頭上。在拳頭與開腸剖肚的描述裡，我也看到一個特定的模式，她會用她蠻橫的需求把自己塞入我體內，使得即將來臨的道別變得更加緊迫。

我向她描述了夢裡的步驟（從「沒了分析師就沒那麼好玩」到「分析師不給我我要的東西時，真的很恐怖」），同時向她說明她無情的應對方式（這也是處理迫害的方式）、也說明她對於掏空好客體的恐懼。我說，她努力儲水來為假期做準備，但是當她無法仰賴自己的存貨時，我讓她想從我這裡拿的願望受挫，她很絕望、恨我，必須強迫自己暴力地奪取，於是她變得害怕、很沮喪，因為她仇恨的奪取殺死了她的好（分析師）客體。需求受挫的挫敗感，使得仇恨攻擊污染了她的熱切渴望。她迫切地想掏空她的客體。我認為這個夢也以濃縮方式提及了她的成長史。尿液／奶水讓我聯想到她的遺尿，以及她強烈憎恨母親與小妹之間的牽連。

306

那位說「不夠」的中年婦女，令人想起奶水不足的母親。在母親可能沒有足夠的奶水滿足嬰兒的迫切需求時，人們能夠隱約地領會母親與寶寶之間痛苦且艱難的「契合」。拳頭在嘴裡的影像這一點，非常有趣地，在夢裡與男性人物（她的男性友人，是那些掏空村民的人）有關，似乎導向了一種潛意識幻想——在母嬰之間，餵養的情景轉為絕望且暴力的口腔「性交」，暗指在口腔與乳頭之間，或者（如同我即將解釋的）陰道和陰莖之間，有一種扭曲的、破壞性的關係。這可以看成挫折的嬰兒迫使自己進入母親體內，挖出母親體內的一切。這讓人想起梅蘭妮・克萊恩所描述的，當小女孩在乳房那兒感到挫折時，為了重獲與母親的連結，轉而認同一個壞的、施虐的父性陰莖。但是，這也可以看成是，侵入性的乳頭強行進入嬰兒的嘴裡，一個母性客體，投射她的焦慮（和她的瘋狂）到嬰兒身上。

在就此夢工作後，作為回應，碧安卡在該次療程尾聲時報告了一段童年回憶：父母的一些朋友曾請她照顧他們的食人魚，她必須餵牠們木蝨。她被這些嚇壞了，後來成為素食主義者。再一次地，我認為這呈現出她的胃口有多麼危險又貪婪，她擔心，如果她允許自己接受餵養，我會因為她對分析、對我的胃口而嚇壞。我認為恐怖的食人魚意象具體地呈現出她想吞噬客體、熱切地纏繞客體，而這必須被制止與否認。

隔天，碧安卡談到一些之前從未提及的，與伴侶的性困難。她談到暴力的拳頭在口中的一幕，將之連結到性與強暴。她帶著羞愧與解脫說，她不知道如何和男友「做愛」，理論上那應該很迷人，但她真的很討厭。以前她從來沒有勇氣跟我說。當然，青春期時她就曾「做過愛」，因為那是大家預期的，妳讀柯夢波丹、妳必須和男孩子們睡，如果妳想和大家一樣的話。她從沒弄懂的是，人們到底是如何上一秒還「正經交談」，下一秒卻「跳到對方身上」、做愛，然後再次正經地說話，這暗示著她對性交的經驗，和口中的拳頭、開腸剖肚的夢等那些可怕的場景，並沒有什麼不同。難以知曉，她是否將男性的陰莖看成侵入性的開腸剖肚之拳，或者她是否覺得她的慾望，和／或她的龐大需求能夠入主、「開腸剖肚」並摧毀她的客體。碧安卡合理化這些複雜、由潛意識驅動的焦慮，並補充有時她會不由自主地認為，性是屬於「普通」人的東西，那些沒有太多智性深度的人：「……給伊比薩島的理髮師，」如她說的（顯然不是給像我和她這樣的人們的，我想）。

307

那時，我曾將此連結到食人魚的素材、上次療程的熱辣氛圍，以及她不知道「如何進行分析」的困惑，因為這牽涉到在熱切的連結與情感疏離之間、情感與文字之間、完整的療程與空缺的間隔之間，這些不自然的重複來去。最終，她能夠承認這一切是多麼艱難。

我認為，性是給「伊比薩島的理髮師」的這個概念，是出於防衛動機，也帶有對父母性交的輕蔑貶低，非常符合她對伊底帕斯秩序的顛覆，也就是父母是混亂、傻氣的，而孩子優於他們。甚至企圖催使我與她共享優秀的潛伏期孩童之觀點（當然，我必然與伊比薩島的理髮師完全相反！），並且加入她安全的同－性聯盟，這將我去性化，並且與伊底帕斯父親分離。

我認為，除了描述她與伊底帕斯配偶的難題之外，碧安卡也談到一種更基礎的焦慮，這種焦慮是在她與客體發生了任何有意義的情感與肢體接觸時所喚起的。在我看來，這種暴力、危險、過度的「跳到彼此身上」，暗指著需求、慾望、投射會強行要求進入對方，並在接觸時擾亂原本的平靜狀態。當然，在碧安卡的厭食性防衛系統裡，這些焦慮完全發揮作用，圍繞著被進入的原始恐懼，以及投射出的入侵願望與貪婪而建構。在性的領域裡，此種組態變得特別活躍也就不足為奇了。性關係是由需求與慾望形塑的，暗指著在身體和情感方面有能力臣服於對方、放棄界線、認同他人、進入他或她的慾望中，並在情感上和生理上允許對方進到內部。因為接觸總是帶有迫害特質，碧安卡「做」不到這點。

如我之前所述，透過讓自己成為自給自足的雙性者，她可以既是男人也是女人，碧安卡保護自己遠離這些關於接觸與親密的焦慮。分析，令她質疑起這樣的組態。在分析開始時，由於經常出差，碧安卡常態性地錯過許多次療程。她是擁有一切興奮事物的成功人士，而我是被丟下的那位。在某次因為工作而缺席的療程之後的一個夢，帶來一個看待她的自給自足感、略微不同的新角度。這場夢，是分析開始後才出現的一系列夢境之一，包含奇怪的動物意象，我認為，這呈現她眼中的她的「動物本能」，在

308

她心中經常伴隨著厭惡感。夢境如下：

> 「那裡有一隻很可怕、很可怕的黑色動物，像一隻老鼠……側躺著，然後它……她不太確定要怎麼形容……就好像有很多粉紅色的尾巴延伸出來，同時，那些尾巴就像嬰兒們。她補充：「『……像嬰兒，妳知道的，在恐怖、噁心、令人做嘔的狂熱中進食。那很噁心，因為那就像是自己餵自己（**尾巴既是老鼠身體的延伸物、又是「獨立的」嬰兒**）。』」

她說，前一天，她瘋狂地忙著，超有效率，控制好每個人，包括她的老闆、她找時間去探視的母親。對此，她感覺很好，然後在傍晚意識到她什麼也沒吃，以為自己又厭食了。

我認為，老鼠餵食自己的影像讓她如此恐懼，其中含有一種覺察，也就是，當她錯失她的療程、享有全然的控制權、比父母優秀，用厭食的方式「餵食自己」，她成為了「怪物」，再一次地，口慾主宰了這一幕。當她說「妳知道的，像嬰兒在恐怖、噁心、令人做嘔的狂熱中進食」，她預設對於她想被我餵食的「動物性」願望，我會同樣感到恐怖、做嘔。這種可怕的生物，自給自足，且寶寶／尾巴是母親的一部分，似乎消除了母嬰之間的界線與差異。我也認為，這個「多合一」生物、嬰兒們／尾巴們（或陰莖們）餵養母親的「集團」，就像原始版本的可怕原初場景，在那裡，配偶陷入駭人的、糾纏的、困惑的性交之中，令人想起克萊恩描述的具迫害性的聯合父母客體。彷彿在夢裡，碧安卡認同了這個聯合客體與其具迫害性的雙性體。

碧安卡為自己的遠大抱負奮鬥。對她而言，不被別人和我看成「貪婪的老鼠」非常重要，因為那會讓她產生太多罪惡和厭惡感。工作中，她不休止地為他人服務，永遠是付出的那方。有一回，她向政府部門的部長們做了一場非常重要的簡報。在那之後，她做了一場夢，「只是一幕」，但是非常困擾她。在夢裡，她穿著長長的毛皮大衣、拖在地板上，她僅用大衣包裹自己，並用君臨天下的方式離開。她認為，她看起來就像庫伊拉．德．威爾（Cruella de Ville），電影《101 忠狗》裡的角色（她想殺死小狗們、給自己做件毛皮大衣）。對碧安卡，這位堅定的環保主義者、動物權益支持者來說，毛皮大衣是眼中釘、肉中刺。她很驚訝，她怎麼可能會穿上毛皮大衣，哪怕是在夢裡！在告訴我這場夢之後，碧安卡饒富興味地觀察到，德蕾莎修女（這是先前的分析中，我們提到的工作中她的角色）已經被庫伊拉取代了。我同意這點，對她的笑話幾乎有著相同的感受。她用熟悉、略帶安309撫的方式補充，這讓她能彌補罪惡感，搶在我的詮釋之前說出來，讓她覺得很糟，因為，就像庫伊拉，她必須離開我和布魯諾（她的伴侶），用成功包裹自己。當我思考如何回應這點時，她繼續說，只是語氣變得相當強烈，她說，庫伊拉讓她想起「電影裡那對沒用的夫婦」（兩位愛狗人士，決心保護小狗、遠離庫伊拉）。她說，她對於這對夫婦的感覺「……可怕的鄙視感」，和那些家有寶寶和股票經紀人丈夫的人的感覺差不多：「……我討厭他們……他們太普通了……弱……」並補充，在某個程度上，她一定很嫉妒他們，但是她不禁認為他們是無腦且愚蠢的。「如果一個人只有母親這個身分的話，我看不到任何價值。這些女人在我眼中等於小孩，無法為自己負責……她們就好像動物一樣，聚在一起，生小孩……我真的很討厭性感媽咪……那些可能擁有一切的媽媽們：名牌服飾、休旅車、頭髮一天要造型個三次……我恨她們！她們就像小狗……可能我就像庫伊拉，我想擺脫她們……只是庫伊拉一定很珍惜這些柔軟的、她無法擁有的東西。」

對碧安卡來說，這種情緒爆發並不尋常，儘管提到的是卡通人物，但卻充滿了真實的情感。為了能適應嫉妒與排除感，她必須顛覆伊底帕斯秩序。夫妻被說成是「沒用的」，母親的生育能力受到蔑視，父母親的性被貶低為不成熟的追求。真正非常努力、負責「工作」的是孩子，就像碧安卡在她的生活和療程裡一樣（她必須非常努力地工作，好讓我不費吹灰之力就能做出詮釋），而父母可以無憂無慮地做愛、生小孩。

我認為，她對「性感媽咪」的憎恨，也許是最令人心酸之處。「性感媽咪」是對擁有一切——丈夫、孩子、性，讓自己成為受渴望之客體——母親的潛意識幻想，並因此喚醒如此龐大且毫無顧忌的嫉羨與仇恨。這次，碧安卡能表達這些感覺，接受對庫伊拉的認同，不育的、仇恨的、青春期前的小女孩，一心想擺脫小妹妹並殺光媽媽的其他小孩。至少，她不再是德蕾莎修女，一個拯救所有人的無性修女，她更加意識到自己情感中的暴力。我們可以審思，這些在移情之中傾向於不表達出來的情感，帶來的影響。當然，庫伊拉也是自戀的巫婆，是母親的原型，想摧毀女孩的孩子與創造力，飽含來自孩子的敵意投射。德蕾莎修女和庫伊拉兩者都沒有辦法恰當地擁有性，某個程度上，她們是厭食／暴食的組合。既被界定為禁欲與自我犧牲，也被界定為過度貪婪。

「只是庫伊拉一定很珍惜這些柔軟的、她無法擁有的東西。」碧安卡強調，帶著痛苦的覺醒，她無法得到所有母親擁有的東西、一份並不會喚起這麼多嫉羨與仇恨的、「柔軟的」對母性人物的女性認同。在移情裡，碧安卡和這份認同搏鬥。過去，她視我為「患者的德蕾莎修女」（對應她身為「受壓迫者的德蕾莎修女」），一個不會引起敵意或嫉羨的聖潔人物。

310

總是渴望討好客體的碧安卡明白了，分析隱隱約約地將她「推」向對我的女性認同。她以為我想要她更像我，有孩子、不那麼工作導向。因為這點，加上她對老闆的幻想漸漸破滅，亦即一種伊底帕斯父親，讓「……她付出一切，卻一無所獲」的人。碧安卡開始挑戰自己躁狂般地投入工作的行為。她刻意不要在工作中太突出，才能有更多時間和布魯諾在一起。這個變化帶來了解脫，但是她卻越來越擔心，把她的職責交給男同事，她會失去一些權力。

她呈現以下的夢境。

一場在階梯教室舉行的醫療會議。妳（分析師）在場，但不是真的是妳。有一位抱著嬰兒的女人，那位嬰兒是我。妳或我正在討論這位嬰兒，好像是一個特殊案例。嬰兒有點問題，長不大……然後有人說「這個孩子需要一天四次（碧安卡的療程是一週四次）的陰蒂刺激，否則會活不下去」。一位護士說「我來吧」。妳說，不行，必須由男人來做，這位男士和父親有關，那位男士站了起來。

接著是夢的另一部分。大衛（**那位接手一部分她的工作的男士**）主責，他在我的辦公室，發號施令。

「我和一些朋友在一間旅館裡……那裡有很多房間。有一場婚禮……我知道有很糟糕的事情就要發生在布魯諾身上，他要自殺。我拚命想阻止他，但卻做不到。他自殺了。接著，一場關於他的身體部位的討論，談他的顱底很有價值，可惜他在捐贈這個部分之前就自殺了。原來，他發現了那場會議上的嬰兒：我需要刺激，這讓他覺得自己是多餘的。」

關於這場夢，碧安卡有很多想說的，成人的性和嬰兒的需求混合，讓她特別困擾、反感。她說，像嬰兒一樣的這個想法，對應的是在性障礙上的主觀感受。

「我有成年女性的需求，但……在夢裡，我覺得很遲緩，需要刺激。我是嬰兒……我有成人的需求，也有那些嬰兒的需求。但這不是相互的……（對此，她似乎特別憤怒）。我甚至不能為自己發聲，還需要一位男士，但是我無法和任何成年男性建立恰當的關係。」她告訴我，夢裡的嬰兒讓她想起她正在讀鈞特・葛拉斯（Gunther Grass）的《錫鼓》（*The Tin Drum*），書中的主角，奧斯卡，永遠長不大的侏儒（或許值得注意的是，那本書裡，奧斯卡歷盡滄桑，被描述為特殊的「有天眼的嬰兒」，成人世界裡的表裡不一和愚鈍讓他大感震驚，他希望自己不要長到三歲以上。）

「我是有性需求的侏儒，」她補充，「我想，這說明了為什麼我跟大家不一樣。」她說，相當戲劇化，也

311

帶著幾分真誠的憂慮。「在夢裡」，她重複：「我有嬰兒的需求、也有女人的需求，但是沒什麼可以回報。」她將這點連結到她不舒服的感受，有時，她覺得她帶來這裡的是「一團糟」，而且只是「一堆需求」。

她補充，在那場夢之前，她醒來，後悔自己放棄了顯赫的工作地位，想著失去權力和影響力，生活變得有多可怕。大衛，接替她的人，主責。她認為，夢裡的男人和父親有關，可能是她的老闆，那位讓她失望的人。我們曾談過，對這位男士，她必須留在興奮的伊底帕斯幻境中，事實上，與他的關係其實是與布魯諾的性關係的替代品。她也談到，她與布魯諾的困難，前戲時他差勁的技巧，以及她不願和他討論這件事。她認為，陰蒂需要刺激這回事必定與這點有關。她注意到，現實中，她需要布魯諾在性方面更積極一些，無法理解他顯得多餘是什麼意思。我向她提出，也許那就是她，在職場裡是多餘的，因為現在大衛取代了她，她同意。

我認為，碧安卡決定減少對工作、老闆／父親的參與度，是為我而做的努力——犧牲一些男性認同，試著在我眼裡變得更「女性化」。當她放棄了父親的陰莖，她很擔心會失去一些優越的力量，覺得因此縮減、成為侏儒。在女性認同中，有陰蒂也讓她覺得渺小，就好像她把自己的陰蒂視為陰莖界的「侏儒」。在夢裡和現實中，令碧安卡不安的是，嬰兒的需求和性需求這令人困惑的組合。她的陰蒂需要一天刺激四次的這個想法，讓她感到厭惡且羞恥，在她看來，對性刺激有過多的需求，和她需要分析一週餵她四次所經驗到的羞恥感一模一樣。碧安卡覺得，在分析裡談論她的性困難，並讓分析師了解她，會將她矮化為「侏儒」，這和跟布魯諾討論前戲會貶低她是一樣的。她不是與我平起平坐或優於我的夥伴，以及用豐富的素材刺激我的、令人興奮的患者，她只是一位長不大的，或是除非「受到刺激」不然會死掉的嬰兒。

再一次，以難以解釋的方式，這場夢的潛意識脈絡透露出她的成長史。在母親堅持餵母乳不成功時，碧安卡是發育不良的嬰兒，在某個階段差點死掉。我認為這場夢也註記著，從呵護的母親移轉到父親、從乳房移轉到陰莖（一位護士要刺激嬰兒，但是和父親有關的男人說由他來做）時過早的轉移。除了對自己過度的需求感到羞恥外，碧安卡在依賴的狀態中，也為她所說的，嬰兒和成人之間缺乏互惠而感到沮喪，害怕這種被動的狀態，也就是她後來發現自己所處的狀態。在她心裡，依賴和恥辱般的被動很是混淆。碧安卡總是不斷地給予，對她來說，接受才是不容易的。互惠，對她來說，是某種母親與嬰兒之間的、給予者和接受者之間的、男性和女性之間的對等。我認為，布魯諾象徵著她自己的男性面，並在她開始放棄雙性認同，且真實地需要我與一位男性伴侶後，就不再需要它了。布魯諾的自殺，是在表達一種自戀式羞辱，這是她放下男性認同和伴隨的權力時所感受到的。

312

結論

難以讓一些東西待在她之內，是碧安卡打從出生就經驗到的，代表終生都在與內攝歷程搏鬥。難以得知她和母親之間出了什麼問題，到底是碧安卡是「偏執」的嬰兒，害怕被危險的乳房

「入侵」，還是她是「憂鬱」的嬰兒，過早意識到貪婪地「佔據」乳房會帶來傷害。碧安卡似乎以原始的口腔方式與客體連結，吞噬與破壞並存，並且必須捨去口腔快感。我認為，她的母親自戀而脆弱，可能只能忍受完美的嬰兒，而不是她手中真正的嬰兒，對她理想中的潛意識幻想帶來暴力的入侵。碧安卡覺得，她暴力的飢餓與需求會「折損」她的客體，並且預期她的客體也會如此對待她。這種關係，是每一段需要親密與互惠的關係的原型。隨著內攝，這些嚴重的問題滲入了碧安卡的性格結構，並在她的飲食疾患中顯然可見地干擾了其女性認同。

與母親的早期困難，促使她過早地轉向父親、認同他的陽具能力。某個程度上，憑藉其強大的男性認同，碧安卡就像布里頓描述的「雅典娜女性」，運用「……與父親共享其陽具和神奇的力量，此種躁狂般的潛意識幻想。」（2003）布里頓認為，這些患者為了保護自己免於伊底帕斯的嫉妒與排擠，相信母嬰關係比不上原初場景。對碧安卡來說，母嬰關係和原初場景都被帶有迫害性質的焦慮把持。與其說母嬰關係不如原初場景，倒不如說跟原初場景一樣可怕。在這兩種狀況，兩方都被看成「跳到對方身上」，找尋一種暴力的進入對方的渠道，彼此都過度地、無法克制地投射。在我看來，母性涵容的失敗，是此種客體組態的原因。對碧安卡來說，最痛苦的是她的經歷，曾經有機會與乳房擁有令人高度滿意的、愉快的好關係，但是卻只有妹妹得到與乳房的好關係，而她卻永遠遭到禁止。無可避免地，她成年後的性被這些焦慮限制住了。分析中的交流，只能從迴避她對接觸與入侵的焦慮開始，她非常努力、用有趣的刺激性素材餵養我、做個與我等同的伴侶：接受是羞恥且危險的。分析羞恥和厭惡，伴隨著

313

認識需求與依賴，一直是與她的分析工作中不可或缺的部分。

我認為，碧安卡使用了一種自大全能的雙性自戀投射性認同，保護自己免於與客體親密接觸所喚起的混亂與恐懼的情緒。我試著呈現的是，她如何用這份認同顛覆伊底帕斯秩序，宣稱兒童比父母優秀。

我在本章中描述了，在邁向更加內攝性地認同男女兩種特質上，分析如何協助碧安卡踏上這條複雜的轉變之路。

參考文獻

Breen D (ed) (1993) *The Gender Conundrum.* London: Routledge

Britton R. (1989) The missing link: parental sexuality in the Oedipus complex. In J.Steiner ed. *The Oedipus Complex Today,* pp. 83-101. London:Karnac

_____ (1998) *Belief and Imagination.* London & New York:Routledge

_____ (2003) *Sex, Death and the Superego.* London:Karnac

Joseph B (1989) *Psychic Equilibrium and Psychic Change: Selected Papers of BettyJoseph,* ed. M Feldman and E.B.Spillius. London: Tavistock/ Routledge

Klein M (1932) *The Psychoanalysis of Children, Writings.* London: Hogarth Press

_____ (1935) A Contribution to the Psychogenesis of Manic Depressive States. In *Love, Guilt and Reparation.* London: Hogarth Press, pp 272

_____ (1945) The Oedipus complex in the light of early anxieties, *Writings,* vol 1,London: Hogarth Press, pp370-419.

Meltzer, D (1973) *Sexual States of Mind.* Clunie Press

Riesenberg Malcolm R. (1999) *On Bearing Unbearable States of Mind.* London:Routledge

Riviere J (1929) Womanliness as a masquerade. *Int. J. Psycho-Anal.* 10: 303-313, reprinted in *The Inner World and Joan Riviere,* 1991 A Hughes (ed.) London : Karnac, and in this volume *Female Experience,* chapter 12, pp. 228-236

Spillius E (2007) Encounters with Melanie Klein, in P Roth and R Rusbridger (eds) *Kleinan thought. Overview and personal view,* London: Routledge

Williams G. (1997) *Internal Landscapes and Foreign Bodies.* London: Duckworth

【第十八章】情感與身體：論獨立學派女性分析師們的貢獻

芭比・安東尼斯（Barbie Antonis）
英國精神分析學會正式會員、爵士樂與園藝愛好者
與伊麗莎白・沃爾夫（Elizabeth Wolf）
英國精神分析學會會員

一九四七年，時任英國精神分析學會會長的希薇亞・沛恩（Sylvia Payne），在艾拉・夏普（Ella Sharpe）的訃聞中，描述夏普在一九二八年發表論文的模樣：「她很緊張，因為那篇論文不僅僅是智識交流，更是她正在孕育的的生命……她整個人格、身體都投注在這場提報之中。」（Payne, 1947, p. 55）這段描述令我們心頭一顫、印象深刻，也和我們在這篇名為〈**情感的浮現和身體的連結，是精神分析實務的核心所在**〉的歷史文獻想探討的主題密切相關。

我們從艾拉・夏普（Ella Freeman Sharpe. 1875-1947）、瑪喬麗・布萊爾利（Marjorie Brierley, 1893-1984）和艾莉絲・巴林（Alice Balint, 1898-1939）開始，在八位女性精神分析師的作品中，追溯理論與概念發展之軌跡。她們在英國精神分析尚未形成理論學派的戰前年代，以母嬰（潛意識裡的）互惠與成長為模型，開啟了思考患者的「他者」（otherness），以及分析中無可避免地交會所產生的關係。認可情感在患者和分析師的經驗中佔有核心地位，為此一發展提供了重要的共同線索。論戰後，保

拉・海曼（Paula Heimann. 1899-1982）和後來的珀爾・金（Pearl King, 1918-2015）、妮娜・科爾塔特（Nina Coltart, 1924-1998）都將自己定位為獨立學派成員，更改並闡述分析師的情感經驗，此一概念更常被稱為反移情。經過多年的分析工作，瑪莉詠・米爾納（Marion Milner, 1900-1998）和伊妮德・巴林（Enid Balint, 1903-1994）兩位知名的獨立學派成員所提出的概念裡，首次描繪了嬰兒從一人關係狀態到兩人關係，並描述建立基礎的自體感的步驟。對於獨立學派傳統的發展與精神分析知識的大千世界而言，這幾位女性的貢獻既特殊且獨到。

我們將在本章詳細說明獨立學派傳統中，女性提出的精神分析遺產、獨特的理論和技術，並且向她們致敬，因為這對我們發展自身的精神分析身分認同而言非常重要。我們的目標是，在精神分析實務中保留培養獨立心智所需的條件，這不僅體現在臨床實務中、也體現在我們的教學與寫作中。這種歷史評價，在我們近來為精神分析學院的候選人備課時同步出現。

316

獨立學派的傳統是什麼意思呢？艾瑞克・雷納（Rayner, 1990）記錄的威廉・格里斯佩（William Gillespie）語錄，或許是對獨立學派分析師的工作方式最貼切的描述：

> 獨立分析師聚在一起，起初是因為他們都是堅定的精神分析師，其次並非因為他們擁護任何特定的理論，而是因為他們有著共同的態度：這是為了以實用性與真實價值來評估、尊重思想，無論它們來自何處。（Rayner, 1990, p.9）

這樣的聲明是重要的，但在我們看來卻不夠完整。格里斯佩的確說明了幾項獨立學派分析師的基本特性：對臨床工作有一種態度，這種態度建基在對不同理論抱持開放的態度，以及維持未固著的位置的核心地位上。這些觀點對臨床技術而言，具有重要意義。同時，作為獨立學派，我們尤其相信分析應由兩位參與者共同創作而成，這個想法在許多分析師的著作中不斷發展，包括男性分析師，從夏普到科爾塔特與後繼者。

我們認為，格里斯佩的評述無可避免地傳達出一九五〇、一九六〇年代的主流想法。當代的獨立學派將自己置於傳統之中，儘管沒有闡述任何統整的理論，卻在許多領域的討論中產出豐富的作品，而這一點是多數人都認為相當重要的，其中包括情感、創造力、幻想、遊戲的能力、技術議題、人類發展和環境的影響等，還有外在和實際的創傷，此處僅舉其中幾例。

格里斯佩對認知方面的論述關注，是否反映了一種男性觀點，從而模糊了分析設置內兩具身體的形狀與型態呢？在追溯這八位女性分析師的理論貢獻時，我們注意到，她們特別重視患者與分析師的情感，以及分析工作裡的互惠。儘管，她們沒有特別提到女性患者，在本章節中我們將探討，她們所關心的兩人關係與相互關懷是否在女性身上更容易出現。

我們意識到這將是具有爭議性的假設，因此雖然不是暗示生理上的接受潛力即等同於分析的接受潛力，我們想知道的是，儘管許多精神分析師仰賴交叉、再認同的能力，但是在引發情感連結上，女性分析師是否不同於男性分析師，因為除了從歷史脈絡來看她在社會上的地位，以及傳統上她被安排提供呵護（和嬰兒最初的經驗），她有一副女性的身體、有著內在空間，這個空間能夠真實地承載、孕育另一條生命（她可能會以她的真實體液 317 哺餵他）。哈羅德．史都華（Harold Stewart）在撰寫陰道和子宮時，談到了這些問題的一個面向，包括成年女性在生理期、懷孕和分娩階段等藏在後來的身體變化內的經歷，「必定深深地豐富了女人對其內在空間的體會」，以一種男人「註定永遠不懂」的方式（Stewart, 1992, p. 52）。

我們讓艾拉．夏普打頭陣。她對治療技術的清晰思路、對於夢的結構與功能的原創想法，以及生動地描述與患者的臨床工作，標誌著她是最早從事（後來被稱為）獨立學派傳統的女性精神分析師之一。是她，首度撰寫〈未知隱含在已知之中〉（1937, p. 13）這個主題，後來克里斯托弗．博拉斯（Christpher Bollas）在《客體的影子》（*The Shadow of the Object*, 1987）一書中進一步闡述，提出「未加思考的已知」這個概念。夏普作品中傳達的其他重要觀點，不僅預示了保拉．海曼對反移情的貢獻（將於後文探討），也預示了伊妮德．巴林隨後闡明的主題：潛意識溝通和分析師在成為分析師的過程中固有的自我認同感之重要性。一九二〇年代，艾拉．夏普為英國精神分析學會的學生開設一系列關於技巧的講座，講座內容後來發表於一九三〇和一九三一年的《國際精神分析期刊》。這些講座借鑑了她教授英文文學時得到的經驗、以及她對於創意藝術想像力的欣賞。此外，儘管立論於佛洛伊德學派的個體的後設心理學，她明確地指出，兩位參與者的心理歷程皆需納入考量。自一九二〇年代起，她開始教授成為精神分析師的基礎標準，並將佛洛伊德在精神分析洞見中重視時間與季節的建議更進一步擴展。這是因為，事實上，我們不僅要處理患者不斷變化的心智生活，**也要處理我們**

自己的。我們修通自身的潛意識動力，而不是仰賴意識主體、理性、意識心智的邏輯編排（夏普，蕙蘭匯藍〔Whelan〕引述，2000，53 頁，粗體字為作者標註）。

她的著作《夢的分析》（Dream Analysis, 1937）可以視為她的技術講座的增益讀物，涵蓋了她關於夢的理論的核心貢獻。她說明夢是如何運用她稱作「詩歌語言」的抒情詩詞，也就是隱喻、明諭、擬聲、頭韻等手法，賦予詩歌語言喚起的能力。這個獨特貢獻甚至早在法國精神分析師拉岡（1982）描述「潛意識被建構為語言」之前。在一篇探討創造力之起源的早期文章中（1930a），她提到西班牙北部的洞穴一幅非常早期的壁畫，呈現出動物與男性的儀式舞蹈，一些人是獵人，其他人戴著動物面具、被獵殺，運用這幅意象，夏普指出最早的模仿、舞蹈、遊戲、假裝的證明，即使使用儀式的形式。這些活動裡，她也看見夢的歷程中是有因果關係的，她因而論證夢是創造性行動，**做夢則是創造性歷程**。

318

此外，夏普從儀式舞蹈中看到其中蘊含的神奇行為，也就是「成為」動物，以自大全能的方式克服人類在面對危險和威脅時的無力感，她補充了昇華理論，並且對情緒狀態的象徵理解添上重要的一筆。從這些關於夢的著作中，可以看出艾拉．夏普對患者的內在情感的關注與好奇，她意識到是分析師與個案之間的情感接觸，賦予分析關係生命。

夏普描述一種特殊的接受能力，是獲得分析技術的基本特質（Whelan, 2000）。她記錄對患者的焦慮或恐懼的「直覺感受」，探索自身的感受，傾聽其反移情（在保拉．海曼提倡將反移情當成探尋工具之前的非常多年前）。一九二七年的作品中，艾拉・夏普在一段與青少女的治療工作中，詳細說明如何密切地檢視她的感受：

> 在那個小時之後，我開始感到不舒服。我發現，我開始懷疑，如此直接、且過早地詮釋她象徵性的自慰是否明智。我的不舒服，促使我留意我的心智（1927, p. 382）。

艾拉・夏普強調，身為分析師的這幾年，「對『歷程』的信念加深了。」她也指出，她相信這段歷程的「步調」最終是由患者決定的，而不合拍的分析師可能會使這段「歷程」失控。她繼續說：「可能會獲得結果……但那並非患者的結果。」（King & Steiner, 1991, p.640）她的技術備忘錄（1943）強調，貼合患者的情緒象徵，意味著這會影響詮釋的時機。她的說明是與一位患者有關，那是在十四個月的工作之後，才首次出現對分析師的自發性移情的患者。直到那刻，她的所有詮釋「既沒有加快、也沒有延遲、更沒有掩藏……一種深奧的『重複』：患者的妹妹，在她十四個月大時出生了。」（King & Steiner, 1991, pp. 641-2）她並非主張移情詮釋無所不在。此外，當夏普感受到受患者生命故事影響的移情動力之「樣貌」時，她知道，「移情之中，患者的症狀的意義獲得展現，也為找到解方帶來了唯一的希望。」（King & Steiner, 1991, p.645）她觀察和等待的能力，使得她在一九四一至四五年的論戰期間贏得了一席雙方皆敬佩的位置。

探究患者與分析師的情感與本能的對照，為分析裡的兩人關係及其在治療歷程中的位置開闢了一條探索的道路。一九三七年，曾是艾拉．夏普的學生（為她編輯了於一九五〇年出版的文章選集）的瑪喬麗．布萊爾利，疾呼「情感的理論」。布萊爾利認為，透過情感，我們才了解我們的患者並帶來改變。她主張 319 「重新檢視、重新打造〔佛洛伊德的〕……本能假設，以更符合我們不斷增長的知識，特別是發展的早期階段」。追隨歐內斯特．瓊斯，她的論點是恐懼，這種原初的情感並非來自欲力，也非攻擊本能，甚且不是一種釋放。布萊爾利贊成以佛洛伊德關於焦慮狀態重現出生創傷之主張（Freud, 1926）為基礎的發展模型，並支持將恐懼視為原始的情緒，這種情緒可能源自於出生時的無助焦慮，並銘印在心中。她強調，情感是嬰兒早期的語言，很快就與客體連結，在「緩慢成長的我系統」的發展中扮演著重要的角色（Brierley, 1937, p. 263）。布萊爾利對於克萊恩在一九三五年提出的「憂鬱心理位置」概念表示讚賞，她描述兒童運用投射與內攝之機制來掌握自己的感受，並在潛意識幻想中以有形的方式與客體互動。像是腹瀉這類的症狀，不僅可以理解為驅逐壞客體，也可以理解為孩子努力排出不想要的情感。透過解開患者的情感，能夠尋回發展過程中的各種片段。她注意到嬰兒情感中的某些部分，其強度能達到病態水準，布萊爾利假設，分析中的修通，除了自我的同化與重新整合之外，也在某個程度上排空了古老的情緒囊袋。除了在發展中的嬰兒世界裡情感特殊的重要性外，布萊爾利也將分析關係看成一種情感關係，而非智性的關係。正如（下述）針對妮娜．科爾塔特的工作的探討，獨立學派的觀點是，改變發生於與分析師富於情感的經驗當中，而不僅是透過詮釋和智識上的頓悟。布萊爾利寫道，移情是分析師與患者維持聯繫時所依循的思路。除了少數例外，多數患者來找我們時，主訴都是他們的感受，他們評估分析進展的方式，也是基於感受的變化和因應感受的能力是否更佳。透過處理感受，並使患者「再－感受」自己最初對內在客體的感受，來達到我們尋求的超我改造。布萊爾利直言：

> ……除非分析師與患者建立了我們稱為「投契關係」（rapport）的神祕情感連結，否則分析無法進行。我們必須明智地詮釋情感，但唯有透過「同理」與他們建立直接的連結，才能做到這點。只有透過同理，我們才能確定患者的感受。在我看來，同理，真正的心電感應，是分析不可或缺的基石（1937, pp. 266-7）。

就在瑪喬麗·布萊爾利發展她對「情感」的想法之時，透過傳承費倫奇的瓊斯和符魯格爾（Flugel）（Rayner, 1990）一股雅興傳到英國，曾受費倫奇分析的艾莉絲·巴林和她的丈夫邁克爾·巴林合作，撰寫從生命之初即存在的基礎客體關係。一九三九年，四十一歲的艾莉絲·巴林英年早逝。她少數作品中有一篇早期文章〈對母親的愛和母愛〉，寫於一九三七年還在匈牙利時，其中含有她獨創的貢獻。她運用對臨床經驗的觀察闡述嬰兒對母親的愛，以及母親對他／她的愛的本質。嬰兒的愛預設母親會無私地滿足他／她的需求，不考慮母親自身的利益。在撰寫一篇關於一位女性患者的文章時，她說：

320

> 我們發現……一種很深的信念，如果有需要的話，母親會為了孩子的幸福讓自己身亡，這是慈愛的母親的

責任。換句話說，在這位「壞母親的女兒」身上，我們發現，在她的內心深處苛求她的母親必須絕對無私（A. Balint, 1949, p. 251）。

母愛是一種呼應，是對被視為自己的一部分的非常幼小的孩子的義務。如同艾莉絲・巴林所說，「……就像母親對孩子而言，孩子對母親也是一個滿足的客體。」（p. 256）她說明，這種愛的古早形式呈現出本我（id）裡愛的形式，是沒有現實感的，因為無論是孩子或母親都沒有和彼此分離。如同萊利（Riley, 2005）指出的，寶寶最古早的愛並非精神病性，不具侵略性、也沒有攻擊性。母性的部份，或許正如往後數年溫尼考特（1956）描述的，是「原初母性貫注」。我們注意到，正是在這個標題上，她將兩邊的兩位參與者都放在心裡，雖非同等投入，但皆有貢獻。為了更精細地描述這種不對稱性，艾莉絲・巴林寫道「……本質上的差異……在母愛和對母親的愛之間〔在於〕母親是獨特且無可取代的，〔但〕孩子卻可以換成另一位。在每一位神經性官能症患者的移情之中，我們都體驗到此衝突的重複。」（A. Balint, 1949, p. 257）

她的概念直接源於一些患者在幻想中經驗到的不對稱意涵。當艾莉絲・巴林闡述她對相互關係的想法時，她指的是母親和嬰兒之間肢體的親暱，因此實際上是認可了身體歷程。身體歷程也成為伊妮德・巴林和瑪莉詠・米爾納的中心主題。顯然，艾莉絲・巴林非常強調，在一同發掘患者心智中的潛意識意涵時，分析師與患者共同協作的重要性。在她的文章中，她含蓄地認可患者的貢獻，他／她的貢獻對他們的共同發現來說，是分析之旅中相互關係的體現。

溫尼考特的文章〈反移情中的恨〉（1947），以及隨後海曼在一九五〇年的文章〈論反移情〉，開啟一片新天地，將分析師的情感反應視為有用的工具。保拉·海曼在她的文章中主張，重新衡量分析情境中，運用分析師的感受為有效的工具來理解患者，而非視為分析師的障礙。當時對反移情的主流觀點是，僅將分析師的感受視為分析師對患者的移情，也是分析師需要接受更多分析的徵兆，暗指這是需要感到害怕或罪惡的事情。海曼的論點是：「分析師的反移情不僅是分析關係不可分割的一塊，也是患者的創作，更是患者人格的一部分。」（Heimann, 1950, p. 83），這使得當今各種學派的分析師的臨床技術產生了根本上的轉變。保拉·海曼為這條新的情感大道提出令人信服的理由，也就是，為了探索患者的潛意識之存在或表現，建基於佛洛伊德激進的觀點，亦即一個人的潛意識，可以在雙方都沒有意識到時，與另一方的潛意識進行溝通。[1] 她澄清：「我們的基礎假設是，分析師的潛意識理解了患者的潛意識。」（Heimann, 1950, p.82）不僅是夢，口誤和語言的自由聯想浮現的模式，也能讓分析中的兩人進入患者的潛意識之中。可以監測分析師的感受和反應來理解患者感受，是因為分析師和患者之間深層的潛意識投契關係，「會以分析師在回應患者時所留意到的感受的形式浮出水面。」（Heimann, 1950, p.82）

321

儘管海曼本人了解她的論點具有風險，因為分析師可能會認為自己已接受足夠分析，不會「將屬於自己的問題歸咎到個案身

1　原註：「一個人的潛意識可以在沒有經過意識的情況下影響另一個人的潛意識，這是非常了不起的……從描述的角度來看，這是不容置疑的事實。」（S. Freud, 1915b, p. 194）

上」（1950, p.83），這卻不是唯一顯而易見的缺陷。

當分析師在自己的分析中修通了嬰兒般原始的衝突與焦慮（偏執與憂鬱），那麼，他能夠輕易地與自己的潛意識連結，能夠達到一種穩定的平衡，承擔患者賦予他的，患者的本我、自我、超我和外在客體等角色……在分析關係中，當患者放大自己的衝突而投射到分析師身上時（1950, p. 83）。

對於我們總是能夠知道自己的潛意識、患者的潛意識，以及能夠隨心所欲的與自己的潛意識建立連結的這個想法，分析師必要小心防範。

海曼也強調，分析「是兩人之間的關係」（1950, p.81）。分析關係和其他關係的區別在於，「體驗到的感受的程度，以及要如何運用它們，這些因素是相互依賴的。」（1950, pp. 81-82）海曼也注意到，並非所有患者對分析師的感受都是移情，隨著分析的進展，患者會越來越有能力「實事求是地去感受」。約翰·克勞伯（Klauber, 1986）和後來的肯尼迪（Kennedy, 2007）先後採納了這個觀點不再把分析師視為毫無個性，猶如「空白屏幕」（無論如何，海曼並沒有把這項技術歸功於佛洛伊德）的範例，而是朝向截然不同的方向發展。儘管「一個人的潛意識，能夠在不經過意識之下，影響另一個人的潛意識，這是非常驚人的……客觀來說，這一點是無庸置疑的。」（S. Freud, 1915b, p.194）

海曼主張分析師不要自我揭露，她鼓勵分析師保持「自然」，不要壓抑情感、假裝中立，這影響了主體關係後來的發展（Bollas, 1989; Kennedy, 2007）。她寫道，「在我看來，中立的分析師和沒用的分析師差別是很小的。」（1978, p. 313）。 322

在伊妮德·巴林眾多論文中，我們可以看見她帶著敬意傾聽的諸多細節，身為分析師，這一點悄然卻顯著地支持她的思惟、和患者一起學習的獨創性。巴林的作品中俯拾可見她非常關注對前語言和身體歷程的理解。她的核心概念是想像的知覺（imaginative perception），她從那些難以感到活力或運用想像力感知的患者身上，發展出來的想法。她假設，有生命潛力的嬰兒，以及在自己之內活著卻臣服於新生兒的母親，唯有在兩人關係中對活力的渴望，才能產出生命之初首次想像的知覺。在〈空洞的人〉（1963）一文中，她細致地描述她與一位罹重病的年輕女性的臨床工作，以及患者的障礙其實和自體與環境有關。巴林認為這種感到空洞虛無的狀況，是「在其本質與時間順序上，與孩子和母親溝通，以及母親提供他成長與發展的時間感的重要性密切相關。」（1963, p. 40）。這句話完美地形容了她工作的基本方式。比起缺乏好客體，或是壞客體在心裡，她的患者更受缺乏自體而苦，巴林問，是否這些患者「曾感受到在自己身體之內活著」（1963, p. 41）；或者，有人會問，他們是**無名之人**（no-body）還是**無形之體**（non-body）。透過密切關注和這位女性的分析關係，在不同階段帶給她的感受和經驗，巴林的文章仔細地描繪了患者所處的「空洞」，包括在分析中當分析師不理解她時。在那些時刻，就像母親的覺知和嬰兒的經驗之間嚴重的不一致，患者覺得自己無法被看見、受忽視。巴林表達了自己如何在這位患者身上運用反移情和再建構，使她們兩人都能夠掌握空洞，以及母嬰／分析師與患者之間缺少「呼應」的意義。這就是她描述分析關係品質的方式，分析經驗有意義地體現，並且以一種一同「活著的經驗」存在。

在巴林一九七三年的論文〈女分析師分析女患者：女人想要

什麼？〉（本書第一章）中，她敏銳地談到對女性經驗的疑問。此處，她詳盡地說明了對發展階段裡前語言、前伊底帕斯掙扎等理論的理解，她稱之為運用「人類關係裡的原始結構，也就是相互關懷的能力」（p. 83）的必要性，也說明了在所有的分析工作中「相互關懷」受重視有多麼的重要。此概念與身體特別有關。巴林說：「唯有透過身體本身，或是透過基於身體的內在表徵或身體記憶，身體的感受才能心滿意足地傳達出來〔此外〕……若她〔患者〕被母親的身體滿足，她也會理所當然地認為自己的身體也滿足了母親。」（出處同上）這個相互關懷的能力的概念，是理論與實務之間的橋樑，標誌著她是臨床技術理論界的建築師。在她的作品〈一位分析師的技術〉（1993b）中，明確指出這種相互關懷的能力，對她身為精神分析師的身分認同來說至關重要，這點與艾拉·夏普在〈技術備忘錄〉所描述的要點相互共鳴。伊妮德·巴林寫道，分析師「絕對不能忘記不確定性的存在」（1993b, p. 124），並補充她也意識到自己的「特殊身分認同」（p. 128）。她對安娜·佛洛伊德表示謝忱，提到容忍困惑的重要性，既不隱藏其複雜與矛盾，也不急於填補任何令人不安的空白。巴林說：「也唯有在此基礎上，才能觀察到相互性：一個人如何成長與改變，是一段共同的經驗裡兩個人一起發展的成果。」（1993b, p. 129）

瑪莉詠·米爾納是一位藝術家、作家，也是與兒童、青少年、成人工作的分析師，這些經驗都影響了她的理論。一九五〇年代，她是獨立學派分析師小組的創始會員。米爾納興趣多元，特別是對心智生活中情感與感受所處的核心地位。她將一種少見的敏感度引入精神分析，在理解象徵形成（symbol formation）的過程中，悄悄地標誌關鍵的特性。當一個新生的主體性在心智領域中形成，剛好可以被視為涵括客體與隨之而來的外在世界。她和溫尼考特相互影響，這點在她的論文〈幻覺在象徵形成中的角色〉（為了紀念梅蘭妮．克萊恩七十歲生日而寫）中清楚可見，文章中，她聚焦在嬰兒與原初客體建立關係，也就是最早的「兩人」感時涉及哪些元素。為了發展與客體的關係，認識這個自己之外的世界，不是自己創造的世界，發展中的人（無論是和母親一起的嬰兒、還是分析中的孩子）都需要獲得允許，或者允許自己擁有與人合而為一的錯覺。米爾納寫道：

> 「……若是，出於需求未獲滿足的壓力，孩子必須過早或過久地意識到他獨立的身分，那麼這種合而為一的錯覺可能會是史考特所說的災難式的混亂，而非宇宙狂喜，或者這種錯覺會被放棄，進而過早出現自我發展。」（1987, p. 101）。

透過處理自己的負向反移情，她認識了自己。在與十一歲的西蒙的漫長分析中，西蒙持續地把她當成他的一部分，是他胃裡的氣體或糞便，一再允許他體驗此種錯覺，也就是她是他的一部分，恰當地搭配對他的內在與外在客體的詮釋，他才能直截了當地放棄自大全能感，並且認識到分析師之獨立地存在。她才明白並解釋，她的患者不僅是以退化性防衛的方式使用她，而是在與世界發展創造性的關係時，經常出現的基礎階段，〔這是〕那之後，分析的整體性質發生了變化：男孩逐漸能夠允許外在客體——由我為代表——以自己的方式存在（Milner, 1987, p.

324

104）。

這些觀察說明了，在瓊斯對象徵發展的觀點之上，米爾納建構出嬰兒需要建立與現實之間的關係。有別於克萊恩對象徵化概念的強調，一個人會出於恐懼原初客體或失去原初客體，而尋找替代品。米爾納以不同的角度來思考象徵形成，她聚焦在形成的歷程上，是**感受狀態**的表現，帶入情感概念，而非理性概念。她延伸了瓊斯對身體象徵的思考範圍，納入呼吸、睡眠、動作、歌曲、語言、舞蹈等過程。

米爾納描述一種理解潛意識如何使用身體的可能，即運用身體這個媒介所具有的特性，例如：它的延展性。透過遊戲，運用玩具和／或分析師，作為柔順的媒介（見西蒙的分析），孩子逐漸能與世界產生真實的關係。在〈活神之手〉（1969）中，米爾納敘述蘇珊的分析，描述一位嬰兒的身體探索，是有能力探索自己的內在空間的原型。米爾納探究身體部位：身體部位是最先讓嬰兒體驗到內在空間發展的地方，這點與日後哈羅德．史都華的觀點，亦即發展出體驗內在空間的能力之決定因素，兩者相呼應；皆指出嘴巴、舌頭、乳頭、手、直腸、母親的臂彎，以及「與母親分離的能力」（Stewart, 1985, p. 53）。

珀爾．金為一九七七年在耶路撒冷舉辦的國際精神分析大會寫了一篇文章，她帶著興致指出，如果不納入分析師的話，其他三位小組討論的提報人，都寫不出論述情感的文章：從一人心理學轉到兩人心理學（正如她自己的分析師約翰．瑞克曼定義的那樣）。自一九三七年瑪喬麗．布萊爾利發表論文以來，對母親在情感發展中的角色之探討，有了長足的進展，特別是溫尼考特和鮑比透過他們各自和嬰兒與兒童的工作，「強調母親對兒童的情感回應之重要性，因此在面對母親的心理病理時，孩子毫無招架之力。」（King, 1978, p. 329）在認識情感之於所有的分析有多麼重要的同時，金也對分析技術的影響和理解患者特別感興趣，也就是那些在前語言期，因父母失調的情感反應而受創的患者。

金強調，對患者來說，令他們痛苦的，是隨著意識到創傷和潛意識幻想而來的情感，而非知悉他們擁有這些創傷。作為分析師，我們需要發掘的，不僅只是患者對過去人物（在移情中）的情感本質為何，還有患者認為這些過去人物對他或她懷有何種情感，也至關重要。金提出，分析師「只能透過細微地觀測自己對患者的溝通有何**情感反應**」來發現這點（p. 330）。如同海曼，金將「與分析師的個人生活無關，甚至偏離慣常反應的感受與情緒的覺知」（同上）與病態的反移情做出區分，她將此定義為分析師的「情感反應」。她也重視患者和分析師之間的人際關係，並且不將所有患者向分析師傳達的每件事都直接定義為移情。金詳細地說明了，對分析來說，承受患者投射到他們身上的情感，特別是當這些情感或角色，與分析師偏好看待自己的方式不相容時，有多麼困難。

325

對分析師來說，要承擔「當」一位經歷了創傷性分離、早期母親或父親失誤的嬰兒的父母，是多麼艱鉅的任務。在檢視父母親在潛意識中「在孩子心理上能夠保護自己之前，把孩子當做自己的延伸，或是把孩子作為投射的容器，把自己不想要的部份投射到孩子身上」這類案例時，要在這種類型的分析中將父母的心理病理和患者區隔開來特別的困難（King, 1978, p. 332）。正如我們稍後會讀到的，此種潛意識溝通會如何影響兒童，伊尼德．巴林更進一步拓展金的想法。為了理解這類患者，金不僅必須在移情中識別出歸咎到她身上的失敗父母一角（和所有患者與此有關的感受），同時必須透過自己和患者相處時的情感反應，讀懂患者如何翻轉角色，迫使自己接下患者的嬰兒自體一角。注意到這些父母患有嚴重障礙的患者們，「經常從他們的父母那兒，接收到相互矛盾的訊息」，因而發現自己陷在雙重束縛之中，患者可能會在分析中再造此景。透過在移情中反轉角色和相隨的情感，金的患者會在潛意識中，與她溝通童年的情感困境，而也唯有透過金對患者的情感反應才能觸及。

伊妮德・巴林更進一步地擴展了我們對於兩個人之間以潛意識直接溝通的理解。在她一九九三年的論文〈潛意識溝通〉中，她提出嬰兒能從母親的潛意識心智那兒內化一些東西，無需運用富有想像力的感知或識別能力。為了理解一位女性患者，她寫道：「一個人總需聯繫三代人：患者、患者的父母、父母的父母，也就是患者的祖父母。」（p. 111）

在一個生動的臨床案例中，巴林運用她與凱伊的工作描述此一想法的發展，凱伊的母親拒絕或否認自己失去母親（凱伊的外婆）的那段經歷，但仍在潛意識中傳給了凱伊，凱伊的人生演出了母親的災難，也化成自己的災難。巴林運用她與患者相處時對自身情感反應的絕佳敏感度，與分析早期進展的感受，看出了分析中的重複模式，於是她推測出曾發生於凱伊和母親之間的事。重申佛洛伊德的觀點，她寫道：「我開始認為，患者潛意識心智的一些部分反應在我的心智中，無需透過我的意識思考和情感，亦無需透過她的。」（同上）。於是，巴林將此投射化為概念，亦即患者之內的「外來物體」，除非凱伊能夠識別外婆，否則這個部分將無法浮出意識層次。在大屠殺倖存者後代的治療中，此

326

構想之效用已得到證明。

妮娜・科爾塔特，在一九八六年生動地敘說她的工作方式，她如何透過自己的感覺理解她所感受到的，特別是進入不能思考的階段時，亦即「當信念之行動最能充分發揮的第五階段」。這意味著信任我們自己，這種信心經過多年發展而成，花了很多時間才孕育出分析師的身分認同，在分析歷程中、在神祕的未知中、面對患者身上毫無頭緒的事情時，仍然保有信心。（1986, p. 187）。精神分析技術需要在兩相矛盾的，仰賴理論、對出現料想不到的事保持開放間，掌握平衡。於是，信念的行動是對分析師立場的描述，科爾塔特詳盡地對比了比昂（1970）所述的記憶與慾望的克制。這是分析師在分析進行了幾年後會主動選擇的立場，有時分析師會跳脫尋常的認知歷程，從而能進行其他工作。因為相信在仰賴我們的常規工具、與患者一同熬到最後、耐受未知之後，終會有現實或真相，能從全然沒有意識到的潛意識終浮現，至少能或多或少地知曉（p. 187）。在沉默的患者案例中，患者在三年後變得「極度沉默，散發出越來越強的仇恨與絕望的黑潮……我攜帶著這股黑暗且沉重的投射性認同，試著換個方式為他解碼，卻徒勞無功，直到我幾乎和他一樣徹底絕望。」（p. 194）。在沒有話語之下，如同她所承受的，需要更密切地關注他身體的存在與動作，必須放棄仰賴理論和試圖理解，直到某日，她才明白那是股惡狠狠的恨意，並且「為了自由，他的和我的自由，必須突然轉變……〔並且〕沒有真的清楚想過……我只是突然變得憤怒，並且怒斥他長年且致命地攻擊我和分析……我的暴怒改變了分析的療程。」（Coltart, 1986, pp. 194-5）

在她的討論中，她描述後來和患者如何詮釋和理解她在情感上的「爆炸」。分析師如何與患者溝通她的情感經驗、是否該這麼做，在獨立學派分析師之間仍是重要的探討領域。

一九七六年，在英國學會的演說上，比昂談到「感覺，是分析師能奢侈地視為事實的少數幾件事」（cited by Limentani, 1977, p. 215）。只要我們記住，感覺不是我們唯一視為事實的事，我們就能運用它們，擴展我們對患者的理解。假若感受是唯一的事實，分析就必須冒著被簡化的風險，被化約為僅是解開一系列投射與內攝的過程，而分析師僅是專家而已。獨立學派的立場經常被誤解為缺乏縝密的理論立論，彷彿能藉由他們不是什麼，或者折衷卻又腳踏不同的典範，來定義獨立學派人士。獨立學派者並非僅以佛洛伊德學派為依歸，在臨床上藉由優先考慮自由聯想、潛意識溝通等技術來了解情況，也不僅信仰克萊恩派典，優先詮釋投射與內攝機制。如同邁克・帕森斯（Michael Parsons, 2006, 2007）所提，嚴謹的理論是立論基石，使得「內在分析空間」得以發展（在分析師之內），這麼一來，在雙人協做之中，分析師才能努力地向自己的潛意識敞開胸懷，也努力讓患者願意接受自己的潛意識。這是在患者和分析師身上，開展分析歷程的基礎，以及各自探索自己的基礎。

327

本章追溯了八位女性的貢獻如何形塑出獨立學派傳統。她們的作品為潛意識溝通的角色與功能，以及情感在發展過程中的互惠性，還有獨特的兩人相遇的相互性，這些分析式交會的特性，提供了一些關鍵的想法。儘管並未明確說明她們自己的身體和聆聽的能力、以及將患者的經驗留在心中的能力之間的連結，我們在想，她們女性身體的能力在心理上的意義，是否讓她們在精神分析式的交會中探索相互性和情感的關聯性時，具有潛在優勢。

現今，新生兒和神經科學研究結果，驗證了她們最初的觀點，即情感在嬰兒大腦、心智、行為的發展和形塑中佔有核心地位，並在與主要照顧者的相互情感交流中奠定基礎。這些想法更進一步地強化了分析治療的本質：並非只是兩個人在分析的特定設置下會談，而是兩位參與者的潛意識交流。

參考文獻

Balint, A. (1949) Love for the Mother and Mother-Love, *Int. J. Psychoanal.* 30:251-259.

Balint, E (1963) On Being Empty of Oneself, Chapter 3 in *Before I was I: Psychoanalysis and the Imagination,* ed. J. Mitchell and M. Parsons, London: Free Association Books, 1993, pp. 37-55. Also in *Int. J. Psychoanal.* (1963) 44: 470-480.

_____ (1973) 'The Analysis of Women by a Woman Analyst: What does a WomanWant?' Chapter 6 in *Before I was I: Psychoanalysis and the Imagination,* London: Free Association Books, 1993, pp. 72-84. Originally 'Technical Problems found in the Analysis of Women by a Woman Analyst: A contribution to the Question 'What does a woman want?'', *Int. J. Psychoanal*54: 195-201 and chapter 1 in this volume.

_____ (1993a) Unconscious Communication, Chapter 9 in *Before I was I: Psychoanalysis and the Imagination*, pp. 109-118. London: Free Association Books,1993,

_____ (1993b) One Analyst's Technique, in *Before I was I: Psychoanalysis and the Imagination*, pp. 119-129.

Bion, W. (1970) *Attention and Interpretation*, London: Tavistock Publications.

Bollas, C. (1987) *The Shadow of the Object*, London: Free Association Books.

_____ (1989) *Forces of Destiny Psychoanalysis and Human Idiom*, London: Free Association Books.

Brierley, M. (1937) Affects in Theory and Practice, *Int. J. Psychoanal.* 18:256-268.

Coltart, N. (1986) 'Slouching Towards Bethlehem'…or thinking the unthinkable in psychoanalysis', in *The British School of Psychoanalysis The Independent Tradition,* ed. G. Kohon, London: Free Association Books.

Freud, S. (1915a) Instincts and Their Vicissitudes, S.E. 14:111-140.

_____ (1915b) The Unconscious, S.E. 14: 161-215.

_____ (1926) Inhibitions, Symptoms and Anxiety, S.E. 20: 77-175.
Hayman, A. (1986) On Marjorie Brierley, *Int. Rev. Psycho-Anal.* 13: 383-92.
Heimann, P. (1950) On Counter-Transference, *Int. J. Psychoanal.* 31: 81-84.
______ (1978) On the Necessity of the Analyst to be Natural with his patient, Chapter 23 in *About Children and Children-no-Longer*, (ed.) M. Tonnesmann, London: Routledge, 1989.
Kennedy, R. (2007) *The Many Voices of Psychoanalysis*, London: Routledge.
King, P. (1978) Affective Response of the Analyst to the Patient's Communications, *Int. J. Psychoanal.* 59:329-334.
Klauber, J. (1986) *Difficulties in the Analytic Encounter*, London: Free Association Books.
Klein, M. (1935) The Psychogenesis of Manic Depressive States, *Int. J. Psychoanal.*16:145-174.
Lacan, J. (1982) The meaning of the Phallus, in J. Mitchell and J. Rose *Feminine Sexuality: Jacques Lacan and the Ecole Freudienne,* London: Macmillan.
Limentani, A. (1977) Affects and the Psychoanalytic situation, in *The British School of Psychoanalysis The Independent Tradition,* ed. G. Kohon, London: Free Association Books, 1986. Also in *Int. J. Psychoanal.* 58: 171-182, 1977.
Milner, M. (1987) The Role of Illusion in Symbol Formation Chapter 9 in *The Suppressed Madness of Sane Men*, London: Routledge. Also published as 'Aspects of Symbolism in Comprehension of the Not-self', *Int. J. Psychoanal.* 33: 181-95, 1952.
Parsons, M. (2006) The Analyst's Countertransference to the Psychoanalytic Process, *Int. J. Psychoanal.* 87:1183-98.
______ (2007) Raiding the Inarticulate: The internal analytic setting and listening beyond Countertransference, *Int. J. Psychoanal.* 88:1441-56.
Payne, S (1947) Obituary:Ella Freeman Sharpe, *Int. J. Psychoanal.* 28:54-56.
Rayner, E. (1990) *The Independent Mind in British Psychoanalysis*, London: Free Association Books.
Riley, D. (2005) Two approaches to interpretation, Chapter 14 in *Introducing Psychoanalysis: Essential themes and topics*, ed. S. Budd and R. Rusbridger, London: Routledge. Pp. 211-225.
_______ (2000) On Extra-Transference Dread, Chapter 14 in *Mistress of Her Own Thoughts: Ella Freeman Sharpe and the Practice of Psychoanalysis*, ed.M.Whelan, London:Rebus Press.
Sharpe, E. F. (1930a) Certain Aspects of Sublimation and Delusion, *Int. J. Psychoanal.* 11:12-23.
_____ (1937) *Dream Analysis*, London: The Hogarth Press Ltd.
_____ (1943) 'Memorandum on her Technique', in *The Freud –Klein Controversies1941- 45*, London: Routledge, 1991, pp. 639-647.
______ (1950) The Analyst in The Technique of Psycho-Analysis. Seven

Lectures (1930b) pp. 9-21, in *Collected Papers on Psycho-Analysis*, London: Hogarth Press .

Stewart, H. (1985) Changes in the Experiencing of Inner Space, in *Psychic Experience and Problems of Technique*, London: Routledge, (1992) pp. 41-56. Also in *Int. J. Psychoanal.* 66:255-64, 1985

Whelan, M. (2000) *Mistress of Her Own Thoughts: Ella Freeman Sharpe and the Practice of Psychoanalysis,* London: Rebus Press.

Winnicott, D.W. (1947) Hate in the Countertransference, Chapter 15 in *Through Paediatrics to Psycho-analysis*, London: The Hogarth Press, 1987, pp. 194-203. Also in *Int. J. Psychoanal* 30: 69-74, 1949.

_____(1956) Primary Maternal Preoccupation, Chapter 24 in *Through Paediatrics to Psycho-analysis*, London: Hogarth Press, 1987, pp. 300-305.

【後記】「體現」 330

瓊・拉斐爾-勒夫（Joan Raphael-Leff）
國際精神分析學會女性與精神分析委員會創會主席

我們的旅程兜了一圈回到起點。本書以開場文提出的主題畫下句點，探討了精神分析伊始便存在的議題，如今這些議題又回到起點，諸如：佛洛伊德在早期的作品中提出的心－身「邊界」，和心智、大腦與身體的關聯（「自我是身體自我（（body ego）」）；隨後，他對（歇斯底里的）身體的興趣，交織著幻想與禁制的慾望的心理意義，以及文化的鑲嵌（1930）。[1]

今日，我們對於潛意識幻想是先天的身體訊息誘發，或是源於社會互動的疑問，仍不亞於當年熱烈的辯論（巴林、比昂、費

1　原註 1：一方面，如同卡維爾點出的，佛洛伊德給予第二人「詮釋者」一角，以揭露潛意識之思考歷程，和移情與反移情的治療價值，「說明了在他心裡，個體的心智有別於傳統哲學所認為的，有著更多人際活動。」（1991：141）另一方面，「本能」是佛洛伊德的「含糊其辭」用字，「這一詞彙，是為了克服從身體移轉到心智的黑暗渠道。」（p. 145）一個心智和肉體之間的邊界的概念，是「來自有機體（人）之內的刺激之心理表徵，來到心智中，作為要求心智與身體連結的結果而做出的衡量方式。」（Freud, 1915：121-2）克萊恩思潮之理論強調身體的無上之位。蘇珊・以薩（Susan Isaacs）在〈潛意識幻想的本質與功能〉中說：「……所有的衝動、本能驅策或反應，都是在潛意識幻想裡經驗到的。」（1948）這點與安娜・佛洛伊德和其他理論家不同，其他人相信最初的經驗是滿足和不滿足（pleasure and unpleasure），帶有幻想，不是始於原初歷程，而是源於次級歷程，是對於認識現實與認知心智建構的反應，在這之外，身體才得以發揮。儘管艾拉・夏普假定最早的時期是「沒有想像的」，希薇亞・佩恩認為「在語言之前，感覺必須在生理反應裡表達」（這些爭論的記錄，請見 Hayman, 1989; King& Steiner, 1991）。儘管，比昂也將最原始的心智元素（貝塔元素）歸化到感覺經驗中，這些「缺少思考者而無法思考的想法」只有在「代謝」時才能化為可理解的（1962），亦即藉著帶入母親作為最早的（外來）代謝者／阿爾發元素轉譯者，這才將互為主體性的場景設置完成。（本註釋原文頁碼為 346-347）

爾貝恩、費倫奇、艾薩克斯、克萊恩、佩恩、里維埃、夏普、溫尼考特和其他第一代的精神分析師）。[2] 關於身體影響心理還是心理影響身體、先天／後天、基因／環境的交互作用的爭論，此刻依舊圍繞在心智建構時先天的成分、生理的供給，以及兩人之間交流所帶來的深遠影響。反之，對於身體的程序性記憶和內攝而入的父母表徵，在性別、性和慾望建構中的作用，影響了心理狀態、體現和心理社會的性別歸類俗成。

體現

近年來，對於體現（embodiment）的討論激增。正如序言所指出，第三世代再次挑戰了女性身體完全浸沒於以陽具為主軸的古典理論模型。男女平權主義分析師反對以男性為黃金準則，以對照女性是有缺陷的想法，她們致力「產出」關於女性的體現與性別化的發展理論。

相較於拉岡思潮對早期破碎身體的心理組織以及其受主體的想像地圖「封鎖」的肉體禁制，神經精神分析學研究直接聚焦在生理基礎、情緒和心智意義間的連結（Damasio, 2004）。此外，精神分析的新生兒研究創造出一條新的「主幹」，分分秒秒詳細地記述對情感與生理覺醒的探索。追溯於最初照護背景下展開的共同建構的現實，即內在與連結的歷程相互滲透，以及嬰兒和照顧者間的情感相互調節（Stern, 1985; Beebe &Lachman, 1994; Beebeet al, 2003; Tronick, 2003; Fonagy& Target, 2007）。

331

2 編註 1：此處英文人名依序為：Balint, Bion, Fairbairn, Ferenzci, Isaacs, Klein, Payne, Riviere, Sharpe, Winnicott。

假若針對逐幀錄下的互動進行微觀分析，能解釋身體－心智間往來互動的雙向歷程，那麼功能性磁振造影（fMRI）則是面質心／身二分法，為個體與心智間不斷的交互影響提供了證據。神經科學證實了嬰兒大腦的神經可塑性與可鍛性，包括在助長一些神經元路徑、修剪其他路徑時，在環境上活化或抑制沉潛的遺傳傾向。父母的障礙會帶來致病性影響，此一證明呈現在父母親的憂鬱、暴力、施虐和忽略等具破壞性的情感效應，造成「寫入」神經元反應模式的永久性失能與不合時宜的過度警醒（see Karmiloff-Smith, 1995; Balbemie, 2001; Trevarthen & Aitken, 2001）。

進而言之，在精神分析自身已受注目的是，對分析師在診療室中實體存在的文獻探討明顯不足。正如本書意欲論證的，此種無形體論遭受質疑，並帶出患者與治療師雙方有性別的身體（和他們各自對身體的觀點）之間（相互）影響的議題。

論女性與同性工作的觀點多元，正如呈現於本書十八個章節所提出的，儘管這些作者皆是英國學會的女性分析師。這些歧異反映出此一主題的複雜且多層次的本質。並且，毫無疑問地，若是同一批作者從工作中挑選、呈現其他的女性患者，還會有更多的歧異！此刻，我的立場是，生理性別（和社會性別）在分析配對來說，僅是分析對話、背景中的一個維度，或者在某些時候才變得更醒目。在同性別的分析配對中，有幾分近似於相同族裔、種族或文化背景的配對，容易被默認為理所當然，直到差異浮現。

有性別的分析二人組

要指出分析交會中參與者的性別所帶來的影響，很難不冒著聽起來像是本質論者的風險，或是像是接受了二元的分化。因此，有必要聲明，我認為，在一個分化為女性氣質或男性氣質的性別認同中，我們每一個人可能都基於心理上的雙性特質運作著，這主要是出於跨性別的認同和內攝而入的性別基模[3]，但也有許多非性別和多向度的特質，還有，儘管如此，身體實體的存在。雖然許多討論圍繞著移情在多大程度上是基於分析師的「真實」屬性打轉，包括生理性別（雖然有時被誤導為「社會性別」），此刻，我的偏向於假設，在多數時間裡，分析師和患者的生理性別並非作為主動屬性，而是具有影響力的下意識提示，涉及次級象徵知覺與身體經驗的「具感染性的覺醒」（Raphael-Leff, 2003）。同時，所有的分析師（不分性別）都希望能捍衛一個空間，在「幻想範圍內」的模糊性與支撐它的現實之間，兩者的張力能被容受的空間（Winnicott）。

332

許多分析師爭論的是，無論分析師的性別為何都能夠經驗到移情中所有的元素。在本書中，我們提出在某些條件下，同性別的治療配對或許有一些特定的優勢。在這裡，我想關注的不僅是社會性別作為自我定義的構念的表徵性和心理社會本質，也想關注次級象徵知覺身體接受器的基礎和傳導。此外，在女性對女性的分析中，也可能存在潛意識中的相互移情－反移情－移情壓

3 原註 2：此假設是基於後伊底帕斯修復，並整合身體－自體表徵的混合體，包括「過度涵括的」身體－自我表徵、跨性別的身分認同，以及更生硬的感覺運動前伊底帕斯基模，提供了同理性理解與想像力的發展（similar to Bassin, 1997; Benjamin, 1996; Chodorow, 1992; Dimen, 1991; Harris, 1991; Goldner, 1991）。（347）

力，以完成不可能的神話角色，包括女性傾向承載的期待，如：高度理想化／貶低期待中的母親／女兒無條件的給予。

這些議題或許可概略表列如下：

1. **文化與身體：**

   診療室內女性與女性的交流，包括：不同階級、年齡、性取向、種族，或族裔亞群、教育和職業等多種交叉差異，也包括每位女性各自對這些特點的心智表徵，以及對自己女性身體的獨特經驗。在我們不同的立基點之下支撐的是，這份基本上共享的「女性經驗」，亦即作為女孩或女人被一位女性養育，並嵌入帶有男性偏見的文化中，同時活在有育兒潛力、也面臨特定（性）暴力威脅的女性身體中。治療，透過這些參數，希望增加自由度，使每位女性能最大限度地發揮自己的潛力。

2. **身體到心智：**

   身體內隱的「女性經驗」，包括：生命來自父母、觸覺的照護、社會文化信仰和內心的銘印，尤其是從出生或更早之前，透過／屬於女性身體知覺器官而得的經驗。因此，打從初始，身體的社會意義就被納入（彼時尚未社會性別化，卻已生理性別化的）身體形體存在的心智地圖中，它的表面、孔洞、感受、氣味、感覺和本體感受，包括：生殖器的感受。（這些可能包含，也可能不包含伯恩斯坦一九九〇年界定的女性生殖器焦慮。）在發展過程中，一種易變、流動的身體之心智表徵成形——在身體內的身體意象，可能會擴張而超出其最初的輪廓、縮小、被

333

肢解或丟失，納入外在世界的部分，並如一九三五年創造出貼切的「身體意象」此一著名概念的精神分析師謝爾德（Schilder）所說，給出一部分的自己。

這種對身體（和社會性別）高度主觀的心理表徵，是一段行進的過程，是基模持續進化，因為它整合了一個人感官感受、動作和情感（愉快或不愉快）的身體經驗、感覺、情感，以及終究屬於身體的幻想和想法的整體流動。對青春期女性而言，這包含來勢洶洶的身體第二性徵發育的心智整合，含括：陰道分泌物、月經和兩個新器官的萌芽，因而添上附加的情感意涵和特定的焦慮，其中些許或能在分析設置中以言語探索。

3. **身體對身體：**

我指的是「最初的銘印」（而非最初的認同）。古早的母性軀體瀰漫著幽微的殘留物和女性感官滿足——源於親密肢體接觸的身體氣息（母乳、汗水、惡露和其他陰道分泌物）、（子宮內熟悉的）音調變化、步調、動作連貫性、觸碰、壓力、呼與吸之間節奏同步、身體的暖度、肌膚相親，混合著源於自己身體的原始物質的聲音、感覺、氣味，或許很難清楚區分。有些類似於轉化歷程中「未經思考的知曉」，也就是博拉斯（1987）描述的：「顯然，在當代父性的基本照顧中，次級象徵也銘刻著男性感官的等同物；然而，女性、母性的母體本身可能會受哺乳期影響，也受到懷孕期間結合的影響，居然兩個人能夠共居在一副皮囊之下，推翻了個人單數的原則。」（Raphael-Leff, 1993）

身體對身體

我的預設是，診療室中無論何種性別，古早的軀體系統都同象徵一起運作。身體－情感和語言溝通同時流淌，分析交流中的每位參與者皆非有意識地辨別（或者歪曲了覺察）他人在潛意識中運用身體和其延伸作為隱喻，演繹著精妙的表現，顯示出在外表和想像中的身體之間的差異是存在的，或者象徵表徵、肉體歷程和心智意義上的不協調是存在的，在語言之前與之外的身體記憶經歷是存在的。

自嬰兒期起，透過個人的感官動作機制篩選過濾，一個「原始」形式的次級象徵歷程就為著認識自身的身體狀態而運作。我們的直覺反應不僅關注面部表情，也關注心智的身體狀態和他人洩露出的感覺動作。因此，很多時候，面對面時，診療室裡的兩人皆會對閃爍而微妙的矛盾、衝突與妥協進行微調、並且記錄在潛意識中，除了姿態、舉止和風格、衣著顏色、髮型變化、妝容、體重波動等較為意識層次的覺知外，甚且能覺察到身體的聲響、氣味、呼吸和濕度等細微變化。

334

新生兒研究證實，這種運作打從出生就開始了，我們天生就有能力處理與我們談話對象的臉部表情和身體姿勢，並且以姿勢和表情與他們對應，無需經過意識，並且在 30 毫秒內完成（Trevarthen & Aileen, 2001; Beebe et al, 2003）。正是這種次級象徵歷程，能解釋「了解」自己的身體狀態和對他人的次級象徵歷程（感覺、動作、和內在「表徵」）產出相符的同理反應（Bucci, 2005）。順利的話，此種直覺性理解的技能，會從生命之初與母親－她者的反覆互動中共同創造出來（如同斯特恩的互動之表徵如何生成（representations of interactions that have been generalized），或者鮑比的「內在運作模式」），隨著經驗發展與擴張，然而其極端時刻留下的殘骸卻永不改變。

下意識地記下，或者更有意識地注意我們稍縱即逝的覺知，提供了對他人過度、狂喜、決裂與失控的跡象，以及對自己是否緊繃、放鬆、扭動、癱軟或僵直等在椅子或沙發上的姿勢的證據。「壓力」呈現在非慣常的自主反應中，如：呼吸與心跳改變、出汗恐懼的刺鼻氣味、因焦慮或期待而起的雞皮疙瘩或顫抖；因尷尬或壓抑憤怒而來的潮紅或蒼白、擴張的瞳孔、感覺遲鈍、受賀爾蒙驅使而明亮的雙眼。我們體內未受監管的警示訊號，可能會以具感染力的方式說明，與患者體內隱藏的感受，產生的反移情共鳴，且／或使我們的程序性記憶再度甦醒，一種說不清的、以身體重演出最初激情與困惑的那刻。

儘管這些次級象徵「記憶基模」（Bucci, 2005）是高度個人化的，並且包括了——對最初的倆人來說獨一無二的（Tronick, 2003）——特定成群的影像、軀體經驗、生理反應和行動的主觀程序表徵等，這些可透過氣味、聲調、姿勢或者情緒「氛圍」組成而被喚醒，因而為移情（和反移情）歷程提供了概念上的基礎。

在本書中，我們提出，當最初的照顧者是女性時，女性治療師的身體臨在，更有機會再度喚醒這些古早的感官經歷的面貌，儘管清楚，移情也能夠被無性別的誘發因子「啟動」。

在不對稱的治療關係中，治療師經常會發現自己處於接收投射性認同的那端。在與邊緣性人格個案工作時，這會特別強烈、急迫、具體，他們激怒了分析師、摸清他／她的隱私，以排出未經消化的感受，和／或在情感、言行中重演，將內在場景化為實影。療程中，當忙著關注另一方時，我們可能會避免注意到自身的身體情感反應及軀體、動覺表現，直到被情緒的生理本能反應 335 殺得措手不及。有時，治療師可能會真的意識到「很野的」反移情感受，這不僅能增加對患者的理解，也能增加了對自己身體的理解（Orbach, 2006）。有時，我們可能未曾想過要檢視，潛意識裡我們帶有生理性別與社會性別的身體所傳遞的訊息，在患者身上帶來何種相互影響。當我們吸收了「無法思考的焦慮」與未經言語即投射出的情感，我們也不知不覺地傳達出自身的感受。近年來，越來越多的專業文章率直地揭露出不在預期中的反移情感受和被喚醒的焦慮、食慾、情慾或攻擊性感受，以及這些對治療僵局與修復的貢獻。[4]

身體到心智

生理性別是個原始的分類：「當遇到一位人類，你最先辨別的是『男性還是女性？』。」（Freud,1932, p.113）我們對身體和生理性別有所假設，但有時，考慮到主觀社會性別心理組成的多元本質、被社會期待的實踐所覆蓋，其二元區別並不總是能清楚切割（如同電影「亂世浮生」證實的反移情性衝擊）。潛意識的身體姿態與斷裂也包括了父母／照顧者對寶寶和他們自己的身體的態度造成的內化歸因，在診療室的躺椅上，這可能表現為強烈

4　原註 3：四百名分析師回覆了一份關於患者對他們的影響的調查問卷。回饋顯示，當患者和分析師陷入兩人都無法預期的情感投入時，強烈的情感反應是常見的經驗，而儘管關係是不對稱的，將治療師置於「較安全」的位置，他／她卻仍捲入情感風暴之中（Kantrowitz, 1997）。（347）

且令人不安的反移情：「我知道你是男人，」溫尼考特（1966）對他的中年男性患者這麼說，「但是我在對一位女孩說話，我才是瘋了的那位……」不知不覺地，他揭露出某種未知，即母親在潛意識中把他當作她渴望的女嬰般對待。

這本書裡的臨床經驗皆指出，當我們在身體被用來規避情緒理解的狀況下工作時，對患者的身體特徵，我們潛意識裡的軀體反應最為強烈，例如：轉化或是解離狀態、社會性別或是生成創造認同障礙（參見第十三章）。當未經處理的身體經驗佔上風，我們會特別留意肉體存在，並且詮釋患者的肉體存在，從而干擾了患者隱藏或堅持的表達能力。例如：

——**分析師的疾病、障礙和慢性疼痛**，或者患者的，讓我們注意到自己無法控制失功能的身體的無力感。這帶出非自願的身體洩密還是／或是自願的自我揭露等議題（see Khan, 2003）。[5]把分析師增強的自戀式脆弱說成反移情感受和幻想的主要來源，可能觸發患者長期潛抑著未完成的哀悼與脆弱等議題（Colson, 1995）。

——**分析師懷孕（和流產）**，長期以來被視為會再度活化休眠中的議題，為成長再次提供了正向的機會，或者加劇了破壞和自我毀滅的行動（Lax, 1969; Fenster et al, 1986; Mariotti, 1993;

5　原註 4：許多文獻探討了自我揭露的議題，回顧費倫奇早期的訓諭，識別「專業上的虛假」的影響，以避免意識到我們自身的作用和潛意識移轉（Ferenczi, 1932）。許多探討分析師或家庭成員疾病的文獻，都聚焦在干擾分析工作，包括：分析師的高度壓力、想要被安慰的願望和潛意識中利用患者的創傷經驗來工作，以上可能需要協助才能保護「分析空間」。格爾森（Gerson）的書《分析師作為一個人》（*The Therapist as a Person*, 1996）進一步探討各種個人生活危機和經歷之影響，從孩子的死亡、流產、不孕、收養、殘疾、父母離婚的孩子、自身童年遭遇性虐待，乃至同性戀和痴迷，強調對患者承認治療師的掙扎而發生的「療癒性影響」。（347）

Etchegoyen, 1993）。自我保護動作與對反移情的防衛性迴避並不 336 少見（Imber, 1990），甚至能跨越三個代際重演，侵入懷孕的分析師候選人的督導中（see Goldbergeret al., 2001）。有人認為，分析師懷孕打開了一道窗，才能一探那原先在分析交流的潛意識溝通中模糊的三方歷程（Raphael-Leff, 2004）。同樣地，患者懷孕在分析師身上引起很多種感覺，透過視覺、腫脹豐饒的腹部意象和房間裡的訪客的複製引燃（Raphael-Leff, 1996）。當分析師與受分析者同時懷孕，古早的幻想同時在移情和反移情中浮現，包括：對嬰兒或生殖功能相互損害的想法（Raphael-Leff, 2003; Mäenpää-Reenkola, 1996）。[6]

——**強迫般地**，一再抵消治療中的收獲，使隱藏的貪婪慾望與加密的祕密無法清晰地重演。身體異化的案例，例如：飲食疾患（參考瑪莉詠・柏格、布林、布倫斯坦、沙赫特和福納里・斯伯特[7]在本書的論述）、自傷、過敏反應或選擇性／整形手術等，顯現出身體意象扭曲或歧異。還有，社會性別形成和生成創造認同的疾患（see Balint; Bronstein; Raphael-Leff; Riviere; Temperley here, also Di Cegli & Freedman, 1998; Chiland, 2000）。

---

6 原註 5：除了分析師懷孕（揭露了她的性、她的晦暗狀態、她的二合一神聖性，以及她的古早孕育生命且可致死亡的能力）對患者的影響，三重焦點是必要的，因為爾後的潛意識精神分析對話，是懷孕對分析師自己的影響（在她與生殖的奧祕搏鬥時，她的直覺變強、下降和潛意識中內省的傳遞，包括：對形成的焦慮、涵容－保存、轉變與分離），以及患者在懷孕的分析師上造成的影響，兩股動力混合而成的產物，透過她對潛意識歷程的感受性、侵入她內在世界的投射的接收能力加強而放大。這說明了分析師的懷孕照亮了潛意識溝通的雙向歷程（Raphael-Leff, 2004）。在雙重懷孕中，分析師對懷孕的受分析者之潛意識溝通中特定的女性焦慮較為敏感，可能與保護她自身的幻想「盲區」共同存在。在一份對雙重懷孕的記述中，強調了閹割焦慮、對母性復仇的恐懼，以及受禁制的伊底帕斯願望施行報復性的懲罰，來自於女性心智中，性的組成要素裡，共存的謀求陽具與內在生殖器的矛盾願望。（Mäenpää-Reenkola, 1996）。（347）

7 編註 2：此處英文人名依序為：Burgner、Breen、Bronstein、Schachter、Fornari Spoto。

——在**遭受**諸如暴力、拷打、凌虐等**創傷性身體經歷之後**，身體會敏銳地承載對外來的疼痛與傷害的記憶，帶來特定的技術挑戰。同樣，諸如強暴、亂倫、不孕、墮胎、流產、懷孕、替補兒童或身心障礙等，都會提昇對女性有性別的身體之意識，可能在女性治療師身上造成反響（見 Etchegoye；Mariotti；Mills；Perelberg；Pines；Sinason；本書章節）。尤其是受男性折磨過的女性（Williams, 2006），可能會尋找女性治療師，視其為較安全的選項。

在未經處理的身體經驗強勢主導的情況下，早期的生理組態和「原始的」歷程會在療程中再度活化，與次級象徵經驗串聯，並干擾其所喚起的關係形成象徵（顯而易見的，本書描述的多位患者都遇上了情感疏離的照顧者，包括母親接連懷孕，迫使她們無法養育女兒的心智，而非身體行動）。

我認為，在這些情況下，不僅會使得女性或男性患者的身體表徵以症狀的形式顯露，也會使得他／她的治療師，在個體起源和喚起的反移情中產生共鳴。此時，在同性的治療配對中，有著相似的身體感覺器（無論心理表徵為何）可能會增強這種共鳴。

簡而言之，不同於其他職業，我們治療師就是自己的工具。在診療室裡什麼都沒有，除了我們自己——我們對理論的理解、最佳的接收能力、反思的能力，和……我們的阻抗。當我們放鬆下來時，無法言說的身體會透過自由懸浮的注意力記錄下來，當我們放入腦海，將原始的感官印象轉化 那些我們視為有意義的象徵性視覺影像和詮釋。我們推測他人沉默的心理現實，將聽覺／嗅覺／視覺等，有時包括語言等線索轉錄成意識上的覺知。令我們懊惱的是，我們也意識到自身語言的力量，不僅能夠詮釋、

337

說明，也能夠佔用、限制、壓縮和扭曲患者富有生命力的感官身體經驗。

跨性別和同性別治療

> 「在分析關係這過渡、矛盾的空間中，移情性質的性別影響浮現出來。先入為主的性別觀念、內心配置和兩位參與者（或女或男）的現實，皆相互關連，並在形塑移情的過程中發揮錯綜交織的作用」（Kalb, 2002:140）。

自從女性議題的意識提高以來，過去三十年來，人們廣泛研究生理性別對移情的影響（Karme, 1979; Lester, 1985; Gornick, 1986; Kulish, 1986; Schachtel, 1986; Chodorow, 1989; Wrye, 1996; Schaverien, 2006）。一些精神分析研究傾向將分析裡兩人配對的性別影響減到最小，即使只是眾多因素的一項，固守古典思路，即無論患者性別為何，皆能「對分析師，無論是男或女」發展出「母親或父親移情」（Fenichel, 1945: 328）。然而，若是不議論心智中的雙性傾向，則可能忽視其他議題（Lester, 1990）。我們個人的傾向也可能造成盲點，使得治療師的性別強烈影響移情浮現的方式，特別是在分析式治療的早期階段和跨性別的配對中。確實，一項研究發現，分析師的性別對移情的影響比預期中更大，是「經驗、處理、理解和詮釋臨床素材的基本組織因素」。（Kulish, 1989: 70）。

奧托・克恩伯格（Otto Kernberg, 2000）在概述當前對「社會性別」（原文如此〔sic〕）對精神分析情境影響的探索中指出，由於不斷變化的意識形態逆勢影響精神分析的技術和理論，以及新的知識，即考慮兩種社會性別的發展的相似與相異性，這樣的主題並不適合給出普遍性的論述。他的結論是，對於「社會性別和性之間、情慾和愛之間；精神分析關係的界線之挑戰，作為一種促進和涵容的架構，探索伊底帕斯衝突；移情－反移情裡相關的誘惑、禁制、情慾張力的衍生物」的關係，並沒有簡單的答案。儘管如此，他承認「患者和分析師在這段交相互動中的舉止，從初次相遇的那刻起，就傳達了他們核心性別認同和性別角色認同的強烈信號，並對移情和反移情發展產生相應的潛在影響。」（2000：861）

338

在規劃主題是分析師的性別帶來的影響的最新一期《精神分析探究》（*Psychoanalytic Inquiry*）時，編輯們注意到，女性分析師熱烈投稿，相較之下男性分析師則興趣缺缺。艾波邦姆（Appelbaum）和戴門（Diamond）認為，這種忽視本身值得深究。他們假設，透過懷孕的潛力這「無法避免地違反匿名原則」，女性分析師可能發展出一種「顯然身為女性才有的深刻覺察」，這可能造成她們對自己的女性身分對患者的影響「特別感興趣」（2003：145）。

分析師的性別對治療有何影響的推論，也就是患者的性別對分析師的影響之研究，少得多。顯然，在不對稱的治療情境中，他們無法相比或類推。然而，在進入心理治療關係時，雙方都帶來一系列與各自性別認同有關的脆弱性、移情和反移情。

眾所皆知，佛洛伊德發現在他的女性患者身上，很難找出隱藏在父性移情之下的同性戀情感（參見《朵拉》一書），同時因身為母性移情的對象而感到不適（如同他的患者 H. D. 所稱，摘自序言。佛洛伊德越來越相信，比起男性同僚，女性分析師更有機會引出前伊底帕斯階段的母性移情〔1931〕）。

然而，**女性分析師與男性患者**也有自身難題。一項研究指出，男性患者的伊底帕斯恐懼，害怕認同女性分析師或與她融合，隨之以防衛對抗攻擊，需要在父性或情慾移情浮現之前先分析這點（Goldberger 和 Evans, 1985）。男性患者對（伊底帕斯母親／女性分析師）母性移情的抗拒，是出於對「男性氣質」的威脅（Gornick, 1986; Lester, 1999），從而抑制了它的發展，也抑制了強烈的父性移情。其他人則認為，父性和情慾移情確實會浮現，但常因女性分析師自身不願將自己視為另一種性別角色而留在無法識別的狀態（Kulish, 1986）。反過來，有些人相信，對男性分析師而言，可能更難以允許母性情慾移情發展，體驗到這點時，比起女性患者而言，對男性患者來說，經驗到這點更可怕。無論性別為何，母性情慾移情總帶著風險：「即使是語言也能染上情慾，然而被視為特別不足，**他們渴望的是接觸分析師的身體或者身體的產物**；參與者雙方可能都面臨既渴望又恐懼進入同一副皮囊中的願望。不僅是患者，分析師也必須辨識和處理這份願望。」（Wrye, 1993：243，粗體字為作者所加）然而，針對女性患者的同性情慾移情帶來的不適感，某些女性分析師可能會遁逃，將之詮釋為無性的前伊底帕斯「渴望」，或相反地，可能因為害怕被視為誘惑，而壓抑對男性患者的情慾移情的完整開展，又或者錯過隱藏在男性患者的性表現之下的養育或撫慰的需求。有些人擔心，關於女性分析師和男性患者之間情慾移情的資訊不足，可能傳遞出錯誤的觀念，也就是情慾移情本質上是女性的心 339

理問題（Person, 1985）。另一方面，甚少提及的問題是，分析師的情慾**反移情**。此種專業上的緘默，源自於兩股交織的阻抗，一為「迴避以生理為基礎的自體」，另一為不願將父母／分析師視為「孩童浪漫的伊底帕斯掙扎的正式參與者」（Messler Daviesm, 1994：153）。

早期的討論指出，女性分析師在區辨**父性或情慾移情**與對前伊底帕斯陽具母親移情時面臨困難，因為在此兩情境中，特有的消極、順從幻想皆佔主導地位（Karme, 1974）。然而，有些人認為，在男性患者身上，負向的父性伊底帕斯移情導向了分析外的經驗與關係。

一些支持男女平權主義的分析師將焦點放在社會性別特質（受不同的社會文化和發展經驗形塑而來），包括：女性對關係、親密與連結的舒適度，將之與男性的「自發自決」、獨立、自主權等對照，因此男性患者會排斥強烈的母性移情和退化依賴（Gornick，1986；Benjamin，1988；Chodorow，1989；Gabbaed 和 Lester，1995；Gilligan，1982；Jordan，1995；Schachtel，1986）。但是也許，對某些「自發自決」的男性分析師來說，也是如此？確實，有些人認為，對於任何性別的分析師和患者來說，社會化為這兩種不同的性別角色帶來複雜且互相影響的限制，並且浮現在移情和反移情之中。有些人主張，男性之間，前伊底帕斯父－子關係可能很容易與看似為同性戀情慾的元素混淆，例如：外顯的性移情也可用來防衛，對抗由全能的母親引發的無能與憤怒，以及（本身是衝突的）與她融合的願望之間的衝突醒覺（Gabbard, 1996）。

女性對女性的治療

在報告督導女性治療師與女性患者的工作時，戴爾・門德爾（Dale Mendell）引述朵莉絲・伯恩斯坦（Doris Bernstein）的意見，由於女性治療師與女性患者的性別重複了最初的母－女配對，在治療中創造出「一些最古早、危險和可能修復衝突」的機會。案例闡明了，當分析師和患者涉入移情和反移情中「比較、競爭、融合的恐懼與願望、認同、依賴、分離與失落」等議題，會有一股朝向退化的拉力，以及相對不穩定的界線，也注意到「全部都是女性的督導三角」可能會在平行的歷程中展露這些現象，「特別是，當接受督導者努力想效法督導時，就已經為理想化、認同、競爭和嫉羨奠下了基礎。」（1993：278）

一項對於治療配對中四種性別組合的研究，發現了兩種特定 340 的發展，這在女性患者與女性分析師（和其反移情之意涵）進行分析時產生的移情中，並非少見。一種是關於與母性客體的親密與疏離（往往用過度控制等議題呈現，並在移情中以施虐受虐的方式與分析師搏鬥），另一種則與情慾移情有關（Lester, 1990）。

這符合了女性對女性的分析文獻的首要主題，母－女軸向：強調過度認同、競爭、缺少獨立－個體化（separation-individuation）等議題（Bernstein, 1991）。此外，來自母性鏡像存在的「情慾回放」渴望（Williams, 2006）。其他人則強調其間潛在的衝突：患者／女兒對母性養育的渴望，以及她強烈地需要物化分析師／母親，並削弱其主觀性、權威，或者兩者兼具。對焦慮、攻擊和其他強烈情緒的防衛性迴避，可能喚醒強烈的母性移情，並在女性與女性的關係中導致「假性互惠」，一種「姊妹情誼」的形式（Dimen, 1991）。

雖然一點也不想指向性別認同的二元模式，許多支持男女平權主義的精神分析師和關係取向治療師（Benjamin, 1988; Chodorow, 1989; Dimen, 1991; Schachtel, 1986）皆同意，女性對女性的治療使得更早期、更充分、更強烈的母性移情得以開展，以及其他與性別相關的歷程得以以負向和正向的方式開展（見Kalb，2002）。這種非常相似的狀況，可能會強化分離的恐懼（Chodorow, 1989; Gilligan, 1982），並在同性的治療中加劇。

心智到心智

接著，我想提出的最後一點，簡單的一點：理論決定技術與實踐。在診療室中，感官的聆聽會受到我們的信念影響。我們對社會性別的定義，顯然會影響所謂合理的期待。盲點可能是概念性的：一個研究分析態度對社會性別和性問題之影響的小組，報告了在與女性受分析者的分析工作中，對兩個重要的組織概念的啟發式運用：最初的女性氣質和陽具閹割情結。不出所料，他們發現堅持一個立場，而非另一個立場的傾向，使得分析性聆聽有所偏頗（Fritschet al., 2001）。

相似地，根據一項對精神分析師的調查，它宣稱對「錯誤的」理論效忠、和／或個人盲點，會導致對女性的幼稚化、前伊底帕斯化或社會刻板印象化，從而限制了分析的效果。男性與女性分析師皆有的「基於社會性別的反移情偏見」，被認為會增加理論上的誤解，比如將女性的分離衝突解讀為前伊底帕斯，而非女孩的三角情境中不可或缺的一部分，從而阻礙了分析的進展（KUlish & Holtzman, 2003）。

文化和身體

341

當社會在快速改變的過渡時期，如同我們的社會，理論往往會落在實務之後。身為治療師，我們問自己，我們的知識能否跟得上患者的陌生體驗。我們又該如何忍受，沒有正式的理論能夠引領我們的不確定感？在探索的旅程中，我們能否敏銳地感知新議題？我們知道，由於保守的思維或概念上的盲區，治療師可能會悄悄地誘使患者符合常規，而非探索與拓展。

在一九六〇年代反主流文化革命期間，性別跨越了界線、外在標籤變得模糊，先前屬於男性與女性那種獨特且不驗自明的分類，在西方社會備受質疑。生理性別（在出生時由染色體狀態判別），顯然與社會性別有所不同，那是一種自我定義的建構，包含多重層面，貫穿整個生命週期，生理性別模式，有別於社會性別的多元模式，後者會在生命週期的不同時間點不斷累積或波動。精神分析理論不得不因應婦女運動帶來的社會政策變化，包括兩性之間權力結構的重新調整（診療室內和診療室外）：更多的女性獲得公共和經濟資源，隨之而來的是男性也參與家務和育兒工作。在不是那麼「大男人主義」的社會中，這使得男性不再那麼需要「除去」對女性母親的「認同」，男性更能運用自己的女性氣質，而不是被看成「娘娘腔」，隨之而來的是對所謂合理期待的改變，而且更傾向於照顧與感性。同樣地，「同性戀」的理論議題也因 DSM 去病理化獲得重新考量。先前以潛抑另一種性別特質為「文明」歷程的具體化理論，正逐漸淘汰，取而代之的是，認識到要運用更多內在世界局部且起伏不定的、多種成分組成的身分認同與性。

因此，在快速變遷的脈絡下，在精神分析中，我們也看見了新世代的患者，包括：

- 由支持男女平權主義的母親撫養的女兒，支持女兒對女性生殖器感到自豪，因而讓她們的心理結構有別於那些貶低自己和女兒的性與慾望的母親的女兒，被貶低會導致她們內化進來的身體自體表徵殘缺（不足）、次等，且對外表、食慾、渴望有深刻的焦慮，驅使她們渴望透過育兒來複製古老的母親功能和生命早年的感官體驗。
- 相反地，受身體表徵扭曲與軀體異化所苦的女性，對真實「活著的身體」和主觀身體基模的認知之間有著鴻溝，她們恨自己的身體，讓身體挨餓與受傷。形式較不極端的身體／意象落差逐漸成為常態，透過媒體的描繪和現下的誘因，例如：食慾抑制劑、肉毒桿菌或健身藥物、臉部緊實和整容手術、乳房增大或縮小（許多禿頭男性需要植髮重獲年輕面容，或者陰莖增大術）。
- 那些在教育機會均等、不帶有生殖複製的期待，和／或在新的家庭結構（單親或同性家長、公社或重組家庭），以及家裡只有一個小孩的家庭成長的人，關係緊密，更相互信賴，並且在自己成為父母之前，沒有手足和他們一同積極地修通有待啟動的嬰兒期議題。
- 在**新型生殖**技術，例如：人工受孕、女同性戀交換卵子、多胞

342

胎和代理孕母、精／卵子捐贈等情況下出生的人，對自己的起源和血緣關係有著特殊的陳述。

最後，今日司空見慣的是由父親帶大的男性和女性，他們似乎較少將女性聯想為全能、古早、吞噬、殘暴的「吸血鬼」，儘管賦予生命、卻也可能導致死亡的生母，以及哺乳的女性人物表徵仍未改變。

顯然，「女性」的社會建構既複雜且多元，因社會階級、種族、年紀和性取向類別而有所差異。我們對自己女性的生物身體的經驗和表徵因人而異，而我們的社會性別身分也是如此，並非一成不變。也就是說，如果存在的話，女性治療師之間最小的共同點是什麼呢？引用現象學所謂「關係中自我」，與治療性與社會性別角色（Schachtel, 1986）一致的部分，皆帶有「關懷、同理、表達、養育」，也連結到女兒和嬰兒、幼兒的主要照顧者的社會化（Chodorow, 1994）。這可能涵括了「賦權」予他人的能力（Brown, 1990）。男女平權主義者列出常見於女性治療師和她們的女性患者之間的議題，她們在社會上共享著邊緣地位，這種地位來自有別於主流規範下男性「準則」的生理差異，並在經驗潛在的性虐待或暴力、或在此陰影下生活，估計有三分之一的女性受到影響。

今日，許多人認為社會性別並非固定，而是不斷變化的歷程，在歷程中，前伊底帕斯的雙性特質可能會從防衛性潛抑（Benjamin, 1996; Bassin, 1996; Raphael-Leff，此處）中釋放而出，從而彌合了對立二分的男性氣質－女性氣質、自主－親緣，以及互為主體－個體內心。南希・喬多羅（Nancy Chodorow, 1994）

對異性戀提出了相似的假設，作為發展上妥協的形式，包含了多種、擺盪的社會性別立場。儘管並非所有人都同意，我們可以得出結論，「社會」性別充滿著矛盾、模糊和可滲透的邊界，而這些往往比我們以為的還要流動且主觀（Kalb, 2002: 140）。

總而言之，二十一世紀促使我們重新審視古典精神分析關於生理性別、社會性別與性等理論架構，特別是關於理想的後伊底帕斯情結解決方案的概念，這個強調男性氣質或女性氣質身分認同和客體選擇必須與生理解剖結構一致的概念。英式的批判性檢驗，貫穿精神分析訓練和本書的章節。在我看來，最有可能影響第四代理論的因素是，在精神分析論述裡越來越多地探討，社會性別特徵的內在異質多樣性與非固著性，無論是在性別之內、或是性別之間，並且女性之間有充分探索這些議題的機會。

346 感謝厄爾·哈波（Earl Hopper）對先前的版本給予意見。

參考文獻

Balbernie, R. (2001) circuits and circumstances: the neurobiological consequences of early relationship experiences and how they shape later behaviour, *J.Child Psychother*. **27**:237-55

Bassin, D. (1996) Beyond the He and The She: toward the reconciliation of Masculinity and Femininity in the Postoedipal Female Mind., *J. Am.Psychoanal. Assoc.* 44: 157-190

Bollas, C. (1987), *The Shadow of the Object: Psychoanalysis of the Unthought Known.* London: Free Association Books.

Beebe, B & Lachman, F.M. (1994) Representation and Internalization in Infancy:Three Principles of Salience *Psychoanal. Psychol.* 11:127-165

Beebe, B., Knoblauch, S., Rustin, J. & Sorter, D (2003) Introduction: A Systems View.*Psychoanalytic Dialogues*, 13(6):743-775

Benjamin, J. (1988) *The bonds of love: Psychoanalysis, feminism, and the problem of domination*. New York: Pantheon Books.

_____ (1995) *Like subjects, love objects*. New Haven, CT: Yale UP
_____ (1996) In Defense of Gender Ambiguity*, in Gender and Psychoanalysis.* New York: Int. Univ. Press, pp. 27-44.
Bernstein, D. (1990). Female Genital Anxieties, Conflicts and Typical Mastery Modes. *Int. J. Psychoanal* 71: 151-165
_____ (1991) Gender specific dangers in the female/female dyad in treatment. *Psychoanal. Rev*., 78, 37-48.
Bion, W.R. (1962) A theory of thinking. *Int. J. Psychoanal* 43: 306-310
Brown, LS (1990) What female therapists have in common, in D. Cantor (ed), *Women as Therapists – a multitheoretical Casebook*, New York:Springer, pp.227-242
Bucci, W (2005) The Interplay of Subsymbolic and Symbolic Processes in Psycho-analytic Treatment. Psychoanal. Dial., 15:855-873
Cavell, M. (1991). The Subject of Mind. *Int.J.Psychoanal.*72: 141-154
Colson, D B & Gurtman, J. H. (1990). The Impact of the Psychoanalyst's Serious Illness on Psychoanalytic Work. *J. Am. Acad. Psychoanal.*18: 613-625
Chiland, C (2000) The Psychoanalyst and the Transsexual Patient. *Int. J. Psychoanal* 81:21-35
Chodorow, N. J. (1989). *Feminism and psychoanalytic theory*. New Haven, CT: Yale University Press.
_____ (1994) *Femininities, Masculinities, Sexualities: Freud and Beyond.* Lexington, KY: Univ. Press of Kentucky.
Damasio, A. (2004). *Looking for Spinoza: Joy, sorrow and the feeling brain. London:* Vintage
Dimen, M. (1991Deconstructing difference: gender, splitting, and transitional space. *Psychoanal. Dial*., 1:335-352
Di Ceglie, D. & Freedman, D (1998) *A Stranger in My Own Body – atypical gender identity development and mental health,* London:Karnac
Dimen, M. (1991). Deconstructing difference: Gender, splitting, and transitional space. *Psychoanal. Dial.,* 1, 335-352
Etchegoyen, A. (1993). The Analyst's Pregnancy and its Consequences on her Work. International Journal of Psychoanalysis 74: 141-149
Fenichel, O (1945) *The Psychoanalytic Theory of Neurosis* New York: W. W. Norton.
Fenster, S, Phillips, S B &. Rapoport, ERG (1986) *The Therapist's Pregnancy: Intrusion in the Analytic Space* Hillsdale, NJ: The Analytic Press
Ferenczi, S (1932) Confusion of Tongues Between Adults and the Child—The Language of Tenderness and of Passion. *Contemporary Psychoanalysis* 1988, 24: 196-206
Fonagy, P & Target, M (2007) Playing with reality: IV A theory of external reality rooted in intersubjectivity, *Int. J. Psychoanal, 88*:917-37

Freud, S (1895) A project for a scientific psychology. S. E. 1.
____ (1930) Civilization and its discontents S.E. 21
Fritsch E, et al (2001). The Riddle of Femininity: The Interplay of Primary Femininity and the Castration Complex in Analytic Listening. *Int. J.Psychoanal.,* 82:1171-1182
Gabbard, G. O. (1996). *Love and hate in the analytic setting.* Northvale, NJ: Jason Aronson.
Gabbard, G. O., & Lester, E. P. (1995). *Boundaries and boundary violations in psychoanalysis.* New York: Basic Books.
Gilligan, C. (1982) *In a different voice: Psychological theory and women's development.* Cambridge, MA: Harvard University Press.
Goldberger, M D et al (2003). On Supervising the Pregnant Psychoanalytic Candidate. *Psychoanalytic Quarterly*, 72(2):439-463
Goldberger, M., & Evans, D. (1985). On transference manifestations in patients with female analysts. *Int. J. Psycho-Anal.,* 66, 295-309
Goldner, V. (1991).Toward a critical relational theory of gender. *Psychoanal. Dial.*, 1:249-272
Gornick, L. K. (1986). Developing a new narrative: The woman therapist and the male patient. In J. L. Alpert (Ed.), *Psychoanalysis and women: Contemporary reappraisals,*. Hillsdale, NJ: Analytic Press, pp.257-286.
Hayman, A. (1989). What Do We Mean by 'Phantasy'? *Int. J. Psychoanal* 70: 105-114
Imber, R. R. (1990). The Avoidance of Countertransference Awareness in a Pregnant Analyst. Contemporary Psychoanalysis 26: 223-236
Isaacs, S (1948) The Nature and Function of Phantasy *Int. J. Psychoanal.* 29:73-97
Jordan, J. V (1995) A relational approach to psychotherapy. *Women & Therapy*, 16, 51-61.
Kalb, M. B. (2002). Does Sex Matter? The Confluence of Gender and Transference in Analytic Space. *Psychoanal. Psychol.* 19: 118-143
Kahn, N. E (2003) Self-Disclosure of Serious Illness: The Impact of Boundary Disruptions for Patient and Analyst. *Contemp. Psychoanl 39*: 51-74
Kantrowitz, J. L. (1997). A Different Perspective On The Therapeutic Process:The Impact Of The Patient On The Analyst. *J. Am. Psychoanal. Assoc.* 45: 127-153
Karme, L (1974) The analysis of a male patient by a female analyst:the problems of the negative Oedipal transference, *Int.J.Psychoanal* 60:253-61, also chapter 14 in G*ender, Countertransference and the Erotic Transference*, (ed)J.Schaverien, London:Routledge
Karmiloff-Smith, A (1995) Annotation: The extraordinary cognitive journey from foetus through infancy, *J.Child Psychol. Psychiat.* 36:1293-1313
Kernberg, O. F (2000).The Influence of the Gender of Patient and Analyst in the Psychoanalytic Relationship. *J.Am.Psychoanal.Assoc*

48: 859-883
King, P. & Steiner, R.(1991 *The Freud–Klein Controversies 1941–45*. The New Library of Psychoanalysis.
Kulish, N. M (1984) The effect of the sex of the analyst on transference *Bulln. Menninger Clin*. 48:95-110
_____ (1986). Gender and transference: The screen of the phallic mother. *Int. R. Psycho-Anal.,* 13: 393-404
_____ (1989). Gender and transference: Conversations with female analysts. *Psychoanal. Psychol.,* 6: 59-71
Kulish, N & Holtzman, D (2003). Countertransference and the female triangular situation. *Int. J. Psycho-Anal*., 84:563-577
Lax R.F (1969) Some considerations about transference and counter-transference manifestations evoked by the analyst's pregnancy *Int. J. Psychoanal*. 50:363-372
Lester, E. (1985). The female analyst and the eroticized transference. *Int. J. Psycho-Anal*., 66, 283-293.
____ (1990) Gender and Identity Issues in the Analytic Process.*Int. J. Psychoanal.* 71: 435-444
Mäenpää-Reenkola, E (1996) The fantasy of damage to the baby Female castration fantasies and phallic defenses emerging in a pregnant analysand with a pregnant analyst *Scand. Psychoanal Rev,* 19:46-59
Mariotti, P. (1993) The Analyst's Pregnancy: The Patient, the Analyst, and the Space of the Unknown. *Int. J. Psychoanal* 74: 151-164
Mendell, D. (1993) Supervising Female Therapists: A Comparison of Dynamics While Treating Male and Female Patients. *Psychoanal. Inquiry* 13: 270-285
Messler Davies, J. (1994). Love in the Afternoon: A Relational Reconsideration of Desire and Dread in the Countertransference. *Psychoanal. Dial.*,4:153-170
Orbach, S.(2006) What can we learn from the therapist's body? Chapter 11 in *Gender, Countertransference and the Erotic Transference*, (ed) J. Schaverien, London:Routledge, pp.198-211
Person E S (1985) The erotic transference in women and men: Differences and consequences *J. Amer. Acad. Psychoanal.* 13:159-180
Raphael-Leff, J (1993)*Pregnancy-The Inside Story*. London: Karnac ,2001
____ (1996) Pregnancy - Procreative Process, The 'Placental Paradigm,' and perinatal therapy. *J.Am.Psychoanal.Assoc* 44: 373-399
____(2003) *Infant-Parent Psychodynamics – wild things, mirrors and ghosts,* J Raphael-Leff (ed), London, New York: Whurr/Wiley
____(2004) Unconscious transmissions between patient and pregnant analyst *Stud. Gender Sex*., 5:317-330
Schachtel, Z (1986) the 'impossible profession' considered from a gender perspective, in J.L. Alpert (ed) *Psychoanalysis and Women: contemporary appraisals,* Hillsdale, NJ:Analytic Press, pp.237-257

Schilder P (1935) *The Image and Appearance of the Human Body,* New York: International University Press, 1950.
Trevarthen, C & Aitken, K (2001) Infant intersubjectivity: research, theory and clinical application. *J. Child Psychol.Psychiat.* 42: 3- 48.
Tronick, E Z (2003) 'Of Course All Relationships Are Unique': how co-creative processes generate unique mother—infant and patient—therapist relationships and change other relationship *Psychoanal. Inq,* 23:473-491
Williams, S (1993) Women in search of women: clinical issues that underlie a woman's search for a female therapist, *Brit.J.Psychother.* 9:291-300
Winnicott, D. W (1951) Transitional objects and transitional phenomena In *Collected Papers: Through Paediatrics to Psycho-Analysis.* London: Tavistock, 1958, pp. 229-242
______ (1966). The split-off male and female elements to be found in men and women. In *Psychoanalytic Explorations,* (ed) C. Winnicott, R. Shepherd & M. Davis. Cambridge, MA: Harvard Univ. Press.
Wrye, Kimble H (1993) Erotic Terror: male patients' horror of the early maternal erotic transference. *Psychoanal. Inq.*, 13(2):240-257

【附錄一】收錄篇章作者簡介 viii

編按：

1. 以下作者名依其姓氏之英文字母順序排列。
2. 本附錄譯自原文書於2008年二版的資料，近期簡要的職稱，置於各章作者名後。其中兩位主編的最新簡介，也可見本書封前折口。
3. 本附錄於貼近內文左右側亦標有原文頁碼，供索引查找。

芭比・安東尼斯（Barbie Antonis）是英國學會的正式會員，她參與多個委員會，也是董事會與理事會的正式成員。來自南非的她擁有雷丁大學心理學、生物化學、生理學學士等學位，並在劍橋生活多年，在社會與政治學院教導大學生，並撰寫醫學的社會面向與社會中的女性之論文。她是兒童照護與發展單位的研究員，對兒童發展進行縱向研究。後來在阿登布魯克醫院擔任心理師和成人心理治療師，一九八八年獲得英國心理治療師學會認證，成為精神分析取向心理治療師。移居倫敦後，她受訓成為精神分析師，並於一九九七年獲得認證。自一九九四年起，她一直在西倫敦的帕克賽德診所擔任成人心理治療師顧問，也私人執業。她的興趣包括：真實身分認同的發展和尋找「分析的聲音」，運用聲音她也吟唱爵士與藍調。

伊妮德・巴林（Enid Balint）於一九九四年逝世。自一九六〇年代起，她就是英國學會的訓練分析師與領軍人物。在此之前，她是公民諮詢局的倫敦發起人，對伴侶之間的互動極感興趣，她視婚姻為「一個整體，而非兩個獨立的個體」，並在一九四八年創立家庭探討局，日後發展為設立於塔維斯托克人類關係學院與今日的塔維斯托克伴侶關係中心的婚姻研究學院。在一九五〇年代初期，伊妮德協同丈夫，邁克爾・巴林，發展一項國際知名的訓練方式，以使家庭醫師能更敏覺他們與患者互動時的心理面向。一九八〇年，伊妮德成為皇家家庭醫師學院的榮譽院士。

直至八十餘歲，她仍堅持研究、帶領示範性團體。一九九三年，九十歲的她在自由聯想圖書（Free Association Books）出版論文集《在我成為我之前——精神分析與想像》（*Before I was I - Psychoanalysis and the Imagination*，本書由茱麗葉・米切爾〔Juliet Mitchel〕和邁克爾・帕森斯〔Michael Parsons〕編輯）。

ix **達娜・比克斯泰德-布林（Dana Birksted-Breen）**是英國精神分析學院的訓練分析師。她在巴黎索邦大學獲取文學學士，並在薩賽克斯大學獲得社會心理學哲學博士。一九八〇年，她獲取精神分析師認證後便全職私人執業，主要著作有《第一位孩子的誕生：邁向理解女性氣質》（*The Birth of a First Child: Towards an Understanding of Femininity, Tavistock Publication*, 1975）、《與母親對話》（*Talking with Mothers*〔Jill Norman, 1981〕, Free Association Books, 1989）、《社會性別之謎：女性氣質與男性氣質的當代精神分析觀點》（*The Gender Conundrum: Contemporary Psychoanalytic Perspectives on Femininity and Masculinity*, Routledge, New Library of Psychoanalysis, 1993）。她的論文〈陽具、陰莖和心智空間〉獲得了一九九五年的薩切爾多蒂大獎（《國際精神分析學會期刊》〔*IJPA*〕，77，1996）。此外，她亦是《國際精神分析學會期刊》的聯合總編。

卡塔利納・布倫斯坦（Catalina Bronstein）是英國精神分析學會的訓練和督導分析師，亦是兒童心理治療師協會的成員。她最初在布宜諾艾利斯接受醫學與精神醫療訓練。到了倫敦，在塔維斯托克診所受訓成為兒童心理治療師，並在一九八九獲得精神分析學院的分析師資格。過去二十年來，她在布倫特（Brent）青少年中心工作，也私人執業。布倫斯坦醫師是倫敦大學精神分析理論的榮譽資深學者，講學的足跡遍及英國和海外。她編輯了《克萊恩理論。當代視角》（*Kleinian Theory. A contemporary perspectiv*e）現為《國際精神分析學會期刊》倫敦區編輯。

瑪莉詠・柏格（Marion Burgner）是英國精神分析學會的訓練分析師與正式成員，並教授精神分析的理論與實務。在受訓成為分析師之前，她在倫敦大學學習，先是英國文學，接著是心理學。她也在漢普斯特德診所獲得兒童分析師資格，並且持續在安娜・佛洛伊德中心、布倫特諮詢中心，與兒童和青少年工作多年。此外，她督導倫敦大學醫院心理醫療部的住院醫師與醫學生。在塔維斯托克診所的一項專案中，她為愛滋病毒陽性或罹患愛滋病的患者，提供精神分析取向心理治療，並於一九九〇年起參與安娜・佛洛伊德中心的研究計畫，為精神崩潰的青年提供治療。瑪莉詠・柏格在職業生涯中，受邀至許多全國與國際研討會演說，她的發表與教學範圍遼闊，遍佈英國與海外。遺憾的是她於一九九六年十月英年早逝。

艾莉西亞・埃切戈延（Alicia Etchegoyen）於一九八二年獲得分析師資格，也是英國精神分析學會的正式會員與兒童分析師。她曾擔任內科醫師，掌管倫敦精神分析診所兒童部門，擔任兒童與青少年精神醫療顧問，也是切爾西和威斯敏斯特醫院的週產期心理健康服務的臨床主任，著作包含探討分析師懷孕、嬰兒觀察和兒童照護之論文。

吉吉蘿拉·福納里·斯伯特（Gigliola Fornari Spoto）在前往英國精神分析學院受訓成為分析師之前，在義大利接受醫學與精神醫療訓練。目前，她以分析師的身分全職私人執業，亦是英國精神分析學會的訓練與督導分析師。

葆拉·馬里奧蒂（Paola Mariotti）在義大利受訓成為醫師。自一九八六年起，成為英國精神分析學會的精神分析師與正式會員。多年來，她一直與倫敦精神分析診所密切合作，也參與其他組織的精神分析評估，並在英國精神分析學會和英國心理治療師協會教學與演講。她是國民保健署人格疾患部門的主管，然而她的主要工作是私人執業。她的興趣聚焦於從母親的觀點和分析中的患者角度探討母職議題（曾於一九九三年發表論文，探討分析師懷孕帶來的影響）。

瑪姬·密爾斯（Maggie Mills）是哲學博士、英國精神分析學會會員，現職私人執業。曾任倫敦大學皇家霍洛威學院（倫敦）發展心理學講師，也是國民保健署臨床心理學顧問，經營心理動力心理治療（相提），為布里克斯頓地區少數族裔女性提供服務；現為成熟育兒方案主管，協助處境艱難的弱勢家庭養育幼兒。她的著作主題論及母親的憂鬱、家庭關係、心理治療療效和家庭暴力，近來，她協同編輯了《精神分析思想與莎士比亞》（*Psychoanalytical Ideas and Shakespeare*, 2006）。

茱麗葉・米切爾（Juliet Mitchell）是劍橋大學精神分析與性別研究教授，也是劍橋大學耶穌學院研究員、英國精神分析學會和國際精神分析學會正式會員，最新著作是《手足：性與暴力》（*Siblings: Sex and Violence*, 2003）、《狂人與梅杜莎：為人類處境恢復歇斯底里與手足關係》（*Mad Men and Medusas: Reclaiming Hysteria and the Sibling Relationship for the Human Condition*, 2000），先前的著作包括《精神分析與女權主義、女性狀態與女人：最長的革命》（*Psychoanalysis and Feminism, Woman's Estate and Women: The Longest Revolution*），以及不同版本的關於雅各・拉岡、梅蘭妮・克萊恩、伊妮德・巴林之作品。

羅辛・約瑟夫・佩雷伯格（Rosine Jozef Perelberg）是倫敦大學的客座教授，也是英國精神分析學會的會員、訓練分析師與督導，亦是課程委員會主席，並服務於招生與教育委員會。一九九一年，於布宜諾艾利斯的國際精神分析協會大會，她獲得凱薩・薩切爾多蒂大獎的共同獎項。她在倫敦政經學院獲得社會人類學哲學博士，曾在國民保健署服務多年，也在莫茲利醫院、精神醫療學院和馬爾堡家庭服務中心擔任資深心理治療師和家庭治療師。她的寫作與教學範圍廣泛，論及精神分析的理論與實務、社會性別議題與暴力，遍及英格蘭及海外，並曾編輯《暴力與自殺的精神分析理解》（*Psychoanalytic Understanding of Violence and Suicide*, 1998）；《夢與思考》（*Dreaming and Thinking*,

xi

2000, 2003）；《佛洛伊德：現代讀者》（*Freud: A Modern Reader*, 2005）和《時間與記憶》（*Time and Memory*, 2007）；最新作品是《時間、空間與幻想》（*Time, Space and Phantasy*, 2008）。

迪諾拉．派因斯（Dinora Pines）於一九六四獲得認證，是英國精神分析學會的訓練分析師與督導。在教學之前，她同時在醫療中心與家醫科診所服務，因此與女性患者工作的經驗非常豐富且多樣。她的臨床服務亦延伸至男性患者，因此伴侶動力概念在她心中孕育而生。派因斯醫師在歐洲與美國等海外大量講學。此外，因公開講座與臨床研討會（並創立精神分析圖書館），使得她在前蘇聯頗富盛名。她的論文集《女性在潛意識中運用身體》（*A Woman's Unconcicius Use of Her Body*），由維拉果（Virago）於一九九三年出版。遺憾的是，她於二〇〇二年逝世。

瓊．拉斐爾-勒夫（Joan Raphael-Leff）在倫敦的安娜．佛洛伊德中心帶領倫敦大學學術團隊進行精神分析研究，目前率領由政府資助的與青少年的家長工作之專業人員訓練計劃。曾任艾塞克斯大學精神分析教授、馬爾堡日間醫院資深心理治療師，並在精神醫療學院的社會精神醫療部門擔任醫療研究理事會的社會心理學家。自一九七六年獲精神分析師認證起，她針對人類生殖的情感因素進行臨床服務與學術工作，在該領域獨自發表了超過八十篇作品與九本書，包括《生育的心理歷程》（*Psychological Processes of Childbearing*, 1991/2005）；《懷孕－內在故事》（*Pregnancy - the Inside Story*, 1993/2005），《精神分析倫理》（*Ethics of Psychoanalysis*, 2000）；《溢出的奶水——週產期失落和崩潰》（*Spilt Milk - Perinatal Loss and Breakdown*, 2000）；《療程之間和躺椅之外》（*Between Sessions and Beyond the Couch*, 2002）；《嬰兒－父母心理動力－野物、鏡子與幽魂》（*Infant-Parent Psychodynamics - wild things, mirrors and ghosts*, 2003）。

瓊・里維埃（Joan Riviere）生於一八八三年，儘管她沒有受過大學教育，但十七歲時在德國生活的經驗使她精通德語，有利於她在經歷與歐內斯特・瓊斯（Ernest Jones）挫敗的分析和與佛洛伊德（他認為她是一股「真正的力量」）短暫的分析之後，著手將佛洛伊德的文章翻譯成英文，並於一九二二年至一九三七年擔任國際精神分析學會期刊的翻譯編輯。一九一九年，她成為英國精神分析學會的創始會員，此後積極參與訓練活動，與歐內斯特・瓊斯、愛麗克斯（Alex）和詹姆士・史崔奇（James Strachey）一同服務於「專有名詞對照表委員會」，將佛洛伊德技術詞彙轉譯為英文。一九三五年，她以英國學會使者身分前往維也納，在一系列講座中發表對女性發展的觀點。她參與了所有的論戰，並且與梅蘭妮・克萊恩密切合作二十年，她們共同出版了幾本書，也發表她自己的探討心智歷程與機制的原創論文。這些都收錄在卡納克（Karnac）於一九九一年出版、阿瑟・休斯（Athol Hughes）編輯的《內在世界與瓊・里維埃——1920至1958論文集》（*The Inner World and Joan Riviere - Collected Papers 1920-1958*）。瓊・里維埃持續與患者工作，直至一九六二年逝世。 xii

瓊・沙赫特（Joan Schachter）是英國精神分析學會的訓練和督導分析師。在精神分析學院受訓之前曾接受醫學和精神醫療訓練，並於一九八三年獲精神分析師資格。她曾在卡索醫院和布倫特青少年中心工作，現已從國民保健署精神醫療心理治療顧問一職退休。

薇樂莉・西納森（Valerie Sinason）是一位詩人、作家、兒童和成人心理治療師和成人精神分析師。她是解離研究診所的創始人與主管，亦是開普敦大學兒童輔導診所的榮譽心理治療顧問、失能與心理治療學院的院長。在海內外，她就性虐待、學習障礙和解離等主題的講學與著作豐碩，出版的書包括：《心智障礙與人類處境》（*Mental Handicap and the Human Condition*, Free Association Books, 1993）、《理解你的障礙兒童》（*Understanding Your Handicapped Child*, Rosendale, 1994）、《撒旦施虐下的倖存者之治療》（*Treating Survivors of Satanist Abuse*, Routledge, 1994）、《夜班》（*Night Shift*, Karnac Poetry Collection, 1996）、《記憶之執》（*Memory in Dispute*, Karnac, 1997）、《依附、創傷與多樣性：與解離性身分障礙症工作》（*Attachment, Trauma and Multiplicity: Working with Dissociative identity Disorder*, Routledge, 2004）。

戴博拉・施泰納（Deborah Steiner）一開始在塔維斯托克診所受訓，成為兒童心理治療師。一九八七年，她在精神分析學院完成精神分析訓練，一九九二年獲認證為正式會員，目前她以分析師身分私人執業，亦為精神分析學會的正式兒童分析師，參與兒童分析師訓練，並隸屬於一個關注母／女關係動力對發展之影響的研究小組。她為一九九二年塔維斯托克診所出版的《理解你的一歲孩子》（*Understanding Your OneYear-Old*）、《理解你的六歲孩子》（*Understanding Your Six-Year-Old*）撰稿，正在撰寫《克萊恩思想辭典修訂版》（*Dictionary of Kleinian Thought*）。

瑪莉亞·安娜·塔蘭迪尼（Maria A. Tallandini）於一九八五年在義大利精神分析學會獲取精神分析師資格，也是英國精神分析學會會員。她是迪里雅斯德大學發展心理學教授，也是終生心理學專業學院院長。她一直是安娜·佛洛伊德青年研究小組的成員，該研究計畫提供受精神崩潰所苦的青年分析補助。她的研究工作論及兒童繪畫的發展、早產的心理面向，近來則探討移民對兒童心理的影響，她的研究結果皆發表在書籍與文章中。

珍·藤普里（Jane Temperley）在牛津大學學習現代史，並在美 xiii 國受訓為精神科社工。她曾任塔維斯托克診所成人部門的首席社工，並對婚姻治療特別感興趣。她也對克萊恩在關於女性的心性發展之爭議與該主題的英國精神分析歷史觀之立場特別感興趣。她於一九七五年獲取精神分析師資格。

伊麗莎白·沃爾夫（Elizabeth Wolf）畢業於美國歐柏林學院。移民英國後，她在倫敦國王學院學習，獲得倫敦大學歐洲文學和歷史研究文學碩士。二〇〇一年她獲取精神分析師資格，現私人執業。她曾是倫敦大學／安娜·佛洛伊德中心精神分析發展心理學理學碩士課程之嬰兒觀察研討小組的帶領者。現於倫敦大學的理學碩士課程之精神分析理論研究現代中立小組擔任行政職與教學。她對早期的發展和分析式身分認同發展和發展演變史特別感興趣。

【附錄二】主題索引

編按：此主題索引所標示之數字為原文頁碼，查閱時請對照貼近內文左右側之頁碼。

A

E

F

G

H

I

N

O

P

【附錄三】作者索引

編按：此作者索引所標示之數字為原文頁碼，查閱時請對照貼近內文左右側之頁碼。

D

E

F

Psychotherapy 074

女性經驗：精神分析的跨世代女性凝視

Female Experience: Four Generations of British Women Psychoanalysts on Work with Women

瓊・拉斐爾-勒夫（Joan Raphael-Leff）、
羅辛・約瑟夫・佩雷伯格（Rosine Jozef Perelberg）——主編
粘慧美——審閱　王映淳——譯
雅緻文化有限公司（愛兒學母公司）——合作出版

出版者—心靈工坊文化事業股份有限公司
發行人—王浩威　總編輯—徐嘉俊
特約編輯—吳韻如、周旻君　責任編輯—饒美君
封面設計—兒日　內頁排版—龍虎電腦排版股份有限公司
通訊地址—10684 台北市大安區信義路四段 53 巷 8 號 2 樓
郵政劃撥—19546215　戶名—心靈工坊文化事業股份有限公司
電話—02）2702-9186　傳真—02）2702-9286
Email—service@psygarden.com.tw　網址—www.psygarden.com.tw

製版・印刷—中茂分色製版印刷事業股份有限公司
總經銷—大和書報圖書股份有限公司
電話—02）8990-2588　傳真—02）2290-1658
通訊地址—248 新北市五股工業區五工五路二號
初版一刷—2024 年 4 月　ISBN—978-986-357-371-5　定價—940 元

國家圖書館出版品預行編目資料

女性經驗：精神分析的跨世代女性凝視 / 瓊・拉斐爾-勒夫（Joan Raphael-Leff）、羅辛・約瑟夫・佩雷伯格（Rosine Jozef Perelberg）編著；粘慧美 審閱、王映淳 譯. -- 初版 . -- 臺北市：心靈工坊文化事業股份有限公司 , 2024.04
面；　公分 . --（Psychotherapy；074）
譯自：Female Experience: Four Generations of British Women Psychoanalysts on Work with Women
ISBN 978-986-357-371-5（平裝）

1.CST: 女性心理學　2.CST: 精神分析

173.31　　113004095

心靈工坊 PsyGarden 書香家族 讀友卡

感謝您購買心靈工坊的叢書，爲了加強對您的服務，請您詳填本卡，
直接投入郵筒（免貼郵票）或傳眞，我們會珍視您的意見，
並提供您最新的活動訊息，共同以書會友，追求身心靈的創意與成長。

書系編號—Psychotherapy 074　　書名—女性經驗：精神分析的跨世代女性凝視

姓名　　是否已加入書香家族？□是 □現在加入

電話 (O)　　(H)　　手機

E-mail　　生日　年　月　日

地址 □□□

服務機構　　職稱

您的性別—□1.女 □2.男 □3.其他

婚姻狀況—□1.未婚 □2.已婚 □3.離婚 □4.不婚 □5.同志 □6.喪偶 □7.分居

請問您如何得知這本書？

□1.書店 □2.報章雜誌 □3.廣播電視 □4.親友推介 □5.心靈工坊書訊
□6.廣告DM □7.心靈工坊網站 □8.其他網路媒體 □9.其他

您購買本書的方式？

□1.書店 □2.劃撥郵購 □3.團體訂購 □4.網路訂購 □5.其他

您對本書的意見？

□ 封面設計　1.須再改進 2.尙可 3.滿意 4.非常滿意
□ 版面編排　1.須再改進 2.尙可 3.滿意 4.非常滿意
□ 內容　1.須再改進 2.尙可 3.滿意 4.非常滿意
□ 文筆／翻譯　1.須再改進 2.尙可 3.滿意 4.非常滿意
□ 價格　1.須再改進 2.尙可 3.滿意 4.非常滿意

您對我們有何建議？

□本人同意＿＿＿＿＿＿（請簽名）提供（真實姓名/E-mail/地址/電話/年齡/等資料），以作為心靈工坊（聯絡/寄貨/加入會員/行銷/會員折扣/等之用，詳細內容請參閱http://shop.psygarden.com.tw/member_register.asp。

10684台北市信義路四段53巷8號2樓
讀者服務組　收

免　貼　郵　票

（對折線）

加入心靈工坊書香家族會員
共享知識的盛宴，成長的喜悅

請寄回這張回函卡（免貼郵票），
您就成爲心靈工坊的書香家族會員，您將可以——

⊙隨時收到新書出版和活動訊息

⊙獲得各項回饋和優惠方案